Carlos García (ed.)
Discreta efusión
Alfonso Reyes - Jorge Luis Borges
1923-1959
Correspondencia y crónica de una amistad

Correspondencias del Plata, 1

DISCRETA EFUSIÓN
ALFONSO REYES - JORGE LUIS BORGES
1923-1959
CORRESPONDENCIA Y CRÓNICA DE UNA AMISTAD

CORRESPONDENCIAS DEL PLATA, 1

Carlos García (Ed.)

Iberoamericana • Vervuert • 2010

Reservados todos los derechos

© Iberoamericana, 2010
Amor de Dios, 1 – E-28014 Madrid
Tel.: +34 91 429 35 22
Fax: +34 91 429 53 97
info@iberoamericanalibros.com
www.ibero-americana.net

© Vervuert, 2010
Elisabethenstr. 3-9 – D-60594 Frankfurt am Main
Tel.: +49 69 597 46 17
Fax: +49 69 597 87 43
info@iberoamericanalibros.com
www.ibero-americana.net

De todo el material de Adolfo Bioy Casares:
© Herederos de Adolfo Bioy Casares.

De todo el material de Jorge Luis Borges:
© María Kodama (Buenos Aires).

De todo el material de Alfonso Reyes:
© Alicia Reyes (México, D.F.).

Notas, ordenamiento, bibliografía:
© Carlos García (Hamburgo).

ISBN 978-84-8489-489-6 (Iberoamericana)
ISBN 978-3-86527-555-4 (Vervuert)

Depósito Legal:

Cubierta: Carlos Zamora

Impreso en España
Este libro está impreso íntegramente en papel ecológico sin cloro.

Índice

Intencionario 11

Fuentes 13

Criterios de edición 17

Agradecimientos 18

Crónica y cartas

Introducción 21

1921-1922	29
1923	35
1924	45
1925	51
1926	55
1927	61
1928	97
¿1928-1929?	119
1929	121
1930	211
1931	245
1932	253
1933	259
1935	263
1936	265

1937	269
1938	279
1939	291
1940	297
1941	299
1942	307
1943	309
1944	319
1945	323
1946-1948	325
1949	329
1950	335
1951	337
1952	343
1953	345
1954	347
1955	351
1956	359
1957	363
1958	371
1959	373
1960	379
1961-1987	387
No datable	426
Triste final	430
Bibliografía	433
Índice onomástico	453

Claudine!

Intencionario

Existen ya varias ediciones (más de media docena) de la correspondencia entre Alfonso Reyes y Borges. ¿Por qué una más? ¿En qué se diferencia ésta de las anteriores?[1]
Lo primero es la cantidad: esta edición es la única que contiene todos los textos conservados (en total, 32 en ambas direcciones), ya que las demás, por la razón que sea, dejan algunos de lado o citan otros sólo fragmentariamente. Pero también argumentos de otra clase pueden aducirse en favor de la presente: ofrece una datación ceñida y una profusa anotación, que aspira a tornar las misivas útiles para la historia literaria y a ubicarlas en el marco de las actividades comunes de Reyes y Borges. Presto, por ello, inusual atención a cuestiones cronológicas; intento contrarrestar así la deplorable tendencia a la nebulosidad de otras publicaciones.
Por lo demás, se recogen aquí no sólo las cartas mencionadas en el título, sino también algunas correspondencias que Alfonso Reyes

[1] De todas ellas, sólo cuatro merecen ser tenidas en cuenta: la de Pacheco, publicada por primera vez en 1963, porque fue la pionera; la de J. Willis Robb, que ofrece ciertas explicaciones y sitúa las misivas en su contexto; la de Cobo Borda, si bien ésta es más bien un ensayo. Ya cerrada la redacción de este libro arribó a mis manos un ejemplar de la edición de Coral Aguirre. Aunque incluye sólo 17 cartas, su ensayo es recomendable —a pesar de algunos errores de detalle—, porque cala hondo en la relación de Reyes y Borges: es la primera en percibir o en tratar las desarmonías que también reinaban entre ellos.

mantuvo con otras personalidades del mundillo literario argentino igualmente relacionadas con Borges: Macedonio Fernández (1929-1937), Evar Méndez (1927-1930), Adolfo Bioy Casares (1938-1951), Juan Manuel Villarreal (1928-1958) y alguna otra. Ello permite enmarcar el trato entre Borges y Reyes en diversos contextos, lo cual, a su vez, enriquece con ecos (a veces impensados) el intercambio epistolar.

Se agrega, también, una carta inédita al ya publicado epistolario de Reyes con Guillermo de Torre (cf. abajo, 14 de julio de 1954). Dado que, desde la aparición de mi libro *Las letras y la amistad* (2005), conseguí acceder a diez dedicatorias que Torre hiciera de sus libros a Reyes, las agrego aquí en el lugar cronológico correspondiente.

Me ocupo más de la primera época de la relación entre los corresponsales, porque es la menos estudiada hasta ahora. Ahondo en algunos detalles que me parecen merecerlo. Debo declarar, sin embargo, que las muchas notas no hacen justicia a las personas tratadas: sólo informan acerca de ellas en función de los corresponsales o de los temas por ellos tratados.

Lo que este libro no pretende es reemplazar las biografías (aunque aporta datos nuevos para ellas) ni analizar la obra o la personalidad de los corresponsales (aunque permitirá hacerlo a un más alto nivel). Tampoco es un ensayo literario, sino, apenas, una cantera de datos puestos a disposición de quien quiera y sepa aprovecharlos. Cuando en algún punto me aparto de la versión usual de los hechos, ocurre con premeditación.

Este libro no es, creo saber, el que los adeptos de Borges, de Reyes o de ambos esperan. Acerca de la relación entre los dos hay ya demasiada leyenda y ditirambo. No es ése mi fin, ni sé hacerlo. Faltarán aquí elogios a las personas o a sus obras. Tampoco se celebrará esa amistad como si hubiera sido algo sin fisuras y sin contradicciones. Por el contrario, se transparentan aquí y allá disensiones entre los corresponsales, de modo que se dispondrá, en el futuro, de una versión menos estilizada, pero quizá más realista, de la relación entre ambos.

Fuentes

MANUSCRITOS Y LIBROS

La mayor parte de los documentos de la correspondencia entre Borges y Reyes se conserva en la biblioteca y archivo póstumo de Alfonso Reyes, la llamada «Capilla Alfonsina» (así bautizada por Enrique Diez-Canedo), sita en la calle Benjamin Hill, 122, Colonia Condesa, de México D.F., y dirigida por la nieta de don Alfonso, la Dra. Alicia Reyes. Se trata, por cierto, de las cartas que Borges enviara al mexicano.

Recibí fotocopia de cinco misivas de Reyes a Borges en enero de 2009, cuando el presente trabajo ya estaba casi concluido. La «Capilla Alfonsina» no conservó, lamentablemente, registro acerca de quién había donado copia de esas cartas. Las consigno aquí, por ello, como «copia donada por NN» (se trata de las misivas N° 1, 2, 3, 4 y 12).

Más de 30 000 libros pertenecientes a la biblioteca de Reyes fueron trasladados, por decreto presidencial del 14 de enero de 1980, a Monterrey; se conservan hoy en la Biblioteca Universitaria de la Universidad Autónoma de Nuevo León, México (UANL). Entre ellos, hay más de seis mil volúmenes que contienen dedicatorias.[2] Reproduzco aquí las conservadas en libros que Borges remitiera a Reyes.

---

[2] Sobre los archivos alfonsinos en México D.F. y Monterrey, cf. Pedraza Salinas 1990, 34-41.

En la Sala del Tesoro de la Biblioteca Nacional de Buenos Aires, por su parte, se conservan 10 publicaciones de Alfonso Reyes, del período 1945 a 1960, remitidas por éste y/o por su esposa Manuela Mota a Borges. Fueron donadas por Borges, junto con una carta de Reyes (la del 27 de septiembre de 1949; aquí, N° 21) a la Biblioteca Nacional argentina.

La fuente de cada uno de los documentos se menciona allí donde se los reproduce.

DIARIOS DE REYES

En este volumen se utiliza a menudo como fuente el *Diario 1911-1930* de Alfonso Reyes, que fue prologado por su nieta Alicia Reyes y contiene una nota de su hijo, el Dr. Alfonso Reyes Mota (Guanajuato: Universidad de Guanajuato, 1969).

Ese *Diario* es, sin embargo, sólo un fragmento de lo que se conserva; abarca apenas los períodos que van del 3 de septiembre de 1911 al 10 de octubre de 1913 y del 4 de julio de 1924 al 27 de diciembre de 1930, y carece de notas.

Ya desde tiempo atrás se sabía en círculos interesados que se había encargado a especialistas en la vida y obra de Alfonso Reyes la preparación de ediciones de todos los testimonios conservados, citas de los cuales fueron apareciendo a lo largo de los últimos años en estudios sobre don Alfonso. El diario mexicano *La Jornada* del 15 de enero de 2009 informa, por fin:

Con motivo de los 50 años de Alfonso Reyes como escritor, el Fondo de Cultura Económica (FCE) inició en 1955 la publicación de sus *Obras completas* en una colección de 26 volúmenes que concluyó en 1993.

Ahora, este 2009 —para conmemorar el cincuentenario luctuoso del humanista y diplomático mexicano—, el sello editará el primer tomo de sus diarios.

El FCE, en colaboración con la Universidad Nacional Autónoma de México y el Instituto Tecnológico de Estudios Superiores de Monterrey, tiene como proyecto editorial lanzar una nueva colección sobre los diarios del literato, quien mantuvo interés por la educación y la cultura del país.

Los textos que integrarán la colección son sobre lo que Reyes escribió de la ciudad de México; de lo que realizó durante su estancia en Francia, en la embajada en Argentina, en la de Brasil y su regreso al país, así como datos de sus diarios personales de 1951 a 1959.

Puesto que esos volúmenes están en vías de publicación, no han podido ser utilizados para el presente trabajo. No puede descartarse la posibilidad, por ello, de que contengan material relevante para este proyecto (sobre todo de los últimos años de vida de don Alfonso). Es de presumir, por el contrario, que los datos que contienen serán útiles para corroborar, desmentir o matizar las hipótesis aquí emitidas, o que ayudarán a responder preguntas que quedan aquí sin respuesta. Se ruega al lector tener esto en cuenta.

ALFONSO REYES EN ARGENTINA

En un apartado dedicado a las fuentes de este trabajo no puede silenciarse el volumen coordinado por el embajador Eduardo Robledo Rincón: *Alfonso Reyes en Argentina*. Edición: Rafael Centeno. Recopilación de textos: Rafael Centeno, Graciela Gliemmo y Zoé Robledo. Buenos Aires: EUDEBA/Embajada de México, 1998.

Contiene una ingente selección de materiales publicados por y sobre Reyes durante sus estadías en Buenos Aires o en relación con su obra entre 1924 y 1959; también textos surgidos tras su muerte y hasta 1998. Es justicia mencionar que ha sido muy útil para este trabajo y lo será, seguramente, para otros.

Tampoco pueden faltar aquí los cuatro volúmenes en ocho entregas compilados por Alfonso Rangel Guerra (I-II) y por James Willis Robb (III-IV). Recogen cuantioso material sobre Alfonso Reyes, entre ellos varios textos de Borges.

Vanguardia en el Río de la Plata y Borges

En relación con todos los relevantes autores argentinos de la vanguardia histórica, el curioso lector encontrará indicaciones bibliográficas (así como ensayos sobre algunos de ellos), en Carlos García/Dieter Reichardt, eds.: *Las vanguardias literarias en Argentina, Uruguay y Paraguay. Bibliografía y antología crítica*. Madrid/Frankfurt am Main: Iberoamericana/Vervuert, 2004. Abrevo a menudo en ese manual, sin mencionarlo.

Por lo demás, la bibliografía más completa de la primera fase en la vida de Borges es aún la que agregué al final de mi *El joven Borges, poeta (1919-1930)*. Buenos Aires: Corregidor, 2000, también a menudo consultado o citado.

Criterios de edición

Las misivas son reproducidas en base a los originales, con todas sus peculiaridades (tachaduras, correcciones, etc.) y en orden cronológico, en tanto pudo ser establecido, lo cual es el caso con casi todos los testimonios (sólo una excepción: la misiva N° 32 no ofrece ningún dato que permita fecharla).

Las fechas han sido unificadas: independientemente de cómo lo hicieran los corresponsales, se las ha ordenado al margen derecho.

Se regularizan los márgenes, los títulos de revistas y libros y los giros en lengua extranjera (todo ello en cursiva).

Se corrigen las erratas evidentes; la acentuación se regulariza según el uso actual; asimismo, se completan los signos de admiración o interrogación cuando faltan.

Se despliegan las abreviaturas unívocas (art. = artículo; edc. = edición; q. = que; Ud., V., Vd., Vd = usted; Uds., Vds. = usted, ustedes, etc.), pero no las usuales fórmulas de despedida («affmo.» y similares).

Agradecimientos

En primer lugar, agradezco a las herederas de ambos escritores, Sras. María Kodama (Buenos Aires) y Alicia Reyes (directora de la «Capilla Alfonsina», México, D.F.), por haber otorgado los permisos pertinentes.

Por diversas ayudas prestadas, quedo muy agradecido a las siguientes personas:

Germán Álvarez (Biblioteca Nacional), Patricia Artundo, Ana María Barrenechea, Martín Greco, Jerónimo Ledesma, May Lorenzo Alcalá, Daniel Martino, Ernesto Montequin, Adolfo de Obieta (†) (todos ellos en Buenos Aires).

M. C. Minerva Margarita Villarreal, directora, y Lic. Yasmín Adriana Santiago González, investigadora (Biblioteca Universitaria, Universidad Autónoma de Nuevo León); Marisela Ruiz Zenteno y Eduardo Mejía («Capilla Alfonsina», México D.F.); Alberto Enríquez Perea, Rose Corral, Anthony Stanton, Rafael Olea Franco, Coral Aguirre y Carla Zurián (todos ellos en México).

Además, a Carlos Fernández (Londres), Valentino Gianuzzi (Lima), Serge I. Zaïtzeff (Calgary), Rosa Sarabia (Toronto), María del Carmen Rodríguez Martín (siempre de viaje).

Hamburg, 31 de marzo de 2009

Crónica y cartas

Introducción

> En toda descripción hay algo de disparate y de fracaso.
> (Alfonso Reyes: *El deslinde, OCAR* XV, 26)[3]

Poco y nada, si se descuenta la temprana vocación literaria que les era común, presagiaba el acercamiento de dos caracteres tan disímiles como lo fueron Alfonso Reyes (Monterrey, 1889-México D.F., 1959) y Jorge Luis Borges (Buenos Aires, 1899-Ginebra, 1986).

Reyes nace a la literatura ya casi hecho, con un tono seguro, en pleno dominio de su estilo y de su voz. Borges, por su parte, busca primero en algunas estridencias juveniles su camino, en un estilo barroco que él mismo criticaría luego, incluso más allá de lo merecido. (En contra de lo que suele afirmarse, no vacilo en juzgar que algunos pasajes de sus primeros libros en prosa son de lo mejor que Borges escribiera.)

Pero el escritor es, en general, apenas un aspecto de la persona. Los caracteres de ambos tenían pocos puntos de contacto. Mientras

---

[3] Precisamente al final de esta frase agrega Reyes un asterisco que remite a una nota al pie relacionada con Borges: «Al tiempo de revisar este libro, encuentro una nota de Jorge Luis Borges, "Sobre la descripción literaria" (*Sur*, Buenos Aires, octubre de 1942, año 12, n° 97, pp. 100-102), en que se hace resaltar el disparate de varios métodos descriptivos —el de predicación metafórica, el analítico o enumeraxción de las partes de un todo— y se señalan las excelencias del procedimiento indirecto, como en *El mercader de Venecia*, acto V, escena 1: "En una noche como ésta, etcétera"».

Borges era apocado, inhábil para el manejo social y el del cuerpo, poco o nada sensual, todo en Reyes rezuma elegancia y corporeidad, desde la inconfundible silueta, hasta su natural bonhomía y su alegría de vivir precisamente en un cuerpo, apto para los placeres de la bodega, la cocina —y los otros.

Concuerda con ello el carácter de las respectivas obras: lo amplio y lo vario en Reyes, lo ceñido y concentrado en Borges; la elegancia rítmica y liviana del primero, la elegancia filosa del segundo. Norte y sur de nuestra América, cada uno muestra a su manera a qué cotas de perfección puede llegar el castellano.

En el comercio entre semejantes hombres de letras llama la atención la parquedad epistolar: del período 1923-1959 se conservan apenas 32 textos y algunas dedicatorias. Desde luego, debemos suponer que las misivas llegadas hasta nosotros no son todas las que Borges y Reyes intercambiaron. Pero aun así: el tamaño de las cartas deja que desear. También, en cierta medida, el abuso de meras fórmulas protocolares. Apenas hay en ellas signos de reales sentimientos, y cuando los hay, son casi siempre de parte de Reyes, el amigo de casi todos.

Es ya manido aludir a los elogios que Borges pronunciara sobre Reyes. No es éste el sitio idóneo para estudiar el «Arte de elogiar» que maneja Borges, no menos punzante que el denigratorio por él comentado en *Historia de la eternidad*. Baste decir que hay como una sistemática del elogio en Borges, una retórica de doble filo, y que valdría la pena estudiar en detalle qué quiere decir concretamente cuando afirma que Reyes le enseñó a escribir (menos importa lo que digan o quieran decir otros al citar ese aserto).

Cuando, por ejemplo, Borges dice:

> [...] creo que la prosa de Alfonso Reyes es muy superior a la de cualquier español. Por lo pronto, Alfonso Reyes tenía buen gusto, no hubiera incurrido en las cursilerías y en las pedanterías de Ortega y Gasset [...].

lo hace, más que nada, para denigrar a Ortega y, con él, a los españoles en general, acerca de cuya capacidad literaria Borges tenía grandes dudas. Acertada es, por cierto, la caracterización del estilo de Reyes que Borges hace a continuación, aunque quizás no despojada de cierta insidia:

> Alfonso Reyes tenía una suerte de gracia, de levedad, un modo de decir las cosas así como si no se diera cuenta de que las decía.[4]

Aunque no se pretende hacer aquí un estudio en profundidad de las «simpatías y diferencias»[5] entre el mexicano y el argentino, debe mencionarse, aunque más no sea de paso, el interés y el esfuerzo invertido por ambos escritores en diversas campañas editoriales y culturales. Tanto Reyes en México como Borges en Argentina cambiaron el panorama, el horizonte intelectual del país, animando empresas de vastas repercusiones. Borges, por ejemplo, desató con algunas de las colecciones por él lanzadas (a menudo, con la colaboración de Adolfo Bioy Casares), intereses que llegan hasta nuestros días: una ingente cantidad de publicaciones en el mundo de habla castellana no existiría si Borges no hubiera difundido nombres y títulos en sus trabajos. Pero también Reyes halló tiempo entre sus obligaciones diplomáticas para promover innumerables obras culturales (a menudo, con la colaboración de Pedro Henríquez Ureña).[6]

---

[4] Las últimas dos citas proceden de Sorrentino 1974, 100.

[5] Giro del mexicano que Borges repitió varias veces (por ejemplo, en «Notas sobre Walt Whitman», o en el prólogo a su *Antología personal*, 1961).

[6] Pedro Henríquez Ureña (1885-1946): escritor dominicano; una de las más altas figuras intelectuales de Hispanoamérica en el siglo XX. Fue uno de los más entrañables amigos de Reyes, que lo conoció ya desde su juventud en México. Sólo menciono unos pocos de sus muchos títulos: *Obras completas*. Santo Domingo: Universidad Nacional Pedro Henríquez Ureña, 1976-1980; *Obra crítica*. Edición: Susana Speratti Piñero. México: FCE, 1978 [1960] (con abundante bibliografía y con prólogo de

A lo largo del presente libro tendremos ocasión de ver algunos de esos proyectos animados o apoyados por uno u otro de los corresponsales.

¿Cómo, cuándo y dónde se conocieron Borges y Reyes? Hay desacuerdo acerca de ello. No conozco testimonios de Reyes. En cuanto a Borges, en varias de las demasiadas entrevistas que se le hicieran en los últimos decenios de su vida, dio, básicamente, dos versiones al respecto, que lamentablemente difieren entre sí.

Según una de las versiones difundidas, se habrían conocido en la casa de Victoria Ocampo en San Isidro, localidad situada en las inmediaciones de Buenos Aires (así, por ejemplo, en Ferrari 1992, 57; Alifano 1994, 214, y otros).

En entrevistas anteriores, sin embargo, Borges había afirmado haber conocido a Reyes en Buenos Aires (Sorrentino 1974, 100), y

---

Borges, fechado en 1959); *La Utopía de América*. Caracas: Biblioteca Ayacucho, 1978. Vivió largos años en el exilio; desde 1924 y hasta su muerte estuvo radicado, con una breve intermitencia, en la Argentina, donde trabajó como docente y promotor cultural. Reyes y él mantuvieron una intensa y larga amistad, en parte a distancia, lo cual nos ha regalado una voluminosa correspondencia: Alfonso Reyes/Pedro Henríquez Ureña: *Correspondencia*, I (1907-1914). Edición: José Luis Martínez. México: FCE, 1986; Pedro Henríquez Ureña/Alfonso Reyes: *Epistolario íntimo (1906-1946)*. Prólogo y recopilación: Juan Jacobo de Lara. Santo Domingo: Universidad Nacional Pedro Henríquez Ureña, 1981-1983, 3 vols. Entre Reyes y Henríquez Ureña existió una buena inteligencia y comunión de ideas acerca de lo social y lo político, así como acerca de la cuestión americana (al respecto, véase Reyes Alfonso, Pedro Henríquez Ureña y Francisco Romero: *La Constelación Americana*. Conversaciones de tres amigos [Buenos Aires, 23-X-1936 a 19-XI-1936]. Archivo Alfonso Reyes, Serie D, Instrumentos, 3, 1950). Tanto Reyes como Borges colaboraron con Henríquez Ureña en algunos proyectos culturales. Cf. Enrique Zuleta Álvarez: *Pedro Henríquez Ureña y su tiempo. Vida de un hispanoamericano universal*. Buenos Aires: Catálogos, 1997 (sobre todo las páginas 211-296 para lo relacionado con sus estancias en Argentina). Véase también Serge I. Zaïtzeff: «Correspondencia Julio Torri-Pedro Henríquez Ureña»: *El arte de Julio Torri*. México: Oasis, 1983, 119-149. Entre otros textos a él dedicados, Reyes dirigió a Pedro Henríquez Ureña su póstuma «Carta a una sombra» (1953; *OCAR* XXII, 365-369).

en otra, concretamente en casa de Pedro Henríquez Ureña (Borges 1973/12, 47 y 48). La última versión suena, en principio, plausible, ya que el dominicano había escrito a Reyes a menudo sobre Borges, al menos a partir de abril-julio de 1925 (*Diario* 98; *Epistolario* III 292, 293, 327, 336, etc.), y ambos organizaron el frustrado banquete de recepción a Reyes (*Martín Fierro* 39, 28-III-1927, 322,[7] nota redactada, probablemente, por Evar Méndez), cuando aún se pensaba que Reyes vendría a Buenos Aires como Ministro de México. Pero debe precisarse que cuando Reyes arriba al país, Henríquez Ureña ya no vivía en Buenos Aires, sino en La Plata, capital de la provincia.

El primero que habló a Reyes de Borges bien puede haber sido, a comienzos de la década del veinte, Guillermo de Torre, asiduo, igual que el mexicano, de la tertulia de «Pombo», el cenáculo que Ramón Gómez de la Serna regenteaba en Madrid.[8] En efecto, Torre y Borges se habían conocido hacia marzo de 1920 en Madrid; la misiva más antigua conservada del epistolario entre ambos es de junio de 1920. Reyes conocía a Torre desde 1919. Éste menciona periféricamente a Borges en carta a Reyes del 7 de diciembre de 1920, donde hace un recuento de quienes comentaron su «Manifiesto Vertical»:[9]

Pues tras las exégesis elogiosas de Lasso,[10] Borges,[11] Salvat,[12] Prampolini[13] y la próxima interesantísima de Cansinos en Cervan-

---

[7] La paginación remite a la edición facsimilar: Buenos Aires: Fondo Nacional de las Artes, 1995, que contiene un estudio preliminar de Horacio Salas.

[8] Preparo la edición comentada de la correspondencia entre Alfonso Reyes y Ramón Gómez de la Serna, de la cual ya anticipé algún texto inédito; cf. «Una carta de Alfonso Reyes a Ramón (1923)»: *BoletínRAMÓN* 13, Madrid, otoño de 2006, 31-32.

[9] Véase mi *Las letras y la amistad. Correspondencia Alfonso Reyes-Guillermo de Torre, 1920-1959.* Valencia: Pre-Textos, 2005, 40, N° 4.

[10] Cf. Rafael Lasso de la Vega: «Vertical. Manifiesto Ultraísta»: *Cosmópolis* 23, Madrid, noviembre de 1920; con el siguiente tenor: «Guillermo de Torre —nuestro más joven, culto y apasionado *pionnier* ultraespañol— ha lanzado sobre la planitud

tes,[14] leo unos estrábicos comentarios burlescos de Diez-Canedo en España.[15]

de la literatura actual una gavilla de luminarias teóricas que sintetizan nuestros genuinamente contemporáneos móviles directrices».

[11] La reseña de Borges («Vertical») apareció en *Reflector* 1, Madrid, c. 5 de diciembre de 1920 (*Textos recobrados*, 76). Fue escrita a pedido de Torre, quien la solicitó mediante carta de comienzos de noviembre. En misiva a Abramowicz (c. 16 o 17 de noviembre de 1920, N° 19, desde Palma de Mallorca), Borges se queja de la falta de tacto de Torre (traduzco del francés): «me pide que escriba una prosa laudatoria de su "Vertical". ¿Qué inmundicia, eh? Vendí mi alma haciendo un artículo donde la ironía penetra a veces y donde elogio a Torre por lo contrario de lo que ha querido hacer».

[12] Joan Salvat-Papasseit (1894-1924): poeta catalán y catalanista de vanguardia. Editó las revistas *Un enemic del poble* (1917 ss.), *La Pluma d'Aristarc* y *Arc Voltaic*; publicó 1920 en *Grecia* (45, 47, 48, 49), en 1922 en *Ultra* (22) y en *Tableros* (4), aunque su poética difería de la del Ultra (quizás por mediación del uruguayo Rafael Barradas, artista plástico). Lanzó en 1920 un «Primer manifeste catalá futurista». Dirigió *Proa* (2 números, Barcelona, 1921; reed. facsimilar: 1976). Libros: *Poemes en ondes herzianes* (1919); *L'irradiador del port i les gavines* (1921); *El poema de la rosa als llavis* (1923); *Mots-propis i altres proses* (Barcelona, 1975). Cf. Jorge F. Fernández: «*Tableros* N° 4: Salvat-Papasseit, Gutiérrez-Gili y Jorge Luis Borges»: *Hora de Poesía* 49-50, Barcelona, enero-abril de 1987, 157-158. José María Barrera López: «Salvat-Papasseit en el ultraísmo español»: *Renacimiento* 2, Sevilla, 1987. Joan Manuel Serrat puso, entre otros, música a alguno de sus textos. Mantuvo correspondencia con Isaac del Vando-Villar, Guillermo de Torre y otros, mayormente en catalán (cf. *Epistolari*. Edición: Amadeu-J. Soberanas i Lleó. Barcelona: Edicions 64, 1984; se mofa allí de los ultraístas y de *Grecia*). Retrato al óleo por Jaume Guàrdia (1885-1935), 1923. Borges lo conoció en marzo de 1921, época en que Salvat era empleado de la «Llibrería Nacional Catalana»; discutieron sobre literatura, sin llegar a ponerse de acuerdo (según carta inédita de Borges del 3 de marzo de 1921).

[13] Giacomo Prampolini (1898-1975): crítico, poeta y traductor italiano, publicó *Cosecha. Antología de la lírica castellana* (1934), con composiciones de varios poetas del 27. No he logrado ver su comentario acerca de «Vertical».

[14] Rafael Cansinos Assens: «Vertical. Manifiesto Ultraísta, por Guillermo de Torre»: *Cervantes*, Madrid, diciembre de 1920, 115-121. El manifiesto fue comentado además por Marcel Requien en *Promenoir* 5, Lyon, noviembre de 1921 (el mismo autor había publicado un artículo sobre el «Ultra» en el número 4, de octubre de 1921).

[15] Enrique Diez-Canedo: «Un manifiesto»: *España* 292, Madrid, 4 de diciembre de 1920, 11. A pesar del enojo entre Torre y Diez-Canedo, aquél apoyó años más

Luego, en carta del 25 de noviembre de 1922, Torre inquiere a Reyes con más precisión (Reyes/Torre 56, N° 11):

¿Leyó usted en *Cosmópolis* un ensayo del ultraísta argentino Borges sobre la metáfora, con indicación de los precedentes concretos en los sonetos de Góngora?[16]

Se ha conjeturado que Reyes y Borges se hubieran conocido durante la primera visita de Borges a España. Si bien ambos estuvieron al mismo tiempo en Sevilla, a fines de 1919,[17] nada indica que se conocieran allí. Tampoco parece haber sido en alguna tertulia madrileña hacia 1920 (el 19 de septiembre de este año Reyes fue reincorporado al servicio diplomático como segundo Secretario de la Legación mexicana).

En contra de lo que se ha supuesto, el «Reyes» mencionado en carta de Borges a Jacobo Sureda del 29 de mayo de 1922 no es don Alfonso, sino el chileno Salvador Reyes, colaborador de la primera *Proa* y uno de los primeros comentadores de obras de Borges (cf. su reseña de *Fervor de Buenos Aires* aparecida en *Zig-Zag* 972, Santiago de Chile, octubre de 1923).[18]

---

tarde la publicación de un libro traducido por éste para Editorial Losada (cf. carta de Torre a Reyes, del 13 de noviembre de 1939). De joven, Torre había sido contertulio en la casa de Diez-Canedo, situada en la madrileña calle de la Lealtad. En la Biblioteca Nacional (Madrid) se conserva una carta de Diez-Canedo a Torre, del 30 de junio de 1920 (signatura Mss 22822/18bis).

[16] Torre alude a Borges: «Apuntaciones críticas: La metáfora»: *Cosmópolis* 35, Madrid, noviembre de 1921, 395-402; *Textos recobrados*, 114-120. Reyes no es mencionado en la correspondencia entre Torre y Borges llegada a mi conocimiento.

[17] Cf. carta de Pedro Salinas a Reyes, 10 de diciembre de 1919: *Boletín de la Fundación Federico García Lorca* 13-14, Madrid, mayo de 1995, 135.

[18] Cf. *Cartas del fervor*, N° 36, p. 221 y mis notas en p. 326. La misma confusión en Daniel Balderston: *The Literary Universe of Jorge Luis Borges. An Index to References and Allusions to Persons, Titles, and Places in his Writings*. New York: Greenwood Press,

Por mi parte, considero plausible que Borges y Reyes se conocieran personalmente durante la segunda visita del argentino a España, antes de mayo de 1924, aunque nada lo demuestra y Borges lo negará expresamente en su vejez.

De aquí en adelante recogeré algunas de las menciones que cada uno hace del otro en su respectiva obra o en entrevistas, no todas, pero sí una amplia gama de distintas épocas.[19] Aplicaré una lente de aumento a algunos episodios, y, por cierto, a algunos textos de ambos. Prestaré especial atención a las publicaciones de Borges en medios dirigidos o influidos por Reyes, y viceversa, así como a menciones conjuntas en textos de otros autores.

1986, s.v. «Reyes, Alfonso», en relación con la persona apellidada «Reyes» que Borges menciona en *Inquisiciones* (1925, 98). Balderston no consigna a Salvador Reyes. Don Alfonso fue ya el 16 de enero de 1928 víctima de la misma confusión con el chileno Salvador Reyes (*Diario* 246).

[19] Algunas de las que no recojo aquí figuran en Capistrán 1999, 97-118 («Las afinidades electivas»).

1921-1922

En abril de 1921 el joven Borges regresa a Buenos Aires, tras una estadía de siete años en Europa. (Reyes había abandonado su país en 1913, si bien bajo el más penoso signo del exilio político.) Apenas llegado al país, Borges toma contacto con algunos escritores de su generación. A más tardar desde octubre de 1921 planea ya «una suerte de revista *Prisma*», según relata a su amigo mallorquín Jacobo Sureda (*Cartas del fervor*, N° 30).

Usualmente se fecha la aparición de esa revista mural en diciembre de 1921, pero otra carta a Sureda (N° 31, del 24-XI-21) muestra que ya estaba impresa en noviembre de ese año. Se pegaron unos 1 000 ejemplares en la paredes de Buenos Aires; otros fueron remitidos al interior del país, a España, a Chile y quizás a otros países hispanoamericanos.[20]

Si traigo a colación esa revista, aunque Reyes no participara en ella, es porque paralelamente apareció en México otra publicación de muy similares características en la que se menciona tanto a Reyes como a Borges: *Actual* N° 1, la «hoja de vanguardia» del mexicano Manuel Maples Arce, publicada en los muros de Puebla en noviembre o diciembre de 1921 y poco después en el Distrito Federal, que contenía el «comprimido estridentista», una suerte de manifiesto,

---

[20] Para todo lo relacionado con esa publicación, véase mi trabajo «*Prisma* (1921-1922): Entretelones»: C. García/D. Reichardt 2004, 243-252.

que Maples cierra con una larga lista de nombres procedentes de diversos movimientos europeos, einfilados bajo el título «directorio de vanguardia». Recojo a continuación sólo algunos de esos demasiados nombres (aproximadamente el primer tercio de la lista; corrijo algún error de grafía del original):

> Rafael Cansinos-Asséns. Ramón Gómez de la Serna. Rafael Lasso de la Vega. Guillermo de Torre. Jorge Luis Borges. Cleotilde [Clotilde] Luisi. Vicente Ruiz Huidobro. Gerardo Diego. Eugenio Montes. Pedro Garfias. Lucía Sánchez Saornil. J. Rivas Panedas. Ernesto López Parra. Juan Larrea. Joaquín de la Escosura. José de Ciria y Escalante. César A. Comer [Comet]. Isaac del Vando Villar. Adriano del Valle. Juan Las. Mauricio Bacarisse. Rogelio Buendía. Vicente Risco. Pedro Raida. Antonio Espina. Adolfo Salazar. Miguel Romero Martínez. Ciriquiain Caitarro [Gaiztarro]. Antonio M. Cubero. Joaquín Edwards. Pedro Iglesias. Joaquín de Aroca. León Felipe. Eliodoro Puche. Prieto Romero. Correa Calderón. Francisco Vighi. Hugo Mayo. Bartolomé Galíndez. Juan Ramón Jiménez. Ramón del Valle-Inclán. José Ortega y Gasset. Alfonso Reyes. José Juan Tablada. Diego M. Rivera D. Alfaro Siqueiros. Mario de Zayas. José D. Frías. Fermín Revueltas. Silvestre Revueltas. P. Echeverría. [Dr.] Atl. J. Torres-García. Rafael P. Barradas. J. Salvat Papasseit. José María Yenoy [Junoy]. [Más abajo figura también Norah Borges.]

Esa lista surgió seguramente sin la venia de los autores mencionados, procedentes de España (de Madrid a Cataluña), Argentina, Uruguay, Chile, México y Ecuador. Es, en parte, fantástica, en el sentido de que Maples sólo reunió los nombres de colaboradores de revistas europeas que lo impresionaran favorablemente por su modernidad, y no los de autores que él conociera de primera mano o con quienes tuviera contacto. Todo parece indicar que Maples Arce sacó los nombres de los autores españoles e hispanoamericanos de *Cosmópolis, Grecia, Ultra, España* y alguna otra revista madrileña.

Un ejemplo que parece apoyar mi aserto de que Maples escribía sin mucho conocimiento de causa: Rafael Cansinos Assens publicó en *Grecia* varias prosas y algunos poemas, pero estos últimos bajo el seudónimo «Juan Las». Maples cita en su lista tanto a Cansinos como a Las, sin saber que se trata de la misma persona (un «secreto» muy voceado en Madrid). Más aún: las menciones del argentino Bartolomé Galíndez y del español Valle-Inclán —quienes no estaban en la línea ultraísta y apenas figuran en la revista— sólo se explican porque en los últimos números de *Grecia* (1920) aparecieron sendos textos suyos. Algo similar ocurre con Salvat-Papasseit: escribía en catalán y no pertenecía al ultraísmo; pero salió algún texto suyo en *Grecia* por lo que Maples tuvo conocimiento de su obra.

Por lo demás, la lista contiene numerosos errores de imprenta. Corregí ya algunos entre corchetes en la lista anterior. Hay más errores en relación con autores de otros idiomas. Así, por ejemplo, Maples (o su tipógrafo) llama «Heyniche» y «Klem» a quienes, en realidad, se llamaban (Kurt) «Heynicke» y (Wilhelm) «Klemm» (poetas expresionistas alemanes); y «Kurk Scchwiters» a «Kurt Schwitters» (poeta dadaísta alemán), etc.

Borges tendrá en 1922 contacto directo con Maples Arce, quien también se carteó con Guillermo de Torre en 1921-1922 (véase el Apéndice final en mi *Las letras y la amistad*, 2005). Borges reprodujo un poema del mexicano («A veces, con la tarde») y comentó su libro *Andamios interiores* (cf. respectivamente *Proa* 1, agosto de 1922, 4, y *Proa* 2, diciembre de 1922, 2 y 5; reseña recogida en *Inquisiciones*).[21] Ignoro si se conservan muestras del epistolario entre ambos, aunque es de presumir que así sea.

Otro resultado del contacto entre los poetas son las dos publicaciones de Borges en revistas mexicanas cercanas a Maples Arce: los poemas «Ciudad» y «Forjadura», en *Irradiador* 1, septiembre de 1923, y en *El Nacional Ilustrado* de marzo de 1924, respectivamente.

---

[21] Se conserva, al parecer, el manuscrito de la reseña que Borges hiciera del libro de Maples Arce: 3 páginas numeradas, tamaño 11 x 16 cm; precio: USD 32 500,00 (Lame Duck).

Mientras «Forjadura» está tomado obviamente de *Fervor de Buenos Aires*, aparecido unos dos meses antes, la versión de «Ciudad» publicada en *Irradiador* ostenta varias diferencias y parece ser previa a la de *Fervor*.[22] Fue «Ciudad», en todo caso, la primera publicación de Borges en México, y no, como se afirma aquí y allá, la aparecida en *Contemporáneos* en 1928 (véase abajo, «1928»).

Sabemos que Borges tuvo conocimiento de la primera entrega de *Actual*, porque tanto Torre como Maples le remitieron ejemplares del manifiesto.[23] Tal surge de una carta inédita de Borges, sin fecha, de hacia mayo de 1922:

> Maples asimismo me envió su hoja *Actual* y una carta muy esperanzada en los proyectos de Yépez [Alvear]. *Actual*, como dices, es un calco, pero con todo, y pese a la idiotez del retrato ese con la flor en el ojal[24] —imitando quizá a esos folletitos que proclaman específicos y que traen la convincente efigie del doctor— me parece que ese Maples Arce vale algo. Un poema que leí de él en *Cosmópolis* me gustó, aunque muy influenciado por Lugones.[25]

---

[22] Sobre la revista, véase Carla Zurián: *Fermín Revueltas. Constructor de espacios*. México: Editorial RM/INBA, 2002; Rose Corral: «Jorge Luis Borges en la revista estridentista *Irradiador* (1923)»: *Boletín Editorial* 123, México, El Colegio de México, septiembre-octubre de 2006, 3-5. Para lo relacionado con el estridentismo en general, véanse los libros de Luis Mario Schneider: *El estridentismo o una literatura de la estrategia*. México: CONACULTA, 1997, *El Estridentismo. México 1921-1927*. México: UNAM/Instituto de Investigaciones Estéticas, 1985 y *El Estridentismo. La vanguardia literaria en México*. México: UNAM, 1999; y el de Evodio Escalante: *Elevación y caída del estridentismo*. México: Ediciones Sin Nombre/CONACULTA, 2002.

[23] No huelga recordar que tanto Borges como Maples Arce figuran entre las «adhesiones» al manifiesto chileno «Rosa náutica» publicado en *Antena. Hoja de vanguardia* 1, Valparaíso, ¿marzo de 1922? Lo recoge Hugo J. Verani: *Las vanguardias literarias en Hispanoamérica (Manifiestos, programas y otros escritos)*. México: FCE (Tierra Firme), ³1995, 240-242.

[24] Véase la reproducción facsimilar en Bonet 1996, 166.

[25] El poema que agradó a Borges fue «Esas rosas eléctricas...» (*Cosmópolis* 34, Madrid, octubre de 1921), luego recogido en *Andamios interiores*.

No hallo indicios que certifiquen que Reyes tuviera conocimiento de esa publicación en *Actual*, si bien es de esperar que así fuese. Su opinión sobre el Estridentismo queda plasmada en una breve cita (*La palaba y el hombre*, Veracruz, diciembre de 1981, 137):

> En México el Estridentismo está también justificado, y si hemos de mencionar lo malo, lo tiene usted en esa pedantería que lucha por asustar al burgués y al académico. He visto con simpatía todo esto, pero no siento la necesidad de renovar mi estética, de cambiar la que hoy empleo y que me basta para decir lo que quiero decir.

***

1923

Mencioné arriba a Guillermo de Torre, quien ya por estas fechas era novio de Norah Borges (a pesar de lo que se asegura en otros trabajos, que datan el noviazgo más tarde).[26] En mi volumen *Las letras y la amistad*, que contiene la correspondencia entre él y Reyes, lamentaba yo no haber accedido a los «numerosos libros intercambiados por los corresponsales, material que hubiese ayudado a redondear el presente trabajo con la reproducción de las dedicatorias mutuas» (2005, 18).

Entre tanto, he logrado acceder a una parte de ese material. En el marco de este trabajo, de miras más amplias que otros dedicados al mismo tema, me parece apropiado reproducir esas dedicatorias. Se trata de un total de diez, que abarcan el período 1923-1957. Entre ellas, hay sendos ejemplares de dos «incunables» de la vanguardia histórica española. El primero de ellos es

Hélices. Poemas (1918-1922). Ilustraciones: Barradas (cubierta), Norah Borges, retrato del autor por Vázquez-Díaz. Madrid: Mundo Latino, 1923 (UANL, signatura: PQ6637/ .O68/ H4 FAR):

A Alfonso Reyes
—espíritu tan simpático y sagaz

---

[26] Fue seguramente gracias a la mediación de Torre que Norah Borges figura tanto en el manifiesto de *Actual* (1921) como en el chileno de *Antena* (1922) arriba mencionados.

—por su clarividencia al señalar la dirección de estos vuelos helicoidales
—Con sincero afecto
Guillermo de Torre
2-II-1923
[Con lápiz rojo:]
(v. pág. 108)

En página 108 figura el texto «El 7° episodio», dedicado «(a Alfonso Reyes)». Puesto que el texto parece relatar la historia de un film norteamericano, puede verse en la dedicatoria un homenaje de Torre al trabajo de Reyes como comentarista de cine. En efecto, en 1915, Reyes y Martín Luis Guzmán publicaron en la revista *España* (dirigida en Madrid por Ortega y Gasset) numerosas reseñas de cine bajo el común seudónimo *Fósforo*; a partir de 1916, Reyes continuó a solas con la tarea. Sobre el tema, véase *Fósforo. Crónicas cinematográficas*. Prólogo: Héctor Perea. México: El Colegio Nacional, México, 2000; Héctor Perea: *La caricia de las formas. Alfonso Reyes y el cine*. México: Universidad Autónoma Metropolitana, 1988. Louis Panabière: «Alfonso Reyes y el cine»: James Willis Robb 1996b, 851-871 (texto de 1977).

También Borges escribirá más tarde a menudo sobre cine; véase Edgardo Cozarinsky: *Borges y el cine*. Buenos Aires: Sur, 1974; reedición aumentada: *Borges y el cinematógrafo*. Buenos Aires: Emecé, 2002. La revista alemana *Literaturmagazin* dedicó un número especial (el 43, de marzo de 1999, dirigido por el autor y actor Hanns Zischler), al tema: «Borges im Kino».[27] Véase, por lo demás, David

---

[27] En cuanto a la relación de Torre con el cine, también estrecha, véase mi «García Lorca, Jean Epstein y un tercero en concordia»: *El Maquinista de la Generación* 15, Málaga, julio de 2008, 28-31; texto recogido con variaciones en mi edición de *Federico García Lorca/Guillermo de Torre. Correspondencia y amistad*. Madrid/Frankfurt am Main: Iberoamericana/Vervuert, 2009.

Oubiña: «El espectador corto de vista: Borges y el cine», *Variaciones Borges* 24, 2007, 133-152. En una entrevista realizada en México (1973/12), Borges alude a charlas de 1927 con Reyes sobre cine. Reyes agradeció el envío de Torre mediante carta del 18 de febrero de 1923 (N° 12 en *Las letras y la amistad*):

> No pase un día más, amigo Guillermo, sin que yo le exprese mi gratitud y mi aplauso.

Volveré a menudo sobre este nexo entre Torre y Reyes, ya que es uno de los lazos entre Reyes y Borges.

En cuanto a éstos, los documentos conocidos hasta hoy permiten discernir que las relaciones directas entre ambos comenzaron, a más tardar, a mediados de 1923. En julio de ese año, Borges, junto con su familia, abandonó por segunda vez Buenos Aires rumbo a Europa. Antes de partir remitió a España varios ejemplares de su flamante poemario *Fervor de Buenos Aires*, en base a sugerencias hechas por Guillermo de Torre. Llevó, también, varios ejemplares consigo. Entre los nombres propuestos por Torre conjeturo el de Reyes, como ocurriera en el caso de los ejemplares enviados a Enrique Diez-Canedo (gran amigo de Reyes, a quien conocía desde 1914), a Antonio Marichalar y a varios otros españoles. Se conserva en México, en todo caso, el ejemplar dedicado por Borges a Reyes (UANL, signatura: PQ7797/.B635/ F4 FAR):

> a Alfonso Reyes, hombre de docta perspicacia.
> *Jorge Luis Borges*

Es de imaginar que Borges acompañó el libro con algunas líneas, que en puridad deberían ser consideradas como la primera misiva de este epistolario, pero no han sido halladas hasta hoy.

Para imaginar el posible tenor de sus palabras, parece idóneo leer lo que el joven Borges escribe paralelamente a Unamuno, a quien también enviara un ejemplar de *Fervor de Buenos Aires* con dedicatoria hológrafa, conservado en el Fondo «Miguel de Unamuno» de la Universidad de Salamanca, Casa-Museo Unamuno:

> a don Miguel de Unamuno
> estas metafisiquerías líricas
> *Jorge Luis Borges*

Pocos meses después, Borges remite una carta sin fecha a Unamuno, enviada hacia septiembre de 1923 desde París (conservada en el mismo archivo bajo la signatura CMU., B. 5, 51; y publicada por Laureano Robles: «Unamuno y Borges», *El Adelanto*, Salamanca, 18-VI-1996, 15):[28]

> Desde Buenos Aires le envié un libro de poemas míos que supongo habrá usted recibido. Quisiera yo saber si mis versos han tenido alguna eficacia en su espíritu: quiero decir, si al leer alguno, ha olvidado usted la forma, las palabras, la técnica, para pensar en la emoción o en la situación espiritual que motivaron (y justificaron) su hechura.

---

[28] Acerca de ambos autores, véanse Stelio Cro: «Jorge Luis Borges e Miguel de Unamuno», *Annali della Facolta di Lingue e Letterature Straniere di Ca' Foscari* 6, 1967; Jon Juaristi: «Borges contra Unamuno: una refutación de la inmortalidad», *Hermes* 1, Bilbao, 1993, 9-19; Emilio Carilla: «Borges, Menard y Unamuno», *JLB, autor de «Pierre Menard» (y otros estudios borgesianos)*. Bogotá: Publicaciones del Instituto Caro y Cuervo 85, 1989, 40-54; Anthony Kerrigan: «Borges/Unamuno», Charles Newman y Mary Kinzie, eds., *Prose for Borges*. Evanston: Northwestern University Press, 1974, 238-255; Nilo Palenzuela: «Unamuno y Borges: disfraces del tiempo», *Cuadernos Hispanoamericanos* 565-566, Madrid, 1997, 79-89; Francisco Marcos Marín: «Interpretación, comentario y traducción: algunas consecuencias en textos de Borges y Unamuno», *Boletín de la Academia Argentina de Letras* LVIII.229-230, Buenos Aires, julio-diciembre de 1993, 229-249. En una visión más amplia, cf. también Manuel García Blanco: *América y Unamuno*. Madrid: Gredos, 1964; Julio César Chaves: *Unamuno y América*. Madrid: Ediciones de Cultura Hispánica, 1970; Miguel de Unamuno: *Epistolario americano* (1890-1936). Edición, introducción y notas de Laureano Robles. Salamanca: Ediciones Universidad de Salamanca, 1996.

Intitúlase mi libro *Fervor de Buenos Aires*. Lo escribí hace unos meses, en época cuando érame desconocida su obra lírica. Yo celebraría no desmintiese usted con silencio las muchas cosas que ya sus versos me han dicho.

No parecen conservarse testimonios similares de Borges a Reyes, aunque es de presumir que los hubo. Subsiste, en cambio, la carta que Reyes remitió a Borges por estas fechas, con un comentario acerca del poemario del argentino, siendo ésta la primera misiva conservada del presente epistolario:

[1]

[Carta de AR a JLB, 2 páginas manuscritas (falta en otras recopilaciones; «Capilla Alfonsina», N° 31; fotocopia donada por NN):]

[Membrete:] Legación de México / en España / Particular

Madrid, 19 de septiembre de 1923

Sr. D. Jorge Luis Borges
Buenos Aires[29]

Gracias, mi admirado poeta, por ese Fervor de Buenos Aires, que leo con gran deleite. Bello libro que llega, para nuestra América,[30] en hora oportuna, cuando ya hacía falta concertar la novedad con la sobriedad, descubriendo disciplina a la nueva respiración del alma. /2/ Gracias. Mi felicitación y mi aplauso.

Su amigo

Alfonso Reyes

(Me conmueve, al pasar el libro, esa ascendencia de abuelos y bisabuelos soldados... Yo también...)[31]

***

[29] Adviértase que Reyes escribe a Buenos Aires, y no a algún sitio en Europa. Es probable, por ello, que recibiera el libro de Borges desde esa ciudad. Ya en Europa, era común que Borges diera a sus corresponsales alguna dirección europea (aunque más no fuese un poste restante de la ciudad a la que se trasladaría próximamente). El detalle certifica mi opinión, según la cual Borges distribuyó por América y Europa su libro antes de abandonar el país.

[30] «Nuestra América», un tema caro a Reyes, por el cual Borges no sentiría el menor interés.

[31] Recuérdese que el padre de Reyes, el general Bernardo Reyes, había muerto en México el 9 de febrero de 1913, frente al Palacio Nacional, en el marco de una insu-

Algunos párrafos de esa carta (a partir de «Bello libro...») fueron recogidos años después en un folleto de propaganda de la Editorial Proa para *Inquisiciones*, impreso en un frágil papel rosado,[32] que incluye textos de Ramón Gómez de la Serna, Enrique Diez-Canedo, Alfonso Reyes, Manuel Abril, Salvador Reyes, Georges Pillement, Roberto A. Ortelli, Vicente Llorens, Pedro Leandro Ipuche, Macedonio Fernández y Evar Méndez.[33]

Borges fue seguramente quien seleccionó esos textos, o al menos quien autorizó la publicación. Parece obvio, pues, que le halagó la

rrección. Como su familia cayó políticamente en desgracia, Reyes marchó a Europa el 12 de agosto de 1913 en el vapor *Espagne*; asumió pocas semanas más tarde, en París, el cargo de segundo Secretario de la Legación de México en Francia. Entre los ascendientes de Borges hubo varios militares, a algunos de los cuales aluden poemas de *Fervor*. Por ejemplo, su bisabuelo, el Coronel Suárez, participó en las guerras civiles argentinas y tuvo una muerte que puede juzgarse entre heroica y estúpida. A Borges lo emocionó, al parecer, el final de esta carta de Reyes, al cual alude en 1973/12, 49.

[32] He visto ese prospecto en la colección de Alejandro Vaccaro (Buenos Aires), inserto entre las páginas del ejemplar N° 186 de *Inquisiciones*.

[33] Para todo lo referido a *Fervor de Buenos Aires* véase el capítulo I de mi *El joven Borges, poeta (1919-1929)*. Buenos Aires: Corregidor, 2000. Allí reproduzco, en Apéndice, la reseña de V. Llorens y otros textos sobre el poemario de Borges. Acerca de Roberto A. Ortelli, véanse mis trabajos: «Periferias: Sureda y Ortelli (Borges y Silva Valdés), 1925-1926»: *Hermes Criollo* III.7, Montevideo, marzo-junio de 2004, 92-100; «Hidalgo y Roberto A. Ortelli: amistad y negocios (1925-1929)», en Álvaro Sarco, ed.: *Alberto Hidalgo. El genio del desprecio. Materiales para su estudio*. Lima: Talleres tipográficos, 2006, 283-292, y «Periferias ultraístas: Guillermo de Torre y Roberto A. Ortelli (1923)»: *Fragmentos. Revista de lingua e literatura estangeiras de la Universidade Federal de Santa Catalina* 35, Florianópolis (Santa Catalina), 2009. Di a luz una edición comentada de la correspondencia entre don Alfonso y Macedonio Fernández en «Alfonso Reyes/Macedonio Fernández: Correspondencia 1929-1937»: *Letras de Buenos Aires* 44, Buenos Aires, noviembre de 1999, 33-39; el contenido se reproduce en este volumen, así como el epistolario entre Reyes y Evar Méndez (éste, a partir de mediados de 1927). Se conoce ya, gracias a los trabajos de Bárbara Aponte, la correspondencia entre Reyes y sus amigos Ramón Gómez de la Serna (1972) y Diez-Canedo (1966b). De la primera preparo una edición comentada.

opinión de Reyes. También es patente el orgullo que Borges sintió, por ejemplo, ante el hecho de que otro de sus admirados de la década del veinte, Unamuno, respondiera a sus cartas. Dio, por ello, dos de las misivas del vasco a publicidad en órganos hemerográficos de Buenos Aires:

1) Carta de Unamuno a Borges, de Hendaya a Buenos Aires, 26-III-1927, reproducida en *Nosotros* 215, Buenos Aires, abril de 1927, 126-127; M. de Unamuno: *Epistolario americano* (1890-1936). Edición, introducción y notas de Laureano Robles. Salamanca: Ediciones Universidad de Salamanca, 1996, n° 312, 506-507.
2) Carta de Unamuno a Borges, de Hendaya a Buenos Aires, 24-VI-1927, reproducida en *Martín Fierro* 42, Buenos Aires, 10-VII-1927, 358.

(El último testimonio que hallo de la relación entre Borges y Unamuno es de comienzos de 1936, año en que falleció don Miguel. También Reyes mantuvo amistad y correspondencia con el rector de Salamanca: véase Manuel García Blanco, *El escritor mexicano Alfonso Reyes y Unamuno*. México, 1956; Aponte 1972).

Más tarde, Borges mostró su agradecimiento a Reyes en el prólogo a la reedición de *Fervor de Buenos Aires* (1969):

> Para mí, *Fervor de Buenos Aires* prefigura todo lo que haría después. Por lo que dejaba entrever, por lo que prometía de algún modo, lo aprobaron generosamente Enrique Diez-Canedo y Alfonso Reyes.[34]

---

[34] El perspicaz Diez-Canedo reseñó el libro en la península: «*Fervor de Buenos Aires*, por Jorge Luis Borges (El arte y las letras argentinas)»: *España* 413, Madrid, 15-III-24; *Nosotros* 179, abril de 1924, 433-434 (llegó a la revista por mediación de Borges). El comentario de Canedo fue recogido luego en su *Letras de América: estudios sobre las literaturas continentales*. México: El Colegio de México, 1944, 369-372.

Por la fecha en que Reyes remite la carta a Borges éste se encontraba en Ginebra, que abandonará poco antes del 20 de diciembre de 1923 para pasar, vía Avignon, Lyon y Nîmes, primero a España (Barcelona, Valencia, Madrid) y luego a Portugal (Lisboa), donde se embarcó en mayo de 1924 con su familia rumbo a Buenos Aires. También Reyes abandonó Madrid por esas fechas.

***

Acerca de otras reseñas del poemario de Borges, véase el capítulo I de mi *El joven Borges, poeta (1919-1930)*.

1924

La anécdota que Reyes relatará mucho más tarde acerca de Borges y Ramón Gómez de la Serna procede, verosímilmente, de comienzos de 1924, aunque no resulta claro si es de su propia cosecha o de segunda mano (*Anecdotario*, 1968; *OCAR* XXIII, 353):

¡Atiza!

Esta palabreja es toda una veta de la psicología española: la psicología plebeya, se entiende, la que considera con «escama» toda alta manifestación del espíritu, y corresponde a la actitud de Guardia Civil que, según Ortega y Gasset, asumen ciertos españoles ante la poesía lírica.

Jorge Luis Borges apareció por Madrid casi niño, grave y solemne.[35] Lo llevaron a la tertulia de Pombo.

—¿Y qué hace ahora el joven poeta argentino?— le preguntó el pontífice Ramón Gómez de la Serna, y Borges con la mayor seriedad, entre la perplejidad muda de los contertulios, dejó caer esta bomba de profundidad:

—Estoy traduciendo la *Ilíada*.

Ramón no pudo menos de exclamar:

—¡Atiza!

[...]

20-XII-59

[35] No parece condecir este giro con la edad que Borges tenía por esas fechas (24 años). Sin embargo, véase el paternalista artículo de Ramón sobre *Fervor*, aparecido en abril de 1924.

Durante la segunda estadía de Borges en Madrid, Reyes se encontraba, hasta donde alcanzo a ver, fuera de la corte, con una muy breve excepción en el período marzo-abril de 1924. No es del todo imposible, pues, que sus caminos se cruzaran en esa ocasión, poco antes de que Reyes abandonara la corte.[36]

En efecto, hay indicios de que se hubieran visto siquiera una vez por esas fechas, precisamente en la tertulia de «Pombo», a la cual Borges fue conducido por Guillermo de Torre. Un manuscrito de Reyes parece corroborar esa hipótesis: en un proyecto de carta a Borges, el mexicano anota (véase aquí abajo, N° 32; el texto carece de fecha, pero es quizás de la segunda mitad de la década del veinte):

Encuentro a Borges, afectado, en Pombo. Presiento amistad.

Borges, sin embargo, negará decenios más tarde haber conocido a Reyes en «Pombo» o siquiera en España.[37]

Reyes fue nombrado el 1 de junio de 1924 Enviado Extraordinario y Ministro Plenipotenciario de México en Argentina. Sin embar-

---

[36] Ortega y Gasset presidió el banquete de despedida que se diera a Reyes en Madrid. Véanse Luis Gonzaga Urbina: «Madrid se despide de Alfonso Reyes. Dibujos en un menú»: *El Universal*, México, 11-V-1924; Alfonso Rangel Guerra, comp.: *Páginas sobre Alfonso Reyes*. México: El Colegio Nacional, 1996, I.i., 51-59. El banquete le fue ofrecido en Lhardy, «el comedor de más prestigio en la capital de España», según lo definió Azorín en su texto de despedida («La personalidad literaria de Alfonso Reyes»: *La Prensa*, Buenos Aires, 18-V-1924; Rangel Guerra, *op. cit.*, 60-68). Según las informaciones suministradas por un artículo sin firma, titulado «Un banquete. En testimonio de homenaje a D. Alfonso Reyes»: *El Sol*, Madrid, 13-IV-1924, 4, Borges fue una de las personas que se adhirieron al homenaje a Reyes. Ignoro por qué conducto se enteró Borges del planeado banquete.

[37] No reproduzco ni comento aquí la anécdota relatada por Ernesto Mejía Sánchez en 1973 y referida por Yates 1996, 924, acerca de un encuentro madrileño entre Reyes y Borges, porque tiene todos los visos de ser apócrifa. Se la reproduce abusivamente en Capistrán 1999, 69, 82 y 85.

go, el gobierno mexicano cambió sus planes, y don Alfonso no llegó a hacerse cargo del puesto en esa ocasión.[38]
Acerca del título me explica la escritora y diplomática argentina May Lorenzo Alcalá:

> Durante el siglo XIX casi todas las representaciones permanentes de un país en otro se llamaban Legaciones, y el funcionario a cargo Ministro Plenipotenciario. A principios del siglo XX y siguiendo una especie de moda, la Argentina, por ejemplo, comenzó a denominar Embajadas a algunas Legaciones, en virtud de una escala de importancia. La primera Embajada fue la representación ante los Estados Unidos (1914); luego España (1916); ya en los veinte, se fue generalizando: Brasil y Chile en 1922.[39]

En carta a Reyes del 20 de julio de 1924, Torre, quien erróneamente lo supone ya radicado en la capital argentina, vuelve a aludir a Borges. Tras referirse a las «actuales perspectivas» de Reyes, Torre agrega (Reyes/Torre N° 16):

> [...] Aunque tal vez sea yo quien me adelante a contemplarlas, en un plazo más o menos largo, requerido a Buenos Aires por la más fuerte de las captaciones [...][40] Mi camarada —y futuro cuñado— Jorge Luis

---

[38] Al respecto, véanse los interesantes testimonios recogidos en *ARA* 53-60, capítulo «1924. Una designación postergada». El volumen sigue los pasos y las obras de Reyes en Argentina, ofreciendo para ello una importante y reveladora selección de textos de y sobre el mexicano.

[39] La Legación de México en Buenos Aires se convertiría en Embajada precisamente a la llegada de Reyes, en 1927.

[40] Torre alude a su relación amorosa con Norah Borges, a quien conociera en marzo de 1920 en Madrid. La mayoría de los estudiosos supone que la relación entre ambos comenzara en 1924, pero hay indicios que permiten sospechar que estaban «ennoviados» ya desde 1920 o 1921. A pesar de diversos planes tempranos, Torre arribaría recién en septiembre de 1927 a Buenos Aires; allí desposaría a Norah el 17 de agosto de 1928. El tema juega un importante papel en el epistolario de Adelina del

Borges, a quien he despedido en Lisboa para ésa hace dos meses,[41] le dará más precisiones si gusta, cuando vaya a visitarle en mi nombre, llevándole mis mejores saludos.

Al regresar a Argentina por segunda vez, Borges se encontraba, por su parte, en la inmejorable posición de ser respetado en España y en Buenos Aires tanto por algunos órganos moderadamente tradicionales como por los vanguardistas. Si bien *Fervor de Buenos Aires* no había sido premiado en el Concurso Literario Municipal, el libro no había pasado inadvertido: el jurado «prestó particular atención», entre otros, a su libro (*Nosotros* XLVI 178, marzo de 1924, 439-440, número aparecido con atraso).

Aunque Borges había sido uno de los fundadores de algunas revistas de vanguardia y colaboraba en otras, recibió un trato benevolente en la tradicional *Nosotros*. Fue, incluso, Roberto Giusti, uno de sus directores, quien, seguramente por encargo de Borges o, cuando menos, con su venia, había presentado *Fervor de Buenos Aires* al Concurso (eso sugiere una carta inédita y sin fecha de Borges a Giusti, de Madrid a Buenos Aires, que dato hacia el 17-III-24: «Quiero asimismo agradecerle vivamente el haber mandado mi libro al Concurso Municipal»).

Apenas llegado a Buenos Aires, Borges se sumergió en actividades literarias: contribuyó a *Inicial* (revista a la cual ya había enviado artí-

Carril de Güiraldes con Torre (cf. mi edición de esa correspondencia: «Ocho cartas de Adelina del Carril de Güiraldes a Guillermo de Torre [1925-1926]»: *Cuadernos Hispanoamericanos* 587, Madrid, mayo 1999, 69-95).

[41] No hay acuerdo acerca de cuándo abandonaron los Borges Lisboa. Como arribaron a Buenos Aires el 19 de julio de 1924 (casi exactamente un año tras la partida), se ha supuesto que abandonaron Europa el 30 de junio de 1924 (fecha de partida del barco en que arribaron). Sin embargo, hay constancia de que los Borges abandonaron el puerto portugués a fines de mayo de 1924. Uno de ellos es una nota inédita de Norah Borges, quien asegura que Torre los visitó en mayo en Lisboa y que los despidió en el barco «el 26 de mayo». De ello se desprende que el vapor en el cual llegaron a Buenos Aires no fue el mismo con el que abandonaron la península ibérica. Ignoro dónde permanecieron en ese intervalo, del cual no he hallado otros indicios.

culos desde Europa), se acercó al grupo fundador de la Editorial Proa, colaboró en la preparación de la nueva revista *Proa*, y se adjuntó, siquiera periféricamente, al grupo de quienes hacían *Martín Fierro*, en cuyo número 7, del 25-VII-1924 (apenas una semana tras el regreso de Europa), se anunció su futura colaboración, concretada en la entrega siguiente.

Por cierto, casi todos los involucrados formaban facciones o corrientes dentro del mismo grupo y participaban en más de uno de los simultáneos proyectos. También Borges se movía paralelamente en otros círculos, como muestra, por ejemplo, su contacto con Julio Noé, uno de los directivos de *Nosotros*. En una carta de c. 31-VII-1924 Borges proveyó a Noé de una somera biografía, de un listado de reseñas críticas sobre su libro *Fervor*, y comentó qué títulos de ese libro prefería, para que Noé los incluyera en la *Antología* en curso.[42]

Entre fines de julio y comienzos de agosto de 1924, el escritor argentino Ricardo Güiraldes, futuro autor de *Don Segundo Sombra*, conoció personalmente a Borges,[43] y anotó el 7 de agosto de 1924 en su *Diario inédito* (Humberto Blasi: «Güiraldes: vida y escritura», en: Ricardo

---

[42] El libro de Noé apareció fechado en 1926, pero con colofón «31-XII-1925», en Editorial Nosotros. Borges lo reseñaría. La segunda edición, aumentada, es de 1931. Reyes, que conoció ambas, las elogia en carta a Noé enviada desde Río de Janeiro el 12 de diciembre de 1913 (preparo la edición comentada del breve epistolario entre Reyes y Noé).

[43] Ivonne Bordelois afirma en «Borges y Güiraldes: historia de una pasión porteña» (*Cuadernos Hispanoamericanos* 585, Madrid, marzo de 1999, 19): «el 15 de julio de 1924 se conocen Güiraldes y Borges en la inauguración de Amigos del Arte, cuyo presidente es Manuel Güiraldes, padre del escritor» (similar en su libro *Un triángulo crucial. Borges, Güiraldes y Lugones*. Buenos Aires: EUDEBA, 1999, 35). Pero Borges sólo llegó a Argentina el 19 de julio de 1924, según muestra Vaccaro 1996, 241, con cita de *El Diario*, donde se anuncia la llegada de «J. Borges y familia». No es éste el único error del trabajo de Bordelois; véase mi reseña crítica: «Ivonne Bordelois: *Un triángulo crucial: Borges, Güiraldes, Lugones*. EUDEBA, 1999»: *Variaciones Borges* 9, Aarhus (Dinamarca), enero de 2000, 255-258.

Güiraldes: *Don Segundo Sombra*. Edición crítica. Coordinador: Paul Verdevoye. México: ALLCA XX, 1988 [Archivos, 2], 242, 247):

En los últimos días [he] conocido a muchos muchachos de los jóvenes, entre los que hay verdaderos talentos de poeta. Hemos fundado una revista: *Proa* con Borges, Rojas Paz y Brandán Caraffa.[44] Colaborarán Palacios, Córdoba Iturburu, González Tuñón, Cané, A. Caro, Keller Sarmiento, González Lanuza y todos los buenos de la juventud que quieran.

Es conocida la historia según la cual fue Brandán Caraffa, recién desalojado de la redacción de Inicial, quien, por medio de un bienintencionado engaño, acercó a quienes conformarían la redacción de la nueva revista *Proa*.

Para todo lo relacionado con el nacimiento de esta segunda *Proa* es imprescindible el trabajo de Patricia M. Artundo: «Punto de convergencia: *Inicial* y *Proa* en 1924» (en Carlos García/Dieter Reichardt, eds.: *Las vanguardias literarias en Argentina, Uruguay y Paraguay. Bibliografía y antología crítica*. Madrid/Frankfurt am Main: Iberoamericana/Vervuert, 2004, 253-272), en el que se destaca, acertadamente, el papel decisivo jugado por Brandán Caraffa en la concepción de los fines de *Proa*, sobre todo en la elaboración de la declaración de principios del primer número, así como la influencia de Ortega y Gasset en las ideas de Brandán, quien conociera al filósofo a comienzos de 1924 en Madrid.

Acerca de la participación de Reyes en esta revista, véase abajo, «1925», apartado «Reyes y *Proa*».

* * *

---

[44] Alfredo Brandán Caraffa (1896-1987; algunas fuentes traen otra fechas): escritor y poeta argentino, fue co-director de la revista *Inicial* en su primera fase (1924), y luego de la segunda *Proa* (1925-1926). Alberto Hidalgo incluyó algunos de sus poemas en *Índice de la nueva poesía americana* (1926). Obras: *Las manos del Greco* (1921), *Nubes en el silencio* (1927), *Aviones* (1932).

1925

El segundo libro conservado de los que Guillermo de Torre obsequió a Reyes es el siguiente: *Literaturas europeas de vanguardia*. Madrid: Caro Raggio, 1925. UANL, signatura: PN778/ T6 FAR.

A
Alfonso Reyes,
cuyo nombre resalta
en estas páginas or-
nado con mis mejores epítetos.
Homenaje de simpa-
tía espiritual
Guillermo de Torre
24-V-1925

Reyes responderá pocos días después, el 27, con carta N° 18 en mi edición:

> Sea mil veces bienvenido ese libro trepidante de cosas actuales y vitales, querido Guillermo. Y usted mil veces agradecido por el buen recuerdo.

Reyes parece aludir a la carta (no conservada) con la cual Torre le hizo llegar su compendio. En el libro mismo, Torre menciona algunas pocas veces a Reyes, siempre de manera elogiosa; véase, por ejemplo, página 308: «Alfonso Reyes — a quien la gran autoridad de Foulché-Delbosc considera como el primer gongorista actual».

***

Reyes y *Proa*

Ya desde fines de 1924 o principios de 1925, Ricardo Güiraldes, quizás a sugerencia de Valery Larbaud o de Jules Supervielle (amigos tanto de Güiraldes como de Reyes), preveía la colaboración de Reyes en *Proa*, la revista que Güiraldes, Brandán Caraffa, Borges y Pablo Rojas Paz dirigían en Buenos Aires. La invitación formal fue enviada hacia marzo-abril de 1925. Reyes respondió desde París, en mayo, con obvia premura, reclamando su puesto «en el mascarón de *Proa*, donde más pegue el viento y escupa el mar», y anunciando que pronto se haría presente «con prosa y verso».

Pedro Henríquez Ureña había aconsejado a Reyes, mediante carta del 20 de abril de 1925 (*Diario* 98), remitir a *Proa* «cosas breves, porque la revista es chica; es la mejor de las nuevas, y promete llegar a ser realmente buena cuando pase la fiebre de la actualidad (¿has visto qué bien está Borges?)».

Y en carta a Reyes del 20 de julio de 1925 (*Epistolario* III 291) Henríquez Ureña dice: «Veo que colaboras en *Proa*», en alusión a la carta de Reyes arriba citada (*Proa* 11, junio de 1925, 51).

A pesar de estos buenos signos, ningún trabajo de don Alfonso apareció en *Proa*. ¿Cómo explicar este hecho? Se ha supuesto que la no participación de Reyes en *Proa* fuese motivada por el ataque de Roberto Mariani aparecido en *Proa* 3 (octubre de 1924, 57-60), «Un arbitrario apunte sobre Alfonso Reyes», fechado en septiembre de 1924 (el título fue puesto por la dirección, para distanciarse del contenido). Pero ello no es correcto: ya hemos visto que Reyes remitió tras ese episodio una carta de adhesión a la revista.

Conjeturo que la contribución anunciada por Reyes llegó con retraso a Buenos Aires, cuando *Proa* había dejado de aparecer,[45] y, además, que ese material sería el que publicará en 1927 *Martín Fierro* («Verso y prosa de Alfonso Reyes»: *Martín Fierro* 42, Buenos Aires, 10 de julio de 1927; cf. abajo, capítulo «1927»).

El plan de Güiraldes de hacer una revista sería puesto en práctica, con algunas variaciones (que incluían autores españoles aportados por Borges), a partir de marzo de 1925. Se lo proclamó en la sección «Notas» de *Proa* 9, abril de 1925, y se dio cuenta de las respuestas recibidas en los números 11 (junio: de los argentinos Francisco Luis Bernárdez[46] y Macedonio Fernández, de Alfonso Reyes [p. 51, la arriba aludida], del chileno Salvador Reyes y de los uruguayos Pedro Leandro Ipuche y Fernán Silva Valdés) y 13 (noviembre: del francés Valery Larbaud, del peruano Alberto Hidalgo[47] y del mexicano Xavier Villaurrutia, de quien la revista publicaría «Los caminos de Alfonso Reyes»: *Proa* 10, mayo de 1925, 3-9).

---

[45] Lo mismo ocurrió, por ejemplo, con un envío que el chileno Joaquín Edwards Bello hizo «A la culta redacción de *Proa*» en enero de 1926.

[46] Francisco Luis Bernárdez (1900-1978): escritor y poeta argentino, de tendencia católica, acentuada a partir de finales de la década del veinte. Vivió de joven un tiempo en España, donde aparecieron sus primeras obras poéticas: *Orto* (1922), *Bazar* (1922) y *Kindergarten* (1923). En Argentina: *Alcándara* (1925), *El buque* (1935), *La ciudad sin Laura* (1938). Colaboró en *Martín Fierro*, *roa* y otras revistas.

[47] Alberto Hidalgo (1897-1967): poeta y escritor peruano, radicado en Buenos Aires desde 1919. Tuvo trato y correspondencia con Reyes, cuya edición preparo (véase «Alberto Hidalgo y Alfonso Reyes. Anticipo de su correspondencia»: *El Hablador* (revista electrónica, Perú), 8-III-2005. URL: [www.elhablador.com/garcia.htm]). Sobre la contribución de Hidalgo a *Proa*, cf. Carlos García: «Hidalgo y *Proa* (1925)», en Álvaro Sarco, ed.: *Alberto Hidalgo, el genio del desprecio. Materiales para su estudio*. Lima: talleres tipográficos, 2006, 209-215. Véase también Carlos García, ed.: Alberto Hidalgo: *España no existe* [1921]. Madrid/Frankfurt am Main: Iberoamericana/Vervuert, 2007, con varios apéndices (entre ellos, un ensayo sobre «El *Índice* de Hidalgo» y otro sobre la relación entre éste y Guillermo de Torre).

Sin embargo, el eco hallado no fue suficiente para que Güiraldes continuara en el proyecto más allá de julio-agosto de 1925, sellando así la suerte de la revista, que sin él sólo alcanzó tres números más — el 15 y último apareció en enero de 1926.

A comienzos de noviembre de 1925 aparece el segundo poemario de Borges, *Luna de enfrente*, en tirada de 300 ejemplares, en la Editorial Proa. El ejemplar N° 244 se conserva en Monterrey con la siguiente dedicatoria (PQ7797/ .B635/ L8 FAR):

> a Alfonso Reyes, con justiciera admiración y entera amistad
> *Jorge Luis Borges*
> s/c avenida Quintana 222- Buenos Aires.

***

1926

Reyes responde al envío que Borges le hiciera a fines del año anterior con la siguiente misiva:

[2]

[Carta de AR a JLB, 1 página manuscrita (falta en otras recopilaciones; «Capilla Alfonsina» N° 28; fotocopia donada por NN):]

[Membrete:] Ministro de México

París, 3 de marzo de 1926

Amigo Borges, amigo plenamente admirado:

Gracias por la *Luna de enfrente*. Eso quería: sus nuevas palabras.

Y no me canso de celebrar su envío. Mi cordial felicitación — sin palabras de sobra.

Alfonso Reyes

***

La primera mención impresa de Borges por parte de Reyes es consecuencia directa de ese envío, y figura en un «Apéndice de 1926» a sus *Cuestiones gongorinas* (1927; *OCAR* VII, 111):

> El poeta argentino Jorge Luis Borges, en su libro *El tamaño de mi esperanza* (Buenos Aires, Proa, 1926), publica un «Examen de un soneto de Góngora», el que empieza: «Raya, dorado sol, orna y colora».

Como se recordará, de ese libro de Reyes sobre Góngora extraería Borges el epígrafe de *Discusión* (1932):

> «Esto es lo malo de no hacer imprimir las obras: que se va la vida en rehacerlas».
> Alfonso Reyes, *Cuestiones gongorinas*, página 60.

En «Sabor de Góngora», Reyes dirá, retornando al soneto arriba mencionado (*OCAR* VII, 193):

> Yo sé que el olvido de la Antigüedad ayuda también a gustar de Góngora, porque, a lo mejor, creemos bogar en un mar indeciso de palabras hermosas, con una emoción semejante a la que nos procura la poesía simbolista ¡y en realidad el poeta no hace más que recordar una fábula antigua, o referirse a algún tópico clásico que ya para nada nos interesa! Es muy sincero el argentino Borges cuando, leyendo cierto soneto de Góngora sobre un amanecer, y tras de entregarse al deleite de la primera impresión, exclama de pronto, al descubrir el revés de la urdimbre erudita: «Aquí de veras no hay un amanecer en la sierra, lo que sí hay es mitología. El sol es el dorado Apolo, la aurora es una muchacha greco-romana y no una claridad. ¡Qué lástima! Nos han robado la mañanita playera de hace trescientos años que ya creíamos tener».

Hacia 1926 volvió a correr en Buenos Aires la noticia, nuevamente precipitada, del nombramiento de Reyes como embajador de

México en la Argentina, lo cual no llegó a concretarse sino al año siguiente.

En junio de 1926, Reyes publicó en París el libro *Pausa*. Borges conoció, durante alguno de los frecuentes viajes a La Plata, pequeña ciudad capital de la Provincia de Buenos Aires, con los poetas argentinos López Merino y Ricardo E. Molinari, anticipos del libro en el otoño de 1926, por intermedio de Henríquez Ureña, amigo de Reyes desde antiguo.[48]

El 19 de julio de 1926, Reyes remite a Borges un ejemplar de *Pausa* (*Diario* 141, asiento 76; también remitió uno a Girondo, asiento 75, y otro a Güiraldes, asiento 137), que debe haber ido acompañado de alguna esquela, al parecer no conservada.[49]

Una tarjeta de Borges a Reyes, entregada por intermedio de Pedro Henríquez Ureña hacia fines de octubre de 1926, agradece la remesa de *Pausa*. No se conserva en la «Capilla Alfonsina», pero su existencia surge de una misiva de Reyes a Henríquez Ureña, del 19 de diciembre de 1926 (*Epistolario* III 330):

> Gracias por la tarjeta de Borges: veo en fin que recibiste *Pausa*, y espero que también *El reloj de sol*.

Aparte de la tarjeta mencionada, Borges aludirá a *Pausa* en la dedicatoria de un libro suyo a Reyes, conservado en Monterrey: *El tamaño de mi esperanza* (UANL, signatura: PQ7797/ .B635/ T3):

---

[48] De Molinari, véase «Alfonso Reyes»: *Martín Fierro* 40, Buenos Aires, 28-IV-1927, 331 (*ARA* 63-64), y ya antes «Góngora»: *Martín Fierro* 39, 28-III-1927, 318, con elogiosa mención de Reyes, y ambigua de Borges, basada en el mayor aprecio de éste por Quevedo que por Góngora.

[49] Un ejemplar de *Pausa* dedicado por Reyes a Guillermo de Torre (1926) se conserva en la Biblioteca de la Academia Argentina de Letras (Buenos Aires; signatura Lermon 3-10-20). Reyes lo había remitido el 14-VII-1926 (*Diario* 140, asiento 56).

a Alfonso Reyes, agradeciéndole el envío de *Pausa*
y el haberlo escrito.
Su lector   *Jorge Luis Borges*

A ese libro del argentino aludirá Reyes, a su vez, con la siguiente misiva:

[3]

[Tarjeta postal de AR a JLB, manuscrita (falta en otras recopilaciones; «Capilla Alfonsina» N° 29; fotocopia donada por NN):]

París, 20 de octubre de 1926

Querido Jorge Luis Borges:

Mido mi admiración y mi afecto por usted según el Tamaño de nuestra Esperanza. Gracias. Libro lleno de atracciones para mí. Bienvenido.

Alfonso Reyes

***

1927

Borges redactó a fines de 1926 una reseña de *Pausa*, que fue originalmente anunciada en *Martín Fierro* 35, 5 de noviembre de 1926, 268, como de próxima aparición en ese periódico, donde, sin embargo, no salió. Lo hizo, finalmente, en *Valoraciones*, una revista de La Plata, a instancias de Henríquez Ureña. Cf. su carta de enero de 1927 a Reyes (*Epistolario* III 336):

> *Pausa* me la sé de memoria en su primera parte. Y quise que en la Argentina lo comentara el muchacho de más autoridad, Borges — que la tiene, a pesar de todo.[50]

En la revista de Carlos Américo Anaya y Alejandro Korn colaboraba el mismo Henríquez Ureña.[51] Éste y Borges publicaron, en 1937, época de la segunda estadía de Reyes en Buenos Aires, una

---

[50] Cf. otra reseña contemporánea por Benjamín Jarnés: *La Gaceta Literaria*, Madrid, 1-II-1927, 4. Las poesías de ese volumen aparecieron después en *Constancia poética* de Reyes (*OCAR* X, de 1959). Los 300 ejemplares impresos fueron distribuidos entre sus amistades (véase la lista de destinatarios en *Diario* 139-142; cf. *Correspondance* 153). Por lo demás, en la misma página de esa carta hace Pedro Henríquez Ureña un balance crítico y desilusionado de las juventudes argentina y mexicana.

[51] Reyes escribió un ensayo sobre «Korn y la filosofía argentina»: *El Nacional*, México, 14-XI-1939; *OCAR* IX, 166-171 (con un «Apéndice» aparecido originalmente en *La Vanguardia*, Buenos Aires, 21-X-1937); *ARA* 227-231. Acerca de la revista, cf. Zuleta Álvarez 1997, 230-234.

Antología clásica de la literatura argentina, de la que se conserva un ejemplar en México, dedicado por Henríquez Ureña a Reyes (UANL; signatura: PQ7735/ H4 FAR):

A Alfonso, *Pedro*
Buenos Aires,
Abril de 1937

Borges dedicaría a Pedro Henríquez Ureña algunos textos afectuosos —y uno significativo: en uno de sus libros, Borges estampó la siguiente dedicatoria: «A Pedro Henríquez Ureña, con admiración, con respeto, con miedo» (Cobo Borda 1999, 103, n. 3). La favorable opinión que Henríquez Ureña tenía de Borges, a su vez, se volvería crítica con el tiempo.[52] Pero pasemos a la reseña que Borges hizo de *Pausa* (*Valoraciones* 11, La Plata, enero de 1927; *Textos recobrados* 280-281):

Jorge Luis Borges
Alfonso Reyes. *Pausa*. París, 1926

Difícil cosa es razonar una admiración. La que los versos de don Alfonso Reyes ahora me exigen, no brotó de una sola vez: fue acabándose en intimidad gradual de lecturas.

Reyes es poeta habilísimo, es un *don doctor de trobar*, según la locución propuesta por el narbonense Riquier a otro Alfonso, al tocayo —nombre y sabiduría— de este mejicano.[53] (Mejicano no,

---

[52] Ejemplo de crítica positiva: «Jorge Luis Borge, poeta fino y fuerte, cuya amistad con el pensamiento y el estudio se hace ejemplar en medio de nuestra incurable ligereza...» («En busca del verso puro»: *Valoraciones* 10, La Plata, agosto de 1926, 4); de crítica negativa en María Luisa Bastos 1974, 191-192.

[53] Giraut Riquier de Narbonne (hacia 1230-1295): uno de los últimos trovadores provenzales; vivió un decenio en la corte de Alfonso X, el Sabio (el «otro Alfonso»

mexicano: la equis es rezago español y cómo no ortografiar como la gongorina sor Juana Inés de la Cruz: «a cuyas plantas excelsas, del Águila Mexicana son basas las dos cabezas».)[54] Tan habilidoso escritor es Reyes que cada poesía suya es muchos regalos. Hay quien es noticiero de hechos poéticos (Whitman cuando no está en el comité, Fernández Moreno); hay quien les añade un halago para el oído; hay quien mira a un solo ambiente con sus palabras y procura que un aire de familia las unifique (Carriego con las palabras caseras, Guido Spano con las endebles, Andrade con las agigantadas); hay quien opone adrede palabras de ambiente contradictorio (Laforgue, Chesterton, alguna vez Enrique Heine, siempre Cocteau); hay ¡por fin! quien hace estas muchas y todas cosas y encima, para que no nos molestemos en admirarlo, se hace el pobrecito y ése es Alfonso Reyes. Reyes —como los buenos novios— es armonía del pudor y de la pasión. Es el hombre de la confidencia cortés.

No quiero mentir discordia en sus páginas, desnivelándolas con reparticiones escolares de *buena, no tan buena, mejor*. En cada una acecha un aguinaldo distinto y para el avisado lector, todos los días (y aun todos los minutos) pueden ser de pascuas de navidad. Dicho sea con otras palabras: siempre la voz de Reyes me gusta. En prosa o verso, hasta que las velas no ardan, qué más quiero que ser su contertulio callado. El mismo Valle Inclán me es posible, si quien está aludiéndolo es Reyes.

Quiero mentar alguna composición. La elegía a la muerte de Amado Nervo (pág. 28) muestra una bondad inusitadísima en esa clase de lamentaciones rituales. No nos dice que el dueño de la elegía era una sublimidad, un todo en este mundo de los casi nadies,

---

de esta frase). Una de las peculiaridades de Riquier es que fechaba sus poemas; el más antiguo de los conservados es de 1254. Aparte de escribir en loor de su rey, practicó la poesía religiosa.

[54] Véase Juana Inés de la Cruz: *Poesía lírica*. Edición de José Carlos González Boixo. Madrid: Cátedra, 1992, 169.

un énfasis de /281/ virtudes; nos insinúa que era un yo como tantos otros, mejorable, imperfecto, pero insustituible. Por eso puntualmente, por esa perdición de algo idiosincrático y único, es única tragedia el morir. Copio la última estrofa:

> EPITAFIO
> Eras cosa pequeñita:
> vivías en una nuez.
> Pero es tanta la malicia
> de morirse de una vez,
> que ya parece mentira
> lo que nos faltas después. [*OCAR* X, 84]

Reyes (digo) es héroe de la maestría que se recata, del pudor sobre la pasión, de la alegría secreta que es como llevar un pájaro vivo adentro del saco. Es señor de toda la cortesía que rinde el mundo. Cortesía, flor de bondad.

Jorge Luis Borges

***

Llama la atención cuán firme es el joven Borges en sus juicios sobre la obra del mayor. No conozco reacciones de Reyes a este texto, pero es de presumir que la hubo, como sugiere, por ejemplo, la carta siguiente (N° 4), tras otro trabajo que Borges le dedicara.

El 8 de febrero de 1927, tras varios cambios de planes, las autoridades mexicanas informaron a Reyes, quien se encontraba aún en París, de que debía pasar por México, para viajar luego a Buenos Aires. Reyes hubiese preferido permanecer en París o ser trasladado a Madrid, donde ya había sido Primer Secretario de la legación mexicana (*Correspondance* 151). Según Reyes comunicó a Larbaud por carta del 10 de marzo de 1927, saldría el 20 de ese mes de París, «para embarcar en el *Espagne* en Saint-Nazaire, rumbo a México. De allí donde descansaré breve tiempo, saldremos para Buenos Aires, donde iré a encargarme de nuestra legación en aquellas tierras» (*Correspondance* 46, cf. 153).

Paralelamente, una nota anónima en *Martín Fierro* 39, 28 de marzo de 1927, 322 (probablemente redactada por Evar Méndez) anunció la designación de Reyes como «ministro» en Buenos Aires, y el banquete organizado por Henríquez Ureña y Borges en su honor, que se concretaría, organizado por el mismo Méndez, el 17 de septiembre de 1927 (*Martín Fierro* 44-45, 15-XI-1927, 376).

En el intervalo, el 1 de abril de 1927, tuvo lugar el nombramiento oficial de Reyes, desde México, como Enviado Extraordinario y Ministro Plenipotenciario en Buenos Aires (*Correspondance* 154; Alicia Reyes 1977, 314). En junio, mientras Reyes se dirigía a Buenos Aires a bordo del vapor *S. S. Vauban* (*Correspondance* 154), Borges reseñó elogiosamente su *Reloj de sol* (Madrid, 1926) en el primer número de *Síntesis*, casi como homenaje de recepción: «Alfonso Reyes, *Reloj de sol*»: *Síntesis* 1, Buenos Aires, junio de 1927, 110-114; *El idioma de los argentinos* [1928] 1994, 106-111:

Jorge Luis Borges
Alfonso Reyes, *Reloj de sol*

Gratísimo libro conversado es éste de Reyes, sin una palabra más alta que otra y cuyo beneficio más claro es el espectáculo de bien repartida amistad que hay en su cuarentena de apuntes. Reyes es practicador venturoso de esa virtud de virtudes: la cortesía, y su libro está gobernado por ese mérito. Reyes es fino catador de almas, es observador benévolo de las distinciones insustituibles de cada yo. De tan bien conversarnos de sus amigos, nos amiga con ellos. Desde luego, más prudente es frecuentar las noticias que Reyes nos transmite sobre Valle-Inclán, que los orondos y pendulares párrafos de éste.

Reloj de sol empieza por una apología de las anécdotas: página emocionada y precisa, que transcribo para que el lector se enamore de ella; y también ¡oh, menesteres dialogísticos del oficio! para comentarla. Aquí está:

> Hay que interesarse por las anécdotas. Lo menos que hacen es divertirnos. Nos ayudan a vivir, a olvidar, por unos instantes: ¿hay mayor piedad? Pero, además, suelen ser, como la flor en la planta: la combinación cálida, visible, armoniosa, que puede cortarse con las manos y llevarse en el pecho, de una virtud vital.
>
> Hay que interesarse por los recuerdos, harina que da nuestro molino. (*Reloj de sol*, página once) [*OCAR* IV, 359]

Hay un semblante falso de contradicción en ese encarecimiento de los recuerdos y del olvido: falso, puesto que recordar una sola cosa cualquiera, es olvidarse de lo demás del mundo. No insistiré sobre esa angostura lineal de nuestra conciencia, ya denunciada por Arturo Schopenhauer; quiero pasar derecho a la anécdota y a su tasación.

En estos días se finge menospreciarla. Sin embargo, la anécdota —no en su primordial acepción de historia secreta, sino en la usual de incidente escrito o narrado, de sección breve operada sobre el destino de un hombre— es la realidad de cualquier poesía y lo que nos gusta. Lo abstraído, lo general, es cosa impoética. El ser, el incondicionado ser (esto Schopenhauer también lo premeditó) no es sino la cópula que une el sujeto con el predicado. Es decir, el ser no es categoría poética ni metafísica, es gramatical. Dicho sea con palabras de la lingüística: el depuradísimo verbo *ser*, tan servicial que lo mismo sirve para ser hombre que para ser perro, es un morfema, signo conjuntivo de relación; no un semantema, signo de representación. Pensar *Alguien hizo algo*, no es poético; pensar *En uno de los días del tiempo y en uno de los sitios del espacio, un hombre escribió*, ya casi lo es; pensar. *En una casa de la calle del Parque (esquina Suipacha) un señor alsinista se puso a escribir con letra perfilada estas cosas:*

En un overo rosao, flete nuevo y parejito... lo es con intensidad.[55] Y es que lo último es anecdótico.

A las anécdotas es costumbre contraponer las imágenes y metáforas; enemistad fabulosa pues éstas no son más que anécdotas chicas. En ensayo anterior sobre la metáfora, he procurado razonar este parecer. Reyes ha reformado la anécdota. Su prudente revolución corresponde a la solicitada por Ben Jonson para el epigrama.[56] En vez de sujetar la entera composición a la última línea, al desenlace armado, al rasgo (de antemano) asombroso, Reyes quiere que el agrado de sus anécdotas sea perpetuo. Nunca procedieron así los anecdotistas. Siempre nos propusieron su página, no de gustativa lectura, sino de desconfianza o de impaciencia o de suspensión, para recién justificarse en la última línea y callar. Leerlos tenía más de tarea que de placer. Uno se fatigaba, esperándolos. Reyes, no; Reyes nos presenta un mundito y hace como si lo dejara vivir. El riesgo de esta suerte de anécdotas desmochadas, de anécdotas sin asombro pero con encanto, sería la insipidez; Reyes ni siquiera ha tenido que precaverse de tal peligro. Alguna —«El Gimnasio de la *Revista Nueva*»— es incomparable. [*OCAR* IV, 360-362]

«Un recuerdo de Año Nuevo» —página de una tan discreta efusión— es otra de las bondades del libro. Su eficacia novelística es mucha. Cinco, seis renglones y la definición de los personajes está lograda. A don Ramón Menéndez Pidal nos lo persuade así, como quien no quiere la cosa. «A sus estancias en la sierra, que alterna con el sol de la marítima Zumaya, debe D. Ramón, seguramente, ese salutífero color de barro cocido que ha heredado de él su hija Jimena. D. Ramón es hombre que escribe con las ventanas abiertas, en

---

[55] «En un overo rosao...»: verso con que comienza el *Fausto* (1866) del poeta gauchesco argentino Estanislao del Campo (1834-1880).

[56] Ben Jonson: *Epigrams*. Londres, 1616 (Folio edition). No encuentro en ella ningún pasaje que certifique la afirmación de Borges, pero debe considerarse que éste no alude, quizás, a un texto, sino a la práctica epigramática de Jonson.

pleno invierno, envueltas las piernas en la manta española» (*Reloj de sol*, página sesenta y siete). [*OCAR* IV, 394-395]

La consideración «De microbiología literaria» también me está llamando a la crítica. [*OCAR* IV, 375-377] En ella, el escritor se conduele de las palabras venidas a menos o aplebeyadas; de la palabra *gracia* que ahora significa *chiste* o *chocarrería*, de la palabra *habilidad* que hoy es equivalente de astucia. Esa denigración la operan las malas artes de la plebeyez, que todo lo acomoda a su imagen. Otra, no registrada allí, es la motivada por el abaratamiento de los elogios. Hablo de los elogios gruesos, atropellados, sin valoración, de los que pueden ser tan incómodos y tan zafios como una injuria. ¿Qué decir de la intemporalidad terrible de Dios, si la piedra que perdura muchos años ya es cosa eterna? ¿Qué adjetivación será propia de la divinidad, si un jarrón de barro es *divino*? Para el gacetillero español, no hay sacerdote sin su *virtuoso*, no hay comerciante sin su *probo*, no hay señorita sin su *bellísima*, no hay auditorio sin su *numeroso* y *selecto*. Esa constancia casi homérica de los epítetos no es tampoco una seña de exaltación; es alargamiento inútil de las palabras. No es ni conceptual ni emotiva: escribir *la bellísima señorita de Tal* no es emocionarse con ella ni formular un juicio estético o seudo estético; es —únicamente— nombrarla. En tales casos, la ya inseparable adjetivación hace de prefijo, pero de prefijo haragán. El vocablo señorita se pierde y es desbancado por neologismo cargoso: *bellísima señorita*. (A la simulación de las alabanzas corresponde —signo también de mezquindad— la de las injurias. Hay fórmulas, universalmente aplicables, de injuria y tan bochornosa perfección hemos alcanzado que todo marinero borracho, con sólo chapurrear una de estas fórmulas, puedes manosear nuestra paz y obligarnos a la pelea, al bastonazo o a la cobardía. ¡Tan convencional es la cosa! Hay literato en Groenlandia que cuando dice *Fulano de Tal es un degenerado y plagiario*, lo que quiere decir, es: *Fulano de Tal no frecuenta la misma confitería que yo* y así se lo entienden.)

Releo este afabilísimo *Reloj de sol* y una curiosidad clandestina —la misma que ha desordenado más de una vez mis lecturas de Unamuno, de Tomas de Quincey,[57] de Hazlitt— me hace preguntar: Este hombre tan sagaz, tan inteligente de los delicados errores y de los delicados aciertos de todo escrito, ¿creerá de veras en la venerabilidad de las letras, en la perfección durante dos horas? La interrogación es íntima, ya lo sé; voceada en la mitad del día, sin un declive propiciatorio de dudas, parece lastimar el más secreto pudor de la inteligencia. Quizá fuera más posible de noche, en esas horas anónimas y alargadas que son los arrabales del alba y en que el atrevimiento de trasnochar se hace discutidor y en las que razona el desgano físico... Indecible o no, mi indiscreción es demasiado íntima para ser satisfecha por otro que Alfonso Reyes, y ése, quién sabe. A lo mejor, él mismo lo ignora. (Hay negocios demasiado íntimos y definitivos para ser tarea de nuestro pecho.)

Hay quien descree del arte —Quevedo, barrunto, fue uno de sus mayores incrédulos— y quien aparenta negarlo y sin embargo firma libros y corrige pruebas y reivindica para sí una prioridad, como los dadaístas. Reyes bien puede asemejarse a Quevedo. Esos miramientos con Góngora, esa su piadosa tertulia de «Los amigos de Lope», ¿no están insinuándonos que le interesa más la pregustada (posgustada) realidad de esos escritores que la de su tan laureada escritura?

***

Reyes respondió mediante la siguiente carta al comentario de Borges:

---

[57] Acerca de la relación entre Borges y De Quincey, no estudiada hasta hoy como lo merece, prepara Jerónimo Ledesma una monografía; véanse, entre tanto, sus trabajos: «Entre De Quincey y Borges: Metodología crítica en literaturas comparadas»: *Anclajes* VIII.8, Buenos Aires, diciembre de 2004, 153-180; «De Quincey's Image in Borges' Literature»: Estela Valverde, ed.: *Jorge Luis Borges: English Literature and other Inquisitions*, Sydney: Berrima/Southern Highlands Publishers, 72-91 (en prensa). Ledesma ha traducido, además, algunos textos de De Quincey al castellano: *La farsa de los cielos. Ensayos*. Selección, traducción, prólogo y notas. Buenos Aires: Paradiso, 2005, y *Bosquejo de la infancia*. Traducción, prólogo y notas. Buenos Aires: Caja Negra, 2006.

[4]

[Carta de AR a JLB, 1 p. mecanografiada (falta en otras recopilaciones; «Capilla Alfonsina» N° 30; fotocopia donada por NN):]

[Sobre:] [Membrete:] Alfonso Reyes / Enviado Extraordinario y Ministro / Plenipotenciario de México // [Sello:] Estados Unidos Mexicanos / Legación en la República Argentina / [A mano:] Sr. D. Jorge Luis Borges / Quintana 222 / Buenos Aires / [Sello:] Correspondencia / libre de [ilegible]

[Carta:] [Membrete:] El Embajador de México

Buenos Aires, 12 de julio de 1927

Mi querido amigo Borges:

Deliciosa para mí (¡y tan terrible en sus insinuaciones finales!) esa página sobre el *Reloj de Sol.* ¡Qué acompañado me siento cuando leo sus palabras sobre mis libros! Por ahora, no puedo contestarle a esa pregunta. Acaso yo mismo la he llevado adentro sin darme cuenta. Ahora, cuando usted la precisa, no va a haber más remedio que dejarla prosperar y crecer en mi corazón, a ver qué frutos da con el tiempo. Dos veces he sentido esto mismo: ahora, leyéndolo, y cuando —hace años— una muchacha me atravesó un brazo con un largo alfiler de sombrero ¡de aquéllos de aquél tiempo! Sólo que usted me ha clavado el hilo de acero en plena conciencia.

Suyo, muy de veras, y muy agradecido,

Alfonso Reyes

***

Reyes había llegado a Buenos Aires pocos días antes, el 2 de julio de 1927. En entrevista aparecida al día siguiente en *El Diario*, menciona a algunos escritores argentinos cuyas obras leyera en París. Tras aludir a Lugones, a Ricardo Rojas y a Ingenieros, representantes egregios de la generación argentina anterior, agrega (*ARA* 80-82):

> De los nuevos hablaré de Jorge Luis Borges y de Oliverio Girondo, quienes son, para mí, expresiones acabadas del movimiento que sella la nueva generación americana.[58]

Poco después, *Martín Fierro* inauguró su número 42 (10-VII-1927, 351-354) con «Verso y prosa de Alfonso Reyes»,[59] al que saludó en la página siguiente, en un evidente esfuerzo por congraciarse con él, quizás a instancias de Henríquez Ureña:

> *Martín Fierro* saluda a Alfonso Reyes y, con motivo de su presencia en Buenos Aires, dedica estas páginas a México. Con ellas presenta a los argentinos algunos de sus grandes artistas y poetas nuevos entre los cuales él se cuenta.

Aparte de la reproducción de sus poemas «Charca de luz» y «Conflicto»[60] y de la breve prosa «Romance viejo» de Reyes (textos repro-

---

[58] Sobre la relación entre Reyes y Girondo, véase Rose Corral: «Notas sobre Oliverio Girondo en México. Introducción a un texto de Xavier Villaurrutia y a la correspondencia Reyes/Girondo», así como la «Correspondencia entre Oliverio Girondo y Alfonso Reyes», en Oliverio Girondo: *Obra completa*. Edición crítica. Coordinador: Raúl Antelo. Madrid: ALLCA XX, 1999 (Archivos, 38), 454-464 y 465-474. Acerca de Girondo, véase Jorge Schwartz 1987 y 2007.

[59] Conjeturo que esos textos habían sido enviados por Reyes, originalmente, a la revista *Proa*, para la cual había anunciado, mediante misiva de mayo de 1925, colaboración nunca publicada allí (la revista cesó de aparecer a comienzos de 1926). Según esta hipótesis, Borges habría traspasado el material a *Martín Fierro*.

[60] «Charca de luz» y «Conflicto» son poemas originarios del año 1919, recogidos en *Huellas* (México, 1922). El segundo figura en *OCAR* X, 85-86. El primero, que

ducidos en *ARA* 95-97), el número contiene una carta abierta de Jorge Cuesta (fechada en México el 9-IV-1927) a Guillermo de Torre, en la cual critica el artículo de éste titulado «Nuevos poetas mexicanos», aparecido poco antes en *La Gaceta Literaria* 6, Madrid, 15-III-1927, 2; Torre había escrito allí sobre Xavier Villaurrutia, Salvador Novo, Carlos Pellicer, Jaime Torres Bodet y otros.[61]

La página siguiente ofrece «Seis poetas nuevos de México» —precisamente con poemas de algunos de los autores ya tratados por Torre: Salvador Novo («Temprano»), Bernardo Ortiz de Montellano («Croquis»), Francisco Monterde García Icazbalceta («Hai-Kais»), Carlos Pellicer («El puerto»), Enrique González Rojo («La maestra rural»), Xavier Villaurrutia («Pueblo/A Diego Rivera»). Entre la primera y la tercera página del periódico se reproducen ilustraciones de Abraham Ángel (*Retrato de la Srta. Esperanza Crespo*), Diego Rivera (*Dibujo*), Clemente Orozco (carbón *La Chole*, fresco *Soldaderas*), Máximo Pacheco (*El hogar, El grito*), Ángel Zarraga (óleo *En la intimidad*), Carlos Bracho (*El abrazo*, escultura en granito rosa). El homenaje a México se cierra con una elogiosa reseña del *Pero Galín* de Genaro Estrada a cargo de Ricardo E. Molinari.

Al día siguiente de la aparición de *Martín Fierro*, el 11 de julio se nombra a Reyes, desde México, Embajador Extraordinario y Plenipotenciario.

Pocos días más tarde, Reyes recibirá una misiva de Evar Méndez:

Reyes eliminó de su obra poética, fue publicado en la revista del español Humberto Rivas, *Sagitario* 12-13, México, 1-IV-1927 (acerca de éste, véase la monografía de Pilar García-Sedas. Sevilla: Renacimiento, 2009).

[61] Es el mismo número de *La Gaceta Literaria*, por lo demás, en el cual Torre desatará con un artículo sin firma la infausta polémica del «Meridiano intelectual de Hispanoamérica». El artículo que provocara la carta de Cuesta suscitó también una de Xavier Villaurrutia, que *Martín Fierro* había publicado en el número anterior, 41, del 28-V-1927.

[EM.01]

[Tarjeta de EM a AR, mecanografiada («Capilla Alfonsina», EM N° 1):]

[Membrete:] MARTÍN FIERRO / Periódico quincenal de arte y crítica libre / Dirección y Administración: Tucumán 612, 3°.[62] Buenos Aires, R[epública] A[rgentina].

Buenos Aires, 27 de julio de 1927

Evar Méndez se complace en saludar con la más alta consideración al Señor Doctor Don Alfonso Reyes, Embajador de México en la Argentina y tiene el gusto de remitir al maestro ilustre y admirado poeta, una serie de los últimos ejemplares de *Martín Fierro* en algunos de los cuales se trata su personalidad y de su patria.[63] El último publicado consagra a México algunas páginas, como un modesto homenaje al Señor Embajador.

Mucho le agradaría presentarle personalmente sus respetos.

***

---

[62] El local de la calle Tucumán, cuyas ventanas daban a la calle Florida, había sido inaugurado el sábado 10-VII-1926, con una fiesta a la que asistió, entre muchos otros, Jorge Luis Borges (*Martín Fierro* 32, 4-VIII-1926, 239).

[63] Méndez debe haber enviado a Reyes, con esta misiva, los números 40 y 42 de *Martín Fierro*, con material en su honor.

Pedro Henríquez Ureña debe haber sido el primero en hablar a Reyes de Evar Méndez; que en una carta del 20 de julio de 1925 le decía (*Epistolario* III 293):

> Hay [en Buenos Aires] muchas revistas, y muy costosas; pero sólo dos que se propongan cosa concreta: *Proa* y *Martín Fierro*, las ultraístas. En *Proa*, vale Borges; son muy simpáticos Güiraldes y su mujer, Adelina del Carril, y su cuñada Delia del Carril, que no escribe; Oliverio Girondo también; y Evar Méndez, el director de *Martín Fierro*: como Cansinos, es *antiguo*, pero amigo de los *modernos*.

Unas semanas después de su llegada al país, el 8 de agosto de 1927, Reyes presenta sus credenciales al presidente Alvear, con cierto retraso suscitado por una enfermedad del mandatario argentino (*OCAR* XIV, 164-165). El 14 del mismo mes visita La Plata con un grupo de la revista *Valoraciones* (Alicia Reyes 1977, 150-153) — grupo al que seguramente perteneció Borges. El 24, día de su cumpleaños, Borges asiste al gran banquete que *Nosotros* ofrece a Reyes (*Nosotros* 221, octubre de 1927, 106-121; Alicia Reyes 1977, 154-158), al cual concurrieron numerosas personalidades del mundillo literario porteño: Alfonsina Storni, Pedro Henríquez Ureña, Julio Rinaldini, Ricardo Rojas y otros. El discurso del mexicano alude a rumores según los cuales no estaría muy entusiasmado con su designación en Buenos Aires.

El 17 de septiembre de 1927, tiene lugar una comida en honor de Reyes, organizada por el periódico *Martín Fierro*, en el restaurante «La nuova stella di Posillipo». El menú, así como la lista de invitados/invitantes, surge de una tarjeta impresa, de la cual se conserva un ejemplar en la «Capilla Alfonsina», entre el material de Evar Méndez:

[EM.02]

[Tarjeta impresa de ambos lados, fechada un día antes, pero remitida tras EM.03. («Capilla Alfonsina», EM N° 2-3):]

[Buenos Aires, 7 de septiembre de 1927]

[Membrete:] MARTÍN FIERRO / Periódico quincenal de arte y crítica libre

y sus amigos de los grupos de INICIAL y REVISTA DE AMÉRICA de Buenos Aires y VALORACIONES de La Plata, desean el placer de su compañía y se honran invitándole a la comida de fraternidad intelectual y artística que dedican al ilustre escritor Doctor ALFONSO REYES, embajador de México en Argentina.

La comida se realizará el Sábado 17 de Septiembre, a las 20 y 30, en el Restaurant LA NUOVA STELLA DI POSILLIPO, Suipacha 560.

Saludan a usted con su distinguida consideración[64]

Luis Aznar, Francisco Luis Bernárdez, Alfredo Bigatti, Norah Borges, Jorge Luis Borges, Eduardo J[uan] Bullrich, Enrique A. [E.] Bullrich, José B. Cairola, Leónidas Campbell, Lucio Cornejo, Hipólito Carambat, Andrés L[uis] Caro, Luis F. de Elizalde, Delia del Carril, Augusto Mario Delfino, Leónidas de Vedia, Carlos Alberto Erro, Macedonio Fernández, ~~Octavio~~ [Jorge] Fioravanti,[65] Lysandro Z. D. Galtier, San-

---

[64] Completo o corrijo los nombres cuando es necesario.
[65] Corregido a mano en la tarjeta, ¿por Reyes? El nombre correcto es, sin embargo, José Fioravanti (escultor argentino). Cf. Leopoldo Marechal: «Fioravanti y la escultura pura»: *Martín Fierro* 43, 15-VIII-1927, 371. En la misma serie en que apareció, en 1930, el texto de Borges sobre Pedro Figari se preveía, entre otros, la aparición de un trabajo sobre Fioravanti (también integrante de la agrupación cultural «Camuatí»), que no llegó a publicarse.

tiago Ganduglia, Roberto García Pinto, Luis Góngora, Enrique González Trillo, Enrique González Tuñón, Raúl González Tuñón, Antonio Gullo, Pedro Henríquez Ureña, Leopoldo Hurtado, Alejandro Korn, Guillermo Korn, Norah Lange, Vizconde Emilio Lascano Tegui, Francisco López Merino, Eduardo A. Mallea,[66] Leopoldo Marechal,[67] Evar Méndez, Ricardo E. Molinari, Victoria Ocampo, Nicolás Olivari, Arnaldo Orfilia [Orfila], Roberto A. Ortelli, Ildefonso Pereda Valdés, Ulises Petit de Murat, Emilio Petorutti [Pettoruti], Sandro Piantanida, [Sixto] Pondal Ríos, Alberto Prebisch, Juan Carlos Rébora, Absalón Rojas, Nerio Rojas, Pablo Rojas Paz, A[níbal] Sánchez Reulet, Raúl Scalabrini Ortiz, [Antonino] Lamberti Sorrentino, Gastón O. Talamón, Juan B. Tapia, Adolfo Travascio, Ernesto E. Vautier, Juan Manuel Villarreal,[68] Miguel A. Virasoro, A[lejandro] Xul Solar.[69]

Buenos Aires, Septiembre 7 de 1927.

[66] Eduardo Mallea Abarca (1903-1982): Escritor (cuento, novela, ensayo) y periodista argentino. Obras: *Cuentos para una inglesa desesperada* (1926), *Historia de una pasión argentina* (1937), *La bahía de silencio* (1940), *Todo verdor perecerá* (1941), *La guerra interior* (1963), *Poderío de la novela* (1965), *La barca del hielo* (1967), *Triste piel del universo* (1971). Participó en el proyecto *Sur* desde el comienzo. A partir de 1931 dirigió el importante Suplemento literario de *La Nación*. Se conserva una voluminosa correspondencia con Guillermo de Torre en la Biblioteca Nacional (Madrid), cuya edición preparo. Serge I. Zaïtzeff publicó en el 2008 parte de su correspondencia con Reyes.

[67] Marechal, Leopoldo (1900-1970): Escritor y poeta argentino, de tendencia católica; comulgará luego con el peronismo, movimiento populista de derecha, a partir de la década del 40. Colaboró en *Martín Fierro*, *Libra* (1929), *El Mundo*, *Sol y Luna* (1939). Obras: *Los aguiluchos* (1922), *Días como flechas* (1926), *Odas para el hombre y la mujer* (1929). Su novela *Adán Buenosayres* (1948) reelabora desde un punto de vista religioso sus experiencias en la vanguardia de los años 20; figuran en ella las personas más importantes del entorno vanguardista, travestidas bajo otros nombres.

[68] Se conservan cartas intercambiadas entre Reyes y Villarreal, recogidas aquí en el sitio pertinente (véanse los capítulos «1928», «1949», «1951», «1956» y «1958»).

[69] La lista se lee como un «Quién es quién» de la generación literaria porteña de vanguardia llamada «martinfierrista». Llevaría muy lejos trazar una semblanza de cada uno y estudiar sus relaciones entre sí o con Reyes, aunque sería, por cierto, muy iluminador.

[reverso]

Restaurant y Pizzería «La Nuova Stella Di Posillipo»

Comida en Honor de
ALFONSO REYES

- MENÚ -
Sopressata Napolitana
Jamón cocido y crudo
*
Vermicelli alle vongole
*
Cazuela di pesce
*
Pollo allo Spiedo con ensalada
*
Gateau renversée alla
«Nuova Stella Di Posillipo»
*
Frutas surtidas
Vino de Sorento
*
Spumante
*
Café
Retirar los cubiertos antes de las 19 horas del día de la comida
CUBIERTO $ 5.-

***

Acerca de los inconvenientes que hubo para organizar ese banquete informa la siguiente misiva de Méndez a Reyes:

[EM.03]

[Carta de EM a AR, 1 p. mecanografiada («Capilla Alfonsina», EM N° 6):]

[Membrete:] MARTÍN FIERRO / Periódico quincenal de arte y crítica libre / Dirección y Administración: Tucumán 612, 3°. Buenos Aires, R[epública] A[rgentina].

Buenos Aires, (R. A.), Jueves 8 de septiembre de 1927

Señor Doctor Don Alfonso Reyes
Embajador de México en Argentina.

Maestro e ilustre amigo:

Mis camaradas de *Martín Fierro* y yo nos hemos visto obligados a postergar la fecha de la comida que proyectamos ofrecerle a usted y ha tenido la gentileza de aceptarnos,[70] debido a una circunstancia inesperada: la ausencia repentina del dueño que fuera del Restaurant «Al popular Pinot», situado en el Paseo Leandro Alem, que, llamado a Mar del Plata para hacerse cargo del nuevo local que allí abrirá (vendió últimamente su negocio de aquí de Buenos Aires) resolvió anular nuestra comida y otras que tenía encargadas. Así las cosas nos fue menester renunciar al pintoresco paraje y típico Restaurant, y, mientras encontramos otro, decente y de buena comida, se pasaron varios días.

Tenemos ya encargada la comida para el día Sábado 17 del corriente, fecha que le ruego a usted acepte, siempre que eso no le interrumpa sus obligaciones sociales. Será una comida de todos los

---

[70] Un agasajo a Reyes por parte de las revistas jóvenes (*Martín Fierro, Valoraciones*, etc.) se había previsto ya en julio de 1927, a instancias de Pedro Henríquez Ureña y de Jorge Luis Borges (cf. *Martín Fierro* 39, 28-III-1927, 322).

grupos de las revistas jóvenes unidas a *Martín Fierro*. Somos sesenta y tantos los invitantes, Señoras, niñas y jóvenes escritores y artistas, de los cuales dos terceras partes representan a este periódico. La comida se realizará en el «Restaurant y Pizzería Alla Nuova Stella di Posillipo», Suipacha 560, al lado del Club Francés, y frente a la casa Calpe, en el corazón del barrio más viviente y activo de la ciudad. A la espera de su conformidad le saluda con el mayor afecto S.S.S.

Evar Méndez

***

Pocos días después, Méndez volverá a escribir a Reyes; al parecer adjuntó la misiva anterior a ésta:

[EM.04]

[Carta de EM a AR, 1 p. manuscrita («Capilla Alfonsina», EM N° 7):]

Buenos Aires, 12 de septiembre de 1927

Señor
Don Alfonso Reyes
Embajador de México en Argentina

Ilustre amigo y maestro:

He esperado a tener en mi poder las invitaciones a la Comida en su honor para responderle su amable comunicación en lo relativo a la hora. Está invitada la gente para las 8 $^1/_2$ se ha de comenzar sin duda a las 9.

Como usted verá por el Menú —¡harto modesto!— se trata de una comida napolitana, cosa muy natural en esta ciudad cosmopolita, y donde es más fácil hallar manjares de cocina extranjera que nacional. El nombre es la especie del restaurant, la mayoría, por otra parte.

Mi deseo, como el de Girondo, hubiera sido llevarle a usted a un sitio de ambiente más pintoresco, pero confío en que, más adelante, se ha de presentar la oportunidad de una visita al Paseo de Julio, a la Boca, a los restaurantes típicos de Calle Entre Ríos, la Rivera, Mataderos, Abasto, donde hay más color; por lo menos a la Cortada de Carabelas, frente al Mercado del Plata.[71]

Un par de compañeros, probablemente Borges y Molinari, pasará a buscarle a usted el día de la comida.

Le saluda con el mayor afecto su amigo

Evar Méndez

***

Subsiste una versión jocosa del menú ofrecido en la ocasión, que parodia la anteriormente citada (Miguel de Torre Borges: *Borges. Fotografías y manuscritos*. Buenos Aires: Renglón, 1987, 87):

Restaurant «La Nuova Stella Di Posillipo»

Comida en Honor del

Dr. ALFONSO REYES
Embajador de México en la Argentina

MENÚ

---

[71] Sitios del centro de Buenos Aires, en la cercanía del Obelisco —que aún no había sido erigido.

Sopresata Napolitana á la Xul-Solar

Vermicelli á le Vongole á la Pian Tanida

Cazuela de pesce á la Borges

Pollo á lo Spiedo á la Guillermo [de] Torre

Gateau «Stella de Posillipo» á la Pereda Valdés

Frutas surtidas á la Norah Lange

Café á la Molinari

Vino de Sorrento á la Sorrentino

Spumante á la Marechal

17 de Septiembre 1927

***

El banquete, al cual asistieron, entre otros, Xul-Solar, Sergio Piantanida,[72] Guillermo de Torre (recién llegado a Buenos Aires, tras abandonar España el 17 de agosto de 1927), el uruguayo Ildefonso Pereda Valdés, Norah Lange, Ricardo Molinari, Leopoldo Marechal y el vizconde de Lazcano Tegui, fue organizado conjuntamente por *Martín Fierro, Inicial, Valoraciones* y *Revista de América*. Borges y Marechal leyeron un «discurso dadaísta», indulgentemente perdido;

---

[72] Al respecto, cf. Carlos García, *El joven Borges*, 2000, cap. II («*Luna de enfrente*: génesis de un título»), 81.

Norah Lange y Molinari, sendos poemas de su autoría, y Rojas Paz un discurso (reseña sin firma, quizás de Méndez: «Homenaje a Alfonso Reyes»: *Martín Fierro* 44-45, 15-XI-1927, 376).

La serie de homenajes y el tono jocoso de algunos de los encuentros suscita una falsa impresión: Reyes estaba muy insatisfecho con la asignación que le tocara en suerte, a pesar del mentís que contenía su discurso en el banquete ofrecido por *Nosotros*. Por un lado, hubiese preferido permanecer en Europa; por otro, encontraba el paisaje geográfico y espiritual de Buenos Aires chato y sin lustre. Se quejaría de ello a menudo en su *Diario* y en la correspondencia con Larbaud (aunque en ésta sólo hay testimonios a partir de 1929).

Pese a su desgano a colaborar en el periódico, Reyes profundizó en el banquete de septiembre de 1927 su conocimiento con Evar Méndez, gerente y motor de *Martín Fierro*. De esta manera se establece una de las relaciones basales que conducirán, más tarde, a la creación de la serie *Cuadernos del Plata* dentro del programa de la Sociedad Editorial Proa. A fin de año, sin embargo, el periódico *Martín Fierro* cesó de aparecer. Como sobre ello se vierten una y otra vez versiones erróneas, conviene estudiar ese episodio, lo cual hago en el apéndice incluido a continuación.

Evar Méndez y el final de *Martín Fierro*
Leyendas y verdades[73]

En febrero de 1924 había visto la luz, en Buenos Aires, el periódico *Martín Fierro*, uno de los órganos más influyentes de la vanguardia literaria argentina, y uno de los primeros de tirada masiva. Del

---

[73] La primera versión de este texto apareció en *Esperando a Godot* 6, Buenos Aires, agosto de 2005. Una versión aumentada apareció en *letras-uruguay.espaciolatino.com/ aaa/garcia_carlos/evar_mendez.htm*. Esta versión es reducida, ya que adecuada a las conveniencias del contexto en el presente trabajo.

grupo de cambiantes directores, que incluyó a Oliverio Girondo y a otros autores argentinos de relieve en el momento, sobresale la figura de Evar Méndez (en realidad, Guillermo Evaristo González Méndez), el único timonel que acompañó al periódico en todas sus vicisitudes, desde el comienzo posmodernista, pasando por las renovaciones vanguardistas, hasta el abrupto final en diciembre de 1927 (aunque el último número apareció con fecha 15-XI-1927, en cifrado homenaje al entierro de Güiraldes).

Evar Méndez había nacido en la provincia de Mendoza, al pie de los Andes, el 14 de noviembre de 1885 (no en 1888, como a menudo se asegura), en el seno de una prolífica familia conservadora. Casó con May Carnie, una joven escocesa, con quien tuvo un hijo y una hija. Falleció en Buenos Aires el 22 de diciembre de 1955, a consecuencia de un cáncer de hígado, de doloroso pero rápido desenlace.

Paralelamente a su labor literaria, Evar Méndez fue empleado público, tanto en Mendoza como en Buenos Aires, a donde pasó hacia 1911. Durante su juventud compuso algunos poemarios de tendencia modernista, el primero de los cuales (*Palacios de Ensueño*, 1910) fue prologado por Ricardo Rojas, uno de las más importantes autores de la época. Aunque a él siguieron otros libros (*Canción de la vida en vano*, 1915, que fue acogido en varias antologías; *El jardín secreto*, 1923; *Las horas alucinadas. Nocturnos y otros poemas*, 1924), Evar Méndez desarrolló su obra principal en el periodismo, tanto como colaborador de numerosos órganos, como en su calidad de fundador y/o director de otros. Baste mencionar que fue uno de los fundadores y directores de los periódicos *Martín Fierro* (primera época, 3 números, marzo-abril de 1919), *¡La Gran Flauta...!* (3 números, abril-mayo 1921), y del consagratorio *Martín Fierro* (segunda época, 45 números en 37 entregas, de febrero de 1924 a fines de diciembre de 1927). Antes y después de su trabajo en *Martín Fierro*, Méndez se dedicó a la crítica de obras de teatro y de música, y luego también de discos (en especial, de jazz) y de cine. Su interés por el arte moderno abrió puertas a artistas que, sin él, habrían tenido grandes dificultades para asentar su obra en la Argentina, como Emilio Pettoruti, Xul Solar y Norah Borges.

La labor de Méndez al frente de proyectos editoriales fue pionera en el país. A su incansable esfuerzo se deben los frutos de las editoriales Martín Fierro y Proa, paradigma, esta última, de la literatura de vanguardia argentina de la primera mitad del siglo XX. Importante también fue su labor como difusor de la obra de autores jóvenes, que lo llevó tempranamente a dar conferencias, a organizar programas radiales y a publicar folletos y artículos en la prensa. Entre esos títulos merecen rescatarse «La joven literatura argentina. De una nueva sensibilidad en nuestra poesía» (*El Orden*, Tucumán, 31 de diciembre de 1924), «Doce poetas nuevos», aparecido en dos entregas de la revista *Síntesis* (Buenos Aires, septiembre y octubre de 1927), «La generación de poetas del periódico *Martín Fierro*» (*Contrapunto*, Buenos Aires, agosto de 1945) y «Vingtième anniversaire d'un journal célèbre» (*La Revue Argentine* 33, París octubre de 1945).

Martín Fierro 44-45, fechado 15-XI-1927 (pero salido, como ya señalé, a fines de diciembre) sería el último número del periódico, si bien otros estaban planeados y fueron anunciados: el número doble 46-47, de «salida inminente», estaría dedicado a Ricardo Güiraldes (con textos de Borges, Arlt y otros);[74] el 48-49, febrero de 1928, sería el número aniversario, y el número 50, planeado para marzo de 1928, debía traer, entre otras cosas, el índice de todos los números aparecidos (cf. las páginas 376, 377 y 389 de la reedición facsimilar del periódico).

---

[74] Se conservan los materiales de ese número 46-47, dedicado a Güiraldes, entre ellos un texto (inédito) de Borges, que éste envió a Evar Méndez con carta del 20-XII-1927. Borges había compuesto dos versiones de ese texto, una exaltada y otra sobria. Subsisten también otros materiales, entre ellos, la versión mecanografiada por Méndez con miras a la publicación, en la Academia Argentina de Letras (Buenos Aires), que anuncia desde el año 2000 publicarlos próximamente.

Según quiere la leyenda, el periódico habría dejado de aparecer por desavenencias políticas entre Evar Méndez y quienes querían hacer del periódico un órgano de propaganda yrigoyenista. Los colaboradores del periódico que habían apoyado a Irigoyen en declaraciones públicas (por ejemplo, con una solicitada en el diario *Crítica*, del 27 de diciembre de 1927) se habrían sentido ofendidos por el comentario sin firma que apareció en *Martín Fierro* 44-45, 380 (verosímilmente de Méndez). Ello habría impulsado a algunos redactores a abandonar el periódico, y esto, a su vez, habría conducido a su clausura. Tal es, en líneas generales, la versión que da Girondo en su *El periódico Martín Fierro. Memoria de sus antiguos directores (1924-1949)* (reproducido en Jorge Schwartz, ed.: *Homenaje a Girondo*, 1987, 126):

> Aún se escuchaban las resonancias de este pintoresco episodio «meridional» cuando sobreviene el conflicto que ha de provocar la desaparición de *Martín Fierro*. Un nutrido y caracterizado grupo de redactores apoya la candidatura a la segunda presidencia de Don Hipólito Yrigoyen, y pretende que el periódico la sostenga. Evar Méndez les recuerda en una nota que *Martín Fierro* se ha impuesto una absoluta prescindencia política y les señala los peligros que ella [la política] entraña para el periódico y para la unidad del movimiento «martinfierrista». Pero ante los violentos ataques con que la contestan [la nota de EM] y la amenaza de una gravísima escisión prefiere permanecer fiel a los ideales de *Martín Fierro* y cerrarlo definitivamente.

Aunque el mismo Evar Méndez sanciona inexplicablemente esa versión de los hechos, los datos a mi alcance coinciden en contradecirla: *Martín Fierro* dejó de aparecer, muy probablemente, por cuestiones financieras, y no por disputas políticas. Es cierto que algunos integrantes del Comité Yrigoyenista escribieron a Méndez una agresiva carta de protesta y se desligaron del periódico: esa misiva, firmada por Francisco Luis Bernárdez, Leopoldo Marechal y Jorge Luis Borges lleva la fecha 4 de enero de 1928 (es decir, fue escrita pocos días después de la aparición del último número de *Martín Fierro*). Ulyses Petit de Murat la recoge en *La noche de mi ciudad*. Buenos Aires: Emecé, 1979, 146-147:

> Los que suscriben se desmemorian de *Martín Fierro* por las siguientes razones:
>
> a) Por la salvedad prudencial y no enteramente ignorante de su conchavo en la Casa Rosada cometida por usted en nuestra revista.[75]
> b) Porque sus victrolas, maquinitas de afeitar, escafandras, patines y demás cachivaches nos parecen tan retóricos como los palacios de ensueño de la versificadora antigüedad.[76]
> c) Porque no entendemos con qué derecho se adjudica usted la representación /147/ de *Martín Fierro* contra quienes somos su realidad.[77]
> d) Porque no nos interesa publicar con censura y contraveneno.
> e) Porque nuestra política es una actividad noble y fundada y no un asustado tejemaneje como el que traiciona su nota.
> f) Porque la religión y la política son seriedades y no pretextos de bajezas.[78]
>
> Deseándole una larga otra vida entre maledicencias y erratas, le repetimos nuestra larga y constante separación.

---

[75] Méndez trabajaba en la secretaría de la Presidencia de Alvear, y habría sido, por ello, opositor de Yrigoyen. La imputación peca por ligereza, ya que Méndez no tenía ningún cargo político, sino administrativo.

[76] Alusiones irónicas, al comienzo del párrafo, a algunas cosas que coleccionaba Méndez (los jóvenes acudían a menudo a su casa a escuchar los últimos discos de jazz); al final, se ironiza sobre el primer poemario de Méndez: *Palacios de Ensueño* (1910).

[77] Conviene recordar que Méndez fue uno de los fundadores y directores del periódico, y que, por ello, poseía, en efecto, el derecho a considerarse su representante.

[78] La peligrosa amalgama de «religión y política» separará pronto al agnóstico y liberal Borges de los ultracatólicos y fascistoides Bernárdez y Marechal.

Y agrega:

> Debajo de los nombres de Marechal, Borges y Bernárdez iba una aclaración que decía, con pronóstico no realizado, «directores de la revista *Proa*, que reaparecerá en marzo».[79]

Ahora bien, pese a la recepción de esa carta, Méndez siguió planeando la aparición del número siguiente del periódico y en una carta dirigida al «Querido e ilustre Mago» Xul Solar, del 20 de enero, dice, como si nada hubiera ocurrido:

> Necesito tu presencia, primero para contemplarte, luego para pedirte que copiemos corrigiendo a tu sabor tu traducción de Novalis,[80] que va en el N° del periódico que estoy armando, ya en prensa, y, finalmente, para pedirte que veas los cuatro clichés de tus obras que publicaré. Han salido de primer orden y creo no habrán de requerir corrección. Pero, si tú deseas hacerlas, ahí están a tu disposición.

Semanas más tarde, Méndez vuelve a escribir a Xul Solar (tarjeta del 1 de febrero):

> Te mando las pruebas, que te esperaban ayer, como era convenido, en el escritorio *M.F.* [...] ¿No podrías hacerme unas cuantas viñetas, adornos, *cul de lampe* para el periódico?

---

[79] Sobre esta tercera época, no realizada, de *Proa*, cf. Carlos García: «Alfonso Reyes y *Proa* (1928)»: *Proa* 45, Buenos Aires, enero-febrero de 2000, 161-163, y en Internet: www.alfonsoreyes.org, Colaboraciones, 25-X-2004; los materiales pertinentes fueron recogidos en el presente volumen.

[80] En la biblioteca de Xul (Pan-Klub, Buenos Aires), se conserva un ejemplar de *Novalis' Werke*. Berlin/Leipzig/Wien/Stuttgart: Deutsches Verlagshaus Bong & Co., sin fecha (con firma autógrafa de Xul). No veo que esa traducción de Novalis llegara a ser publicada.

Como si ello fuera poco, se conserva otro material, que apunta en la misma dirección: independientemente de que algunos integrantes del plantel le hubieran vuelto la espalda, el periódico seguía con vida y organizaba reuniones. Así se desprende de un volante de invitación para una «Comida en Honor de Norah Lange», impreso en el anverso y el reverso, fechado el 18 de abril de 1928.

MARTÍN FIERRO/PERIÓDICO DE ARTE Y CRÍTICA LIBRE/CALLE TUCUMÁN 612

Sus redactores y colaboradores, y sus amigos de los grupos de *Inicial* y *Revista de América*, de la Capital, y *Valoraciones*, de La Plata, aspiran al placer de su grata presencia y se honran invitándole a participar en la comida de fraternidad intelectual y artística que dedican a NORAH LANGE, la deliciosa autora de *Calle de la tarde, Los días y las noches,* y *Voz de la Vida*, para despedirla con motivo de su inmediata partida a Europa y festejando su obra.

Saludan a usted con su distinguida consideración:

Luis Aznar, Alfredo Bigatti, Pedro V. Blake, José B. Cairola, Leónidas Campbell, Lucio Cornejo, Hipólito Carambat, Andrés L. Caro, Augusto Mario Delfino, Luis F. de Elizalde, Leónidas de Vedia, Carlos Alberto Erro, Macedonio Fernández, Luis L. Franco, Lysandro Z. D. Galtier, Roberto García Pinto, Enrique González Trillo, Antonio Gullo, Pedro Henríquez Ureña, Leopoldo Hurtado, Alejandro Korn, Guillermo Korn, Evar Méndez, Ricardo E. Molinari, Arnaldo Orfila, Francisco A. Palomar, Emilio Pettoruti, Sandro Piantanida, Alberto Prebisch, A. Sánchez Roulet, Luis Saslavsky, Raúl Scalabrini Ortiz, Lamberti Sorrentino, Gastón O. Talamón, Juan B. Tapia, Adolfo Travascio, Ernesto A. Vautier, Juan Manuel Villarreal, Miguel A. Virasoro, A. Xul Solar, Lisardo Zía.

Buenos Aires, Abril 18 de 1928.

La comida se realizará el Miércoles 25 de Abril a las 20.30 (8 y $^1/_2$ p.m.), en punto, en el Restaurant Galería Palace, Corrientes 745, primer piso, ascensor, al lado del Palace Theatre.

En el reverso, después de reproducir el jocoso menú, se cierra el anuncio con una cita del *Martín Fierro* de Hernández: «Prepare sus patacones / y venga con buen humor: / como ésta no hay ocasiones / de divertirse mejor!».

En esa reunión, Pettoruti ilustró un pergamino, en el cual estamparon sus firmas numerosos autores (el original se conserva en Madrid). Cito algunas de ellas, aparte de la de Méndez: Manuel Gálvez hijo, Augusto Mario Delfino, Ricardo E. Molinari, Homero M. Guglielmini, Guillermo Estrella, Guillermo de Torre, González Carbalho, Xul Solar, Margarita Arsamasseva, Juan Manuel Villarreal, Juan B. Tapia, Enrique González Trillo y miembros de la familia Lange.

Los documentos citados confirman que el periódico *Martín Fierro* se consideraba aún existente, y que son erróneas las versiones que sugieren lo contrario. Por cierto, no puede dejar de advertirse la ausencia, en ese documento, de ciertos nombres: Borges, Marechal, Bernárdez, Petit de Murat... Aparte de Macedonio, que figura como invitante, pero no firma el pergamino (indicio de que no asistió a la cena), faltan los integrantes del «Comité Irigoyenista de Intelectuales Jóvenes». En cuanto a Borges, sin embargo, el punto no debe ser exagerado, ya que en marzo de 1928 padeció una operación ocular, que lo incapacitaba para leer y escribir. Dos meses más tarde, sin embargo, él y Méndez participaron juntos como jurados para el premio municipal de teatro: «Con el voto de los escritores Jorge Luis Borges, Evar Méndez y J. J. Soyza [*sic*] Reilly, el teatro Nacional de la calle Corrientes obtuvo el primer premio municipal» —que consistía en la devolución de los impuestos pagados por el teatro a lo largo del año 1927 (cf. NN: «El público se adelantó al fallo oficial»: *Crítica*, jueves 31 de mayo de 1928). Pascual Carcavallo, director del teatro premiado («la catedral del sainete»), afirmó en una entrevista reproducida en la misma página:

[...] el jurado que me ha otorgado el premio, dos de cuyos miembros —y esto me halaga más— sé ahora que son los representantes más calificados de la nueva generación argentina: Jorge Luis Borges, el poeta y ensayista compañero del llorado Ricardo Güiraldes en tantas empresas de cultura, y Evar Méndez, director de *Martín Fierro*, el órgano de la vanguardia artística del país.[81]

Nótese que no dice «ex director», «ex órgano» o similar. Si se busca un motivo para el cierre definitivo de *Martín Fierro*, aparte de los notorios problemas económicos que a Méndez le provocaban sus empresas, se puede ver, quizás, en un libro del peruano Alberto Hidalgo (*Diario de mi sentimiento*, 1937, 300), donde se conserva un interesante fragmento de una carta de Carlos Mastronardi a Hidalgo, fechada «Gualeguay (Entre Ríos), Octubre 26-1928»:[82]

> Del hígado de Méndez no sé nada. Debe andar algo dolido porque usted le acabó de enterrar su fierro Martín. Ésta es gente que anda merodeando por los descampados de la literatura.

Ignoro a qué alude Mastronardi al adjudicarle a Hidalgo el hundimiento de *Martín Fierro*. Tal vez se trate de una alusión a *Pulso*, la revista del peruano, de la que salieron 6 números en la segunda mitad de 1928, y en la cual colaboraron, efectivamente, algunos martinfierristas.

Entre Méndez e Hidalgo habían surgido disensiones ya hacia agosto de 1925, tras planear juntos la aparición de la *Revista Oral*, anunciada en *Martín Fierro* 18 (26 de junio de 1925, 126), proyecto

---

[81] Sobre Pascual Carcavallo (fallecido en 1948), cf. Bibiana Ricciardi: «Pascual Carcavallo fundó el teatro Alvear hace 50 años»: *La Maga*, Buenos Aires, 22-IV-1992.

[82] Carlos Mastronardi (1901-1978; algunas fuentes traen: 1900-1976): poeta argentino, amigo de Borges y de Alberto Hidalgo; redactor de *Crítica* y *El Hogar*; colaborador de *Nosotros*, *El Mundo*, *Sur*, *El Diario*, *Destiempo* (1936, de Borges y Bioy Casares). Obras: *Tierra amanecida* (1926), *Luz de provincia* (1932), *Conocimiento de la noche* (1937). Útil para la reconstrucción de la época vanguardista es su libro *Memorias de un provinciano* (1967).

finalmente llevado a cabo por Hidalgo a solas. Aunque no he logrado acceder a todos los números de *Pulso*, presumo en alguno de ellos (quizás el número 4) alguna pulla contra Méndez.

Como fuere, Evar Méndez no abandonó del todo el proyecto de continuar su periódico. Hay indicios de 1928 y de 1929 acerca de que pensaba reflotarlo. El ya mencionado número dedicado a Güiraldes siguió planeado hasta julio de 1928, según muestra la siguiente nota aparecida en *Índice* 20, Bahía Blanca, 26 de junio de 1928, 2:

> El periódico literario y artístico *Martín Fierro*, que en Bs. As. editara don Evar Méndez, reaparecerá en los primeros días de julio próximo. Editará un número especial dedicado a Ricardo Güiraldes. Promete su aparición regular.

Francisco Luis Bernárdez había formado parte del triunvirato que se apartara de *Martín Fierro* a comienzos de 1928. Paradójicamente, fue por su intermedio que el diario *El Mundo* del 17 de noviembre de 1929 anunció «La vuelta de Martín Fierro». En efecto, una nota sin firma comunica:

> Un grupo de escritores de vanguardia se propone publicar nuevamente el periódico *Martín Fierro*, cuyo último número apareció, como se recordará, en el mes de enero del año anterior [1928, pero fechado en noviembre de 1927]. Integran el referido grupo los siguientes hombres de letras: Evar Méndez, Eduardo Mallea, Leopoldo Marechal, Alfonso Reyes, Jorge Luis Borges, Francisco Luis Bernárdez y Ricardo E. Molinari, quienes han celebrado ayer una reunión a fin de tratar algunos detalles relacionados con esta simpática iniciativa. Según se nos asegura, *Martín Fierro* aparecerá mensualmente, a partir de mayo próximo y, además de sus secciones habituales (crítica bibliográfica, novedades plásticas y literarias, colaboración moderna, fonografía, arquitectura, sátira, epitafios, etc.), contará con una sección especialmente dedicada a la cinematografía, encarada ésta en una forma puramente artística. La dirección de *Martín Fierro* continuará a cargo de Evar Méndez.

(Se conserva un recorte de esta nota en la «Capilla Alfonsina». El autor del suelto o, cuando menos, el informante del redactor, es Francisco Luis Bernárdez, quien por esta época era miembro de la redacción de *El Mundo*. A más tardar, a partir de diciembre de 1929, formaría parte de la «Secretaría de la Dirección» del periódico.)

Quizás basándose en ese suelto, Alfonso Reyes, a la sazón en Buenos Aires, relatará a Valery Larbaud en carta del 4 de diciembre de 1929 (*Correspondance*, 1972, 75), que los «muchachos» están entusiasmados con la planeada reaparición de *Martín Fierro*...

La anunciada «vuelta» no se concretó, pero por motivos ajenos a la rencilla original: entre tanto, el campo literario había sufrido, paralelamente al político, graves transformaciones, y el antiguo periódico ya había cumplido su misión. En junio de 1930, Reyes aludirá ya a él como «de aguerrida memoria» (*OCAR* XXII, 166).

***

Retomemos el orden cronológico del cual nos hemos apartado con el excurso anterior. Conviene agregar aquí el texto de la siguiente carta de Evar Méndez a Reyes:

[EM.05]

[Tarjeta de EM a AR, mecanografiada (anverso // reverso). («Capilla Alfonsina», EM N° 4-5):]

[Membrete:] MARTÍN FIERRO / Periódico quincenal de arte y crítica libre / Dirección y Administración: Tucumán 612, 3°. Buenos Aires, R[epública] A[rgentina].

Buenos Aires, 2 de noviembre de 1927

Ilustre maestro y querido amigo:

Un accidente, si bien doloroso no de mucha gravedad, me retiene en casa y me impide ir a visitarlo,[83] para cumplir con ese gratísimo deber y para hacerle personalmente, el pedido que le formulo en ésta.

Estamos preparando los compañeros de *Martín Fierro* un número en homenaje a la memoria de Ricardo Güiraldes, con semblanzas, elogios, juicios crítico[s], impresiones personales, apreciaciones de su obra y su vida, etc., y yo, como mis amigos, que lo son de usted, deseamos que usted colabore en este número.[84] Le sabemos amigo y admirador de Güiraldes, nuestra // gran figura en la presente reno-

---

[83] Evar Méndez había sufrido el accidente aludido al caerse de una escalera en el jardín de su casa. Una carta sin fecha de Macedonio Fernández a Xul Solar podría referirse al mismo incidente: «Hablé el Domingo a casa de Evar y parece que mejoraba ya; anoche hablé de nuevo y pude ver que reaccionaba bien; usted acababa de estar a visitarlo, me dijo Evar» (C. García 2004/10b y 2004/12b). El accidente tuvo lugar en la calle 3 de febrero 770, casi esquina Maure, donde Méndez vivía hacia 1926 (cf. tarjeta de Méndez a Xul Solar de c. 5-VII-1926 y correspondencia con Liborio Justo, de fines de 1926).

[84] Se conserva en la Academia Argentina de Letras, como quedó dicho, parte de los materiales que debían conformar este número de homenaje a Güiraldes.

vación literaria, de cuya personalidad tanto esperábamos, aún después de habernos dado su magnífico *Don Segundo Sombra*, su bella *Xaimaca*, su precursor *Cencerro de Cristal*.[85]

Dedíquenos unas líneas suyas, pues, querido maestro.[86]

Un día u otro íbamos a pedirle a usted una colaboración para el periódico, ya tardábamos en hacerlo, y no iba a librarse usted. Ahora es con tema forzado. ¡Otra vez será libre!

Sé que usted ha recibido *El Imaginero* de Molinari.[87] ¿No le agradaría a usted ese estilo de libro, mucho más mejorado se entiende,

---

[85] Libros de Ricardo Güiraldes (1886-1927) aparecidos, respectivamente, en 1926, 1923 y 1915. Otras obras suyas: *Cuentos de muerte y de sangre* (1915), *Raucho* (1917), *Rosaura* (1922). *Obras completas*. Buenos Aires: Emecé, 1962. A pesar de que Reyes y Güiraldes tuvieron algunos amigos comunes, como Valery Larbaud y Pedro Henríquez Ureña, no llegaron a conocerse personalmente. El argentino partió a París (donde murió) antes de la llegada de Reyes a Buenos Aires. Reyes le dedicó un poema en cuatro partes: «A la memoria de Ricardo Güiraldes», que apareció en 1929 como prólogo a los *Seis relatos* de Güiraldes, primer volumen de la serie *Cuadernos del Plata*, inspirada por Reyes, en Editorial Proa (*OCAR* X, 126 ss.).

[86] Conjeturo que Reyes envió, para ese número especial de homenaje, su poema «A la memoria de Ricardo Güiraldes». Sin embargo, y puesto que el periódico cerró sus puertas con el número 44-45 (salido a fines de diciembre, a pesar de que se lo fecha el 15-XI-1927), el poema vio la luz recién en 1929, precediendo a los *Seis relatos* de Güiraldes en el primer *Cuaderno del Plata*. Según hace constar una nota del «Director» (es decir, Evar Méndez), hubo desacuerdos políticos entre él y varios redactores adheridos al yrigoyenismo, cuyos nombres no se mencionan (*Martín Fierro* 44-45, 15-XI-1927 [fines de diciembre de 1927], 380), con lo cual usualmente se explica el cierre del periódico. No obstante, e incluso tras este episodio, se preveían algunos números más del periódico, cuando menos hasta el 50 (que debía aparecer en marzo de 1928), pero el plan no fue realizado. Véase arriba el excurso «Evar Méndez y el final de *Martín Fierro*. Leyendas y verdades» (cap. «1927»).

[87] *El Imaginero* apareció en 1927; contiene un poema dedicado a Borges («Elegía para un pueblo que perdió sus orillas»), y fue reseñado por éste: «Ricardo Molinari: *El imaginero*»: *Síntesis* 8, Buenos Aires, diciembre de 1927, 242; recogido en *El idioma de los argentinos* (1928). Reyes, quien sintió una gran simpatía por Molinari, aludió

hechas las primeras experiencias, para su futuro Valery[88] en la Editorial Proa? Yo no me olvido que usted me ha prometido una obra para editarle.

Mil gracias por cuánto usted se digne hacer en honor de *Martín Fierro* y de su amigo affmo. que lo saluda con la mayor consideración

Evar Méndez

Señor Doctor Don Alfonso Reyes.

***

Poco antes de cerrar el año, el 15 de diciembre de 1927, Reyes remite una larga carta a su amigo Genaro Estrada, en la que recoge una anécdota acerca del padre de Borges, que —imagino— el mexicano escuchó de éste (*Con leal franqueza* II, 87-88):

> Y ahora, la más conmovedora de mis historias, que es un verdadero poema, y que he de escribir muy pronto y publicar en un librito: Jorge Luis Borges, el poeta nuevo, es cegatón, y ya casi no ve. Pronto será operado,[89] pues el mal llegó a madurez, y es de creer que recobrará la

---

elogiosamente al *Imaginero* en «Compás poético»: *Sur* 1, Buenos Aires, enero de 1931 (*OCAR* XXI, 52) y, en 1932, en la dedicatoria de un poema «A Ricardo E. Molinari, poeta argentino y artista de la edición —autor del *Imaginero*, *El Pez y la Manzana*, el *Panegírico*—, para agradecer el obsequio y la dedicatoria de su poema *Delta*» (*OCAR* X, 269-270). *Delta* apareció en 1932, dedicado a Reyes, en una *plaquette* de exigua tirada: 49 ejemplares firmados por el autor; reedición en: *Las sombras del pájaro tostado*. Buenos Aires: El Mangrullo, 1975. Otro poema de Reyes a Molinari en *OCAR* X, 272.

[88] Si bien Paul Valéry solicitó a Reyes el 13-II-1927 (*Diario* 182) que tradujera su *Jeune Parque*, creo que hay aquí un error de parte de Méndez: Reyes planeaba ya por estas fechas su *Mallarmé*.

[89] En efecto, Borges fue operado a comienzos de 1928. Su posterior ceguera es ya proverbial.

vista. En su familia están muy confiados, porque lo mismo pasó con su padre. El padre de Borges —cuya es la historia que paso a narrar— era, en su juventud, otro cegatón semejante. Pasó por Italia con su familia, casi sin ver nada, y haciendo creer a todos, por su esfuerzo heroico, que admiraba, como cualquiera, los encantos de aquella tierra divina. Al fin, al regreso, tuvo que darse a partido, y se declaró ciego. Y vivió ciego muchos años. Entre tanto se operó un cambio fundamental en las costumbres y en las modas, se desarrolló el automóvil, vino el nuevo traje y la nueva figura de la mujer, la falda corta, el pelo corto. Y, después de los años mil, el Sr. Borges es operado, y recobra la vista impensadamente. Cuando lo traían del sanatorio a su casa, la primera vez que pudo ver de nuevo, venía gritando como un niño, leyendo los /88/ letreros de la calle, y sobresaltado de alegría y de asombro a tal punto, que ha quedado el pobre irremediablemente afectado del corazón. Creía que lo habían trasladado a otro planeta, y se pasaba los días en el balcón, viendo en la calle a la gente, y no era posible que apartara los ojos de las piernas de las mujeres, que eran para él de una extraordinaria novedad. ¿No es ésta una historia conmovedora, Genaro mío? [...]

Reyes atenuará más tarde este texto; véase abajo, capítulo «1959». Aquí llama la atención el relativo desafecto con que Reyes habla de Borges. A decir verdad, en ninguno de los testimonios conservados se advierte cariño o aprecio personal, sino sólo intelectual. Compárese, por ejemplo, la actitud de Reyes para con Borges con la que tuvo hacia Ricardo E. Molinari, tanto en su relación directa con él, como al hablar sobre él a otros (por ejemplo, a Genaro Estrada). Una de las razones de este extrañamiento es, conjeturo, que Borges sentía poco aprecio por lo español, mientras que Reyes se mantuvo fiel a sus vivencias personales y literarias en España —actitud compartida por Molinari, poeta afecto a lo español, y afín a la Generación del 27 de la península.

***

1928

Se asegura aquí y allá que un trabajo de Reyes titulado «Estética Estática» apareció en la revista *Proa*, pero se trata de un malentendido, cuando menos, mientras no se precise que no se trata de la revista famosa.

Reyes envió ese trabajo (¿a quién?) el 23 de marzo de 1928 (*Diario* 214). Por esas fechas, ya hacía casi dos años que la última *Proa* había cesado de aparecer. Sin embargo, se anunciaba, como hemos visto más arriba, la aparición de una tercera *Proa*, proyecto al fin no realizado.

Sobre el tema subsisten dos cartas sin fecha, enviadas por Francisco Luis Bernárdez y Leopoldo Marechal a Reyes, conservadas en el archivo póstumo de éste (la primera, sin fecha, la dato hacia el 20 de marzo de 1928; la segunda es del 24 de marzo de 1928). En la primera, Reyes anotó:

23 marzo 1928
Envié: «Estética Estática»
de *Cartas sin permiso*

El mismo tenor en *Diario* 214 (23 de marzo de 1928): «Para *Proa*, de Buenos Aires, que renace, "Estética Estática", capítulo inédito de Cartas sin permiso». El artículo no saldría allí, como quedó dicho, porque la tercera época de la revista no llegaría a concretarse.

[Proa.01]

[Carta de Francisco Luis Bernárdez y Leopoldo Marechal a AR, sin fecha, 1 página mecanografiada, en cursiva, con membrete. Con nota manuscrita de AR (CA Bernárdez N° 1). La fecho c. 20 de marzo de 1928. La publiqué en «Alfonso Reyes y Proa (1928)»: *Proa* 45, Buenos Aires, enero-febrero 2000, 61-63:]

[Membrete:] PROA / REVISTA LITERARIA / Borges-Bernárdez-Marechal[90]

[Buenos Aires, c. 20 de marzo de 1928]

Sr. D. Alfonso Reyes.
De nuestra amistad.
Proa reaparecerá en abril: querría usted honrarnos con su colaboración? Contamos con ella. Nos convendría recibirla antes del 1° de abril.
Saludos y gracias.

Francisco Luis Bernárdez
Leopoldo Marechal

[Nota de AR:]

23 marzo 1928
Envié: «Estética Estática»
de *Cartas sin permiso*

[Membrete:] Dirección: TRIUNVIRATO 537 - Buenos Aires - Argentina[91]

***

[90] La aparición de esta tercera *Proa* fue anunciada por *Criterio* 16, Buenos Aires, 21-VI-1928. Extraña, sin embargo, que no se conozca ningún testimonio de Borges al respecto, y que fueran Bernárdez y Marechal quienes invitaron a Reyes a colaborar. Bernárdez ya había sido, con Borges y Brandán Caraffa, codirector de los últimos tres números, 13 a 15, de la segunda *Proa* (1925-1926).

[91] Dirección del editor Manuel Gleizer, quien publicó libros de Macedonio Fernández (*No toda es vigilia...*), Borges (*El idioma de los argentinos*, aparecido poco antes

[Proa.02]

[Carta de Francisco Luis Bernárdez y Leopoldo Marechal a AR, «Marzo 24» (24 de marzo de 1928), 1 página mecanografiada, en cursiva, con membrete (CA Bernárdez N° 2). Publicada, como la anterior, ya en Carlos García: «Alfonso Reyes y Proa (1928)»: *Proa* 45, Buenos Aires, enero-febrero de 2000, 61-63:]

[Membrete:] PROA / revista literaria / Borges-Bernárdez-Marechal

[Buenos Aires, 24 de marzo de 1928]
Marzo 24.

Sr. D. Alfonso Reyes.

De nuestra mayor consideración: Acabamos de recibir su hermoso trabajo. Aparecerá en el número inaugural y en la cabecera de honor.[92] Muy agradecidos. *Proa* queda a su entera disposición. Suyos.

Leopoldo Marechal
Francisco Luis Bernárdez

[Membrete:] Dirección: TRIUNVIRATO 537 - Buenos Aires - Argentina

***

del 29-VI-1928; cf. reseña en *Criterio* 17) y muchos otros autores vanguardistas argentinos, así como la revista *Libra* (1 número, 1929). Cf. entrevista a Gleizer por Guillermo de Torre: *La Gaceta Literaria* 41, Madrid, 10-IX-1928.

[92] La revista no llegaría a aparecer. Reyes (*Diario* 227, 5-XI-1928) da a entender que intentó publicar el artículo en *Pulso* (6 números, julio-diciembre de 1928): «A ruego de Juan Manuel Villarreal, director de la revista *Don Segundo Sombra*, de La Plata, hoy le envío [...] el artículo (poema, diría Claudel) "Estética-Estática", de las *Cartas sin permiso*, que no llegó a salir en la revistilla de [Alberto] Hidalgo». El texto de Reyes apareció en el *Don Segundo Sombra. Revista de Crítica, Letras y Arte* (del Centro de Humanidades de La Plata) 2, de enero de 1929 (*OCAR* VIII, 355-356). Reproduzco más abajo la correspondencia entre Reyes y Villarreal.

Antes de fines de junio de 1928 apareció una colección de ensayos de Borges, titulada *El idioma de los argentinos*. (Viñetas: A. Xul-Solar.) Buenos Aires: M. Gleizer, 1928 (Índice). Borges remitió un ejemplar dedicado a Reyes, que se conserva en México (UANL, signatura: PQ7797/ .B635/ I4 FAR):

[En sentido transversal:]
—a Alfonso Reyes, con las admiraciones concordes
de mi simpatía instintiva, de mi juicio
estético y de mi gustación reiterada—
devotamente- *Jorge Luis Borges*

(Reyes citará un breve pasaje de este libro, y mencionará a Borges, en «De la traducción»: *La experiencia literaria*, 1942; *OCAR* XIV, 164.)

***

[5]

[Esquela de AR a JLB y respuesta de JLB a AR, 2 páginas manuscritas, sin fecha. («Capilla Alfonsina» N° 5):]

[Anverso:]   [Buenos Aires, c. segunda mitad de 1928]

J.L. Borges
«Gongorismo»
Humanidades, 1927
XV, 237-239

***

Caro Borges. Este artículo ¿está recogido en libro? ¿Es, pues, algo que ya poseo?

***

[Respuesta:]

[JLB:]

Querido maestro: Ese artículo, más apaciguado y extenso, se publicó en las páginas 65-74 del *Idioma de los argentinos* y se llama ahora «El culteranismo».[93]

Pronto le escribiré con más tiempo. Suyo

Jorge Luis

---

[93] *El idioma de los argentinos*, 1994, 57-64.

[Reverso:]

[AR:]

Saludos de

Alfonso Reyes

***

Esta hoja debe haberse traspapelado, porque Reyes, en un artículo bibliográfico sobre Góngora, comenzado el 7-IV-1928 y concluido hacia el 26-XII-1928 (*Diario* 240), menciona trabajos de Borges al respecto («Góngora y América. Reseña bibliográfica»: *Libra* 1, Buenos Aires, invierno [22 de agosto] de 1929, 88-96), pero no nombra ni «Gongorismo» ni «El culteranismo» (*OCAR* VII, 245):

> *Martín Fierro*, Buenos Aires, 28 de mayo de 1927: Jorge Luis Borges, «Para el centenario de Góngora» (incorporado en el volumen *El idioma de los argentinos*, Buenos Aires, Gleizer, 1928, y que debe leerse después del «Examen de un soneto de Góngora», del mismo autor —publicado en *El tamaño de mi esperanza*, Buenos Aires, Proa, 1926—) [...].

Desde fines de 1927, Reyes apenas trabaja literariamente, ya que otras atenciones lo requieren: las obligaciones sociales, la nostalgia de Europa, su colección de soldados de plomo (cf. *El Hogar*, 18-II-1928) y una crisis sentimental, desatada por una relación amorosa extramatrimonial (indicios en la correspondencia entre Reyes y Genaro Estrada, II, 99-100, 147 y 243). También la situación por la que México atravesaba en 1928 ensombrecía el ánimo de Reyes: la revuelta de los «cristeros», las rencillas con Estados Unidos por el petróleo, el asesinato del presidente Obregón en julio de 1928, etc. En 1928 surgirá, de todos modos, el segundo y definitivo contacto que llevará a la fundación de los *Cuadernos del Plata*.

Cerca de finales de 1928, circulaban en Buenos Aires rumores acerca de que Reyes habría sido nombrado Ministro de Instrucción Pública o de Relaciones Exteriores de México (*Diario* 231; *Correspondance* 158), que mostraron ser infundados. Por la misma época, concretamente hacia el 28 de noviembre de 1928, Reyes recibió la visita de Francisco A. Colombo,[94] a quien pensaba confiarle la impresión de su *Culto a Mallarmé* (*Correspondance* 169), proyecto que no fue realizado en esa oportunidad: el libro apareció en 1938 en Editorial Destiempo, de Bioy y Borges. Poco después, el 5 de diciembre de 1928, Reyes consigna en su *Diario* (234-235):

> Con el fin de no guardar papelitos sueltos, transcribo aquí el resultado de mis primeras conversaciones con Evar Méndez para los *Cuadernos del Plata*.

Cabe relatar aquí con qué intención se abocó Reyes al trabajo relacionado con los *Cuadernos*:

> Hacía tiempo que varios chicos escritores argentinos, la muchachada como aquí dicen, me venía pidiendo hacer una revista. Aparte de que las revistas han dado en cansarme por la miscelánea de nombres y temas, una revista, en mi actual situación diplomática, me llenaría de compromisos y me vería yo obligado a aceptar cosas malas y a rechazar buenas por audaces. Los chicos me recordaban que en España yo cola-

---

[94] Acerca de Francisco A. Colombo (1878-1953), legendario artista del libro argentino, cf. Ricardo E. Molinari, Eduardo J. Bullrich, Evar Méndez, Norah Lange y otros: *Francisco A. Colombo en sus cincuenta años de labor gráfica*. Buenos Aires, 1940; Martín Alberto Boneo: «Una imprenta argentina en la cultura nacional»: *El 40* 4, Buenos Aires, primavera de 1952, 66-72 (Homenaje al cincuentenario de la Imprenta Colombo); Osvaldo Colombo: «Francisco A. Colombo»: *La Prensa*, Buenos Aires, 28-III-1967 (sobre «Colombo. Arte del Libro», exposición de 444 volúmenes en la Sorbona). Uno de sus primeros libros impresos en San Antonio de Areco fue *Xaimaca*, de Güiraldes (1923).

boré en *España, Revista de Literatura Española* y en mil más, y que fundé —con Juan Ramón— *Índice* y su colección los *Cuadernos Literarios de La Lectura* (con Moreno Villa y Canedo), que aún siguen; comencé la Colección Universal de Calpe y colaboré mucho en Clásicos Populares de Calleja. Quieren que aquí también deje huella. Entonces pensé en hacer unos folletos lindos y elegantes, para esas cosas pequeñas que uno hace, que están tan en el gusto de la época, que uno no se atreve a publicar aisladas por pequeñas, que tampoco quiere mandar al revoltijo de las revistas, y que se pudren en el cajón esperando el libro misceláneo donde han de aparecer confundidas con otras cosas. Este folleto poema equivale a la mejor revista.

El pasaje informa indirectamente sobre la probable intención de Borges al prestar su material al proyecto.

Bajo la misma fecha figura en el *Diario* la primera mención de Borges como uno de aquellos con quienes Reyes organizó tanto la incipiente revista *Libra* como la serie *Cuadernos del Plata* (*Diario* 235; *Correspondance* 166):

[Los chicos argentinos] Quieren que aquí también deje huella. Entonces pensé en hacer unos folletos lindos y elegantes, para esas cosas pequeñas que uno hace, que están tan en el gusto de la época, que uno no se atreve a publicar aisladas por pequeñas, que tampoco quiere mandar al revoltijo de las revistas, y que se pudren en el cajón esperando el libro misceláneo donde han de aparecer confundidas con otras cosas. Este folleto poema equivale a la mejor revista.
En los *Cuadernos del Plata* sueño los nombres siguientes:

Pedro Henríquez Ureña
Victoria Ocampo[95] (parece que tiene una traducción de Daisy Ashford)[96]

---

[95] Reyes buscó, al comienzo sin éxito, la amistad de Victoria Ocampo desde que arribara a Buenos Aires (*Diario* 233). Mediante carta a París del 31-I-1929, trató de

J. Luis Borges
Diego Rivera, [97]
Ricardo Güiraldes (inéditos),[98]
Oliverio Girondo,
Fnco. Luis Bernárdez
Sergio Piñero, hijo (inédito)[99]

ganarla para el proyecto *Cuadernos del Plata*, sin lograrlo. Más tarde, en septiembre y octubre de 1929, se pondrían de acuerdo acerca de la publicación de otra revista, *El Pliego suelto*, que, sin embargo no aparecería. «El Pliego Suelto» fue el nombre de una serie de publicaciones editadas por Colombo a partir de 1934 (*Correspondance* 166 y 202).

[96] Cf. *Martín Fierro* 38, 26-II-1927, 307 (NN: «*The Young Visitors* de Daisy Ashford, entre nosotros», con tres dibujos de Norah Borges), y aquí, 31-I-1929. El tema interesó a Reyes ya desde 1920 cuando menos (cf. «Una novelista de nueve años»: *OCAR* IV, 112-116). En Europa, Reyes se vio envuelto en una polémica con un estudioso inglés acerca de este libro. Reyes creía advertir la mano de la adulta Sra. Ashford en la obra atribuida a su infancia. Todo indica que existieron planes de una edición traducida por Victoria Ocampo, con ilustraciones de Norah Borges (cf. *Martín Fierro* 37, 20-I-1927, 298), pero el libro no vio la luz. Por otro lado, Reyes planeó incluir en los *Cuadernos del Plata* Correspondencia de Victoria, plan que tampoco fue realizado.

[97] Diego Rivera (1886-1957): pintor mexicano; esposo de Frida Kahlo; comunista (redactó un manifiesto artístico, en cuya elaboración contribuyó Trotsky).

[98] Reyes no alcanzó a conocer personalmente a Güiraldes, fallecido en 1927 en París. «Llegaste cuando yo no estaba y yo vine cuando habías partido», dijo Reyes en un poema «A la memoria de Ricardo Güiraldes» antepuesto a los *Seis relatos* de éste (1929). Los amigos comunes Valery Larbaud, Pedro Henríquez Ureña y Evar Méndez deben haber inducido a Reyes a ocuparse de la obra del argentino. A fines de 1926, Reyes se queja en su correspondencia con el dominicano de que Güiraldes no le hace llegar su *Don Segundo Sombra* (*Epistolario* 328, 331).

[99] Sergio Piñero (h): escritor argentino, miembro del grupo *Martín Fierro*. No era inédito por estas fechas, ya que había publicado su libro *El puñal de Orión: apuntes de viaje* en Editorial Proa en 1925. Borges le dedicó «Leyenda policial». Mantuvo correspondencia con Guillermo de Torre, cuya edición preparo. Véase María Rosa Lojo: «Transfiguración poética del mar en pampa en *El puñal de Orión* de Sergio Piñero»: *Revista de historia bonaerense* II.8, Morón (Prov. de Buenos Aires), diciembre de 1995, 23-24 (publicación del Instituto Histórico del Partido de Morón).

¿González Lanuza?
Xul Soler [léase: Xul Solar]
Ricardo Molinari,
¿Eg[mont] Bullrich?
Genaro Estrada,[100]
Antonio Castro Leal,
Julio Torri.[101]
Antología yanqui traducida, por los chicos mexicanos. Los que llevan más son, además, dibujantes. Y hay también los dibujantes siguientes:
Norah Borges
Pettorutti[102]
Silvina Ocampo
Orozco
C. González, etc.

Los planes de Reyes preveían también a su amigo Enrique Diez-Canedo (uno de los primeros en advertir el talento de Borges, a

[100] Genaro Estrada (1887-937): poeta, ensayista, bibliógrafo (fundador del *Anuario bibliográfico mexicano*) y diplomático mexicano (Ministro de Relaciones Exteriores; en 1931, Secretario de Relaciones Exteriores). En 1916 publicó la antología *Poetas nuevos de México*. Obras: *Escalera, Pero Galín* (1926), *Crucero* (1928; reseñado por Borges en *Síntesis*), *Paso a nivel, Senderillos a ras, Visionario de la Nueva España*. En 1926, Reyes lo nombró como uno de sus dos albaceas literarios (cf. «Carta a dos amigos», firmada en «París, enero de 1926»: *OCAR* IV, 475-482; el otro amigo era Enrique Diez-Canedo). Un artículo sobre Estrada por Ricardo E. Molinari se anunció en *Martín Fierro* 41, 28-V-1927, 345. Se trata de la reseña de *Pero Galín* (*Martín Fierro* 42, 10-VII-1927, 354). Cf. la abultada correspondencia entre Reyes y Estrada, en edición de Serge I. Zaïtzeff (1992-1994, 3 vols.).
[101] Rivera, Castro Leal, Estrada y Torri pertenecían al movimiento que sacaba la revista *Contemporáneos* (*Diario* 248; *Correspondance* 167). Reyes consideraba necesario acercar la juventud literaria argentina a la mexicana, entre las cuales creía advertir nocivos malentendidos (*Diario* 248).
[102] El pintor argentino Emilio Pettorutti (1892-1971). Véase su autobiografía *Un pintor ante el espejo* (Buenos Aires: Hachette/Solar, 1966). La Fundación Pettorutti cuida su legado (www.pettoruti.com).

comienzo de la década), y, posteriormente, a autores franceses e incluso norteamericanos (a traducir, entre otros, por Salvador Novo, director de la revista mexicana *Ulises*; cf. *Correspondance* 159, 166).[103] Reyes anota aún, bajo la misma fecha:

> Con Evar Méndez convine en principio la publicación de mis *Cuadernos del Plata* que yo haré en lo literario, y él en lo editorial, costeando las impresiones en Colombo (el de Güiraldes).

Reyes se ocuparía, pues, de seleccionar los textos, y Méndez de la presentación de los libros, pero esta división del trabajo no se llevó a cabo: Méndez fue tomando más y más peso en las decisiones que competían a Reyes, ocasionando enojos o, cuando menos, frustraciones, que eclosionaron hacia julio de 1929.

***

Alfonso Reyes y Juan Manuel Villarreal

Los lectores de la obra poética de Reyes (recogida en el volumen X de sus *Obras completas*) se preguntarán quién es el Juan Manuel Villarreal a quien don Alfonso dedica allí dos poemas. Objeto de esta glosa es responder a esa pregunta y dar a conocer los testimonios subsistentes de la relación entre ambos.

El escritor argentino Juan Manuel Villarreal nació en La Plata, capital de la Provincia de Buenos Aires, el 28 de septiembre de 1905 (ignoro la fecha de su fallecimiento, que debe haber tenido lugar hacia 1970). Allí mismo tuvo una amplia actuación como abogado y docente. Entre sus obras merecen destacarse *El burlador de la muerte* (1951), elogiosamente comentado por Reyes, y *Mi propia horca*, que

---

[103] El único autor extranjero aparecido en los *Cuadernos* fue el mexicano Gilberto Owen.

obtuvo el primer premio de Literatura de la Provincia de Buenos Aires en 1956.

En su juventud, Villarreal colaboró con poemas, textos sobre arte y artículos en la prestigiosa revista *Nosotros*, en *Índice* y *Espiral* (ambas dirigidas por Tobías Bonessati en Bahía Blanca, Provincia de Buenos Aires; la primera sacó 23 números, de septiembre de 1923 a septiembre de 1928; la segunda, 3 números entre octubre y diciembre de 1928), así como en la influyente *Valoraciones. Humanidades, crítica y polémica* (La Plata, 12 números, de septiembre de 1923 a mayo de 1928), en la cual publicaran tanto Reyes como su amigo, el escritor dominicano Pedro Henríquez Ureña.

Un poema de Villarreal, titulado «Las calles con acacias» fue presentado en el célebre periódico vanguardista *Martín Fierro* (40, Buenos Aires, 28 de abril de 1927). Allí se lo menciona también, en 1926, como uno de los organizadores de la velada dedicada al escritor futurista italiano Filippo T. Marinetti durante su controvertida visita a Buenos Aires.

Villarreal dirigió dos publicaciones hemerográficas, ambas en La Plata: *Estudiantina. Revista mensual de Letras, Crítica y Arte* publicada por Estudiantes del Colegio Nacional de La Plata (6 números en 5 entregas, mayo de 1925 a febrero de 1927; aquí publicó un ensayo sobre arte mexicano del momento) y *Don Segundo Sombra* (1928-1929) — en alusión a la novela más importante del escritor argentino Ricardo Güiraldes, aparecida en 1926. *Estudiantina* fue uno de los órganos de la Reforma Universitaria, que ya desde la década anterior se había esparcido entre Argentina y México. Aparte de la revista, el grupo propugnó la publicación de un importante libro de Pedro Henríquez Ureña: *La utopía de América*. La Plata: Estudiantina, 1925. (Cf. Pedro Henríquez Ureña: «Al Director de Estudiantina» [1925]: *Obras completas*. Santo Domingo: Publicaciones de la Universidad Nacional Pedro Henríquez Ureña, 1976-1980, vol. V.)

Posteriormente, Villarreal colaboró en *U.P.A.K.* (*Universidad Popular Alejandro Korn*), de La Plata, revista antifascista dirigida por

A. Orfila Reynal (6 números entre abril de 1938 y junio de 1942), órgano de la Universidad de la que Villarreal fue uno de los fundadores, con el mencionado Orfila Reynal y otros intelectuales platenses, así como con la adhesión de otras personalidades, incluidos Pedro Henríquez Ureña, Ezequiel Martínez Estrada, Francisco Ayala. Junto con Luis Aznar y otros, Villarreal fue uno de los editores de las *Obras completas* de Alejandro Korn. Dirigió también la Biblioteca Pública de La Plata entre noviembre de 1955 y septiembre de 1967.

Para comprender el contexto en que se conocieron Alfonso Reyes y Villarreal, véase Hugo Biagini, comp.: *La Universidad de La Plata y el Movimiento Estudiantil. Desde sus orígenes hasta 1930*. La Plata: Editorial de la Universidad Nacional de La Plata, 1999. Se mencionan allí algunas actividades y publicaciones de Villarreal, y se alude a la trayectoria intelectual y política de Alejandro Korn, Pedro Henríquez Ureña y otros miembros del grupo, al cual Reyes era afín. Recuérdese, por lo demás, que de estos círculos habían concurrido estudiantes platenses al primer Congreso Internacional de Estudiantes que tuvo lugar en México en 1921. El mexicano José Vasconcelos, por su parte, visitó la Universidad de La Plata en 1922.[104]

Villarreal y Reyes deben haberse conocido durante la primera visita de éste a La Plata, que ocurrió el 14 de julio 1928, a invitación del grupo «Renovación» (que daba a luz la revista *Valoraciones*, donde colaboraba Henríquez Ureña, amigo de ambos; cf. Reyes, *Diario* 204, 25-VIII-1928,). El 21 de octubre de 1928 Reyes volvió a encontrarse con Henríquez Ureña, Sánchez Reulet, Moreno, Aznar y Villarreal (*Diario* 225).

---

[104] Al respecto, cf. Pablo Yankelevich: *Miradas Australes. Propaganda, cabildeo y proyección de la Revolución Mexicana en el Río de* la Plata, *1910-1930*. México: Instituto Nacional de Estudios Históricos de la Revolución Mexicana, Secretaría de Relaciones Exteriores, 1997, 283 ss.

Las tres misivas de Villarreal a Reyes reproducidas en este volumen se conservan en la «Capilla Alfonsina» (México, D.F.). Ignoro el paradero de los demás documentos que constituyeron el *corpus* original.

[JMV.01]

[Carta de Juan Manuel Villarreal a Alfonso Reyes, 1 página manuscrita, «Capilla Alfonsina»:]

[Membrete:] Don Segundo Sombra / Revista de Letras, Crítica y Arte / Director: / Juan Manuel Villarreal / Administrador: / Enrique Barba / Oficinas: / Calle 6 entre 47 y 48 / (Facultad de Humanidades) / La Plata

La Plata, 3 de noviembre de 1928

Señor D. Alfonso Reyes:

Distinguido amigo:

Acabo de leer —¡en mi galope aéreo!— sus *Cartones de Madrid*,[105] y, pese a la miopía que contagia la velocidad, me he prometido el gustazo de una relectura. (El tomo que ahora me dio la alegría de tanta página buena es de Pedro [Henríquez Ureña].) No teniéndolo en mi biblioteca y habiéndome fallado mi búsqueda por las librerías me tomo el atrevimiento de pedírselo. Ahora usted dirá.

No olvide, se lo ruego, su promesa de colaboración para *Don Segundo*.[106] En este momento estoy necesitando sus líneas.

[105] *Cartones de Madrid* (1917) fue luego incluido en *Las vísperas de España*. Buenos Aires: Sur, 1937 (*OCAR* II).

[106] *Don Segundo Sombra. Revista de Letras, Crítica y Arte* (órgano del Centro de Estudiantes de Humanidades de La Plata, cuyo director era Villarreal), de la cual Villarreal dirigió los primeros dos números (el N° 3 apareció bajo la dirección de Aníbal Sánchez Reulet). Aparecieron 3 números entre septiembre de 1928 y septiembre de 1929. Trajo colaboraciones de Francisco Luis Bernárdez, Ezequiel Martínez Estrada, Antonio Salvadores, Eduardo Villaseñor, Luis Aznar, Leopoldo Hurtado, Roberto Smith, Aníbal Sánchez Reulet, Massimo Bontempelli, Juan Suárez, Héctor Ripa Alberdi, Enrique Morelo y otros; ilustraciones: Adolfo Travascio (cf. Héctor René Lafleur/Sergio D. Provenzano/Fernando Pedro Alonso: *Las revistas literarias argenti-*

Rogándole perdone la pedigüeñería de esta carta le saluda cordialmente

Juan Manuel Villarreal

S/c [Su casa] 49 — 714.[107]

***

Apenas recibida la carta anterior, Reyes anota en su *Diario* (5-XI-28; 227-228):

> A ruego de Juan Manuel Villarreal, director de la revista *Don Segundo Sombra*, de La Plata, hoy le envío un ejemplar de *Cartones de Madrid*, y el artículo (poema, diría Claudel)[108] «Estética-Estática»,[109] de las *Cartas sin permiso*, que no llegó a salir en la revistilla de Hidalgo.[110] Le mando todo con esta misiva:

---

na, 1893-1960. Buenos Aires: Ediciones Culturales Argentinas, 1962, 150; Wáshington Luis Pereyra: *La prensa literaria argentina, 1890-1974*, II, *Los años rebeldes, 1920-1929*. Buenos Aires: Librería Colonial, 1995, 138).

[107] Las calles en la ciudad La Plata (capital de la Provincia de Buenos Aires; la ciudad Buenos Aires, a su vez, es la Capital Federal) tienen, en vez de nombres, números.

[108] Paul Claudel (1868-1955): poeta católico francés.

[109] El texto pasó a formar parte de *Tren de ondas* (Rio de Janeiro, 1932); *OCAR* VIII, 355-356.

[110] Cf. al respecto mi artículo «Alfonso Reyes y *Proa* (1928)»: *Proa* 45, Buenos Aires, enero-febrero de 2000, 61-63 (cf. una versión actualizada, reproducida aquí, también en la sección Colaboraciones, bajo el título «Alfonso Reyes y la tercera *Proa* [1928]»). Alberto Hidalgo (1897-1967): poeta y escritor peruano, residente en Buenos Aires desde 1919. Fundó la *Revista Oral*; mantuvo correspondencia con Macedonio Fernández y Ramón Gómez de la Serna. En la «Capilla Alfonsina» se conservan algunas misivas suyas a Reyes, cuya edición comentada por mí aparecerá en un volumen titulado *Cartas peruanas* en El Colegio Nacional (México). La «revistilla de Hidalgo» a que alude Reyes se llamaba *Pulso*; el primer número apareció en julio, el sexto y último, en diciembre de 1928. En *Pulso* 2 (agosto de 1928, 5-7) Reyes publi-

Juan Manuel: aquí va el libro.[111]
Es un libro ya muy viejo,
pero lo traigo amarrado
al ombligo del recuerdo.
Usted, cuando lo perdone,
(cuando lo lea) le ruego
que no siga los renglones
sino los claros del negro.

Juan Manuel, para «Don Segundo Sombra», aquí va eso;
parece a medio escribir,
pero está pensado y medio.
Sino que soy perezoso
De «empastar» lo que «diseño»,
y para hablar a la antigua
—la verdad— me falta tiempo.

Juan Manuel Villarreal
cuyo nombre está compuesto
con el «Conde Lucanor»
y con apellidos viejos
que a mí me traen memorias
de los nombres de mi pueblo
porque soy de Monterrey,
lo más al Norte de México;

Hombre que tal nombre lleva,
tengo que tomarlo en serio,

có el poema «Trópico», que comienza: «La vecindad del mar queda abolida» (cf. «Golfo de México» en *OCAR* X, 106).

[111] En *OCAR* X, 249-250, que trae este poema con pequeñas modificaciones, sobre todo de carácter tipográfico, el título completo reza: «A Juan Manuel Villareal / de La Plata / enviándole un artículo para la revista *Don Segundo Sombra* y un ejemplar de los *Cartones de Madrid*».

>   tengo que hablarle en romance,
>   que cumplirle lo que ofrezco.
>
>   Lunes, cinco de noviembre
>   año de mil novecientos
>   veintiocho y en Buenos Aires,
>   y siempre suyo sincero
>
>   *Alfonso Reyes*

***

Días más tarde, Reyes registrará en su *Diario* (9-XI-28; 230):

> Me contesta mi romance el director de *Don Segundo Sombra*, de La Plata, Juan Manuel Villarreal, agradeciéndome la colaboración. El romance de Villarreal, con un solo verso cojo («con gratitud y sin sombrero») se hallará en mi archivador de cartas de este año. Se me ocurre que pudo corregir así: «Con-sin gratitud-sombrero».

El «romance» de Villarreal que Reyes menciona no figura en la carpeta que conserva la presente correspondencia en la «Capilla Alfonsina», por lo cual no puede ser reproducido aquí.

Casi un año después, al aparecer el tercer y último número de la revista *Don Segundo Sombra*, Reyes anotará en su *Diario* (26-IX-29; 290): «Distribuyo aquí [en Buenos Aires, la revista mexicana] *Contemporáneos*. Y, en todo el mundo, números de la revista platense *Don Segundo Sombra*». En carta a Genaro Estrada del 9 de octubre de 1929 anuncia su envío (II, 239).

La «Capilla Alfonsina» no conserva en esta carpeta testimonio alguno hasta el siguiente, surgido dos decenios más tarde. Dado el contenido del primer párrafo («después de veinte años de silenciosa devoción por su obra»), es muy posible que en ese lapso no hubiera contacto entre ambos (véase el capítulo «1949»).

***

115

A fines de 1928, y quizás a sugerencia de Reyes, Borges comenta *Crucero*, del mexicano Genaro Estrada (*Síntesis* 18, Buenos Aires, noviembre de 1928, 351-352; *Textos recobrados* 371-372). No se conservan, en el epistolario Estrada/Reyes, comentarios a la reseña de Borges, menos positiva, quizás, de lo esperado por el autor mexicano. En una carta de Reyes a Estrada, del 24 de diciembre de 1928, se menciona a Borges de esta manera (*Con leal franqueza* II, 171-172):

> Son muy lentos estos literatos, pero ya tengo ofrecida colaboración de Enrique Banchs,[112] de Juana de Ibarbourou, de Alberto Gerchunoff,[113] de Borges, etc., etc., para *Contemporáneos*, de que /172/ soy propagandista fiel.

Hasta donde alcanzo a ver, la única colaboración de Borges en la revista mexicana es el poema «La Recoleta», que ya había aparecido en la revista porteña *Criterio* (número 21, del 26-VII-28) y que fue recogido en 1929 en el volumen *Cuaderno San Martín*, conformando la segunda parte de «Muertes de Buenos Aires». La tardía publicación en *Contemporáneos* XI.40-41 (México, septiembre-diciembre de 1931, 139-141) plantea, pues algunos interrogantes. ¿Aludía Reyes a este texto en su carta a Estrada? En caso positivo, ¿porqué fue publicado con tanto retraso? Lo ignoro.

---

[112] Enrique Banchs (1888-1968): poeta argentino, autor de *Las barcas* (1907), *La Urna* (1911), poemario preferido por Borges. Su *Obra poética* fue editada en 1973 por la Academia Argentina de Letras. La correspondencia que Reyes mantuvo con él entre 1928 y 1932 fue reproducida por Zaïtzeff 2008, 47-52. Allí, mención de la revista mexicana *Contemporáneos*.

[113] Alberto Gerchunoff (1883-1949): prolífico escritor y periodista argentino, nacido en Rusia. Obras: *Los gauchos judíos* (1910), *Cuentos de ayer* (1919), *La jofaina maravillosa* (1922), *El hombre que habló en la Sorbona* (1926), y un largo etcétera. Fue durante un breve lapso director del suplemento literario del diario *El Mundo*. Reyes mantuvo con él correspondencia, de la cual se conservan algunos testimonios del período 1928-1947 (Zaïtzeff 2008, 189-205).

Antes de cerrar el año se debe consignar la siguiente carta de Evar Méndez a Reyes. Carece de fecha, pero se la puede datar aproximadamente hacia el 25 de noviembre de 1928 gracias a una nota de Reyes en su *Diario* (20-XI-28, 231):

> Ricardo Molinari viene a decirme que Evar Méndez está dispuesto a publicarme, en las ediciones de Proa, mi *Culto a Mallarmé*, impreso por Colombo, de San Antonio de Areco, el editor del pueblo de Ricardo Güiraldes, con todo el lujo que yo quiera. ¡Gran noticia! Ya tengo dulce tarea para el verano.

Al día siguiente, don Alfonso agrega (*Diario* 232):

> Vino a verme Colombo (Francisco A.) el impresor de Güiraldes. Ya le dije que Evar Méndez le dará mi original en el momento oportuno.

Otra nota, del 29-XI-28 (Diario 233) refiere, a su vez, a esta misiva y a los incipientes *Cuadernos del Plata*:

> Evar Méndez, en Editorial Proa, ofrece publicarme el *Culto a Mallarmé*, pero ahora yo quiero que eso sea el primer cuaderno de una serie que quiero hacer con los chicos argentinos.[114]

---

[114] *Culto a Mallarmé* apareció en 1938, en Editorial Destiempo, regenteada por Adolfo Bioy Casares. Algunos pasajes de *Culto a Mallarmé* fueron anticipados, a partir de 1934, en la revista porteña *Sur*. El temprano interés de Reyes por Mallarmé quedó documentado ya en 1920, cuando dio a la imprenta una versión «gongorina» de unos versos del francés; cf. también «El silencio por Mallarmé»: *Revista de Occidente* V, Madrid, noviembre de 1923, 238-256, donde se alude a un acto celebrado el 11-IX-1923, a iniciativa de Reyes, Eugenio d'Ors, José Moreno Villa, Enrique Díez-Canedo, José Ortega y Gasset, José María Chacón, Antonio Marichalar, José Bergamín y Mauricio Bacarisse. En la «Capilla Alfonsina» se conserva un retrato fotográfico de Mallarmé, por Nadar.

[EM.06]

[Tarjeta de EM a AR, sin fecha, mecanografiada. («Capilla Alfonsina», EM N° 9):]

s/c Vidal 1679. U[nión] T[elefónica] Belgrano 6187, de 8 a 12

[Membrete:] EDITORIAL PROA / administración y dirección tucumán 612, 3er piso — buenos aires

[Buenos Aires, c. 25 de noviembre de 1928]

Ilustre maestro y amigo:

El excelentísimo compañero Molinari, me ha traído la muy grata nueva de que usted aceptaría publicar, por intermedio de la Editorial Proa un tomo sobre Mallarmé. La idea me parece Magnífica: usted y Mallarmé, ¡y nosotros! ¡Unidos!

Para hablar del particular, para saludarle, desearía que usted tuviese la gentileza de fijarme un día y hora, en su casa, haciéndomelo comunicar por teléfono o como guste.

El mayor agradecimiento por su atención, al reiterarle la más viva simpatía, la alta consideración intelectual y el afecto de su amigo y S.S.

Evar Mendez

Ex. Sr. Embajador de México
Dr. Don Alfonso Reyes.

***

¿1928-1929?

Un delicioso testimonio de las charlas mantenidas por Reyes y Borges por estas fechas, está conservado en una carta sin fecha redactada por Borges en el verano 1928-1929 para un corresponsal ignoto, que podría ser Carlos Pérez Ruiz (¿o Carlos M. Grünberg?), remitida desde Buenos Aires a Calingasta (el manuscrito se conserva en la University of Virginia Library, Charlottesville, VA; véase el ítem N° 588 en el catálogo de esa colección confeccionado por C. Jared Loewenstein en 1993):

> [...] Reyes, D. Alfonso, me conversó anoche de los *mariguanos*, o *pelaos* (compadritos de México) fumadores de *mariguana*, que debe ser una especie de opio.[115]

Borges caracteriza de "lindísimo" el episodio que pasa a narrar: tres mariguanos (a quienes también llaman "*grifos*, porque se erizan todos") se encontraban en el patio de un antiguo caserón. Deciden jugar un juego, "mezcla de escondida y de mancha".

> El pavimento era ajedrezado, blanco y negro, y resolvieron que el tercer *mariguano*, perseguido por los otros dos, sería invisible cada vez que pisara en baldosa negra.

---

[115] Según relatara Reyes ("Historia documental de mis libros, 1955-1959": *OCAR* XXIV, 282) ya Valle-Inclán lo acusó en broma, por la época de *Plano oblicuo*, de ser fumador de marihuana, como lo era él mismo.

"Con la mariguana", agrega Borges entre paréntesis, "se pueden elegir las alucinaciones y son colectivas, es decir, son realidad, metafísicamente".

Probaron y salió bien: cada vez que el perseguido caía de un salto en baldosa negra, desaparecía para los otros. Pero una vez, estando correctamente en baldosa negra, los demás lo vieron y agarraron. El se maravilló. *Te vimos trasparente, pero te vimos*, le dijeron los compañeros. Se fijaron entonces y comprobaron que la baldosa negra estaba descolorida. Es decir, el mundo fantástico ya funcionaba solo. ¿No parece cuento de Chesterton?[116] [...]

***

---

[116] Esta anécdota relatada por Reyes a Borges puede ser el origen de la mención que éste hace de aquél en el cuento "El Aleph".

1929

Éste sería igualmente un año turbulento en México, con golpes militares en marzo y otros «pronunciamientos» que amargarán a Reyes, quien sólo encuentra solaz en la ocupación con temas literarios.[117]

En carta fechada el 25 de enero de 1929, Pedro Henríquez Ureña dice a don Alfonso (*Epistolario* III 355):

> El truco es un juego curiosísimo: de origen español, pero aquí ha tomado caracteres criollos de los más agudos. Es indispensable que Alfonso estudie este juego; es toda una revelación del espíritu argentino (pero no en la ciudad de Buenos Aires). Borges debe de saberlo bien: sería interesante aprenderlo para, durante la *season*, jugarlo con Borges y dos o tres criollazos de verdad o de afición.

Borges y Reyes continúan estrechando relaciones. El primero recordaría en entrevistas posteriores las regulares y gratas visitas al segundo, en general los domingos. Reyes, por su parte, anotó el 26 de enero de 1929 (*Diario* 250):

---

[117] Reyes, como hombre de letras hasta el tuétano, sufre cuando no puede ocuparse de ello. Véase, por ejemplo, su anotación del 23 de abril de 1930 (*Diario* 314): «Aún no saco mis libros y papeles [de su embalaje tras la mudanza a Río] por lo que tardan en arreglar mis estantes. Quiere decir que no vivo sino a media respiración, la conciencia se me llena de venenos, como siempre que interrumpo mi trabajo literario».

Caso de telepatía con Borges: yo necesitaba un libro de Matthew Arnold y uno de Tytler. Le pedí por carta a Borges este último. ¡Y me ha enviado los dos!

Reyes relatará el mismo asunto en carta a Pedro Henríquez Ureña del 28 de enero de 1929 (*Epistolario* III 357):

> En la biblioteca de Borges encontré lo que quería: los Ensayos de Arnold con aquel «On translating Homer» que andaba buscando, y el *Essay on the Principles of Translation*, de Alexander Fraser Tytler, Lord Woodhouselee. Lo curioso es que le mandé una carta a Borges pidiéndole «solamente» este segundo libro (por un descuido), y se produjo un hermoso caso de telepatía, porque Borges me mandó los dos. Le hablé por teléfono y me dijo: «No sé por qué lo he hecho, al tomar uno de estos libros, me acordé del ensayo de Arnold, y se me ocurrió que también podía interesarle».[118]

---

[118] Alexander Fraser Tytler (1747-1813): juez y hombre de letras escocés, Lord Woodhouselee a partir de 1802, cuando asumió una banca en la corte de sesiones. Publicó numerosos trabajos relacionados con la jurisprudencia, pero su obra principal es *Essay on the Principles of Translation* (1790; 3ª edición 1813). Según Tytler, una buena traducción era aquella en la cual una obra original es trasvasada tan perfectamente a la otra lengua, que los lectores de ésta le encontrarán los mismos méritos que los de la otra encontraban en el original. Matthew Arnold (1822-1868): poeta y crítico literario inglés. Reyes alude aquí a *On Translating Homer: three Lectures given at Oxford* (1861), en 1862 apareció un suplemento: *On Translating Homer: Last Words, a fourth lecture in reply to F. W. Newman's Homeric Translation in Theory and Practice (1861)*. En su trabajo, y tras examinar diversas traducciones de textos homéricos (a cargo de Chapman, Pope y otros —como hará Borges), propone que futuras traducciones sean hechas en hexámetros. Arnold mantuvo una polémica con Francis W. Newman, hermano del cardenal, acerca de la traducción de Homero; Reyes la menciona en «De la traducción», en *La experiencia literaria* (*OCAR* XIV, 144). Borges, por su parte, se ocupa de Arnold en la *Introducción a la literatura inglesa* (1965, 42): Arnold «arguye que la traducción literal suele ser infiel ya que crea énfasis y efectos que no corresponden al original y que detienen o sorprenden indebidamente al lector».

Borges y Reyes conversaron a menudo acerca del tema «traducción», e intercambiaron algunos guiños en sus respectivas obras —tema que merecería un estudio aparte.
Reyes agrega (*Epistolario* III 357):

> Me propongo (si no me cuesta mucho) sacar una *Fuga de Navidad*, con seis dibujos de Norah Borges. Se me han ocurrido cosas lindas para los *Cuadernos del Plata*.

El día anterior a esa carta, el 27 de enero de 1929, Reyes había anotado en su *Diario*:

> Tarde, Borges en casa. Planeamos cuadernos posibles que den a mi colección más tono argentino.

Entre ellos figuran, seguramente a propuesta de Borges, el *Fausto* de Estanislao del Campo, *El matadero* de Echeverría y una antología de viejas milongas y versos del truco. Ninguno de estos proyectos fue realizado en el marco de los *Cuadernos*, pero, revisando la bibliografía de Borges, se ve que éste fue concretando alguno de ellos poco a poco por su cuenta.

Por la noche del mismo día se inician las reuniones regulares, en casa de Reyes, del grupo que conformaría la redacción de *Cuadernos del Plata*.

El 28 de enero de 1929, Reyes anota en su *Diario*:

> Otro caso de telepatía [...] recibo carta de Pedro Henríquez Ureña hablándome de que debo interesarme por el juego del truco y hablar de eso con Borges.

En carta a Pedro Henríquez Ureña del 29 de enero de 1929 (*Epistolario* III 358-359), Reyes relata:

> Recordarás que en mi carta de ayer por la mañana te dije que se me habían ocurrido grandes cosas para los *Cuadernos del Plata*? Pues preci-

samente una de ellas (de que estuve hablando ayer en la tarde con Borges, como tú mismo lo sugieres en tu carta) es el juego del truco. (En España, truque, truquiflor, como también se dijo aquí, pues los antiguos trucos que aparecen en la *Verdad Sospechosa* son más bien las bochas.)

Y bien: en la tarde recibo tu carta, en que me hablas largamente del juego del truco y me dices que debo ocuparme de él. Este caso de telepatía es más convincente, ¿no es eso? Ya comprenderás que lo del truco puede pasar a los cuadernos del Plata /359/ es una recopilación folklórica de las coplas y frases y cuentos que se injertan en el juego para envolver las palabras sacramentales: envido, quiero, flor, etc. Por ejemplo:

> Por el río Paraná
> Viene navegando un piojo
> Con un lunar en el ojo
> Y una flor en el ojal

[...] Puesto que tú estás entre jugadores de truco, hazme el favor de proceder a tomar nota de esta literatura folklórica, aunque esté llena de palabrotas, que aquí después haremos la selección. Esto, precedido de un ensayito escrito por Borges y yo será un libro famoso en América, te lo aseguro.

Como se recordará, Borges ya había publicado un poema «El truco» en *Fervor de Buenos Aires*, y una prosa con el mismo título en *La Prensa* 1-I-1928, trabajo reproducido en *El idioma de los argentinos* (1928) y en *Evaristo Carriego* (1930). Su gusto por los desvíos cuasi-literarios de lo «folklórico» fue documentado con «Séneca en las orillas» / «Las inscripciones de (los) carros». En cuanto a Reyes, éste recordará los versos arriba citados en «Las Jitanjáforas» (*Libra* 1, invierno de 1929), artículo recogido y ampliado en 1942 en *La experiencia literaria* (*OCAR* XIV, 233; Borges es también mencionado en p. 218, como crítico de la «poesía absoluta» de Rudolf Blümner):

Jorge Luis Borges pensó en recoger algún día las coplas del truco, de cuya locura puede dar idea la siguiente copla que se dice para tirar la flor: [...].

Borges, por su parte, recordará este episodio en «In Memoriam A. R.» (*El Hacedor, OC* 1974, 829) al decir que Reyes «Rastreaba la fugaz literatura / Hasta los arrabales del lunfardo».
El proyecto de un libro sobre el truco no se concretó, por motivos que desconozco. No creo que Borges fuera reacio a prologar esa antología. Reyes da a entender en carta poco posterior que no se podía cambiar ya la cantidad de cuadernos prevista, imagino que por razones de financiación
En la reunión del 30 de enero de 1929 se nombró al comité directivo de la serie planeada (*Diario* 252; *Correspondance* 166-167):

> Junta de los *Cuadernos del Plata*: Evar Méndez, Xul Solar, Jorge Luis Borges y Molinari. Definimos varios puntos de materia y espíritu de la colección.

A pesar de que muchos otros volúmenes estaban planeados, sólo salieron a luz los títulos siguientes, entre julio de 1929 y agosto de 1930:

I. Güiraldes, Ricardo: *Seis relatos* (Prosa) (incluye poema de Alfonso Reyes: «A la memoria de Ricardo Güiraldes»). Cuadernos del Plata I (Director: Alfonso Reyes). [Buenos Aires: Editorial Proa, Imprenta Francisco A. Colombo], 1929 (colofón: 26-VII-1929), 68 pp., 550 ejemplares.

II. Borges, Jorge Luis: *Cuaderno San Martín* (Poemas). Con un retrato a lápiz del autor por Silvina Ocampo. Cuadernos del Plata II (Director: Alfonso Reyes). [Buenos Aires: Ed. Proa, Imprenta Francisco A. Colombo], 1929 (colofón: 7-VIII-1929), [1-8] 9-63 [64] pp., 280 ejemplares. Justificación de tirada: «De esta obra se han impreso doscientos cincuenta ejemplares sobre papel pluma, numerados del 1 al 250, diez sobre papel de puro hilo, numerados del I al X, y veinte, sobre papel de puro hilo vergé, marcados A a Q fuera de comercio. / Es propiedad del autor. / Queda hecho el depósito legal / Copyright by Editorial Proa / Buenos Aires 1929». Colofón (63): «*Cuaderno San Martín*, de Jorge Luis Borges, segundo de los "Cuadernos del Plata", dirigidos por Alfonso Reyes, se acabó de imprimir el 7 de agosto [de 1929], en los Talleres gráficos "Colón", de Francisco A. Colombo, San Antonio de Areco. (Sucursal: Hortiguera, 552, Buenos Aires) para la Editorial Proa, Director Gerente, Evar Méndez, Vidal 1679, Buenos Aires».[119]

III. Fernández, Macedonio: *Papeles de Recienvenido* (Prosa). Cuadernos del Plata III, Ed. Proa, Imprenta Francisco A. Colombo, Buenos Aires, 1930 (colofón: 12-XII-1929), 74 pp., 465 ejemplares (450 sobre papel pluma, numerados 1-450; 10 sobre papel de puro hilo, numerados I-X; 5 sobre papel Holanda Gvarro Vergé, numerados XI-XV, fuera de comercio). Con fotografía inédita del autor [en frontispicio].

IV. Molinari, Ricardo E.: *El pez y la manzana* (Poemas). Cuadernos del Plata IV, Ed. Proa, Imprenta Francisco A. Colombo, Buenos Aires, 1929 (colofón: 3-X-1929), 50 pp., 150 ejemplares (30 ejemplares en papel Auvergne, numerados I-XX, fuera de comercio, y 10 numerados 1-10; 8 ejemplares en papel Holanda Gvarro, marcados A-F, fuera de comercio, y 2 numerados g-k, fuera de comercio, todos ellos en tamaño mayor y firmados por el autor; 10 ejemplares en papel de hilo, numerados XXI-XXX, y 100 ejemplares en papel pluma, numerados 13-112). Edición con un retrato del autor y dibujos por Norah Borges.[120]

---

[119] Su aparición estaba planeada, originalmente, para julio de 1929. Borges entregó los materiales antes del 11-IV-1929, según nota de Reyes (*Diario* 265): «[Carta] A Borges: felicítolo su *Cuaderno San Martín* que ya me ha entregado para mis *Cuadernos del Plata*».

[120] Adviértase que el orden de publicación de los volúmenes III y IV es inverso al de los numerales. Estas misivas permiten entender que ello se debe a los recurrentes cambios de planes de Macedonio Fernández.

V. Owen, Gilberto: *Línea* (Poemas. Con un retrato del autor). Cuadernos del Plata V, Ed. Proa, Imprenta Francisco A. Colombo, Buenos Aires, 1930 (colofón: 15-VIII-1930), 64 pp., 320 ejemplares (300 ejemplares sobre papel pluma, numerados 1-300; 10 ejemplares sobre papel de hilo, numerados I-X, y 10 ejemplares sobre papel de hilo Vergé, marcados A-I, fuera de comercio). Retrato del autor por NN. El ejemplar N° 235 se conserva en Buenos Aires en la biblioteca de Xul Solar.[121]

Pocos días antes Reyes había escrito a su jefe y amigo, el escritor y diplomático Genaro Estrada, en carta del 21-I-1929 (II 184). Tras aludir a los resquemores que los jóvenes literatos argentinos sentían hacia sus colegas de México, debido, entre otras cosas, a la actitud que éstos adoptaran ante el asunto del «Meridiano»,[122] Reyes agrega:

---

[121] Sobre Owen cf. carta EM.14, de Reyes a Evar Méndez, y sus notas (cap. «1930»).

[122] La polémica del Meridiano había sido desatada por Guillermo de Torre, quien en un artículo aparecido sin firma en *La Gaceta Literaria* 8, Madrid, 15-IV-1927, había declarado a Madrid «Meridiano intelectual de Hispanoamérica». A instancias de Evar Méndez, algunos escritores argentinos se explayaron críticamente sobre el asunto en *Martín Fierro* 42, Buenos Aires, 10-VII-1927 (Pablo Rojas Paz, Ricardo E. Molinari, Ildefonso Pereda Valdés [éste, uruguayo], Nicolás Olivari, Borges, Santiago Ganduglia, Raúl Scalabrini Ortiz, «Ortelli y Gasset» [i.e. Borges y Mastronardi] y Lisardo Zía), bajo el título «Un llamado a la realidad». La polémica tuvo repercusiones en Uruguay, Perú, Bolivia, Cuba, Chile y México. La revista mexicana *Ulises* 4, octubre de 1927, criticó en una nota sin firma, presumiblemente de Xavier Villaurrutia, la actitud de los porteños. Tras ridiculizar a Pereda Valdés y Scalabrini Ortiz, concluye en este tono: «Es preciso confesar que, descontando a Rojas Paz y Lisardo Zía, los demás escritores han contestado a la inocente utopía de *La Gaceta Literaria* con más prisa que inteligencia, con más amor a Buenos Aires que justicia a España». Sobre la polémica, cf Guillermo de Torre: «Madrid, meridiano intelectual de Hispanoamérica» [sin firma]: *La Gaceta Literaria* 8, Madrid, 15-IV-27, 1; José Carlos González Boixo: «El meridiano intelectual de Hispanoamérica; polémica suscitada por *La Gaceta Literaria*»: *Cuadernos Hispanoamericanos* 459, Madrid, septiembre de 1988, 166-171; Carmen Alemany Bay: *La polémica del meridiano intelectual de Hispanoamérica*

Con todo esto, yo me veo en el caso de agradecer doblemente la acogida que he encontrado, y realmente me conmueve un poco esta situación. En la Editorial PROA estaban al tanto de todo, y sin embargo, se me manifestó Evar Méndez (que va a ser ahora mi editor) muy bien dispuesto para el PERGALÍN.[123]

Al mismo tiempo, Reyes trató de ganar a Victoria Ocampo para su proyecto. En carta del 31 de enero de 1929 de Buenos Aires a París, solicitó su participación en los *Cuadernos*. Ya al comienzo de su estadía en Buenos Aires, Reyes había dejado constancia de su deseo de conocerla (*Diario* 223). El 12 de septiembre y el 4 de octubre de 1929 le escribió relatándole su plan, paralelo al de los *Cuadernos*, para una colección a llamarse *El Pliego Suelto*, que se realizó, en parte, recién hacia 1934, también impresa por Francisco A. Colombo (*Correspondance* 202). En *Pliego Suelto*, Reyes publicó, en 1934, *Yerbas del Tarahumara*, que sería traducido por Larbaud, y *Golfo de México*; ambas ediciones (cuyos textos figuran ahora en *OCAR* X, 106-109 y 121-123) estuvieron al cuidado de Ricardo E. Molinari, según se desprende de una carta que Jaime Torres Bodet remitiera a Reyes desde Buenos Aires el 14 de agosto de 1934 (Curiel 1994, 77; cf. también la correspondencia Reyes/Molinari).[124]

El 3 de febrero de 1929, Reyes anota en su *Diario*:

(*1927*). *Estudio y textos*. Alicante: Universidad de Alicante, 1998; Rosa Sarabia 1994 y 2009; Carlos García/María Paz Sanz, eds.: *Gacetas y meridianos. Correspondencia Ernesto Giménez Caballero-Guillermo de Torre, 1925-1968* (en prensa). Sobre el conflicto entre los jóvenes argentinos y los mexicanos, véase Rosa García Gutiérrez: «*Ulises* vs. *Martín Fierro* (Notas sobre el hispanismo literario de los Contemporáneos)»: *Literatura Mexicana* II.2 (UNAM, México) 1996, 407-444.

[123] Reyes alude a *Pero Galín*, obra de Estrada que no saldría, al fin, en Argentina.

[124] *Pliegos sueltos* fue, por lo demás, el título de un libro publicado por Vicente Castañeda y Amalio Huarte (Madrid, 1929), al que Reyes alude en *La experiencia literaria* (1942; *OCAR* XIV, 232).

Domingo. Vinieron Bernárdez y Borges y Rinaldini.[125]

De esta época podría ser la siguiente misiva de Borges a Reyes, aunque nada en ella permite datarla con precisión. Debemos recurrir, pues, a indicios. En la carta se menciona el famoso poema de Browning que comienza con el verso «Ah, did you once see Shelley plain». No hay casi entrevista en que Borges hablara de Reyes en la cual no se mencionara la siguiente anécdota (reproduzco la versión de Sorrentino 1974, 100):

> Reyes me dijo que él había conocido a Othón, porque éste solía ir a casa de su padre [...]. Y yo entonces, sorprendido, le dije: «Pero, ¿cómo?, ¿usted lo conoció a Othón?». Y Reyes, encontrando la cita exacta —un verso de Browning— me dijo: «Ah, did you once see Shelley plain?». Encontraba las citas así, en seguida.[126]

---

[125] Julio Rinaldini: crítico de arte (publicó a menudo en *Nosotros*), arquitecto y escritor argentino, satirizado en *Martín Fierro* (núms. 8-9, 6-IX-1924, 66, y 21, 28-VIII-1925, 154). Publicó, entre otros títulos, *El valor del impresionismo y las tendencias postimpresionistas*. Buenos Aires: Amigos del Arte, 1924. Figura en la foto sacada en el banquete del 9-X-1924, en honor de Jules Supervielle (*Martín Fierro* 12-13, 20-XI-1924, 87). Pedro Henríquez Ureña lo menciona en carta a Reyes del 13-X-1925 (*Epistolario* III, 304). Luis M. Rinaldini Gonnet (hijo de J. R. y Nieves Gonnet de Rinaldini) dirigió, entre abril de 1937 y enero de 1938, la revista *Bitácora* (4 números), en la cual colaboró Borges con el texto «Inscripciones [2]»: *Bitácora* 2, junio de 1937, 1-2 (un párrafo procede de «Lawrence y la Odisea»: *Sur* 25, octubre de 1936; *Borges en Sur, 1931-1980*, 136-139). Véase ahora Julio Rinaldini: *Escritos sobre arte, cultura y política*. Organizadoras: Patricia M. Artundo y Cecilia Lebrero. Buenos Aires: Espigas, 2007. Contiene: Patricia M. Artundo: «Cuarenta años de producción: Julio Rinaldini y el campo intelectual porteño durante la primera mitad del siglo XX»; Cecilia Lebrero: «Julio Rinaldini y la crítica de arte como práctica profesional». Nieves Gonnet, la esposa de Rinaldini, regenteaba una «tertulia de los Viernes», a la cual asistían a menudo Borges, José Bianco, María Rosa Oliver, Patricio Canto y otros escritores.

[126] Reyes había pronunciado ya de joven una conferencia sobre el poeta mexicano en agosto de 1910, en el Ateneo de la Juventud: «Los *Poemas rústicos* de Manuel

Borges atribuye implícitamente la ocurrencia de Reyes al comienzo de su relación en Buenos Aires (1927), pero esta misiva no parece pertenecer a esas fechas.

Además de la visita de Bernárdez mencionada al final de la carta, que podría ser la del 3 de febrero (y en la cual basara su datación ya Capistrán 1999, 94), hay otros detalles que me llevan a fechar la misiva hacia comienzos de febrero de 1929. A principios de este año, según muestra su *Diario*, Reyes trabajaba muy ceñidamente en su *Mallarmé*, que originalmente pensaba publicar en los *Cuadernos del Plata* (desistió de hacerlo así a partir del 16 de abril).

La carta de Borges recogida a continuación parece ser respuesta a una solicitud de Reyes. Así como a fines de enero solicitara, mediante carta no conservada, un libro de Tytler, habría pedido, en este caso, el poema de Browning, por no tenerlo a mano.

Tiene, para mí, casi el valor de una prueba el siguiente detalle: Reyes cita, sin variación alguna, los primeros cuatro versos del poema de Browning reproducidos por Borges en «Itinerario a Mallarmé», capítulo II de su *Culto a Mallarmé* (1938; *OCAR* XXV, 28-29). Ahora bien: la puntuación en el manuscrito de Borges difiere de la de todas las versiones impresas de Browning llegadas a mi conocimiento, donde, en vez de «Ah! did you...», siempre se lee «Ah, did you...»; también el último verso coincide entre Borges y Reyes, pero no con las versiones impresas. Colijo, pues, que Reyes pidió apresuradamente ese poema a Borges (como en el caso de la misiva N° 5, de 1927), mientras escribía el citado capítulo de su *Mallarmé*.

José Othón». México: Conferencias del Centenario, 1910. Véase su carta de 1938 a Joaquín García-Monge «Sobre Manuel José Othón» (*OCAR* VIII, 76-78).

[6]

[Carta de JLB a AR, 1 página manuscrita (falta en Pacheco y en JWR; Dominique de Roux / Jean de Milleret, eds.: *Jorge Luis Borges. Cahiers de L'Herne*, IV. Paris, 1964, 57, la reproducen en francés, con lagunas no declaradas y errores de lectura; Néstor Montenegro / Adriana Bianca, eds.: *Borges y los otros*. Buenos Aires: Planeta, 1990; Capistrán 1999, 91-96; «Capilla Alfonsina» N° 4):]

[Buenos Aires, ¿1 de febrero de 1929?]

[Membrete:] JLB[127] [como en N° 10]

Don Alfonso:

Le pido perdón por la indigencia de mi biblioteca. Sólo puedo facilitarle, de memoria y con alguna errata posible (pues el libro se lo mandé a Norah Lange)[128] la poesía *Memorabilia* de Browning.[129] Ojalá la regale usted a nuestro español.[130]

---

[127] Letras blancas sobre un fondo azul.
[128] Norah Lange (1906-1972): poeta y escritora argentina, de ascendencia noruega. Su último poemario es de 1933; de allí en más cultivó la prosa, tanto con novelas como con buceos autobiográficos. Fue de muy joven amiga de Borges; luego compañera de Oliverio Girondo. *Obras completas*. Edición al cuidado de Adriana Astutti. Prólogo: Sylvia Molloy. Rosario: Beatriz Viterbo Editora, 2005. I: *La calle de la tarde* (1925), *Los días y las noches* (1926), *Voz de vida* (1927), *El rumbo de la rosa* (1930), *45 días y 30 marineros* (1933), *Cuadernos de infancia* (1937). II: *Antes que mueran* (1944), *Personas en la sala* (1950), *Los dos retratos* (1956), *Estimados congéneres* (1942-1967; discursos jocosos, con numerosas referencias a la escena literaria de la década del treinta), *El cuarto de vidrio* (novela póstuma).
[129] Robert Browning (1812-1889): poeta inglés; su obra principal es, quizás, *The Ring and the Book* (1868-1869), que narra en doce monólogos la historia de un caso criminal romano. Su poema «Memorabilia» apareció en *Men and Women* (1855; cf. *The Complete Poetic and Dramatic Works*, Boston/New York: Houghton Mifflin Co., 1895, 195). Browning sintió en su juventud una gran admiración por Shelley; véase

Ah! did you once see Shelley plain   Ah, did you...
And did he stop and speak to you,
And did you speak to him again?
How strange it seems — and new!   ...seems, and new!

But you were living before that
And you are living after   And also you...
And the memory I started at—
My starting moves your laughter?

I crossed a moor with a name of its own
and its use in the world, no doubt,   And a certain use...
but a hand's breath of it shines alone   Yet a hand's-breath...
'mid the blank miles round about.   ...about:

For there I picked up on the heather,
For there I put inside my breast,   And there I put...
A moulted feather, an eagle's feather;   ...eagle-feather!
Well, I forgot the rest.   ...forget...

    El domingo, espero ir a verlo con [Francisco Luis] Bernárdez. Le envío, por si acaso, *Balaustion*.[131]

                                                                       suyo *Jorge Luis Borges*

***

su «Essay on P. B. Shelley», de 1852. Borges cita el poema de memoria, y cambia aquí y allá la puntuación. Su texto trae algunos pequeños errores; adjunto las correcciones al margen derecho, en tipo menor. Desconozco trabajos que se ocupen en detalle de la relación entre Borges y la obra de Browning, a quien el argentino dedicara el poema «Browning resuelve ser poeta» (*La rosa profunda*, 1975).

   [130] De Browning Reyes sólo tradujo, hasta donde alanzo a ver, «Los gemelos» (*Huellas*, 1922, 168-169, según *OCAR* X, 494; véase también *La experiencia literaria*, *OCAR* XIV, 147).

   [131] *Balaustion's Adventure, including a Transcript from Euripides*, poema de Robert Browning (1871). Reyes lo menciona en *OCAR* XIX, 325, en uno de sus apéndices a la traducción de la *Ilíada* (el mito de Admeto «dio asunto a un drama satírico de Eurípides, *Alcestis*, y a un poema de Browning, *Balaustion's Adventure*»).

Intento una traducción del extraño poema según lo recuerda y cita Borges (no según el original). La versión carece de ambiciones literarias, es sólo para mera noticia del lector; prescindo de rima y métrica:[132]

Memorabilia

Oh, ¿usted ha visto a Shelley en persona,
y él se detuvo y le habló
y usted le respondió?
¡Qué extraño parece... y qué nuevo!

Pero usted vivía antes de eso
y vive después.
Y el recuerdo ante el cual me asombré—
¿Mi asombro le causa risa?

Crucé un páramo con nombre propio
y útil al mundo, sin duda,
pero un palmo de él brilla solitario
entre las millas desiertas a su alrededor.

¡Pues allí recogí del matorral
y allí guardé en mi pecho
una pluma caída, una pluma de águila!
Bien, olvido el resto.

Vale la pena reproducir una deliciosa anécdota del *Borges* de Bioy relacionado con este poema (2006, 560, del 28-IX-1959):

---

[132] La traducción al castellano del poema de Browning surgió en competencia de ingenios con Jerónimo Ledesma (Buenos Aires); asumo la responsabilidad por las decisiones finales.

Bioy: «*Memorabilia*, de Browning, aunque admirable, tiene versos que no son muy buenos. Algo malo debe de haber hacia el final, porque no logro recordar la última estrofa». [Borges] Me da la razón e inmediatamente la recita, con lo que demuestra que, para él, no es olvidable:

> For there I picked up on the heather,
> And there I put inside my breast,
> A moulted feather, an eagle's feather;
> Well, I forget the rest

De paso señala que *I forget the rest* no está del todo bien, porque es ambiguo.

Daniel Martino, el editor del volumen, anota al pie su traducción de los versos citados:

> Porque allí recogí del brezo
> y allí guardé en mi pecho
> una pluma caída, ¡una pluma de águila!
> Bueno, el resto lo olvidé.

En nota al pie de la página 694, Martino traduce así el primer verso del poema: «¿Usted lo conoció de cerca a Shelley?».

***

Mientras tanto, el trato entre Reyes y Méndez parece haberse intensificado por estas fechas, unidos por su bibliofilia, tal como muestra la carta siguiente:

[EM.07]

[Carta de EM a AR, 1 p. mecanografiada. («Capilla Alfonsina», EM N° 8):]

Vidal 1679.

[Buenos Aires,] 6 de febrero de 1929

Ilustre maestro y amigo:

Acabo de recibir y hojear con grandísimo placer, el magnífico libro de Genaro Estrada que usted tiene la extrema gentileza de enviarme, un obsequio espléndido que no sabré cómo agradecer suficientemente.[133] Qué nobles cosas hace la imprenta en México, y ojalá pudiéramos alguna vez hacer aquí algo semejante! Todo es hermoso, el papel riquísimo y su tono, el tipo que agradaría tanto a Girondo, la tinta, la tipografía dispuesta por el autor, todo. Y todo tan digno de ese admirable poeta que tan poco conocemos en Argentina y que está reclamando un estudio amplio y cariñoso para reclamarlo [sic] de nosotros todo el atento homenaje que merece. Nuestro público nada sabe de ustedes; de Nervo[134] y González Martínez[135]

---

[133] Por la fecha, puede tratarse de *Crucero* (México: Editorial Cultura, 1928), libro de Estrada reseñado por Borges en *Síntesis* 18, noviembre de 1928; *Textos recobrados* 1: 371-372.

[134] Amado Nervo (seudónimo de Juan Crisóstomo Ruiz de Nervo, 1870-1919): poeta mexicano de tendencia modernista, matizada por motivos religiosos. Entre sus obras es la más conocida *La amada inmóvil*, escrita hacia 1912 a raíz de la muerte de su compañera (Ana Cecilia Luisa Dailliez) y publicada póstumamente en 1922. Nervo fue «ministro plenipotenciario» en Argentina y Uruguay. Reyes preparó una edición madrileña de las obras completas de Nervo. Sobre la relación Reyes-Nervo, véase el artículo «Para documentar una amistad literaria»: *La Jornada Semanal*, México, 29-VIII-99, sin firma.

[135] Enrique González Martínez (1871-1952): diplomático y poeta modernista mexicano (con su poema «Tuércele el cuello al cisne», de 1910, aparecido en 1911 en

en cuanto a poesía, y paramos de contar. Y usted, y [Genaro] Estrada, y de los más nuevos poetas, ¿qué sabe la gente que no sea especializada, y de éstas, media docena de personas? La nueva literatura mexicana, como su pintura, tan admirables, son cosas que serán una gran revelación para nuestro público el día que alguien se decida a presentarlas.[136] En *Martín Fierro* quise hacer algo, pude muy poco, y si bien intenté ofrecer estudios de poetas nuevos, los encargados de escribirlos se me quedaron hasta hoy con los libros y me dejaron sin artículos! Girondo, por su parte, siempre se propuso y nunca pudo cumplir con su anunciado artículo sobre Rivera a quien tanto admiraba.[137]

Pero una empresa así requeriría el concurso de un gran diario o revista de vasta circulación. La revista literaria, el libro, son medios de corto alcance. ¿Cuándo fundaremos la gran Librería Americana?

Los senderos ocultos, inspiró a la juventud mexicana). Fue miembro de la Academia mexicana, presidente del Ateneo de la Juventud (1912), editor de la revista *Argos* y del periódico *El Imparcial*. En 1913 se lo nombró Subsecretario de Educación Pública. Como «ministro plenipotenciario» sirvió en Chile, Argentina, España y Portugal entre 1920 y 1931. González Martínez prologó *tu libro* (1922), del peruano Alberto Hidalgo, y comentó otros de sus títulos. De entre sus muchas obras menciono apenas los poemarios *La muerte del cisne* (1915), *Poemas de ayer y de hoy* (1918), *Segundo despertar y otros poemas* (1945), y dos libros de memorias: *El hombre del búho* (1944) y *La apacible estrella* (1951).

[136] Patricia Artundo (Buenos Aires) ha realizado un estudio que contiene un importante capítulo acerca del intercambio cultural entre México y Argentina a través del periódico *Martín Fierro*. Su trabajo (inédito) lleva por título: *Periódico. Grupo. Acción. Martín Fierro y su proyecto de renovación artística*. Cf. ya, de la misma, «Acción militante del grupo *Martín Fierro*», en AA. VV.: *El arte entre lo público y lo privado*. VI Jornadas de Teoría e Historia de las Artes. Buenos Aires: CAIA, Centro Argentino de Investigaciones de Artes, [1996].

[137] «Diego Rivera», el artículo de Girondo sobre el pintor mexicano, fue anunciado ya en *Martín Fierro* 17, 17-V-1925. El título no figura en sus *Obras*. Ed. Enrique Molina. Buenos Aires: Losada, 1994 (1968), ni en *Obra completa*. Edición crítica. Coordinador: Raúl Antelo. Madrid: ALLCA XX, 1999 (Archivos, 38).

De nuevo, mil gracias por su precioso envío. Y acepte el invariable y verdadero afecto de su amigo

Señor Doctor Don Alfonso Reyes

Evar Mendez

***

En carta a Valery Larbaud del 13 de marzo de 1929 (*Correspondance* 54-55), Reyes anuncia:

> Aquí seguiré en la margen del Plata (¡cosa monótona y triste si las hay!) donde espero publicar unos cuantos libros. Pronto recibirá usted los *Cuadernos del Plata*, que yo dirijo donde he juntado a las juventudes más conscientes de México y de Buenos Aires: de allá: *Contemporáneos*, de aquí Borges, Bernárdez,[138] Molinari, etc. Los tomitos se imprimirán en San Antonio de Areco, imprenta Colombo donde hizo Güiraldes la primera edición de *Don Segundo Sombra*.[139]

Larbaud responderá el 14 de junio de 1929 con carta de Parma a Buenos Aires (*Correspondance* 60; cf. 16 de junio de 1929):

> J'attends tout cela avec impatience. Les jeunes écrivains argentins ont bien de la chance de vous avoir parmi eux!

> (Trad. CG: «Espero todo eso con impaciencia. Los jóvenes escritores argentinos tiene mucha suerte de tenerlo a usted entre ellos!».)

---

[138] Ninguna obra de Bernárdez aparecería en *Cuadernos*.

[139] Mi fuente trae «imprimieron» en vez de «imprimirán», pero debe tratarse de un error de lectura o de imprenta, porque los «tomitos» no estaban impresos aún. *Cuaderno San Martín* (único texto de Borges en esta colección) apareció recién en agosto de 1929. Por lo demás, no lo hizo en San Antonio de Areco, sino en la nueva sucursal, instalada en la capital a instancias de la «muchachada».

El 29 de marzo de 1929 se concluyó la impresión de *Fuga de Navidad*, seis poemas en prosa de Reyes, con sendos dibujos de Norah Borges de Torre, en edición de lujo (Librería Viau y Zona, imprenta de Francisco A. Colombo, San Antonio de Areco). El texto, escrito por Reyes originalmente en Madrid, en 1923, fue incorporado luego a *Las vísperas de España* (Buenos Aires: Sur, 1937; *OCAR* II, 135). Acerca de los dibujos, anota Reyes (*Diario* 263):

> Me entrega Norah los seis dibujos para *Fuga*. ¡Lástima que se haya puesto a pintar caras de niños, en vez de insistir en los objetos! Creo que ha equivocado completamente —por una preocupación sentimental— el sentido del poema. En fin: así se hará. Es lo que da esta tierra, lo mejor.

Norah, por su parte, al ver las primeras pruebas de la edición, «gritó de entusiasmo» (*Diario* 275). En cuanto al trabajo de Colombo, Reyes anota: «Está bien hecho» (*Diario* 280).

Por la misma época, Guillermo de Torre remitió una carta a Ernesto Giménez Caballero, director de *La Gaceta Literaria* (Mss 22832/62, 60, del 16 de abril de 1929):

> Van adjuntos dos de los primeros textos inéditos que he obtenido para *La Gaceta Americana*. Ese poema de Alfonso Reyes[140] —que convendría dar con su clisé— y otro de Molinari,[141] con un dibujo de Norah.

---

[140] Se trata de «Fuga de navidad (poema)»: *La Gaceta Literaria* 59, 1-VI-1929. Véase mi *Las letras y la amistad*, 2005, 98-99, con carta de Torre a Reyes del 5-VII-1929, y las de Reyes a Torre, del 8 y 9-VII-1929 (en la última misiva, Reyes dice: «acabo de leer las palabras de *La Gaceta Literaria* con verdadera emoción»).

[141] El poema «En la muerte de un amigo», del argentino Ricardo E. Molinari, apareció en *La Gaceta Literaria* 61, 1-VII-1929. Véase, de Torre, y en el mismo número: «La significación de Molinari».

En carta a Genaro Estrada del 4 de abril de 1929, Reyes explica
(II 199):

> Espero que sigan cayendo poetas yanquis traducidos, y que vengan pronto sus originales, y los demás, para los *Cuadernos del Plata*. [...] creo que pronto me decidiré a telegrafiarle sobre la posibilidad de colocar unas suscripciones en México. Tenga usted en cuenta que yo no entro para nada en la cuestión económica. Soy un mero director literario. Ni gano ni pierdo, pero quiero naturalmente que el editor, Evar Méndez, compense siquiera los gastos en que voy a meterlo por amor al arte.

En abril de 1929, Reyes comenzó a escribir *Landrú-Opereta* (11 de abril de 1929; *Diario* 264). El 11 del mismo mes, Reyes anota (*Diario* 265):

> Arreglé términos contrato *Cuadernos del Plata* con Evar Méndez.

Poco antes, Borges había entregado los textos que conformarán *Cuaderno San Martín* a la redacción de *Cuadernos del Plata*, según anotación de Reyes al hacer un inventario de su correspondencia del 11 de abril de 1929:

> [Carta] A Borges: felicítolo su *Cuaderno San Martín* que ya me trajo para *Cuadernos del Plata* y pídole active colección de Macedonio Fernández.

Se preveía, originalmente, que el libro de Borges apareciera en julio; lo hizo, según colofón, recién el 7 de agosto de 1929, pocos días antes del 30º cumpleaños de Borges. (Acerca del libro, véase el capítulo III de mi *El joven Borges, poeta*, 2000, 125-180; acerca de Reyes, pp. 141-160.)

El 20 de abril de 1929, Reyes consigna (*Diario* 268): «Mucho trabajo en Mallarmé. Al fin se decide que de esto y no los poemas en

Cuadernos del Plata» (lo menciono, porque el tema jugará cierto papel en la correspondencia entre Reyes y Evar Méndez).

Los *Cuadernos* no eran el único proyecto de Reyes por estas fechas. Según carta suya a Pedro Henríquez Ureña del 2 de mayo de 1929 (III 370), la aparición de la revista *Libra* estaba prevista para el 21 de junio de 1929. El 5 de mayo de 1929, Reyes anota (*Diario* 273): «Cartas a Moreno Villa para que me envíe dibujos para *La Saeta* que quiero publicar aparte [es decir, no en los *Cuadernos del Plata*] en Colombo» (véase también 4 de noviembre de 1929).

En carta a Valery Larbaud del 7 de mayo de 1929 (*Correspondance* 58, 179), Reyes comenta:

> Estoy para echar a andar una pequeña colección de *Cuadernos del Plata* que yo dirijo literariamente y que se inaugura con seis cuentos de Güiraldes (uno inédito).[142] Ya le enviaré a usted los tomos sucesivos. Yo me atrevo a dar un librillo sobre Mallarmé.[143]
>
> ¡Cómo irá a salir, Dios mío! Aquí prefiero juntarme con la gente joven, los de mi edad están algo lejos de mí espiritualmente, aun cuando en lo personal sean tan impecables como lo es siempre, en la Argentina, la raya del pantalón. Los muchachos que valen más están para comenzar una publicación trimestral que acaso se llamará *Libra*, algo entre *Roseau d'Or* et *Commerce*. Allí también meteré la mano, desde las bambalinas. Todo irá llegando a sus manos.

Larbaud contesta en carta del 14 de junio de 1929 (*Correspondance* 60):

---

[142] Se trata de «Diálogos y palabras» (Güiraldes: *Obras completas*. Buenos Aires: Emecé, 1962, 594). El volumen contenía también un poema de Reyes «A la memoria de Ricardo Güiraldes». En cuanto a su colofón, cf. *ARA* 330.

[143] Según se desprende de su *Diario*, Reyes trabajaba ya sobre la obra de Mallarmé, pero hesitó en dar el trabajo a la imprenta en los *Cuadernos*. Para no retardar a sus jóvenes amigos ni apresurar sus propios estudios, intentó, sin éxito, publicar algunos poemas inéditos en la colección (*Diario*, 16-IV-1929, 266). Reyes reuniría más tarde sus estudios sobre Mallarmé en *Mallarmé entre nosotros* (Destiempo, 1938).

Je vous remercie beaucoup de me faire envoyer vos *Cuadernos del Plata*, et *Libra*, et votre plaquette sur Mallarmé à laquelle vous travaillez en ce moment.

(Trad. CG: «Mucho le agradezco que me haga enviar sus *Cuadernos del Plata*, *Libra*, y su plaquette sobre Mallarmé, en la que trabaja ahora».)

En el intervalo, Evar Méndez escribe a Reyes:

[EM.08]

[Carta de EM a AR, sin fecha, 1 p. mecanografiada. («Capilla Alfonsina», EM N° 18):]

Hoy Miércoles 15

[Buenos Aires, 15 de mayo de 1929]

Maestro y querido amigo:

Me apresuro a enviarle el Número de *Martín Fierro* dedicado a Góngora, muy a contrapelo, dada la orientación del periódico, pero en honor de los amigos gongoristas y para satisfacción de los antigongorinos.[144] Yo me dedicaba, como usted ve, a perder tiempo y dinero para complacer a los amigos, sin prever las futuras patadas...

A los dos años me resulta cosa muy divertida esa mezcla de futurismo, cubismo, gongorismo, que podrán darse de puntapiés pero que yo me daba el gusto de meter de cabeza en mi periódico y obligarlos a estarse allí.

¿Cómo van los libros en proyecto?

Nada sé aún de Macedonio Fernández, que se llevó sus papeles prometiendo devolverlos a los quince días.

No tengo otro encargo de usted, a no ser la entrega de las traducciones de norteamericanos en mi poder, cosa que haré en cuanto le vea a usted.[145]

---

[144] Se trata de *Martín Fierro* 41, 28-V-1927, que incluyó trabajos de Borges, Molinari, Pedro Henríquez Ureña, Roberto Godel, Lope de Vega Carpio, Arturo Marasso y el mismo Góngora. Cf. carta del 31-XII-1928 de Reyes a Ricardo E. Molinari (Zaïtzeff 1998, 226, y 2008, 347): «¿tiene usted el número gongorino de la *Gaceta Literaria*? ¡Lo he perdido en el cambio!».

[145] En cuanto a «traducciones de norteamericanos», cf. Reyes: *Diario* 236, 248, 261, 265, 266, 268. Se preveía para los *Cuadernos del Plata* una antología de «poetas yanquis» traducidos por diversos escritores hispanoamericanos.

Confío en que los originales listos de los primeros libros podrán ser entregados sin falta la semana entrante.[146] ¡Ya está vencido Mayo! Y yo me llevé un chasco creyendo que el otro día sería el solemnísimo día de la entrega al impresor, cosa que debía celebrarse con un almuerzo; éste se realizó, con el consiguiente trastorno para mi sistema digestivo. El Sr. Colombo ya está trabajando para mí, y a fin de semana tendré pruebas de un librito de versos que una poetisa de La Plata manda hacer por mi intermedio y yo distribuiré.[147] Es lástima que este primer libro no fuera alguno de los de su colección. Pero el trabajo servirá de ensayo, de imprenta y tiempo a emplear.

Con el afecto de siempre le saluda su amigo y S.S.

Evar Méndez

Señor Dr. Don Alfonso Reyes.
Embajador de México.

***

---

[146] Méndez parece haber cumplido, pero el resultado no agradó a Reyes. Cf. el reverso de la misiva N° 9.

[147] Tras largas búsquedas, y gracias a la eficiente amistad de Martín Greco (Buenos Aires), puedo afirmar que se trata de la poeta María de Villarino y de su obra *Calle apartada*. El nombre Editorial Proa no figura ni en la tapa ni en la portada, pero sí en otras partes del libro. El colofón, por su parte, registra que «terminóse de imprimir el 12 de julio de 1929» en la imprenta de Francisco Colombo. En cuanto a Villarino, prolífica y premiada autora (que vivía en la calle Cramer, a una cuadra de la casa de los Méndez en la calle Vidal), y vice-presidenta de la Sociedad Argentina de Escritores, cf. Lily Sosa de Newton: *Diccionario biográfico de mujeres argentinas*. Buenos Aires: Plus Ultra, 1986, 674-675, y Ana Emilia Lahitte: *María de Villarino*. Buenos Aires: Ediciones Culturales Argentinas, 1966.

Según carta de Jaime Torres Bodet a Reyes del 2 de abril de 1929 (Curiel 1994, 47), éste había solicitado por intermedio de Genaro Estrada la colaboración de Bodet para los *Cuadernos del Plata*; en carta enviada a Reyes desde Madrid el 23 de mayo de 1929, Torres Bodet anunció la probable (y no concretada) remisión de *Tres ensayos de Pereza, de Movimiento y de Agilidad*: «naturalmente, no son ensayos de veras, sino relatos sin vanidad, que no teniéndola ellos la han querido tener por lo menos en el título» (Curiel 1994, 48).

Un recorte del periódico *La Palabra* (Mendoza, Argentina), conservado en la «Capilla Alfonsina», sin fecha, pero poco anterior al 21 de mayo de 1929, informa acerca de *Libra*:

REVISTAS

Falta la revista moderna, inquieta, avizora. Nadie levantó el banderín de combate arriado por *Martín Fierro, Proa, Inicial, La Gaceta del Sur, Pulso*. Esto va sin desconocer el espíritu abierto de *Síntesis*, de *Criterio*, de *Carátula*. Insistimos: falta la revista del arte nuevo. Se anuncia la aparición de *Libra*, dirigida por Borges, Bernárdez, Marechal. Anuncio que se lleva todas las simpatías de quienes siguen el movimiento literario contemporáneo. Por el volumen de sus directores y por la orientación que esos nombres implican. Vientos propicios y diestro pilotaje han de asegurar la travesía en que tantos naufragios se han registrado.

(Adviértase que se atribuye a Borges parte de la dirección de la revista, y que Reyes no es mencionado, aunque los jóvenes estaban bajo su égida.)

Pero pocos días más tarde, el 27 de mayo de 1929, Reyes anotará (*Diario* 279; cf. Enrique Zuleta Álvarez: «Borges, Lugones y el nacionalismo»: *Cuadernos Hispanoamericanos* 505-507, Madrid, julio-septiembre de 1992, 541):

Borges se retira de *Libra* (de la redacción nominal), aunque seguirá colaborando, por ciertos leves choques con Marechal, pero, a la vez, porque tiene compromisos amistosos con muchos literatos «impuros» que Bernárdez no quiere aceptar.[148]

Borges debe de haberle hecho llegar su demisión ese día, o poco antes. En una entrevista muy posterior, Borges dirá al respecto (Sorrentino 1974, 25):

> Pero, como en esa revista colaboraban muchos nacionalistas y yo sé que a la gente le gusta simplificar, le escribí una carta a Reyes diciéndole que yo me sentía muy honrado con su invitación, pero que no podía aceptarla, porque, si yo colaboraba junto a un grupo de jóvenes escritores argentinos nacionalistas, naturalmente la gente me vería a mí también como un nacionalista. Y como no soy nacionalista, ni quiero que me tomen por tal, le dije a Reyes que prefería no colaborar en la revista *Libra*, y él me contestó —no sé si aún guardo la carta por ahí— diciéndome que era una lástima, que yo pensara así, pero que él comprendía mis razones y recordándome que me esperaba a cenar el domingo siguiente.[149]

No queda claro a qué alude Borges al decir que en la revista colaboraban «muchos nacionalistas», ya que no los había si se descuenta a Marechal y a Bernárdez.

Reproduzco a continuación los datos de la revista:

> Sede de la redacción: Monte Egmont (hoy Tres Arroyos) 280, Buenos Aires (dirección particular de Marechal). Editor: M[anuel] Gleizer, Triunvirato 537.

---

[148] Cf. también la versión de Reyes en carta a Ortega y Gasset del 10-I-1930, reproducida aquí abajo, en el cap. «1930».

[149] El pasaje muestra, *a fortiori*, que se han perdido algunas de las cartas de esta correspondencia. Por lo demás, no debe confundirse lo que Borges dijo en 1972, ante una concreta situación política en Argentina, con lo que pensó en 1929. En 1973/12, 49, Borges alude al mismo episodio, y menciona también una carta de Reyes, que lamentablemente no parece haber llegado a nuestros días.

Número 1 [y único], invierno 1929 (colofón: 22-VIII-1929). La primera mención que hallo figura en Alfonso Reyes: *Diario* 272, 29-IV-1929. La aparición estaba prevista, originalmente, para el 21-VI-1929, según carta de Reyes a Pedro Henríquez Ureña, del 2 de mayo (Epistolario III 370). La revista fue planeada como trimestral; el segundo número, que no llegó a aparecer, se anunciaba para fines de 1929, y seguía planeándose en 1930, a pesar de que Reyes se desentendiera de ella por carta inédita a Francisco Luis Bernárdez, del 10 de enero de 1930.

Contenido (número de orden, autor, título, páginas):

1. Alfonso Reyes: «Las jitanjáforas» (3-22).
2. Leopoldo Marechal: «Tres poemas (23-32): "Del niño y un pájaro" (25-26), "Niña de encabritado corazón" (27-30), "Introducción a las Odas"» (31-32).
3. Macedonio Fernández: «Novela de la "Eterna" y la Niña de dolor, la "Dulce-persona" de un amor que no fue sabido: Prólogo. Salutación. Otro deseo de saludar» (33-46).
4. Gabriel Bocángel y Unzueta: «Silva trágica» (47-52).
5. Ricardo E. Molinari: «Noticia» (52).
6. Francisco Luis Bernárdez: «Philografía» (53-58).
7. N. Carbonell: «Del epistolario de José Martí» (59-65).
8. James Joyce: «Dos peniques: "Trilly (Dublin, 1904)" (69); "She weeps over Rahoon / Llora sobre Rahoon (Trieste, 1913)" (70)», sin mención del traductor.
9. Correo literario (73-80): Keyserling en Buenos Aires (75-76). Una carta de Menéndez y Pelayo a Carlos Octavio Bunge, con notas de F. L. Bernárdez (77-80).
10. Leopoldo Marechal: «Dos consideraciones poéticas sobre el arte de Elena Cid» (81-82).[150]
11. F.L.B. (Francisco Luis Bernárdez): «San Luis, atentísimo» (82).

---

[150] Sobre esta pintora argentina véase abajo la nota agregada a la carta de Reyes a Francisco Luis Bernárdez del 10 de enero de 1930.

12. Macedonio Fernández: «Fragmento sobre la metáfora (Carta [del 20-V-1929] a Francisco Luis Bernárdez)» (83).
13. Amado Nervo: «En memoria del poeta mexicano, a los diez años de su muerte, publicamos estas líneas inéditas que dejó en un cuaderno íntimo: Bienvenida» (poesía) (83-84).
14. Mariano Brull: «poemita inédito» (84).
15. «Unas palabras de *Xenius* [i.e. Eugenio d'Ors] sobre el *Martín Fierro*» (85-87).
16. Francisco Romero: un juicio sintético sobre *Don Segundo Sombra* (87).
17. Alfonso Reyes: «Proust en América. Bibliografía sobre Proust» (87-88), «Góngora y América. Reseña bibliográfica» (88-96). Arte y curiosidad (representaciones alegóricas de las partes del mundo, soldaditos de plomo) (97). Fallecimiento de Raymond Foulché-Delbosc (97). Paul Groussac (97).
18. Índice (99-101).

Acerca de *Libra*, que no ha suscitado muchos estudios, véase Nélida Salvador / Elena Ardissone: *Índice de tres revistas literarias: Libra (1929), Imán (1931) y Poesía (1933)*. Cuadernos de Bibliotecología 9, Centro de Investigaciones Bibliotecológicas de la Facultad de Filosofía y Letras, julio de 1986; Rose Corral: *Libra*, 1929. Edición facsimilar. México: El Colegio de México, 2003. Tanto el *Diario* como las correspondencias de Reyes contienen alusiones al proceso de creación de la revista.

La renuncia de Borges no parece haber dañado la relación entre ambos. En carta a un receptor desconocido, conservada en Virginia, dice hacia el 15 de julio de 1929: «Siempre me veo [...] con don Alfonso Reyes» (cf. también abajo, 12 de septiembre de 1929). Una larga carta de Reyes a Ortega, del 10 de enero de 1930 (abajo reproducida), sugiere incluso que Reyes no sintiera mucha simpatía por Bernárdez y Marechal.

Mientras tanto, surgen en la prensa porteña las primeras informaciones acerca de la planeada colección. Así el siguiente artículo, firmado por Enrique Espinoza (i.e. Samuel Glusberg): «Cuadernos del Plata»: *La Vida Literaria* 10, Buenos Aires, mayo de 1929 (seguramente gracias a informaciones de Reyes, con quien Glusberg tenía, por estas fechas, una buena relación):[151]

Cuadernos del Plata

Nuestro amigo Alfonso Reyes ha dejado de coleccionar pipas. Ahora colecciona cuadernos literarios que le llevan sus amigos argentinos. En efecto, con Evar Méndez, partero habilísimo en estos trances, don Alfonso Reyes anuncia una edición limitada de *Cuadernos del Plata*, que se imprimirán en el establecimiento gráfico de don Francisco A. Colombo, en San Antonio de Areco. Es decir, en la imprenta de *Don Segundo Sombra*.

El primero de dichos cuadernos contendrá *Siete cuentos*, de Ricardo Güiraldes. Los lectores de *La Vida Literaria* ya conocen el titulado «Politiquería», aparecido en nuestro número 3.[152]

A este cuaderno seguirán otros, no menos interesantes. En primer lugar, un *Epistolario*, de Victoria Ocampo. Después, *El Recienvenido y otras noticias*, de Macedonio Fernández; *Cuaderno San Martín*, de Jorge Luis Borges; *El pez y la manzana*, de Ricardo Molinari; *San Signos*, de Xul Solar; una *Antología contemporánea de poetas norteamericanos*. Y por último, *Culto a Mallarmé*, de Alfonso Reyes.

---

[151] Samuel Glusberg era un importante editor, periodista y escritor (publicó a menudo bajo el seudónimo «Enrique Espinoza»). En el verano 1923-1924 propuso a Méndez fundar un periódico similar al *Martín Fierro* de 1919, pero luego abandonó, por razones que desconozco, el proyecto, que sería llevado a cabo por Méndez y otros. Un texto coetáneo: Guillermo de Torre: «Lo que dicen los editores bonaerenses. Samuel Glusberg, director de *Babel*»: *La Gaceta Literaria* 40, Madrid, 15-VIII-1928, 1. En cuanto a *Babel*, una de las empresas fundadas por Glusberg, se trataba de una editorial (Biblioteca Argentina de Buenas Ediciones Literarias) y de una revista cuyas dos épocas abarcaron desde 1921 a 1928. Méndez colaboró en ella. Reyes mantuvo correspondencia con Glusberg, de la cual se conservan varios testimonios en archivos de Buenos Aires y de México D.F., cuya edición preparo.

[152] El volumen contuvo, al fin, seis relatos y un poema de Reyes sobre Güiraldes.

Como se advertirá, no todos esos títulos aparecieron en la colección.

En carta a Larbaud del 16 de junio de 1929 (*Correspondance* 63), Reyes comunica:

> Por correo, le mando un folletito que acabo de publicar (*Fuga de Navidad*): son seis párrafos para acompañar seis dibujos de Norah Borges (de Torre),[153] y para poner a prueba la imprenta de San Antonio de Areco (tierra de *Don Segundo Sombra*), donde voy a dar principio, en breve tiempo, a la colección *Cuadernos del Plata* de que creo haberle hablado: una colección de gente joven o digna de serlo; muy restringida y pequeña.
>
> También creo que intervendré un poco en cierta revista trimestral que preparan los jóvenes: *Libra*. De todo irá usted sabiendo, conforme salga.

Por esas fechas deben haber salido de la imprenta las primera pruebas del primer volumen de *Cuadernos del Plata*. El 19 de junio, en todo caso, estaban ya impresas las segundas, según Evar Méndez informa a Reyes:

---

[153] Según quedó apuntado arriba, el texto de Reyes es del año 1923; no fue escrito para glosar los dibujos, como podría suponerse, sino al revés.

[EM.09]

[Tarjeta de EM a AR, mecanografiada (anverso // reverso). («Capilla Alfonsina», EM N° 12-13):]

[Membrete:] EDITORIAL PROA / ADMINISTRACIÓN Y DIRECCIÓN TUCUMÁN 612, 3ᵉʳ PISO — BUENOS AIRES

[Buenos Aires,] 19 de junio de 1929

Maestro y amigo:

Le envío la segunda prueba de galera de sus poemas, libro de Güiraldes[154] (incompleto porque no hay suficiente tipo, y hay que [-] imprimir para luego distribuir y tener material para componer lo que aún falta)[155] y libro de Borges, completo. Habrá una nueva prueba, de ~~galera~~ páginas, esta vez, y desde la carátula al colofón, sin excluir la tapa definitiva. Todo se cuidará para que no salgan erratas y la presentación de los volúmenes sea lo mejor posible.

He demorado en enviarle porque anduve tratando de conseguir de dos libreros importantes, con las pruebas a la vista, el encargue de ejemplares reimpuestos. Los han encargado, en papeles de Holanda, Velin e

---

[154] Reyes adosó a los *Seis relatos* su serie de cuatro poemas «A la memoria de Ricardo Güiraldes» (Alicia Reyes 1976, 178-181; *ARA* 144-146; *OCAR* X, 126 ss.).

[155] El procedimiento era usual ya desde el Renacimiento (así se imprimieron, por ejemplo, varias obras de Shakespeare), aunque sólo necesario en talleres que carecían de grandes capacidades (la carta siguiente alude una vez más al mismo procedimiento). Colombo había abierto poco antes una sucursal en Buenos Aires (Hortiguera 552), para satisfacer las demandas de Reyes. Cf. carta de éste a Larbaud, del 8-X-1929, *Correspondance* 80: «Colombo, el impresor de San Antonio de Areco, ha debido poner otra casa en Buenos Aires, para atender a mis trabajos y los de los amigos porteños que siguen la moda (¡buenos porteños al fin!). De todos modos, la imprenta radica oficialmente en San Antonio de Areco, y aquí no hay más que una sucursal».

Hilo vergé acremado, Viau y Zona,[156] y Palacio del Libro. Y quería conseguirlo con los Amigos del Arte, pero la Presidenta[157] es invisible.

Las pruebas estarán mejor esta vez. Colombo despidió // a un tipógrafo nuevo que había tomado aquí y que le resultó un torpe e ignorante. Sus observaciones le afectaron, porque, para proceder con rapidez, él (ni yo tampoco) había revisado las pruebas, que, de leerlas, no se las hubiera enviado.

A fin de andar más ligero, me permito pedirle que, no bien las revise usted, me las remita. Luego le mandaré para usted, y para que se digne entregar a Borges, las pruebas de páginas, que se van a preparar rápidamente.

Colombo —como yo también— desea aprovechar los primeros días de Julio para lanzar el libro de Güiraldes. Habrá una fiesta, con-

---

[156] Además de detentar la librería «El Bibliófilo», Viau y Zona eran editores. Reyes sacó en esa casa, en 1929, *Fuga de Navidad* (texto de 1923), impreso por Colombo y con ilustraciones de Norah Borges de Torre. El libro fue recogido en *Las vísperas de España* (Buenos Aires: Sur, 1937; *OCAR* II, 135). Méndez alude a él en su misiva N° 13. Reyes planeó sacar también *La Saeta* por intermedio de Viau y Zona, pero el plan no se concretó en ese momento, y el libro fue publicado a expensas de Reyes en Brasil (*Diario* 315, 2-V-1930). En cuanto al editor, cf. Max Velarde: *El editor Domingo Viau y otros escritos*. Buenos Aires: Alberto Casares, 1998, que contiene un catálogo de su producción.

[157] La «Presidenta» era Elena Sansinena de Elizalde, llamada «Bebé» (1883-1970); ella y Reyes mantuvieron correspondencia, de la que sólo se conservan unas pocas postales en la «Capilla Alfonsina». En cuanto a la asociación «Amigos del Arte», fundada en junio de 1924 por un grupo de damas de la alta sociedad argentina con el apoyo de intelectuales y políticos, fue presidida primero por Delia Acevedo y poco después por *Bebé* Elizalde durante 18 años, cf. *Proa* 1, agosto de 1924, 28-29, así como los informes *La obra de Amigos del Arte en los años 1924-1932* y *La obra... 1933-1936*. Buenos Aires: 1933 y 1937. Sobre la historia y las actividades de la sociedad, véase ahora Patricia M. Artundo/Marcelo E. Pacheco: *Amigos del Arte 1924-1942* [Catálogo de la Exposición curada por Artundo y Pacheco, Buenos Aires: Malba, 28-XI-08-2-II-98]. Buenos Aires: Fundación Eduardo F. Costantini, 2008.

memoración e inauguración de un pequeño monumento a Güiraldes en San Antonio,[158] y la exposición del libro allí ha de darnos resultado. Esto es el 9 de Julio. ¿Alcanzaremos?[159]

Macedonio me ha escrito, y hablado, prometiendo que tendrá listos sus originales dentro de quince días.

No me eche en olvido!

Saludos afectuosos de su amigo y S.S.

Evar Méndez

Señor Dr. Don Alfonso Reyes.
Embajador de México.

***

Tres semanas más tarde, Evar Méndez volverá a escribir a Reyes:

---

[158] San Antonio de Areco, localidad de la Provincia de Buenos Aires, de donde procedía Ricardo Güiraldes, y donde se enterraron sus restos.

[159] No alcanzaron; el colofón reza: 26-VII-1929. Según muestra la misiva N° 12 de Méndez a Reyes, el libro se puso a la venta recién en agosto.

[EM.10]

[Tarjeta de EM a AR, mecanografiada (anverso // reverso). («Capilla Alfonsina», EM N° 14-15):]

[Membrete:] EDITORIAL PROA / ADMINISTRACIÓN Y DIRECCIÓN TUCUMÁN 612, 3ᵉʳ PISO — BUENOS AIRES

[Buenos Aires,] 10 de julio de 1929

Señor Doctor Don Alfonso Reyes

Maestro y querido amigo:

Ahí le mando la prueba del primer pliego que entrará en máquina del libro de Güiraldes. Se ha elegido ese cuento (cuyas páginas corresponden al cuarto pliego del libro) porque, una vez impreso, dejará libre una gran cantidad de tipo.

La justificación de los márgenes y la de las páginas, como lo verá al través, no están exactas, pero lo estarán en el momento necesario. Esto es para que usted vea si hay todavía algún error; si le gusta, cómo quedan las páginas, qué le parece la impresión y el papel adoptado para el tiraje común. La // mayúscula inicial fue cortada y limada exprofeso para que pudiera lograrse ese efecto, de acuerdo con su deseo.

Una vez obtenida su aprobación —que puede comunicármela por teléfono, si acaso no hay muchos errores y observaciones—, se dará comienzo a la impresión.

Más adelante le haré llegar pruebas nuevas de las primeras y de las últimas páginas con todos los detalles bibliográficos.

Le saluda su amigo affmo. y S.S.

Evar Mendez

***

Dos días después, Evar Méndez vuelve a escribir a Reyes, esta vez acerca del volumen de Borges, número II de la colección:

[EM.11]

[Tarjeta de EM a AR, manuscrita (anverso // reverso). («Capilla Alfonsina», EM N° 16-17):]

[Membrete:] EDITORIAL PROA / ADMINISTRACIÓN Y DIRECCIÓN TUCUMÁN 612, 3er PISO — BUENOS AIRES

[Buenos Aires,] 12 de julio [de 1929]

Maestro y amigo:

Ahí van las pruebas del libro de Borges. Falta redactar páginas de justificación tiraje y colofón. Lo mismo, detalles las Obras del Autor (si lo deja a Borges hará algo arbitrario, ¡ojo!) Mañana comienza a imprimirse *Seis relatos*. ¿Qué haremos después? No olvide su promesa de insistir con Macedonio. El libro de Molinari ya // se está componiendo. El papel Auvergne para el tiraje especial de su obra sobre Mallarmé ya está listo. Tenemos una resma, y, aunque el libro dé 200 págs. tendrá usted unos cuantos ejemplares.

Mil gracias por sus noticias y su acción sobre la Sra. de Güiraldes.[160] Ya había encontrado yo otra solución para salvar esa cláusula: tomar de nuevo los libros sobrantes vencido un plazo dado.

---

[160] Reyes había solicitado a Adelina del Carril de Güiraldes (1889-1967) mediante carta del 31-I-1929 «autorización para el tomo de Güiraldes» (*Diario* 253). El día anterior se había propuesto: «Pedir [a] Adelina de Güiraldes tres cuentos de éste: "Un idilio de Estación", "Una jugada", "Un cuento de Navidad". Y lo que su piedad le dicte» (*Diario* 253). El 13-III-1929 anotará (*Diario* 262): «Carta de Adelina del Carril, dándome el índice del libro con cuentos de Güiraldes que me autoriza a publicar en los *Cuadernos del Plata*!!». Dos días después, sin embargo, comienzan a surgir

Siempre suyo

Evar Mendez

Sr. Dr Don Alfonso Reyes

***

En carta sin fecha, pero de c. 15 de julio de 1929,[161] a un corresponsal ignoto (¿Carlos Pérez Ruiz?), Borges menciona a Reyes entre las personas que ve con mayor asiduidad (Loewenstein N° 590):

dificultades (*Diario* 262): «Eduardo Bullrich me visita en nombre de Adelina del Carril para puntos de la edición en *Cuadernos del Plata*». El acuerdo alcanzado en julio de 1929 fue, al parecer, provisorio. Parco y satisfecho, Reyes anotará el 29-VIII-1929 (*Diario* 285): «Resueltas nuevas dificultades que Eduardo J[uan] Bullrich, abogado de Adelina, suscitaba por "prepotencia", contra la circulación de los *Seis Relatos de Güiraldes*, primer Cuaderno del Plata, ya en librería». Reyes vuelve a aludir a estos inconvenientes en carta a José Ortega y Gasset, del 10-I-1930 (citada más adelante). Bullrich, primo hermano de Victoria Ocampo, conocido bibliófilo y coleccionista de pintura moderna, fue codirector de *Martín Fierro* entre los números 18 y 24; formaría parte del Consejo de Redacción de *Sur*, junto con Borges, Girondo, Mallea y Guillermo de Torre. El incidente entre Adelina y Reyes no entorpeció sus relaciones; se conserva una parte de la correspondencia entre ambos en la «Capilla Alfonsina». Méndez, por su parte, menciona una elogiosa misiva de Adelina a él, en *Tragedia del autor: La errata*, 1952, p. [7]: «El primer tiraje de *Don Segundo Sombra* (publicado en la Editorial Proa, de mi fundación y dirección, y que yo lancé en forma publicitaria que jamás se había intentado en Buenos Aires —testimonio: carta de aplauso de Adelina del Carril, que conservo—, colaborando en su éxito fulminante), contenía errores a montones». (He visto el libro de Evar Méndez gracias a Martín Greco.) Serge I. Zaïtzeff publicó la correspondencia entre Reyes y Adelina de Güiraldes; aunque abarca el período 1927-1949, no figuran en ella los documentos aludidos por Reyes (Zaïtzeff 2008, 239-266).

[161] Deduzco la fecha del contenido de la carta: «Dentro de veinte días se sacará a la vergüenza y al sueño un *Cuaderno San Martín*, versos míos». El colofón del libro reza: 7 de agosto de 1929. Por cierto, la carta puede ser anterior en algunas semanas, de una fecha en que aún se preveía sacar el libro en julio, según Borges informa a un

Siempre me veo con Xul (que vendió en los Amigos del Arte unas telas con magia),[162] con Paco Luis Bernárdez, con Marechal, con Ulises[163] (que me presentó unos carreros criollos de la Chacarita con los que perdimos una trucada épica de tres partidas —60 tantos cada uno ¡180 tantos de una sentada!), con el serio humorista Setaro,[164] con don Alfonso Reyes, con la distraída diosa sonriente Haidée (no tan seguido como yo quisiera y que me desprecia con amabilidad, siempre).[165]

periodista en *La literatura argentina* 10, Buenos Aires, junio de 1929; *Textos recobrados* 397): «En Julio aparecerá en la colección *Cuadernos del Plata*, dirigida por Alfonso Reyes, Embajador de México, una colección de versos míos, de temas porteños».

[162] Acerca de esta exposición, cf. la demoledora reseña de Max Dickmann: «El arrivismo en el arte. Antonio Berni. Xul Solar. Elena Cid»: *Nosotros* 64, Buenos Aires, mayo de 1929, 253-255, según la cual la obra expuesta es «grito tardío de una estética que hace rato ha fracasado y que su mismo inventor Picasso (?) niega ahora resueltamente».

[163] Ulises Petit de Murat.

[164] Ricardo M. Setaro (1903-1975): escritor y periodista argentino, colaborador de *La Nación, El Látigo, Contra, Crítica* (1933), etc. Subsiste carta suya a Macedonio Fernández (26-VIII-1929; *OCMF* II, 307), así como una dedicatoria en libro. Publicó *El alma que se apresuró* (Buenos Aires: Urbe, 1930), *Imágenes secretas de la guerra del Chaco* (1935); *Secretos de Estado Mayor* (1936); *La vida privada del periodismo* (Buenos Aires: Editorial Fegrabo,1936), donde se relata, entre otras cosas, el proceso que se siguió a Raúl González Tuñón por sus textos en *Contra. La revista de los francotiradores*. Setaro fue amigo de Xul Solar, Petit de Murat (véase Silvio Huberman: *Hasta el alba con Ulyses Petit de Murat*. Buenos Aires: Corregidor, 1979, 30), Néstor Ibarra Carlos Mastronardi (quien lo menciona en sus *Memorias de un provinciano*), etc. Colaboró en la *Revista Multicolor de los Sábados* de la cual Borges fue director. En 1934, prologó e ilustró la portada del volumen de cuentos *Con soda*, de Clodomiro Cordero, corresponsal de Macedonio Fernández, también colaborador de la *Revista Multicolor*, y autor de *La sociedad argentina y la mujer* (Buenos Aires: Imprenta Alfa y omega, 1916), *Spleen*, (1929) y *Papeles apolillados*, 1936 (véase *El Hogar*, Buenos Aires, 28-VIII-1936: «Libros y autores de idioma español»). Setaro trabajó también como traductor. En 1942 pasó a Estados Unidos, donde estudió periodismo, trabajó en la radio y publicó en *Harper's Magazine*; paralelamente habría sido un espía en favor del servicio secreto ruso (esta última información en internet, URL: www.wikipedia.org/wiki/Ricardo_Setaro).

[165] Por esta época, Norah Lange se encontraba en Europa.

En otra misiva a Valery Larbaud del 20 de julio de 1929 (*Correspondance* 64), Reyes menciona de pasada *Fuga de Navidad*, que califica de «miniatura sentimental y dulzona. Ojalá que no le empalague». Larbaud responde mediante carta del 21 de agosto de 1929 (*Correspondance* 66), donde agradece y comenta *Fuga de Navidad*: «L'édition est plaisante. Les dessins de Norah Borges sont charmants» (trad. CG: «La edición es agradable. Los dibujos de Norah son encantadores»). Por lo demás, elogia el poder evocador del texto y la calidad del trabajo del impresor Colombo.

A fines de julio, aparece un nuevo anuncio de «Enrique Espinoza» (i.e. Samuel Glusberg): «Cuadernos del Plata»: *La Vida Literaria* 12, Buenos Aires, julio de 1929:

Cuadernos del Plata

Dentro de pocos días se pondrá a la venta el primero de los «Cuadernos del Plata» que dirige don Alfonso Reyes. Contendrá siete cuentos póstumos de Ricardo Güiraldes y un prólogo del director de la colección.

A este fascículo seguirá el titulado *Cuaderno San Martín* de Jorge Luis Borges.

El 18 de agosto de 1929 Reyes dedica a Norah Borges su poema «Norah jugando a las estrellas», publicado en *La Nación* (*OCAR* X, 126-127; *ARA* 146-147). El texto surgió, casi, a pedido de Guillermo de Torre (carta del 16 de julio de 1929; Reyes/Torre Nº 31):

En nombre de M[éndez] Calzada y en el mío propio le reitero la petición de un par de cuartillas sobre los dibujos de Norah.

Al pie de la carta de Torre Reyes anotó:

El 22 Julio le envié el poema: Norah jugando a las estrellas.

El 24 de julio Reyes escribe intempestivamente (*Diario* 282):

> Sucede lo inevitable. Evar Méndez y no yo es quien dirige los *Cuadernos del Plata*. Tal es el error de contar con editores literatos. Él es quien paga, y no seré yo quien me oponga a sus planes. Me corre prisa de acabar con los primeros cuadernos, para desligarme del todo de este compromiso. Estamos muy lejos. No estamos de acuerdo siquiera en el uso de las palabras. Los muchachos argentinos están llenos de prejuicios pro y contra de las cosas, independientemente de su valor literario.

La correspondencia entre Reyes y Méndez no permite entrever lo ocurrido. El giro «los muchachos argentinos» parece aludir más a Leopoldo Marechal y a Francisco Luis Bernárdez que a Méndez, quien era unos años mayor que él.

***

Cuaderno San Martín

Puesto que el tercer poemario de Borges apareció en una serie dirigida por Alfonso Reyes, parece adecuado dedicar al volumen una atención especial. Para hacerlo, me serviré del tercer capítulo de mi libro *El joven Borges, poeta* (2000), acomodándolo a las conveniencias del presente contexto (es decir, abreviando en general los pasajes, pero también alargándolos a veces con nuevas informaciones).

DESLINDES

Cuaderno San Martín (1929) es el último y el más breve poemario de la tríada que constituye la segunda fase lírica de Borges, más heterogénea de lo que podría suponerse.

La primera fase la componen, en mi nomenclatura, los poemas aparecidos entre 1919 y 1923 en revistas y periódicos de España, Francia y Argentina, gran parte de los cuales no fue recogida en libro por Borges. La segunda comienza con la publicación de *Fervor de Buenos Aires* en 1923, prosigue con *Luna de enfrente* en 1925, y concluye con *Cuaderno San Martín* en 1929. Ubico entre 1929 y 1943 la tercera etapa, de escasa producción poética publicada, si bien hay motivos para suponer que Borges no dejó de producir poesía. En 1943, por fin, la reedición depurada de sus poemas inaugura una nueva fase, que excede en mucho los modestos alcances de este trabajo.[166]

En rigor, esas divisiones son engañosas, ya que cada uno de los tres primeros libros posee un perfil propio, tanto en el contenido como en la forma. Los primeros dos poemarios contenían 46 y 27 piezas respectivamente; apenas 11 conforman *Cuaderno* (o 12, si se computan como poemas diferentes las dos partes que componen «Muertes de Buenos Aires»; la segunda fue reproducida alguna vez por separado, pero ello puede haber ocurrido sin la venia expresa de Borges).

Las portadas de *Fervor* y *Luna* ostentaban grabados sin firma, de Norah Borges, hermana del poeta. La de *Cuaderno* se limita a anunciar un retrato de Borges hecho por Silvina Ocampo.[167]

Fervor de Buenos Aires y *Luna de enfrente* comienzan con sendos prólogos, mientras que *Cuaderno San Martín* trae un epígrafe redac-

---

[166] Cf. otro intento de periodización en Vicente Cervera Salinas: *La poesía de Jorge Luis Borges. Historia de una eternidad*. Murcia: Universidad de Murcia, 1992; véase la reseña por Alma Bolón Pedretti en *Variaciones Borges* 6, Aarhus, julio de 1998, 261.

[167] Según recuerdos de Silvina Ocampo en conversación con Noemí Ulla (*Encuentros con Silvina Ocampo*. Buenos Aires: Editorial de Belgrano, 1982, 97), existían desacuerdos entre ella y Borges acerca de cuándo se conocieron: «él recuerda una cosa y yo otra. Es que uno no conoce a las personas la primera vez que las ve [...]. Cuando uno se fija en una persona, recién ahí la conoce». A una nueva pregunta de Ulla, Silvina responde que se fijó en Borges en «lo de Alfonso Reyes, cuando me pidieron que hiciera un retrato de él para un cuadernillo, un dibujo». Se trata del retrato arriba aludido. Sin embargo, Borges y S. Ocampo se vieron por primera vez, a más tardar, a mediados de 1924. Hacia mediados de 1927, mucho antes de que sur-

tado en inglés y algunas «Anotaciones» finales —temas sobre los cuales volveré más adelante. Por ahora me limito a constatar que la abrupta cita en inglés que inicia el libro, especialmente paradójica en obra tan porteña como debía ser *Cuaderno*, prefigura el uso extensivo de lo inglés en *Evaristo Carriego* (publicado en 1930, pero empezado ya antes de 1928, es decir, paralelamente a *Cuaderno*), que incurrirá en la misma paradoja.

Cuaderno es probablemente el libro de Borges sobre el cual menos se ha escrito. Estas notas no aspiran a llenar esa laguna, tampoco quieren analizar su contenido, sino, apenas, glosar los documentos, alguno de ellos inédito o poco conocido, que permiten trazar el recorrido que llevará a la aparición del volumen.

OTRO LIBRO, EL MISMO

En contra de su costumbre hasta ese momento, Borges se ocupó desde temprano en hacer propaganda a su futuro libro. En carta sin fecha a su amigo mallorquín Jacobo Sureda, que dato hacia junio de 1925 (N° 45 en mi edición de *Cartas del fervor*, 1999, 236), encuentro la primera mención de un «cuaderno» en relación con un libro de poemas:

giera el plan de sacar *Cuaderno San Martín*, ya habían estrechado lazos, según muestra un texto aparecido en *Martín Fierro* 42, 10-VII-27, 359: tras la reproducción de dos dibujos de Silvina («Patio con luna» y «Almacén rosado»), la redacción anota que los «rápidos apuntes» surgieron de la lectura de *Luna de enfrente*, y que se han reproducido sin autorización de la artista, pero «con permiso del poeta». No conozco trabajo alguno que se ocupe adecuadamente de esta relación. Aunque algo periférico en relación con este tema, véase Annick Louis: «Silvina Ocampo et la *Antología de la Literatura Fantástica*»: AA. VV.: *Le fantastique argentin. Silvina Ocampo. Julio Cortázar. América* 17, Cahiers du CRICCAL, Paris, 1997, 255-269. Falta, por lo demás, un estudio acerca de la voluminosa obra artística de Silvina Ocampo.

Yo estoy urdiendo un tercer libro (en forma de cuaderno y con solas 32 páginas) que incluirá veinticinco composiciones en verso y cuya publicación depende de la venta de *Inquisiciones*.

Las informaciones acerca del libro son bastante precisas y permiten apreciar, entre otras cosas, que Borges tenía ya desde 1925 la idea de aludir a un cuaderno en relación con su poemario. El libro que estaba componiendo iba a llamarse *Salmos*, pero terminó por convertirse en *Luna de Enfrente* y apareció a comienzos de noviembre de 1925, con finalmente más páginas (42) y más composiciones (27) de las aquí anunciadas (para todo lo referente a esa publicación, cf. el capítulo II de mi *El joven Borges, poeta*).

Pero ya al mes siguiente de la publicación de *Luna de enfrente*, un aviso de la Editorial Martín Fierro (el único de esa editorial referido a Borges que encuentro), pregonaba, inmediatamente después de la «Edición tranviaria» (es decir, económica) de los *Veinte poemas para ser leídos en el tranvía*, de Girondo: «PRÓXIMAMENTE/Obras de Jorge Luis Borges», así como de José de España, Macedonio Fernández, Santiago Ganduglia, Eduardo González Lanuza, Enrique González Tuñón, Ricardo Güiraldes, Leopoldo Marechal, Nicolás Olivari, Horacio A. Rega Molina y Fernán Silva Valdés (*Martín Fierro* 26, 29-XII-1925, 193. La primera versión de ese anuncio —aparecida en *Martín Fierro* 25, 14-XI-1925, 182— no mencionaba aún a Borges y a Macedonio).

Puesto que el aviso no nombra título alguno, es imposible aclarar de qué libro se habría tratado, ya que la Editorial Martín Fierro no llegó a publicar ningún título de Borges. Sin embargo, dos días después de aparecido el segundo anuncio, Borges escribió a su futuro cuñado, Guillermo de Torre, en carta del 31-XII-1925:

Yo, el año veintiséis, publicaré seguramente un libro de ensayos[168] y tal vez uno de versos —una historia argentina versificada, al estilo

---

[168] Alusión a *El tamaño de mi esperanza*, publicado por Editorial Proa en julio de 1926.

de *el gral. Quiroga va en coche al muere*— e intitulable *Cuaderno San Martín*.

El proyecto aquí enunciado no condice con el contenido definitivo de *Cuaderno San Martín*, pero permite conjeturar con qué intención Borges escribió, por ejemplo, «La fundación mitológica de Buenos Aires», el primer poema del libro.[169] Nótese que Borges ya tenía el título planeado tres años y medio antes de la aparición del poemario, y tres años antes de que se creara la serie *Cuadernos del Plata*.

Del mismo año 1925 es el poema «Arrabal en que pesa el campo» (uno de los pocos fechados), que tampoco corresponde al modelo «historia argentina versificada» prometido por Borges en su carta a Torre. Dada la imprecisión de Borges al datarlo, no se puede discernir si el poema surgió antes o después de que entregara los materiales para la impresión de *Luna de enfrente*. El verso final («Por eso y porque una luna fue grande») lo emparenta con el tenor de *Luna*, donde, sin embargo, ya había otro poema dedicado al mismo barrio: «último sol en Villa Ortúzar»,[170] razón por la cual fue quizás desechado, si es que surgió antes de la impresión.

---

[169] Acerca de la rápidamente creciente ciudad de Buenos Aires por estas fechas, véanse Richard J. Walter 1982, los ensayos recogidos en Vázquez-Rial 1996, y Rosa Sarabia 2009. Los censos oficiales ofrecen un indicio de los cambios operados en la ciudad: en 1869, la ciudad contaba con casi 178 000 habitantes; en 1914, ya eran más de un millón y medio; entre 1914 y 1936, la cantidad subió a poco menos de dos millones y medio (en comparación: Madrid tenía en la década del treinta «poco menos de un millón de habitantes, mientras que París rondaba los tres, Berlín los cuatro y Londres más de ocho», según R. Sarabia 2009, s/p). Esta situación, agravada por los aluviones de inmigrantes, suscitó la necesidad de autoexplicarse origen y metas de la nación, de elaborar mitos fundacionales como el poema de Borges, pero también la de definirse en contraposición a otros países (de todo ello es muestra el conflicto del «Meridiano» de 1927, arriba aludido).

[170] Los títulos de la primera edición de *Luna de enfrente* comienzan con minúscula.

Retornando a los planes publicísticos, cabe recordar que la Editorial Martín Fierro se había propuesto sacar «volúmenes de largo tiraje a reducido precio» (NN [¿Evar Méndez?]: «Editoriales Proa y Martín Fierro»: *Martín Fierro* 34, 5-X-1926, 259). La tirada de *Cuaderno San Martín* constó de apenas 280 ejemplares. Pero el libro aparecido no es necesariamente el que Borges planeara originalmente.

Borges fue preparando el terreno para su poemario con algunos de los ensayos de esta época. Uno de los más explícitos al respecto es «La pampa y el suburbio son dioses» (*Proa* 15, enero de 1926; reproducido, unos seis meses más tarde, en *El tamaño de mi esperanza*; el manuscrito original —que, aparte de algunas tachaduras, carece de variantes— se conserva en la University of Virginia Library, Charlottesville, EE. UU.). Allí, el mismo Borges que se atreve a decir: «mientras yo viva, no me faltará quien me alabe» (Tamaño, 1926, 22), no desdeña prometer públicamente un acto heroico (*Tamaño* 24):

> De la riqueza infatigable del mundo, sólo nos pertenecen el arrabal y la pampa. Ricardo Güiraldes, primer decoro de nuestras letras, le está rezando al llano;[171] yo —si Dios mejora sus horas— voy a cantarlo al arrabal por tercera vez, con voz mejor aconsejada de gracia que anteriormente.

Con ello, Borges no hace más que concretar un aspecto de la opinión vertida en su ensayo «El tamaño de mi esperanza» (*Valoraciones* 9, La Plata, marzo de 1926, 222-224; allí, fechado en enero de 1926, pero, por su contenido, se ve que es de 1925; *Tamaño*, 1926, 9):

---

[171] Por esta época, Güiraldes daba los últimos retoques a *Don Segundo Sombra*, que salió de la imprenta a comienzos de julio de 1926, casi al mismo tiempo que *El tamaño de mi esperanza*. Acerca de la relación entre ambos y Lugones, véase mi reseña crítica de «Ivonne Bordelois: *Un triángulo crucial: Borges, Güiraldes, Lugones*. EUDEBA, 1999»: *Variaciones Borges* 9, Aarhus, enero de 2000, 255-258.

Ya Buenos Aires, más que una ciudá [*sic*], es un país y hay que encontrarle la poesía y la música y la pintura y la religión y la metafísica que con su grandeza se avienen.

La penúltima cita es rica en indicios. Entre ellos, destaca que Borges establece una dinastía entre sus libros de versos, y los enfila en la tradición poética de Buenos Aires, por él repetidamente estudiada,[172] y, dentro de ella, en el subgénero «encomios del arrabal».

Ello no es del todo cierto, puesto que *Cuaderno* contiene también otro gran tema, que había figurado ya en *Fervor de Buenos Aires*: la muerte.

El detalle interesa, empero, porque permite advertir la clase de expectativa que Borges intentó despertar en su público, ya desde mucho antes de la aparición del libro, para influir en su recepción. El «encomio del arrabal» es también un motivo de *Evaristo Carriego*, cuya escritura Borges anunció ya, cifradamente, en 1926 («Carriego y el sentido del arrabal»: *La Prensa*, Buenos Aires, 4-IV-1926; *El tamaño de mi esperanza* 25-30; allí, 30: «Este brevísimo discurso sobre Carriego tiene su contraseña y he de reincidir en él algún día, solamente para ensalzarlo». Cf. también «Homenaje a Carriego», artículo sin firma, pero presumiblemente de Borges, publicado en *Martín Fierro* 38, 26-II-1927, 310; *Textos recobrados* 289. Ello no vale para otro artículo anónimo con el mismo título, aparecido en *Martín Fierro* 39, 28-III-1927, 322, y que seguramente no es de Borges).

Otro indicio es que Borges parece haber contado, a poco de sacar *Luna de enfrente*, con material idóneo como para considerar inminente la publicación de un nuevo poemario. En vista del magro con-

---

[172] Cf. su artículo «La presencia de Buenos Aires en la poesía»: *La Prensa*, 11-VII-1926, 6; *Textos recobrados* 250-253. El trabajo anuncia al final una continuación no aparecida. Sobre el mismo tema, cf. «Poetas de Buenos Aires»: *Testigo* 1, febrero-marzo de 1966, 3-13.

tenido de *Cuaderno*, cabe conjeturar que Borges descartó, antes de la impresión, numerosos poemas, probablemente aquellos relacionados con el proyecto primigenio de componer una «historia argentina versificada», con excepción de «La fundación mitológica de Buenos Aires». Hasta donde alcanzo a ver, no subsisten manuscritos de ese ciclo inédito.

En carta sin fecha a Alfredo A. Bianchi (cofundador de *Nosotros*), anterior a julio de 1926, Borges anota:

> Estoy urdiendo un libro de versos porteños que se intitulará *Cuaderno San Martín* y otro de indagaciones literarias que se llamará —tal vez— *El Tamaño de mi Esperanza*.[173]

La carta es probablemente de marzo-abril de 1926; conjeturo que acompañó a los dos poemas aparecidos poco después en *Nosotros* 204, mayo de 1926, 52-53, los primeros del poemario que Borges daría a publicidad: «La fundación mitológica de Buenos Aires»[174] y «Arrabal en que pesa el campo (1925)», bajo el común título «Poesías», agregado, acaso, por la redacción de la revista.

Allí, tras la firma final de Borges, se encuentra la siguiente información, seguramente de su pluma:

> (De un posible libro de versos *Cuaderno San Martín*).

---

[173] El artículo que dio título al volumen de ensayos apareció en marzo de 1926, fechado en enero de ese año. Antes de la aparición del libro en julio, aparecieron aún algunos artículos en la prensa porteña. Dada la imbricación de ambos proyectos, el poético y el ensayístico, habría que analizar la mutua influencia entre ambos trabajos.

[174] Sin la estrofa que menciona en *Cuaderno San Martín* a Yrigoyen. Se conserva el manuscrito que sirvió para la publicación en *Nosotros*; cf. Nicolás Helft: *La Biblioteca Total* (CD-Rom).

Los mismos poemas fueron publicados hacia febrero de 1927 en la antología preparada por Vignale y Tiempo (1927, 96-98),[175] con la sobria y falsa indicación «(Inéditos)».[176]
Acerca de la demasiado famosa «fundación de Buenos Aires», agrego que se conserva en una biblioteca de Virginia (EE. UU.) un segundo manuscrito autógrafo (adquirido 1986 en una subasta de Sotheby's; cf. Loewenstein N° 586), que trae el siguiente subtítulo, agregado entre paréntesis:

(imaginada con ninguna imaginación por J. L. Borges)

El texto de ese poema publicado en *Nosotros* no es idéntico al de *Cuaderno*. Entre otras variantes menores, Borges agregó aquí una cuarteta referida al gran predicamento de Yrigoyen en el «corralón» (es decir, entre la gente humilde). El agregado debe ser, pues, de hacia 1927-1928, época de mayor entusiasmo de Borges para con «el Doctor».

A comienzos de 1927, Borges ya no profesaba el plan de escribir una «historia argentina versificada», pero sí el de dar a luz un poemario. En la noticia autobiográfica aportada a la antología de Vignale/Tiempo (1927, 93; *Martín Fierro* 39, 28-III-1927, 320), se encuentra el modesto pasaje:

---

[175] La primer edición vio la luz en febrero de 1927, y alcanzó la redacción de *Nosotros* en abril de 1927. Textos de Borges allí reproducidos: «Ciudad» e «Inscripción sepulcral (Para el coronel Don Isidoro Suárez, mi bisabuelo)», de *Fervor de Buenos Aires*; «Singladura» y «A Rafael Cansinos Assens», de *Luna de enfrente*; «La fundación mitológica de Buenos Aires» y «Arrabal en que pesa el campo», inéditos aún en libro, aunque ya aparecidos en *Nosotros* 204, Buenos Aires, mayo de 1926.

[176] El segundo había aparecido también en «Un poeta argentino»: *La Fiera Letteraria*, Milán, 15-VIII-1926 (*Nosotros* 208, septiembre de 1926, 140).

167

Estoy escribiendo otro libro de versos porteños (digamos palermeros o villa-alvearenses, para que no suene ambicioso) que se intitulará dulcemente *Cuaderno San Martín*.[177]

Ese «libro de versos porteños», cuya publicación parecía otra vez inminente, tardó, sin embargo, más de dos años en salir a luz. Entre el 4-XI-1926 y el 7-VIII-1929, fechas de aparición de *Luna* y *Cuaderno* respectivamente, Borges sólo dio a luz un poema no recogido en alguno de esos libros: «Viñetas cardinales de Buenos Aires»: *Inicial* 11, febrero de 1927; *Textos recobrados* 282.

Poco después, se publicó, esta vez en la revista *Aurea. De todas las artes* 3, junio de 1927,[178] otro poema de Borges, «Versos con ademán de recuerdo», que se transformará, en *Cuaderno*, en «Fluencia natural del recuerdo» (con otras variantes). Se trata de una poco lograda reminiscencia de la casa de la infancia, en la calle Serrano.

Del período marzo de 1927 a junio de 1929 apenas encuentro testimonios indirectos sobre *Cuaderno*, y ninguna publicación de Borges que lo mencione. Conjeturo que ello indica una crisis suya como poeta. No parece casual que *Cuaderno* fuese su último libro de poesía hasta 1943 (cuando apareció la reedición revisada de sus tres poemarios, con varias supresiones, algunos agregados y muchas correcciones),[179] y que apenas se conozcan poemas sueltos de entre

[177] Palermo y Villa Alvear son barrios de Buenos Aires.
[178] La revista, en la cual colaboró también Norah Borges, fue impresa en los mismos Talleres Ricordi (Bolivar 1610) que dieran a luz *Luna* y algunos números de la segunda *Proa*. Comenzó a aparecer en abril de 1927 y fue cerrada en noviembre de 1928, con el número 16 (Pereyra 1995, 95).
[179] «De los 2 000 versos que sumaban en total los tres poemarios en sus primeras ediciones, se han perdido casi 800; y de los 1 200 versos sobrevivientes, el 46% presenta variantes»; «Mucho más tranquila [sc. que la de *Fervor* o la de *Luna*] es, por el contrario, la historia de *Cuaderno San Martín*, que conserva el 65% de los versos en su lección primitiva, frente al 24% de *Fervor* y el 23% de *Luna*» (Tommaso Scarano: «Caracteres y modalidades de la reescritura borgiana»: *conjurados. anuario borgiano* 1, Milano, 1996, 110-117; aquí 111).

1929 y esa fecha (pero véase aquí abajo, el último apartado: «El silencio»).

En una entrevista de junio de 1929, poco antes de la aparición del libro, se preguntó a Borges: «Pero, usted que escribe indiferentemente verso y prosa, ¿cuál prefiere como expresión?» Su respuesta es significativa:

> A la larga me voy a tener que quedar con la prosa, ¿eh? Los versos los escribo para mí, son algo íntimo. En cambio, la prosa la dedico a mis contemporáneos.

Pero no sólo cuestiones personales llevaron a ese retraso. A fines de 1927 se interrumpió la publicación de *Martín Fierro*. Según hace constar una nota del «Director» (Evar Méndez), hubo desacuerdos políticos entre él y varios redactores adheridos al yrigoyenismo, cuyos nombres no se mencionan (*Martín Fierro* 44-45, 15-XI-1927 [fin de diciembre de 1927 o comienzos de 1928], 380). Originalmente se preveían algunos números más, cuando menos hasta el 50 (que debía aparecer en marzo de 1928), pero el plan fracasó, así como los intentos posteriores, de julio de 1928 y fines de 1929. A ello no fue del todo ajeno el hecho de que Borges y otros formaran un Comité electoral en apoyo del «Peludo» (como se motejaba a Yrigoyen), aunque se ha dado a este suceso más importancia de la que tuvo.

Méndez, además del organizador de *Martín Fierro*, era director-gerente de la Sociedad Editorial Proa.[180] El enojo entre ambos, si es que lo hubo, no impidió, sin embargo, la futura colaboración entre Méndez y Borges. Por mi parte, y a pesar de las disensiones políticas entre ambos, no creo que ello pesara en su relación literaria. Todos

---

[180] En esa calidad había sido el promotor de la aparición de *Luna de enfrente* en la editorial, según muestra una carta inédita de Borges a Méndez del 4-XII-1924 (cf. mi *El joven Borges, poeta*, capítulo II).

los documentos a mi alcance testifican en favor de la tenacidad con que Méndez incluyó siempre a Borges, en la segunda mitad de la década del veinte, en sus planes editoriales. Ya a mediados de octubre de 1928 trabajaban nuevamente juntos en el marco de la Agrupación de Artistas «Camuatí». Según tengo entendido, en 1928, la Editorial Proa sólo publicó un libro, el de Andrés L. Caro, *Mapamundi (Poemas)*, que había sido anunciado ya en *Martín Fierro* 37, 20-I-1927, como de inminente publicación. Todo ello sugiere que Méndez debió refrenar sus planes editoriales por meras cuestiones económicas, según ya ocurriera a menudo con *Martín Fierro*.

Borges y Wally Zenner

Como fuere, uno de los pocos poemas publicados por Borges en 1927 es «A la doctrina de pasión de tu voz (A Wally Zenner)», que figuró en todas las ediciones de *Cuaderno* hasta 1966 (fue suprimido a partir de esa fecha; no figura en *OC*). Ese mismo año, Borges mencionó intempestivamente «la voz riquísima en fervor de Wally» al final de una reseña de «Alfredo Mario Ferreiro, *El hombre que se comió un autobús*» (*Síntesis* 6, noviembre de 1927, 406; *Textos recobrados* 322).

Borges conocía a Wally Zenner desde 1925 a más tardar (de esa fecha debe ser la dedicatoria en alemán de un ejemplar de *Fervor de Buenos Aires*, que no he podido ver). Cuando menos, ella asistió al banquete ofrecido a Borges y a Sergio Piñero (h) a raíz de la aparición de los libros de éstos, *Luna de enfrente* y *El puñal de Orión* (*Martín Fierro* 26, 29-XII-1925, 193; la misma página reproduce «La aureola con almuerzo y otras erratas», fallido poema festivo que Borges, atinadamente, se abstuvo de incluir en alguna de sus recopilaciones. El inefable anticuario norteamericano «Lame Duck» ofrece un ejemplar de ese texto, con dos correcciones «firmadas por Borges».)

Wally Zenner (¿1908?-1996) fue una poetisa y recitadora argentina, profesora de italiano, docente en el Conservatorio de Arte Dramático de La Plata, colaboradora de *La Nación* y otros periódicos y revistas (entre ellas, *Papeles de Buenos Aires* 4, agosto de 1944, que menciono porque fue dirigida por los hijos de Macedonio Fernández, Jorge y Adolfo de Obieta).

Para decirlo con palabras que conjeturo de Borges: «Nació en Buenos Aires. Ha publicado *Encuentro en el Allá Seguro* (1931). *Moradas de la Pena Altiva* (1932), *Soledades* (1934). Ha traducido *La Voix Humaine*, de Jean Cocteau (1930). En preparación: *Magnificat* y *La Niña y el Cielo*» (Borges, Bioy Casares, Silvina Ocampo, eds.: *Antología poética argentina*, 1941, 254; las páginas 254-261 traen un anticipo de *Magnificat* y otros poemas).

Borges prologó dos libros de Wally Zenner: el citado *Encuentro en el Allá Seguro* (Viau y Zona, 1931; título que Macedonio le envidiaría; cf. *OCMF* II, 112) y *Antigua lumbre* (Colombo, 1949; con un dibujo de León Benarós). Publicó su poema «Vaivén» en *Destiempo* 2, noviembre de 1936, 4 y le dedicó el cuento «El Zahir» (*OC* 1974, 595). En el prólogo de *Antología poética argentina* (1941) Borges alude a sus «vehementes salmos» (*Páginas de Borges* 166).

La revista porteña *El Arte* dedicó en 1930 un número especial a Wally Zenner, donde se reprodujo el poema de Borges en su honor. Wally publicó también: *Vocación de alabanza* (Ediciones Mundo Nuevo, 1946; se conserva un ejemplar dedicado por la autora a Xul Solar). Obituario: NN: «Wally Zenner, musa amada por Borges»: *La Nación* 25-II-1996, 3. En el archivo póstumo de Borges se conserva un retrato fotográfico de Wally Zenner. Se puede consultar también el ditirambo que canta en su honor Alberto Hidalgo: *Diario de mi sentimiento*: Buenos Aires, 1937, 198-201 (capítulo 93).

Borges, López Merino y Reyes

El 22 de mayo de 1928 se suicidó, en una de las salas del Jockey Club de La Plata, el poeta Francisco López Merino (nacido el 6-VII-

1904), tras haber visitado, la noche anterior, a la familia Borges (cf. *La Prensa* 23-V-1928; *Nosotros* 228, mayo de 1928, 257-260).

López Merino había publicado dos libros, *Tono menor* y *Las tardes*, recogidos póstumamente en su *Obra completa* (Talleres Placente y Dupuy, 1931; Alfonso Reyes había planeado su aparición para 1929 en el marco de los *Cuadernos del Plata*, y luego con Samuel Glusberg, pero ninguno de los dos proyectos prosperó en esa ocasión). Un comentario sobre su obra, no tangido por su temprana muerte, en Emilio Suárez Calímano: *21 Ensayos*. Ed. Nosotros, 1926; otro, la reseña de Antonio Gullo de *Las Tardes* (*Martín Fierro* 29-30, 8-VI-1926, 216).

Hubo varias ceremonias de homenaje a López Merino. Una de ellas tuvo lugar el 27 de septiembre de 1928 (Vaccaro 1996, 329):

organizado por la Junta Ejecutiva de la primera Exposición Nacional del Libro, se llevó a cabo un acto de recordación del autor de Tono menor. Leyeron poemas alusivos: Jorge Luis Borges, Ricardo E. Molinari, Pedro Miguel Obligado, Pablo Rojas Paz, entre otros, y fue expuesta una pintura —cabeza del poeta— de la artista plástica Emilia Bertolé. Las palabras previas estuvieron a cargo de Samuel Glusberg.

En otra ceremonia, celebrada el sábado 20 de octubre de 1928 en el Teatro Argentino de La Plata, y a la cual asistieron varios escritores (Baldomero Fernández Moreno, Alfredo A. Bianchi Pablo Rojas Paz, Cayetano Córdova Iturburu, González Carbalho, Mary Rega Molina, Celia Tornú, etc.) y personajes de la sociedad, se dio un concierto y se leyeron poemas, tanto del muerto como de algunos de los circunstantes: «La señorita Celia Teliú leyó una original "Elegía" de Jorge Luis Borges», también presente («Homenaje a Francisco López Merino»: *Nosotros* 233, octubre de 1928, 143). Se trata del poema aparecido bajo el título «A Francisco López Merino», primero en *La vida literaria* 3, octubre de 1928, 2, luego en *Cuaderno* y en la *Obra completa* de Merino (1931, 189-190; el libro contiene igualmente, en p. 51, una «Carta en tercetos a Jorge Luis Borges»). *La Nación* publicó otros poemas en honor de Merino.

Poemas suyos habían aparecido, por ejemplo, en *Nosotros* 166, marzo de 1923, 375-376 («Los nuevos poetas: "Las horas de oro", "Convaleciente"»), y en *Martín Fierro.*

Subsiste una foto, fechada el 13 de agosto de 1926, que muestra a Borges y López Merino en el Jardín Zoológico (Torre Borges 1987, 77). Borges le dedicó, mucho más tarde, otro poema («20 Mayo, 1928»: *Sur* 316-317, enero-abril de 1969, recogido luego en *Elogio de la sombra*, *OC* 1974, 985).

Es probable que el fallecimiento de López Merino, uno de sus compañeros en la campaña yrigoyenista, sumiera a Borges en cavilaciones acerca de la muerte. Por cierto, ya *Fervor de Buenos Aires* había contenido reflexiones sobre la muerte y sus rituales. Uno de los poemas se había ocupado expresamente del cementerio de La Recoleta. En *Cuaderno*, Borges publicó un dístico, ampliando su visión al remoto cementerio «plebeyo» de La Chacarita, barrio deambulado por esta época a menudo con Néstor Ibarra, Ulises Petit de Murat, el poeta Osvaldo Horacio Dondo, y algunos otros, que han recogido anécdotas al respecto. La aparición original de ese doble texto tuvo lugar en la revista *Criterio*, que ya publicara otros dos textos de Borges, un ensayo y una reseña.

López Merino perteneció al círculo de allegados a Reyes. Es probable que por ello, y por la estrecha amistad de Borges con López Merino, Reyes tuviera la idea de publicar sus poemas en los *Cuadernos del Plata*. En su *Diario* consigna el 16 de abril de 1929 (p. 266) que procura «lo inédito de López Merino». De allí en más, se suceden las noticias acerca de ese plan en el *Diario* de Reyes: «Entrego a Glusberg el material no recogido de López Merino, para fraguar el tomo póstumo» (279, del 27-V-1929); «Temeroso se pierdan para familia reliquias, López Merino le pide a Glusberg me devuelva todo para copiarlo y devolver a la familia originales. No parece muy animado a hacer el tomo» (281, del 14-VI-1929).

Por las fechas de la última nota publica Glusberg el siguiente suelto Enrique Espinoza (i.e. Samuel Glusberg): «Basta de lágrimas»: *La Vida Literaria* 11, junio de 1929:[181]

> Don Alfonso Reyes se propone reunir próximamente a los amigos de Francisco López Merino para tratar la forma de hacer una edición póstuma de los versos del malogrado poeta platense.
> López Merino ha dejado muy poca obra inédita. Entre sus papeles destacamos una copia, digna de ser tenida en cuenta por los poetas que lo lloran en verso, sin acordarse del carácter de este muchacho que tenía para todos una sonrisa de juventud.
> He aquí la copia inédita de López Merino:
>
> > Un día tendré que morirme
> > ¿Tú qué dirás ese día?
> > Quizás quieras sonreírme
> > Cuando yo ya no sonría.

Finalmente, no se llevó a cabo el plan y la edición de obras de López Merino aparecida en 1931 no contó con la colaboración de Reyes.

Ésta es la magra bibliografía de López Merino: *Tono Menor* (La Plata: ed. del autor, 1923); *Las Tardes* (Buenos Aires: Editorial Latina, 1925); *Obras completas*. La Plata: Secretaría de Cultura de la Provincia de Buenos Aires, 1931; María Minellono: *El universo poético de Francisco López Merino*. Estudio preliminar, recopilación de la obra completa, bibliografía y notas de María Minellono. La Plata: Ediciones Al Margen, 2000 (Colección Letra mayor).

---

[181] Pocos meses antes había dicho en carta a Reyes de c. mayo de 1929: «Cuando quiera y pueda converse de la edición de los versos de López Merino con sus amigos».

BORGES Y *CRITERIO*

Sorprende, a primera vista, el contacto entre el agnóstico Borges y *Criterio*, publicación de declarada tendencia católica. El primer número de *Criterio* (8-III-1928) había traído la siguiente declaración de principios:

> *Criterio* [...] Es el fruto de una convicción colectiva, la expresión de la voluntad decidida de un grupo numeroso de ciudadanos católicos que, estimulados por las más altas autoridades,[182] aspira a satisfacer adecuadamente la apremiante necesidad de un órgano nuevo, doctrinario y popular, para la difusión de la sana doctrina, para la exaltación de los principios esenciales de nuestra civilización, para la restauración de la disciplina cristiana en la vida individual y colectiva.

En nada coinciden los objetivos que se proponía la revista con la visión del mundo que tenía Borges.

La dirección de *Criterio* estuvo a cargo de Atillio Dell'Oro Maini,[183] con Tomás D. Casares, Faustino J. Legón y Emilio J. Mac Donagh. Entre los redactores de derecha, destacan Ignacio Anzoátegui, Francisco Luis Bernárdez, Ernesto Palacio, Julio Irazusta. Pero también, siquiera en sus primeros tiempos, publicaron allí Emilio Pettoruti, Enrique Amorim, Ulises Petit de Murat, Vicente Fatone y otros, a quienes no se puede tildar de ultramontanos.

A instancias de la curia, y en seguimiento de la propugnación de la Acción Católica por parte de Pío XI, la revista entró en una crisis

---

[182] Esta lacra se volvió más transparente cuando, entre 1932 y 1957, el infausto «monseñor» Gustavo J. Franceschi se hizo cargo de la dirección de la revista.
[183] Dell'Oro Maini jugó, más tarde, un papel importante en el nombramiento de Borges como director de la Biblioteca Nacional. Cf. el testimonio de Esther Zemborain de Torres Duggan, en Armando Capalbo: «Borges y los Estados Unidos»: *La Nación*, 12-X-1997, 6ª, 4.

que llevó a diversos cambios en la dirección a partir de enero de 1930 (por esas fechas, Borges ya no colaboraba en ella). *Criterio* dejó de ser, desde entonces, la revista literaria que pese a todo había sido, para pasar a convertirse en mero órgano militante del catolicismo reaccionario y antisemita. (Desde este ángulo se atacaría a Borges en la década del treinta, por ejemplo, desde *Crisol. Diario de la mañana* fundado por el presbítero Dr. Alberto Molas Terán en febrero de 1932.)

En *Criterio* publicaban varios de los amigos o conocidos de Borges (Bernárdez, Mallea, Dondo...), así como su hermana Norah. Su colaboración se había previsto ya en fecha temprana, como muestra una lista manuscrita por Dell'Oro Maini en 1927, en la que Borges figura con Delfina Bunge de Gálvez, Manuel Gálvez, Ricardo E. Molinari, Gabriela Mistral, Rafael Jijena Sánchez, Osvaldo H. Dondo, Ignacio B. Anzoátegui, Tomás de Lara (que reseñó *Cuaderno*), Bernárdez y otros (De Ruschi Crespo 1998, 66 n. 107).

Entre marzo de 1928 y febrero de 1929,[184] Borges publicó siete veces en esa revista: un ensayo, una reseña de literatura y otra de arte, una carta polémica y tres poemas, que fueron recogidos en *Cuaderno*. He aquí la nómina completa de sus contribuciones (no todas figuran en la recopilación póstuma «Borges y *Criterio*: 1928-1929»: *Criterio 1982*, 26-III-1987, 90-95):

1. «La conducta novelística de Cervantes»: *Criterio* 2, 15-III-1928, 55-56; *El idioma de los argentinos*. (Ensayo.)
2. «Brandán Caraffa, Nubes en el silencio»: *Criterio* 5, 5-IV-1928, 157-158; *Textos recobrados* 339. (Reseña.)

---

[184] De esta época, a más tardar, es un giro peyorativo de Borges sobre *Criterio*, la revista «de los católicos de la calle Alsina». Ello se desprende de una carta inédita de Osvaldo H. Dondo a Juan Antonio Spotorno, del 25-II-1929 (De Ruschi Crespo 1998, 73 n. 123).

3. «Muertes de Buenos Aires: I, La Chacarita. II, La Recoleta»: I-II: *Criterio* 21, 26-VII-1928, 108; *Cuaderno*; *Textos recobrados* 354-356. (Poema.)
4. «Carta a Juan Pablo Echagüe»: *Criterio* 25, 25-VIII-1928, 238 (respuesta a carta de Echagüe del 6-VIII-1928); *Textos recobrados* 357-359. (Polémica.)
5. «Página relativa a Figari»: *Criterio* 30, 27-IX-1928, 406-407; *Textos recobrados* 362-364. (Esta reseña de arte pasó, con variantes, a conformar el prólogo de *Nuevos valores plásticos de América. Figari*. Buenos Aires: Alfa, 1930. Sobre esta serie, véase el documentado trabajo de Patricia Artundo: *Epistolario Guttero-Falcini (1916-1951)*. Buenos Aires: Universidad de Buenos Aires, 2000 [Serie Monográfica del Payró, N° 5]). (Conferencia/Prólogo.)
6. «La noche que en el sur lo velaron»: *Criterio* 44, 3-I-1929, 16-17; *Cuaderno San martín*; *Textos recobrados* 375-376. (Poema.)
7. «El Paseo de Julio»: *Criterio* 51, 21-II-1929, 356-357; *Cuaderno San Martín*; *Textos recobrados* 379-380. (Poema.)

Por cierto, nada en esos textos incita al reproche ideológico. Si acaso, llama la atención algún detalle, como la innecesaria mención de Jesús en «La noche que en el sur lo velaron» («los ojos se nos están muriendo en lo alto como Jesús») —continuación de una *manera* que Borges ya había cultivado en la Península (en contra de lo que podría parecer, menos bajo la influencia de autores españoles que bajo la de algunos poetas y grabadores expresionistas alemanes). También resalta que los tres poemas están relacionados con la muerte (3, 6), o que contienen una carga moral (7).

El nexo entre Borges y *Criterio* puede haber sido el escritor Ernesto Palacio, quien publicó allí una temprana reseña sobre *El idioma de los argentinos* (*Criterio* 17, 29-VI-1928, 533). Palacio fue uno de los primeros colaboradores de *Martín Fierro* (1924), y aportó un trabajo a *Proa* 6, enero de 1925, 25-32 («Raimundo Radiguet y el clasicismo»). Al parecer, Evar Méndez tuvo un grave entredicho con Palacio hacia fines de 1924 (cf. carta de Méndez a Girondo, 22-IV-

1925, donde trata a Palacio y a Horacio Rega Molina de «tramposos y sinvergüenzas»),[185] y lo mismo sucedió entre Palacio y Güiraldes (cf. su carta abierta en *Martín Fierro* 14-15, 24-I-1925, 91; no menciona allí nombres, pero hay paralelos entre la carta de Méndez y ésta de Güiraldes, quien, a su vez, se queja de la actitud de Palacio para con *Proa* en una carta a Jules Supervielle del 5-VII-1925; Güiraldes 1962, 766). A partir de 1927, Palacio colaboró en *La Nueva República*, órgano nacionalista de derechas dirigido por Rodolfo Irazusta.

Como fuere, Borges mostró por esta época una problemática miopía ideológica, a menos que se tratara de un no menos problemático desinterés. Por cierto, la época era tal que, quienes pocos años antes habían pertenecido al mismo bando estético, se encontraban ahora en bandos diferentes al hablar de política o de Weltanschauung. El fracaso del segundo gobierno de Yrigoyen a partir de 1928 y la dictadura de Uriburu a partir de 1930 (con la complicidad de gran parte de la prensa y de algunos intelectuales de peso, como Leopoldo Lugones), la evolución política en España, la inflación y el surgente nazismo en Alemania,[186] el fascismo en Italia, el desenvolvimiento del experimento ruso: todo ello daba ocasión a que se tomara partido y se caldearan los ánimos. Borges parece, pues, haber titubeado, quizás por pruritos de amistad, antes de optar por la línea liberal, simpatizante de los aliados. A pesar de ello, mantuvo una relación más o menos cordial con Palacio, ya que, en 1939, éste le dedicó afectuosamente un libro (*La Historia falsificada*).[187]

---

[185] La carta, incompleta y quizás no enviada, pertenece a la colección de Wáshington Luis Pereyra, Buenos Aires; he podido verla gracias a la eficaz gentileza de Patricia Artundo.

[186] Cf. el esclarecedor artículo de Annick Louis: «Borges y el nazismo»: *Variaciones Borges* 4, Aarhus, julio de 1997, 117-136.

[187] El mismo año, Palacio había traducido un libro de Jacques Maritain y en 1937, uno de André Gide.

Retornando a los textos publicados en *Criterio*, conviene detenerse en el poema «La noche que en el sur lo velaron» (*Criterio* 44, 3-I-1929, 16-17), que, en alguna entrevista muy posterior, Borges caracterizó, por su tono narrativo, más como capítulo de una novela que como poema. Algo similar dijo al respecto, a poco de aparecer el libro, su amigo Néstor Ibarra (1930, 39), quien lo consideraba como uno de los pocos logrados del volumen:

> Nunca [...] nos había entregado Borges un tan palpitante y severo trozo de historia, con tan admirables dones, no sólo de poeta, sino de novelista y psicólogo [...].

Creo ver aquí alusiones veladas a que la versión original de este texto fue en prosa; intuición confirmada por una lista manuscrita que Borges compusiera entre noviembre de 1925 y julio de 1926, con miras a la publicación *de El tamaño de mi esperanza*. Allí, entre títulos que pasarían, con dos excepciones, a conformar su segundo libro de ensayos, figura «la noche que lo velaron» [*sic*] (véase la reproducción en Torre Borges 1987, 110). Ello muestra, por un lado, que Borges ya tenía el motivo en mente desde 1926, a más tardar, si no ya escrita la primera versión del texto, y, por otro, que ya había comenzado a jugar con la posibilidad de contrabandear un cuento en una colección de ensayos. Es, de hecho, algo análogo a lo que ocurrirá finalmente en *Cuaderno San Martín*, entre cuyas «Anotaciones» aparece relatado un poema que hubiese podido ser escrito («El ángel de la guarda en Avellaneda») y no lo fue —o sólo lo fue de esta manera virtual.[188]

«La noche que en el Sur lo velaron», uno de los poemas preferidos de Borges, fue uno de los pocos en recibir trato aparte en la literatura secundaria coetánea (cf. M. A. Guerra: «Jeroglíficos: A propósito de una composición de Jorge Luis Borges»: *Estudios* 38, Buenos

---

[188] Bernárdez publicó en 1950 un libro de poemas titulado *El Ángel de la Guarda*.

Aires, 1929, 242-245). El crítico Adolfo Prieto también consideró «La noche que en el Sur lo velaron» como «acaso, [el] más colmado poema» de Borges (*Borges y la nueva generación*, 1954, 52).

Borges, mientras tanto, continuaba publicando textos que luego pasaron a *Cuaderno*. El siguiente fue «El Paseo de Julio»: *Criterio* 51, 21-II-1929, 356-357 (*Cuaderno San Martín*, 1929, 49-51. La nota agregada en las páginas 57-58 apareció poco antes de *Cuaderno*, con leves ajustes, como parte de «La duración del infierno»: *Síntesis* 25, junio de 1929, 9-14; el artículo fue reproducido, a su vez, en 1930 en *Discusión*, *OC* 1974, 235-238. La «Posdata» que figura al final en *OC* se publicó por primera vez bajo el título «Un infierno» y bajo el seudónimo «Francisco Bustos», en *Crítica. Revista Multicolor de los sábados* 58, 15-IX-1934). Éste fue el último trabajo publicado que Borges recogió en su tercer poemario.

En junio de 1929, se le hace a Borges una entrevista, con motivo de haber recibido, según fallo del jurado dado a conocer el 12-VI-1929, el segundo premio municipal de literatura correspondiente al año 1928 y al rubro prosa, por el libro *El idioma de los argentinos* (*La literatura argentina*, junio de 1929, 14). En esa entrevista Borges anuncia: «En julio aparecerá, en la colección *Cuadernos del Plata*, dirigida por Alfonso Reyes, Embajador de México, una colección de versos míos, de temas porteños».

Borges había entregado el manuscrito en abril —antes del 11-IV-1929, según Reyes en su *Diario* («A Borges: felicítolo su *Cuaderno San Martín* que ya me trajo para *Cuadernos del Plata* [...]»).

Poco después, en carta de c. 15-VII-1929, Borges informa a un corresponsal ignoto (¿Carlos Pérez Ruiz?): «Dentro de veinte días se sacará a la vergüenza y al sueño un *Cuaderno San Martín*, versos míos».[189] Efectivamente, el 7 de agosto de 1929 apareció por fin, según colofón, *Cuaderno San Martín*.

---

[189] Según colofón, la impresión de *Cuaderno* concluyó el 7-VIII-1929; esto permite la datación aproximada de la carta, que carece de ella.

El 28 de octubre se celebró un banquete para festejar el comienzo del trabajo de impresión de los *Cuadernos del Plata* (véase aquí abajo). Simultáneamente, comienzan a aparecer reseñas sobre *Cuaderno San Martín*. La primera que encuentro, de comienzos de octubre, es la de Cansinos, a quien Borges debe haber enviado su poemario (Rafael Cansinos Assens: «Cuaderno San Martín»: *La Libertad*, Málaga, 6-X-1929).

En la siguiente, del mismo mes, su amigo Carlos Mastronardi atestigua a Borges haberse desprendido finalmente del ultraísmo. El mejor elogio, y en todo caso uno seguramente caro a Borges, es éste: «Estos son poemas de invisible trabajo» (Carlos Mastronardi: «*Cuaderno San Martín*»: *Síntesis* 29, octubre de 1929, 219-222).

El epígrafe

Antes de cerrar este apartado queda por hacer un breve comentario al texto que abre el libro:

As to an occasional copy of verses, there are few men who have leisure to read, and are possessed of any music in their souls, who are not capable of versifying on some ten or twelve occassions during their natural lives: at a proper conjunction of the stars. There is no harm in taking advantage of such occassions.
FitzGerald. In a letter to Bernard Barton.[190] (1842)

Borges mismo traduce el pasaje, al final del libro («Anotaciones», 55):

En lo que se refiere a una publicación ocasional de versos, hay pocos hombres que disponen de desocupación para leer y que poseen alguna

---

[190] En su ejemplar de *Cuaderno*, Borges testó «In a letter to», agregó una flecha y anotó: «En carta a», en vista a futuras ediciones del poemario.

música en sus almas, que no sean capaces de versificar en unas diez o doce ocasiones durante el curso natural de sus vidas: en una conjunción propicia de las estrellas. No hay daño en aprovechar esas ocasiones.

Bernard Barton (1784-1849), poeta y cuáquero, fue amigo de Charles Lamb. Barton, si bien poeta mediocre, gozó en su tiempo de gran popularidad. Su hija Lucy fue, por algunos meses, esposa de Edward FitzGerald (1809-1883), el famoso recreador de las *Rubáiyat of Omar Khayyám* (1859), que el padre de Borges tradujo. FitzGerald había escrito, antes del breve matrimonio, una biografía de Barton (1849), y compiló en su honor, más tarde, una selección de poemas de George Crabbe (*Readings from Crabbe*, 1879). La primera edición de las cartas de FitzGerald es la póstuma de 1889; una de las últimas: *Collected Letters*, 1980.

Ejemplares «ilustres»

Para lectores interesados en cuestiones bibliográficas o bibliofílicas, anoto algunos datos relacionados con ejemplares del libro que pertenecieran a personas más o menos famosas:

N° 179: Loewenstein N° 49a, con sello de Marcelo Saraví Cisneros en la portada y firma autógrafa de Borges en p. 43, encuadernamiento especial. Roberto Saraví Cisneros (1906-1991) fue un periodista y escritor de la ciudad La Plata. Colaboró allí en *El Día*, y presidió el Círculo de Periodistas de la Provincia de Buenos Aires. Obras: Estancias del cariño, Primera antología platense (Buenos Aires: Antonio Zamora, 1956). Colaboró en el volumen colectivo *López Merino y su mundo poético* (1954). Imagino que Marcelo fue familiar de éste, y que ambos pertenecieron al grupo de amigos alrededor de Pedro Henríquez Ureña.

N° 187: Col. Alejandro Vaccaro (Buenos Aires). Contiene firma tardía de Borges en p. [1].

N° 226: Loewenstein N° 49b, con sello del poeta y traductor argentino Lysandro Z. D. Galtier, encuadernado con un ejemplar de *El idioma de los argentinos* (1928). Correcciones menores.

N° ?: Enviado por Alfonso Reyes a Valery Larbaud con carta del 8-X-1929; Fonds Larbaud, Vichy (Larbaud acusó recibo mediante carta del 25-X-1929; *Correspondance* 71).

N° ?: A Haidée Lange: «to the splendid person Haidée, affectionately, Georgie» (según Raúl Antelo en el «Estudio filológico preliminar» que antecede a su edición de la *Obra completa* de Oliverio Girondo. Madrid: ALLCA XX, 1999 [Archivos, 38], LIX).

UNA FAMA EQUÍVOCA

Conviene señalar que varios de los bibliógrafos o biógrafos de Borges (Becco, Rodríguez Monegal, Vázquez, Barnatán) atribuyen erróneamente el segundo premio del Concurso Municipal 1929 (rubro poesía) a *Cuaderno San Martín*, libro que no obtuvo, en realidad, premio alguno. Woodall, entre sus muchos desaciertos, advierte aquí un problema (1996, 76 y nota 33). Uno de los pocos autores que no cometen este error es Alejandro Vaccaro (a quien no sigue, para su propio daño, *Textos recobrados* 12). Tampoco Alicia Jurado incurre en el error, aunque su libro *Genio y figura de Jorge Luis Borges* (Buenos Aires: EUDEBA, 1964) parece haber sido la involuntaria fuente de tantos inadvertidos copistas. La cronología con que se abre el volumen registra lo siguiente bajo el año 1929: «*Cuaderno San Martín*. Recibe el 2° Premio Municipal de Literatura». El sujeto de la segunda frase no es el libro de la primera, como se ha supuesto (por ejemplo: Sorrentino 1972, 146), sino Borges. Éste, en su *Autobiografía* (1999, 84), correctamente, sólo habla de *El idioma de los argentinos*; recién en entrevistas muy posteriores Borges adoptará el error de sus exegetas, y afirmará haber recibido un premio por *Cuaderno*.

En cuanto al destino que Borges diera al premio recibido por *El idioma de los argentinos*, véase su informe en carta de hacia julio 1929 a NN (¿Carlos Pérez Ruiz?):

> Dos terceras partes y media del municipal estímulo las escondí en el Banco para no irlas gastando invisiblemente a favor de la compañía Lacroze,[191] de las Cosecheras y Brasileñas,[192] del finado Cántor[193] —30 centavos el atado de cigarrillos Sublimes—[194] de ir a la peluquería un día sí y el otro no tanto, de conseguir preciados autógrafos de Mayorino Ferraría,[195] etcétera.

---

[191] Las compañías tranviarias de Buenos Aires estaban controladas por las familias Lacroze y Chevalier Boutell (David Rock: *El radicalismo argentino*, 1997, 189).

[192] «Cosecheras y Brasileñas» alude a dos cadenas de cafeterías de la época. «La Brasileña» de Maipú 238 fue, desde el primer decenio del siglo, sitio de reunión de escritores; en «La Cosechera» de Avenida de Mayo se reunía el grupo que daría a luz el periódico *Martín Fierro* (cf. Girondo: *Memoria*, en Schwartz: *Homenaje a Girondo*, 1987, 108). Entiéndase, pues: «bebiendo cafés».

[193] Ignoro a qué o a quién se refiere Borges. En vista de la inmediata mención de cigarrillos, puede tratarse del dueño de algún quiosco o de algún industrial tabacalero.

[194] A título comparativo: De un anuncio publicitario (*Martín Fierro* 22, 10-IX-1925, 162) se desprende que los «cigarrillos de calidad» «Pour la Noblesse» costaban «20 - 30 - 40 y 60 Cts.»; de otro (*Martín Fierro* 34, 5-X-1926, 266), que había «Plus Ultra» de 20 y de 30 Cts.

[195] Mayorino Ferraría (1897-19??): poeta y crítico musical argentino. *Nosotros* 169, junio de 1923, 277-279, trae su respuesta a la encuesta de *Nosotros*. Allí, los siguientes párrafos: «Hace tiempo me pregunto: ¿No serán los ultraístas los únicos orientados?». Los Ultraístas son «Altruistas de metáforas. La metáfora es la base de sus escritos [...]. Los ultraístas que conozco son unos buenos muchachos [...]. Creo que los jóvenes más talentosos de mi generación y los que prometen más son: Roberto A. Ortelli, Jorge-Luis Borges y González Lanuza (ultraístas) y Luis L. Franco». Hacia 1924 estuvo en España, con Borges; hacia el 17-III-1924, envía saludos en carta de Borges a Bianchi desde Madrid, donde estuvo radicado hasta c. 1926. Colaboró en *Plural* (la revista madrileña dirigida por Guillermo de Torre en 1925), *Alfar* 47 (La Coruña, febrero de 1925). Obras: *Música en verso. Momento musical* (reseña: E. Díez Canedo: *El Sol*, Madrid, 27-II-1926; *Nosotros* 202, marzo de 1926, 313-314). Aun-

CONFLUENCIAS

Si he prestado aquí tanta atención al libro y a su contenido, es porque a menudo se infiere o insinúa que Reyes hubiese tenido una gran influencia en su gestación y o en su estilo. Ninguno de los datos hallados permite, empero, confirmar ese aserto. Por el contrario, el libro se basa, en gran parte, en materiales e ideas que Borges tuviera ya desde antes de la llegada de Reyes al país.

El silencio

Los poemas de *Cuaderno* no sirvieron para afianzar a Borges como poeta, sino, paradójicamente, para mostrar que había llegado a un provisorio fin (éste será también uno de los resultados de la encuesta promovida por *Megáfono* en 1933). Por 12 o 13 años no volverá a publicar un poemario. De esa época, se conocen algunos versos sueltos, de aparición hemerográfica, aunque es de imaginar que Borges habrá escrito muchos más. De hecho, y según muestra una carta de Ricardo E. Molinari a Reyes del 29 de mayo de 1932, Borges planeaba sacar un nuevo poemario ya en 1932 (Zaïtzeff 1998, 229, y 2008, 354):

> Pronto ¿? Paco [Francisco Luis Bernárdez], Jorge Luis [Borges], Leopoldo [Marechal] y R. E. [Molinari], publicamos unos Cuadernos de poesía: *El buque*, J.L.B. (sin título todavía); *Laberinto de amor* y *Delta*.

Menos el de Borges, todos los libros allí mencionados aparecieron a lo largo de la década del treinta.

que publicó algunos poemas en *Nosotros*, su trabajo regular consistió en hacer crítica musical. En septiembre de 1927, fue, con Borges, uno de los que recibieran a Guillermo de Torre a su arribo a Buenos Aires. Borges lo menciona ya en su primera carta a NN (¿Carlos Pérez Ruiz?), de 1923, también con cierta sorna.

La reedición corregida de los tres poemarios (1943) agrega a éstos, apenas, cinco piezas, bajo el título «Otros poemas». Parece obvio que Borges destruyó el material que habría compuesto el nonato libro de 1932. En la década del treinta (inaugurada con *Evaristo Carriego*), Borges se estableció como prosista.

***

Borges, Reyes y Groussac

Por las mismas fechas en que se imprimía *Cuaderno San Martín*, moría un gran escritor argentino: Paul Groussac.

Paul Groussac (Toulouse, 1848-Buenos Aires, 1929) era, en realidad, francés, pero pasó de joven, en 1866, a la Argentina. Allí aprendió castellano, y ya en 1870 fue nombrado profesor de matemáticas en el Colegio Nacional de Buenos Aires, el más prestigioso de la ciudad. Viajó por el interior del país en misión cultural encomendada por el gobierno; fue docente en la provincia de Tucumán (sobre la cual publicó una monografía histórica en 1882).

A los 37 años fue nombrado director de la Biblioteca Nacional, puesto en el que permaneció hasta su muerte (y en el cual fue uno de los predecesores de Borges). Del presidente Roca obtuvo para la Biblioteca el edificio de la calle México tan caro a Borges, y que originalmente había sido construido con otros fines. Sistematizó los fondos de la biblioteca e hizo numerosos informes bibliográficos y bibliotecológicos. Editó, además, dos importantes revistas: *La Biblioteca* y los *Anales*. La primera fue revivida por Borges en 1957.

De entre las obras de Groussac merecen destacarse sus biografías de personajes históricos de la colonia española en lo que luego sería la Argentina: el último virrey (*Liniers*, 1907) y los dos fundadores de Buenos Aires (*Mendoza y Garay*, 1916); sus ensayos sobre personalidades argentinas: *Los que pasaban* (1919), pero sobre todo *Del Plata al Niágara* (1897), *El viaje intelectual* (1904-1920) y *Crítica literaria*

(1924; véase la reedición con prólogo de Roy Bartholomew: Buenos Aires: Editorial de Belgrano, 1980).

Debido a la certera mordacidad de sus críticas, Groussac fue reverenciado por algunos, pero más que nada temido y hasta odiado en los círculos literarios argentinos. Los representantes del nacionalismo le tomaron a mal su origen francés e hicieron de él su bestia negra, por cierto en un lenguaje que quedaba siempre muy por debajo del de Groussac.[196]

A pesar de unos y otros, y del mismo Groussac, que hubiese preferido ser un escritor francés, fue uno de los mejores escritores argentinos del primer cuarto del siglo XX.

En 1981, Borges publica en Editorial Fraterna una antología titulada *Lo mejor de Paul Groussac*. En el prólogo a su selección, Borges menciona dos veces a Reyes. Cito generosamente el comienzo del prólogo, porque permite advertir ciertos paralelos entre Groussac y Reyes en la opinión de Borges:

> Conviene a la fama de un escritor el hecho de que asociemos inmediatamente a su nombre el de uno de sus libros. Así, la sola mención de Sarmiento evoca el *Facundo*. En el caso de Groussac no se da una circunstancia de esa índole. Ello puede atribuirse a la diversidad de sus intereses; Groussac fue un historiador, un crítico, un hispanista, un atento viajero, un estudioso de lo presente y de lo pasado, y siempre un estilista. Pensó, sin duda, en un libro esencial, pero no ignoraba que su destino le vedaba escribirlo en su propia lengua.
>
> A fines del siglo XIX y a principios del XX los modernistas, bajo el influjo de las letras de Francia renovaron el verso castellano, su vocabulario, su métrica y su metáforas. La tarea fundamental de Groussac fue la renovación de la prosa. Alfonso Reyes me confió que la lectura de sus

---

[196] A Reyes le ocurrió algo similar hacia el final de su primera estadía en Argentina. Véase el Apéndice a «Palabras sobre la Nación Argentina», una carta a «R. D.», es decir, Ramón Doll (*OCAR* IX, 36-41; publicada primero en *Monterrey*, Rio de Janeiro, agosto de 1930).

libros [los de Groussac] le había enseñado de qué modo había que escribir. [VII]

Todos los libros de Groussac son de lectura hedónica, pero su obra capital no es ninguno de ellos, ni siquiera el conjunto, es la diversa y delicada lección que depara su estilo. El modernismo trajo a nuestro verso la música verbal de los simbolistas, del Parnaso y de Hugo, pero su prosa fue casual o decorativa. A Paul Groussac le cupo iniciar la renovación. Después vendría el más ilustre de sus muchos lectores: Alfonso Reyes. [XI]

Tanto Reyes como Borges publicaron textos sobre Groussac en el número especial que, con motivo de su muerte, sacó la revista porteña *Nosotros* en julio de 1929. El texto de Borges se titulaba «Paul Groussac» y figuraba en las páginas 79-80; fue reproducido en *Repertorio Americano* 20, San José de Costa Rica, 15-III-1930, 162; con variantes en *Discusión* (1932); *La Revue Argentine* II.13, Paris, diciembre de 1935/enero de 1936, 33-36; falta en *Textos recobrados*, aunque la versión publicada en *Nosotros* difiere de la recogida en *Discusión*. Reproduzco a continuación el primer párrafo, porque menciona a Reyes:

He verificado en mi biblioteca diez tomos de Groussac. Soy un lector hedónico: jamás consentí que mi sentimiento del deber interviniera en afición tan personal como la adquisición de libros, ni probé fortuna dos veces con autor intratable, eludiendo un libro anterior con un libro nuevo, ni compré libros —crasamente— en montón. Esa perseverada decena evidencia, pues, la continua legibilidad de Groussac, la condición que se llama *readableness* en inglés. En español es virtud rarísima: todo escrupuloso estilo contagia a los lectores una sensible porción de la molestia con que fue trabajado. Fuera de Groussac, sólo he comprobado en Alfonso Reyes una ocultación o invisibilidad igual del esfuerzo.

El aporte de Reyes, a su vez, fue una carta suya a Alfredo A. Bianchi, uno de los editores de la revista:

[AAB.01]

[Carta de AR a AAB, Buenos Aires, 14-VIII-1929; *De viva voz*, *OCAR* VIII, 58-59, «El secreto dolor de Groussac»:]

El secreto dolor de Groussac[197]

Buenos Aires, 14 de agosto de 1929

Sr. D. Alfredo A. Bianchi.
Nosotros.

Mi estimado amigo:

Ignoro si en el número que *Nosotros* dedica a la memoria de Paul Groussac quedará sitio para las manifestaciones que no tengan carácter de estudio literario. Porque yo nunca me atrevería a improvisar un juicio sobre un escritor de tan severa disciplina, y me falta tiempo para abarcar siquiera un aspecto de los muchos que tuvo su obra.

Hace algún tiempo, tuve la honra de saludar a Paul Groussac, en París, en el acto público que le ofreció la Sorbona.[198]

Entonces señalaba yo ese carácter de ciudadano del mundo, a caballo entre la geografía, que hay en Paul Groussac; y me refería yo a la atracción que América ejerce sobre los soñadores de Europa, hombres en quienes el fermento de vida no se está quieto. Ahora,

---

[197] [Nota en *OCAR*: *Nosotros*, Buenos Aires, VII.1929.] Sobre este trabajo dirá Reyes en *OCAR* XXIII, 385: «¡Pobre Groussac! Cuando murió, le dedicaron un número de *Nosotros* (Buenos Aires, VII, 1929), y yo envié a Alfredo A. Bianchi la carta que aparece en *De viva voz*, 14-15./28-X-1956». Asombra que la carta esté fechada en «agosto», cuando el número de *Nosotros* lleva la fecha «julio».

[198] [Nota en *OCAR*: Ver: *Reloj de Sol*, Obras completas, IV, págs. 456-458.] Reyes anotó en su *Diario* (119, del 2-XI-1925): «hablé en el homenaje del Groupement des Universités a Paul Groussac (en la Sorbonne)».

mejor informado —o documentado más de cerca—, tendría yo que contar la historia de un gran dolor; tan gran dolor de que arranca el viaje de Groussac; un gran dolor que hubiera abatido a cualquiera; y que a él le sirvió de resorte para lanzarse a la gran aventura intelectual que fue su vida. Los freudianos de hoy dirían que ese «traumatismo» de la adolescencia explica, en Groussac, aquella actitud de censor insobornable que, ciertamente, es una de las más peculiares gracias de su pluma. Pero todavía nos quedaría ancho campo para la meditación si nos diéramos a rastrear por los libros de Groussac las huellas dispersas que fue dejando en ellos el «complejo de nostalgia». Yo creo que nada, ni el haber desposado con la tierra argentina todo su pensamiento, fue poderoso a borrar en él cierta melancolía, cierta desazón de andar lejos de la dulce Francia. /59/

La consideración de lo que, en el orden de la sola cultura, debemos a Groussac, nos llevaría muy lejos. *La Nación* ha encontrado la palabra oportuna: Groussac es un tipo de civilizador, y su sitio está entre los Maestros de America.

Lo saluda su amigo,

A.R.

***

Por las mismas fechas, apareció en *Libra* un breve texto sin firma, quizás de Reyes, acerca de Groussac:

> Una prosa fácil, abierta sobre paisajes angulosos y entonada con ácidas tintas. Una prosa derecha y lúcida en cada una de sus palabras, habilísima en su concepción y útil en su perspectiva. Un par de libros verdaderos: *Santiago de Liniers* (1907) y *Mendoza y Garay* (1916). Un historiador atento y responsable. Un crítico necesario. Un escritor. Un crédulo de la disciplina, en una generación de incrédulos y en una época de indisciplina. Eso fue Paul Groussac hasta el día de su muerte. *Libra* lo recuerda con respeto.

Retomemos el hilo. A pesar de algún que otro exabrupto de Reyes en relación con autores argentinos, se conserva aún una amistosa tarjeta que remitiera a Reyes don Evar Méndez:

[EM.12]

[Tarjeta de EM a AR, mecanografiada (anverso // reverso). («Capilla Alfonsina», EM N° 19-20):]

[Membrete:] EDITORIAL PROA / ADMINISTRACIÓN Y DIRECCIÓN TUCUMÁN 612, 3er PISO — BUENOS AIRES

[Buenos Aires,] 15 de agosto de 1929

[En el margen izquierdo, en sentido trasversal:]
Señor Doctor Don Alfonso Reyes.

Maestro padre y mágico amigo:

Lo exalto familiarmente (y perdón) con este lirismo decadente, para demostrarle mi contento con el giro que, gracias a quien sabe qué Dios azteca (yo no creo en ninguno) toman las cosas. Finalmente mañana recibirá usted (¡asómbrese!) los papeles de Macedonio Fernández, según me comunicó esta tarde. ¿Cómo no considerarlo a usted con poder mágico? Habrá que revisarlos, y podarlos, sobre todo suprimir lo que se refiere a mí, y achicar el libro.[199] Tengo libertad para hacerlo. Creo que Macedonio se ha excedido, con el deseo

---

[199] Imagino que Macedonio deseó dar a luz *Una novela que comienza* (aparecería recién en 1941), como ya había apalabrado con el peruano Alberto Hidalgo en 1927 (*OCMF* II, 90). Méndez habrá suprimido «Evar Méndez» (*Proa* 6, enero de 1925; *OCMF* VII, 151-155, aquí sin los poemas suyos que figuraban en *Proa*), para no parecer vanidoso.

de no aparecer con un librito chiquitito. Hasta me ha pedido que le edite su novela, y he aceptado, en la serie Ed. Pr. [Editorial Proa]![200] Y lo más serio: también mañana recibirá por mi encargo, // de manos del Sr. Colombo, un ejemplar del libro de Güiraldes, y otro del libro de Borges.[201] A éste se le ha dado o dará mañana un ejemplar de muestra. Hay que pedirle que no lo haga circular. Y, pedirle que aguante su deseo de tener ya los 20 ej. especiales, a menos que prometa seriamente hacerlos circular sólo en el extranjero. Lo contrario me perjudicaría, financieramente, porque restaría interés, curiosidad, a su libro. Ya la gente sabría que es y habría dado su juicio: libro muerto en librería. Tampoco debe salir junto con el de Güiraldes, porque es necesario hacer recaer todo el interés hacia el primer cuaderno, y hacia Güiraldes. No conviene dividir la opinión ni la atención. Luego se compararía las tapas, el texto, etc. Hay que tener cuidado, si queremos alcanzar un éxito moral y material, tanto como un éxito artístico. ¿No es eso?

Ya verá pues, maestro y amigo, nuestros primores y ojalá que no haya muchas faltas.

Creo que el libro 1º se podrá poner en venta (edición de lujo antes de la corriente) en la semana entrante. Dentro de 15 días saldrían los comunes, para evitar que los tacaños no prefieran gastar 3 en lugar de 5 o 10, y perjudicar a los libreros. Suyo affmo.

[Al margen izquierdo, en sentido trasversal:]

Evar Mendez

***

[200] Macedonio venía anunciando desde 1928 la inminente aparición de su *Novela de la «Eterna» y de Niña de dolor, la «Dulce-Persona», de un amor que no fue sabido*. Con fecha 17-VI-1929, subsiste un manuscrito dictado y corregido por el autor. El libro seguiría siendo por decenios un secreto a voces. Apareció, finalmente, ya transformado en *Museo de la Novela de la Eterna...*, tras la muerte de Macedonio, en 1967. Véase la edición de Ana Camblong (Madrid: FCE, 1993).
[201] *Cuaderno San Martín*.

Paralelamente, el 22 de agosto de 1929, aparece, según colofón, el primer y único número de *Libra*. Directores: Francisco Luis Bernárdez, Leopoldo Marechal. Nº 1: invierno 1929. Sede de la dirección: Monte Egmont 280, Buenos Aires (dirección particular de Marechal). Editor: Manuel Gleizer, Triunvirato 537. La revista fue planeada, originalmente, como trimestral, y debía ser similar a la francesa *Commerce*.

Hacia finales de año, Reyes seguía pensando en volver a sacar algún número, lo cual no llegó a concretarse, ya que dejó de colaborar en *Libra* en enero de 1930, fecha por la cual Bernárdez aún contaba con algunos números siguientes. En la colección «Libra», también impresa por Manuel Gleizer, salió en 1929 un libro de Leopoldo Marechal: *Odas para el hombre y la mujer*.

***

Alfonso Reyes y Macedonio Fernández

A primera vista, nada en común parecían tener el movedizo y sociable Alfonso Reyes y el argentino Macedonio Fernández (1874-1952), hombre meditabundo y parco, serio humorista, alegre pensador de Metafísica y «Belarte», eclipsado padre de la vanguardia argentina. Dos cosas, sin embargo, los unían, siquiera de modo superficial: una es la pasión por la escritura, aunque cada cual la vivió a su manera, harto diferente; otra, el afecto y el respeto que ambos suscitaron en quienes los conocieron.

Por vocación y por oficio, se movieron en ámbitos disímiles: el mundano y trashumante Reyes representó dignamente a su país, ya sea como escritor o como embajador, en Madrid, París, Buenos Aires y Río de Janeiro. Más tarde, radicado en México y reconocido como una de las plumas más elegantes de Hispanoamérica, continuó su labor en pro del humanismo y las letras.

De otro natural y otros intereses, Macedonio (como pronto sería conocido en el anecdotario de la ciudad) se limitó a algunos barrios de Buenos Aires, pero influyó en la juventud de la vanguardia literaria argentina en las décadas del veinte y del treinta, desde que Borges comenzara, a partir de 1921, a introducirlo en ella.

Su obra es la más singular producida por un argentino en el siglo xx. *El Museo de la Novela de la Eterna*, de aparición póstuma, pero de subterránea presencia en los ámbitos literarios porteños desde 1926 hasta su publicación en 1967, es el más radical intento de modernidad que se arriesgara en el país. (La edición canónica de *Museo* es la realizada por Ana Camblong para la colección Archivos, en 1993.)

La lista de testimonios de la relación entre Reyes y Macedonio, surgida durante los años en que don Alfonso fuera embajador de México en Buenos Aires es, a decir verdad, exigua. Ningún documento se conserva en la «Capilla Alfonsina». Los documentos aquí ofrecidos proceden del archivo de Macedonio Fernández; me fueron amablemente cedidos para su publicación en 1999 por su hijo, el esforzado, cordial y entre tanto fenecido Adolfo de Obieta.

Reyes y Macedonio se conocieron, quizás, en la cena que el periódico porteño *Martín Fierro* ofreciera al primero el 7 de septiembre de 1927, a poco de que don Alfonso asumiera el cargo de embajador de México en Argentina (cuando menos, Macedonio estaba invitado a ella). Por estas fechas, Macedonio era aún una devoción de Jorge Luis Borges; imagino, pues, que éste debió haberlo presentado a Reyes.

Antes de reproducir la primera misiva conservada, conviene hacer un poco de historia menuda. Como hemos visto arriba, Alfonso Reyes remitió el 11-IV-1929 (*Diario* 265), el mismo día en que conviniera con Evar Méndez los términos del contrato para la publicación de la serie Cuadernos del Plata, una misiva a Borges: «pídole active colección de Macedonio Fernández». La misma fuente consigna el 5-V-1929 (*Diario* 275): «Escribo a Macedonio Fernández, normalizando invitación para *Cuadernos del Plata*». Ninguna de esas misivas parece haberse conservado (no figuran, cuando menos, en la «Capilla Alfonsina» ni en el archivo póstumo de Macedonio al que tuve acceso a finales de la década del noventa gracias a la generosidad de su hijo, Adolfo de Obieta, entretanto fallecido).

Hacia el 15-VIII-1929, Reyes recibió, a través de Evar Méndez (ex director del periódico *Martín Fierro* —que diera nombre a toda una generación literaria porteña— y editor de los *Cuadernos del Plata*), la entusiasmada noticia de que Macedonio, tras varias idas y vueltas, había entregado por fin sus «originales» para la selección de trabajos suyos que debía aparecer en los *Cuadernos*. (Pese al encargo de Reyes y de lo que cuentan las leyendas locales, no fue Borges quien sonsacara a Macedonio los materiales para la antología, sino don Alfonso. Aunque se trataba por esas fechas de otro contenido, la Editorial Proa planeaba ya desde 1925, la publicación de un libro llamado *El Recienvenido*, según surge de tres anuncios aparecidos en el periódico *Martín Fierro*, entre enero y julio de ese año).

[MF.01]

[Esquela de AR a MF, Buenos Aires, 30-VIII-1929, una página manuscrita, dirigida a «Sr. Dn Macedonio Fernández / Otamendi 622 / Ciudad» —domicilio de sus hijos— en sobre con matasellos del 31-VIII-1929:]

[Membrete:] EMBAJADA DE MÉXICO

Buenos Aires, 30 de agosto de 1929

[Rúbrica:] *Alfonso Reyes* saluda a su distinguido amigo el Sr. Don Macedonio Fernández y —con vivo agradecimiento— le acusa recibo de sus originales para los *Cuadernos del Plata*, de que está tan complacido y honrado.

***

A pesar de la esquela de Reyes y de la euforia de Méndez, es muy probable que Macedonio volviera a cambiar de idea: los textos que finalmente aparecieron en *Papeles de Recienvenido* no son «originales»: todos ellos habían sido publicados, ya desde 1922, en diversos órganos porteños: *Proa* (primera y segunda épocas), *Martín Fierro*, *La Gaceta del Sur*, *Pulso* y *Carátula* (cf. Apéndice).

El material presentado por Macedonio habría dado un libro grueso, pero el aparecido en diciembre de 1929 contenía apenas 74 páginas, elegidas y ordenadas por Evar Méndez. Entre los textos previstos por Macedonio para la imprenta, aparte de algún inédito, conjeturo que figuraban *Una novela que comienza*, «Brindis a [Leopoldo] Marechal», «Brindis a Norah Lange» y «Evar Méndez» — contribución que éste rechazó, imagino, para no suscitar la impresión de vanidad (mi conjetura acerca de los materiales entregados por Macedonio se basa en sus tratativas con el poeta peruano Alberto Hidalgo, en 1927, para publicar una recopilación de sus escritos; cf. *OCMF* II 90). Menos el primero, que apareció 1941 en Chile (cf.

OCMF VII), ninguno de los otros textos apareció, en vida de Macedonio, en algún libro suyo; conforman ahora la reedición del *Recienvenido* (considerablemente aumentada por su editor, Adolfo de Obieta; *OCMF* IV). El siguiente documento de esta relación es reproducido abajo (19 de octubre de 1929).

***

El 12 de septiembre de 1929, Reyes anota en su *Diario*: «Proyecto teatral con Borges», sin aclarar de qué se trata, pero decenios más tarde Reyes escribió al respecto («Sófocles y la posada del mundo»: *Marginalia*, segunda serie, 1954; *Las burlas veras*, *OCAR* XXII, 227):

> Solía yo decir a Jorge Luis Borges, allá en mis días de Buenos Aires:
> —¿Qué efecto podría causar una obra escénica cuyos personajes, en vez de dialogar como suelen, simplemente monologaran uno junto a otro? Cada Juan Pirulero atiende su juego, cada uno habla de lo que le interesa o fascina, cada uno sigue su sueño y no da oídos al interlocutor, por mucho que lo tenga delante. En el fondo, y si pudiéramos arrancar el disfraz a muchas conversaciones, esto es lo que realmente sucede.
> Y por aquí llegué a concebir una pieza teatral que podría llamarse, simbólicamente [...] *La posada del mundo*. [...] La empresa no nos parece imposible, y quizás algún día la intentemos.

Evar Méndez vuelve a escribir a Reyes, esta vez en relación con el libro de Macedonio:

[EM.13]

[Tarjeta de EM a AR, manuscrita (anverso // reverso), con corrección por EM en el membrete. («Capilla Alfonsina», EM N° 10-11):]

[Membrete:] EDITORIAL PROA / ADMINISTRACIÓN Y DIRECCIÓN T̶U̶C̶U̶M̶Á̶N̶ 6̶1̶2̶,̶ 3̶ᵉʳ̶ p̶i̶s̶o̶ [a mano:] VIDAL 1679 — BUENOS AIRES

[Buenos Aires,] 18 de septiembre [de 1929]

Maestro y querido amigo:

Le envío, seleccionado, el libro de Macedonio listo para la imprenta, siempre que usted lo apruebe y no resuelva poner algunas líneas de su pluma.[202] Van las pruebas de Molinari vistas por usted y por el autor, salvo las primeras páginas. En cuanto usted dé su aprobación entrará ese libro en máquina. Y mientras más pronto se haga, esto es, me entregue los papeles de Macedonio, será mucho mejor. El tiempo vuela; y ya // se nos ha ido el año. Estamos a las puertas del verano. Dentro de un par de meses, el 15 de Noviembre, habrá concluido toda actividad literaria, artística y editorial en la ciudad. Y a partir de allí nadie se ocupará de libros, ni público ni prensa. A no ser libros de Navidad. Aquí de su «F̶u̶g̶a̶»![203] — Y será el momento de planear el programa editorial 1930, que debe ser fecundo. Su affmo.

Evar Mendez

Sr. Dn Alfonso Reyes

***

[202] Reyes no agregó texto alguno al volumen, cuyas pruebas corrigió con Borges, según éste aseguró en varios textos tardíos (entre ellos, su *Autobiografía*). Pocos días después, Reyes remitió una carta a Macedonio, agradeciéndole el envío de sus «originales». Cf. Carlos García: «Correspondencia Alfonso Reyes/Macedonio Fernández, 1929-1937»: *Letras de Buenos Aires* 44, noviembre de 1999, 33-39; versión ligeramente ampliada: *Revista de la Universidad de México (Revista de la UNAM)* 600-601, enero-febrero de 2001, 72-74 (textos recogidos en el presente volumen).

[203] Cf. nota a misiva N° 9.

El 26 de septiembre de 1929 Valery Larbaud escribe a Reyes, acusando recibo de *Libra* (*Correspondance* 67-68): «*Libra* est votre fille, et vos traits se reconnaissent dans les siens» [trad. CG: «*Libra* es hija suya, y sus facciones se reconocen en las de ella»].

En carta a Valery Larbaud del 8 de octubre de 1929 (*Correspondance* 69), Reyes, que no ha recibido aún la carta de Larbaud recién citada, responde a la del 21 de agosto de 1929:

> Sus palabras sobre la *Fuga de Navidad* me han llenado también de contento [...].
> Espero que le agraden los dos primeros *Cuadernos del Plata* (Güiraldes, Borges). Espero que no le desagrade *Libra*.

En otro párrafo de la misma carta (*Correspondance* 70):

> Colombo, el impresor de San Antonio de Areco, ha debido poner otra casa en Buenos Aires,[204] para atender a mis trabajos y los de los amigos porteños que siguen la moda (¡buenos porteños al fin!). De todos modos, la imprenta radica oficialmente en San Antonio de Areco, y aquí no hay más que una sucursal. Ahora pienso embarcar a Victoria Ocampo y a Julia Bullrich[205] (aquélla, la cabeza, o el corazón; ésta, el dinero y el sudeísmo [*sic*] algo perverso) en otra empresa editorial: *El Pliego Suelto* que será otro de mis delitos americanos.

El 21 de octubre de 1929 Reyes anota en su *Diario* (292) que Borges y él proyectan un libro acerca de los barrios de Buenos Aires. Borges, de quien procedía la idea, se ocuparía del barrio La Chacari-

---

[204] La sucursal en Buenos Aires estaba sita en Hortiguera 552.

[205] Julia Bullrich de Saint, hermana, presumo, de Eduardo J. Bullrich (miembro del Consejo de Redacción de *Sur*, junto con Borges, Oliverio Girondo, Eduardo Mallea y Guillermo de Torre) y muy amiga de Victoria Ocampo y de los Güiraldes, prevista por Reyes como financista de *El Pliego Suelto*, revista planeada por don Alfonso a partir de 1930, pero que no vería la luz como tal.

ta, sede de un gran cementerio, ya honrado en «Muertes de Buenos Aires» (de *Cuaderno San Martín*), Nicolás Olivari de Villa Crespo,[206] Francisco Luis Bernárdez de Almagro (el Retiro), Eduardo Mallea del Barrio Norte, Carlos Alberto Erro de Palermo Chico, Ulises Petit de Murat de Belgrano y Ezequiel Martínez Estrada del Sur.

Aunque Reyes habla en su carta del 8 de octubre de 1929 de «los dos primeros *Cuadernos del Plata* (Güirales, Borges)», Larbaud sólo acusa recibo de *Cuaderno San Martín*, mediante carta del 25 de octubre de 1929:

> je viens de recevoir *Cuaderno San Martín* de Jorge Luis Borges, envoyé par vos soins. Merci. C'est un bien joli livre, qui fait aimer tout ce qu'il peut y avoir de caractéristique et de significatif dans Buenos-Ayres. Et la présentation fait honneur au désormais immortel imprimeur de San Antonio de Areco.

> [Trad. CG: «acabo de recibir *Cuaderno San Martín* de Jorge Luis Borges, enviado por encargo suyo. Gracias. Es un libro bonito, que hace amar todo lo que pueda haber de característico y de significativo en Buenos Aires. Y la presentación hace honor al desde ya inmortal impresor de San Antonio de Areco».]

Extraña que Larbaud no comente el texto de su amigo Güiraldes; quizás no lo recibiera. Eso sugiere, al menos, la continuación de la misiva (*Correspondance* 71): «J'espérais avoir une lettre de vous arrivé par le même bateau. Mais peut-être l'aurai-je la semaine prochaine» [trad. CG: «Esperaba recibir una carta suya por el mismo barco. Pero quizás la reciba la semana próxima»]. Debe tratarse de la carta de Reyes del 8 de octubre de 1929, que habrá llegado poco después.

---

[206] Cf. Nicolás Olivari: *Poesías 1920-1930* (*La amada infiel, La musa de la mala pata, El gato escaldado*). Estudio preliminar: Ana Ojeda Bär y Rocco Carbone. Buenos Aires: Malas Palabras Buks, 2005 (Pingüe Patrimonio).

Todo parece indicar, pues, que los libros fueron enviados por separado. Según carta de Reyes a Larbaud del 4 de octubre de 1929 (*Correspondance* 75), éste envió una respuesta el 2 de noviembre de 1929, que parece haberse perdido y que, tal vez, contenía comentarios sobre el libro de Güiraldes.[207]

El párrafo de Larbaud acerca de Borges no pasa de ser una mera cortesía a la francesa, como la mayor parte de los elogios que Larbaud prodigó en sus cartas. Es, por lo demás, inexacto, ya que *Cuaderno* no aspiraba a hacer «amar todo lo que pueda haber de característico y de significativo en Buenos Aires».

Que Borges no se dejó sobornar por los elogios que Larbaud le dispensara en la correspondencia con Reyes o con Güiraldes, o en alguna reseña, se ve por la que él escribió acerca de *Ce vice impuni...* (*El Hogar*, 19 de febrero de 1937; *Textos cautivos* 94), donde trata a Larbaud de «minor poet».[208]

El 28 de octubre de 1929 se celebró un banquete en el Golf Club Argentino, del cual Reyes era miembro, para festejar el comienzo del trabajo de impresión de los Cuadernos («bellos ejemplares, impresos en papel bretaña, dirigidos por el propio autor, fuera de comercio»). Sobrevive una esquela de Reyes a Macedonio Fernández, invitándolo al evento, que di a luz en 1999:

---

[207] En el archivo de Valery Larbaud se conserva un ejemplar de *Seis relatos*, pero sin dedicatoria (Duroux 1999, 56).

[208] No obstante, se conservan en Vichy algunos libros de Borges con dedicatorias a Larbaud: *Luna de enfrente, Inquisiciones, Evaristo Carriego*; sin dedicatoria, hay allí ejemplares de *Fervor de Buenos Aires* y de *Cuaderno San Martín* (éste seguramente enviado por Reyes). Cf. Duroux 1999, 35.

[MF.02]

[Esquela de AR a MF, Buenos Aires, 19-X-1929, 1 página manuscrita (no se conserva el sobre):]

[Membrete:] EL EMBAJADOR DE MÉXICO

Buenos Aires, 19 de octubre 1929

[Rúbrica:] *Alfonso Reyes* saluda a su distinguido amigo Dn. Macedonio Fernández y tiene el gusto de convidarlo a almorzar con los primeros colaboradores de los *Cuadernos del Plata* (incluyendo al impresor y al editor) el próximo lunes 28 de octubre, a la *una muy en punto*, en el *Golf Club Argentino*, de Palermo.

***

El mismo día, Reyes escribe a Genaro Estrada (II 243), un poco en tono de broma:

> Necesita el editor de los *Cuadernos del Plata* que ustedes le compren ejemplares en firme. Hay que ayudar esta empresa de acercamiento, que hasta hoy no lo es puesto que usted no quiere enviar los originales. Hay que ayudar a que el Embajador de México [Reyes] se apodere de la joven literatura argentina. Hay que entender la política internacional, ¡qué diantre! Evar Méndez es un valiente aficionado. Yo soy ajeno al asunto administrativo, por lo mismo que sé que ni negocio puede ser, y porque no me conviene mezclarme en esas cosas.

Para festejar «la iniciación de los trabajos» de la serie *Cuadernos del Plata* se celebró el almuerzo mencionado, tras la aparición del volumen de Ricardo E. Molinari (*El pez y la manzana*), por quien Reyes tenía cierta predilección y con quien mantuvo nutrida correspondencia. Los 15 comensales fueron, aparte de Reyes y su esposa

Manuela (*Diario* 293): Francisco A. Colombo (impresor), Evar Méndez (el «editor» de la serie), Victoria Ocampo, Silvina Ocampo, Jorge Luis Borges, María Rosa Oliver, Guillermo de Torre, Norah Borges de Torre, Francisco Luis Bernárdez, Eduardo Mallea, Ricardo Molinari, Alejandro Sirio y Alejandro Xul Solar.

Macedonio no asistió al banquete, a pesar de la invitación arriba reproducida. Su ausencia no debe ser sobrevalorada, ya que se sustraía a menudo a tales celebraciones. En este caso concreto, sin embargo, la renuencia de Macedonio puede haberse debido a la presencia de Guillermo de Torre, cuñado de Borges desde agosto de 1928,[209] quien había ocasionado un entredicho con una publicación madrileña en junio de ese año, a consecuencia de la cual también se enfadaran Macedonio y Borges entre sí.[210]

El grupo listado fue, con pocas excepciones, el mismo que conformó poco después, a partir de comienzos de 1931, el núcleo de la prestigiosa revista *Sur*, fundada y dirigida por Victoria Ocampo, proyecto que ya estaba planeándose por estas fechas. (Hacia octubre de 1930, el título planeado para la revista era aún *América y Cía.*)

El siguiente testimonio de la relación entre Reyes y Macedonio es de 1937.

***

Un exultante Alfonso Reyes anota en su *Diario* (290) el 26 de septiembre de 1929:

---

[209] Al mencionar esta fecha, debe tenerse en mente que entre el 25 de agosto de 1928 y el 4 de enero de 1929 estuvo José Ortega y Gasset en Buenos Aires. Ello debe haber ocupado a Reyes, quien mantuvo con él una intensa pero conflictiva relación (preparo una edición comentada del epistolario entre ambos).

[210] Cf. mi ensayo «Macedonio y Borges: un incidente de 1928»: *Cuadernos Hispanoamericanos* 585, Madrid, marzo de 1999, 59-66 y Carlos García 2000, cap. «1928».

Distribuyo aquí *Contemporáneos*. Y, en todo el mundo, números de la revista platense *Don Segundo Sombra*. Y solicito de varios puntos colaboración para *Libra*.[211] En todas partes. La plena actividad y la plena ubicuidad. Esto es la alegría.

El 4 de noviembre de 1929, Reyes anota (*Diario* 293): «Hoy me llegaron los dibujos de Pepe Moreno Villa para ilustrar *La Saeta* y hoy me aceptó Zona publicármelo en un tomito como la *Fuga de Navidad*» (cf. 5 de mayo de 1929). Según *Diario* 315 (2 de mayo de 1930), sin embargo, *La Saeta* «me fracasó en Buenos Aires, en Viau y Zona». Apareció el 31 de agosto de 1931 en Río de Janeiro.

El 9 de octubre Reyes remite una carta a Genaro Estrada en la cual menciona a Borges (*Con leal franqueza*, II 80):

> Molinari no sabe qué hacer para darle a usted las gracias por las caricias que le envía en cada valija. Es un muchacho lleno de vocación por los libros y de sentido de la amistad. Sencillo, no muy allá, pero muy fino. Quizás el único argentino en quien he encontrado pasión por la literatura en sí misma, sin miras a la política o a la situación social (mal del que padece el mismo Borges, con ser el más inteligente). Vive de un modesto empleo en la Secretaría del Senado, tiene su casa en un apartado suburbio. [...] Se gasta todo el dinero en comprar ediciones lindas y en hacer libritos. Nada le importa más que eso, y los amigos escogidos. Pronto saldrá su libro *El pez y la manzana* en los *Cuadernos del Plata*. Ha hecho una tirada fuera de comercio, con una nota adicional en que lo menciona a usted (y a mí) de una manera exquisita y delicada.

Coral Aguirre (2009), quien también menciona el párrafo arriba reproducido, agrega:

---

[211] *Contemporáneos* es la ya mencionada revista mexicana; *Don Segundo Sombra* es la revista que en la ciudad de La Plata (capital de la Provincia de Buenos Aires) dirigía Juan Manuel Villarreal. *Libra* es la publicación en la que Reyes colaboraba con Francisco Luis Bernárdez y Leopoldo Marechal.

[N]i antes ni después Reyes se refirió en un párrafo tan largo y tan explícito a algún colega argentino, en forma privada o pública, con tanto entusiasmo y simpatía.

Aguirre cita al propósito un párrafo de Octavio Paz acerca de la actitud de Reyes para con Borges (*Vuelta* X.117, México, agosto de 1986, 26-29):

El primero que me habló de la persona real (se refiere a Borges), con asombro y afecto fue Alfonso Reyes. Lo estimaba mucho pero, ¿lo admiraba? Sus gustos eran muy distintos. Estaban unidos por uno de esos equívocos usuales entre gente del mismo oficio: para Borges, el escritor mexicano era el maestro de la prosa; para Reyes, el argentino era un espíritu curioso, una feliz excentricidad.

En carta del 4 de diciembre de 1929 (*Correspondance* 75), Reyes responde a dos misivas de Valery Larbaud (escritas el 25 de octubre de 1929 y 2 de noviembre de 1929 respectivamente, de las cuales sólo la primera se ha conservado):

Celebro que le agraden los *Cuadernos del Plata*. Me cuestan mucho trabajo. El editor, Evar Méndez, es, más que editor, un poeta de la bibliofilia, que no tiene bastante dinero y a quien, como hace sacrificios, dejo que publique lo que le plazca y que haga los libros a su gusto y no al mío. Los jóvenes autores carecen de cultura y, como toda la gente de esta zona del mundo, no tienen corazón. Nada es entrañable y cordial en ellos. Ni siquiera sé si podremos sacar el segundo número de *Libra*. En cambio, ellos están entusiasmados a continuar su escandaloso *Martín Fierro*.

Recuérdese que, si bien aceptó sus demostraciones, a Reyes no le gustaba el periódico, ya que disentía de su actitud barullera (cf. *Diario* 98; *Correspondance* 212).

El 18 de diciembre de 1929 Reyes anota en su *Diario* (295):

Hoy recibo (no: anoche) el ejemplar de prueba del tercer «Cuaderno del Plata», *Papeles de Recienvenido*, de Macedonio Fernández (pues el de Molinari es cuarto, aunque salió antes).

Larbaud responde a la carta de Reyes arriba citada mediante otra del 23 de diciembre de 1929, donde lamenta la probable (y, entre tanto, concretada) desaparición de *Libra* (*Correspondance* 78). Por esta época surgen o recrudecen desacuerdos entre Reyes y Méndez, registrados por Reyes (*Diario* 282, 24 de julio de 1929, pasaje arriba citado; *Correspondance* 211). Esta clase de diferencias llevará a Reyes a enviar una nota de renuncia el 10 de enero de 1930.

El 13 de diciembre de 1929, en vísperas de su partida a Europa, Victoria Ocampo organizó una reunión en su casa, en la cual participaron Borges y Reyes, pero a la que no pudo asistir Samuel Glusberg (Horacio Tarcus: *Mariátegui en la Argentina o las políticas culturales de Samuel Glusberg*. Buenos Aires: Ediciones El Cielo por Asalto, 2001, 49 y 183).

El encuentro del grupo sin Glusberg selló su separación del proyecto que Victoria Ocampo había venido conversando con él: la revista *Nuestra América*, que terminaría siendo *Sur*.

Samuel Glusberg es uno de los grandes olvidados de la literatura argentina, aunque fue un prolífico escritor y director de varias publicaciones periódicas. Había sido ya miembro del grupo que planeó *Martín Fierro* en 1924, pero que apareció al fin sin su colaboración.

En cuanto a la revista que terminaría llamándose *Sur*, había sido precisamente Glusberg quien propusiera a Ocampo que Reyes y Borges fuesen miembros del «Consejo de orientación», hacia comienzos de diciembre de 1929 (véase su carta del 6 de diciembre a Waldo Frank en Tarcus 2001, 182).

Jaime Torres Bodet comenta, en carta enviada a Reyes desde Madrid el 25 de diciembre de 1929, *Fuga de Navidad* y elogia los dibujos de Norah Borges (Curiel 1994, 49).

El año se cierra con un nuevo artículo de Enrique Espinoza (i.e. Samuel Glusberg): «Cuadernos del Plata»: *La Vida Literaria* 17, Buenos Aires, diciembre de 1929:

> Cuadernos del Plata
>
> Es una nueva colección de cuadernos literarios que se ha empezado a publicar este año bajo la dirección de D. Alfonso Reyes, embajador de México en el Plata. Han aparecido hasta ahora solamente tres fascículos. El primero con Seis relatos de Ricardo Güiraldes y un poema prologal de Reyes. El segundo: *Cuaderno San Martín*, versos y notas de Jorge Luis Borges, con un retrato del autor por Silvina Ocampo; el tercero: *El pez y la manzana*, XXIV octavas reales de Ricardo E. Molinari, con un dibujo de Norah Borges. Leyendo la dedicatoria de este último cuaderno a D. Arturo Marasso —publicada en un diario martinfierrista entre un retrato de R. Cahen Salaberry y otro de Héctor Díaz Leguizamón— se me ha ocurrido que estos «Cuadernos del Plata» son de maceborricos,[212] empleando una palabra de Lope o de Quevedo, seguramente grata a don Alfonso Reyes, que tanto respeto me merece.

Reyes vio en este suelto una agresión de su amigo Glusberg. Me ocupo en detalle del tema en la edición comentada del epistolario entre Reyes y Glusberg que preparo.

***

Papeles de Recienvenido

Reproduzco la ficha técnica y el índice de *Papeles de Recienvenido*, libro en cuya impresión Reyes tuviera parte, como inspirador de la serie *Cuadernos del Plata* —y hasta como lector de pruebas:

---

[212] *Maceborricos* no figura en el *DRAE* ni en otros diccionarios a nuestro alcance.

Macedonio Fernández: *Papeles de Recienvenido*. Con una fotografía inédita del autor [en frontispicio]. Cuadernos del Plata III, Editorial Proa. Imprenta: Francisco A. Colombo, Buenos Aires, 1930 (colofón: 12-XII-1929),[213] in-8° mayor, 74 [77] pp., 465 ejemplares (450 sobre papel pluma, numerados 1-450; 10 sobre papel de puro hilo, numerados I-X; 5 sobre papel Holanda Gvarro Vergé, numerados XI-XV, fuera de comercio).[214]

Índice

1. Lema ([7]).
2. «Autobiografía» (4; 9-11): *La Gaceta del Sur*, Rosario, mayo de 1928.
3. «Carta abierta argentino-uruguaya» (5; 13-18); *Martín Fierro* 34, 5-X-1926.
4. «Confesiones de un recién llegado al mundo literario (Esforzados estudios y brillantes equivocaciones)» (14; 19-20): *Proa* 1, agosto de 1922.
5. «Desperezo en blanco» (10; 21-23): *Proa* 1, agosto de 1922.
6. «Un artículo que no colabora» (15; 25-26): *Martín Fierro* 22, septiembre de 1925.
7. «Artículo diferente» (8; 27-29): *Martín Fierro* 24, 17-X-1925.

---

[213] El texto completo del colofón reza: PAPELES DE RECIENVENIDO, de MACEDONIO FERNÁNDEZ, tercero de los «Cuadernos del Plata», dirigido por Alfonso Reyes, se acabó de imprimir el 12 de Diciembre de 1929 en los Talleres Gráficos «Colón», de Francisco A. Colombo, en San Antonio de Areco — Sucursal: Hortiguera 552, Buenos Aires, para la Editorial Proa. Director Gerente. Evar Méndez. Vidal 1679. Buenos Aires.

[214] Trabajo con el ejemplar N° XV, Colección Dr. Alejandro Vaccaro (Buenos Aires). A continuación recojo primero todos los textos de *Recienvenido*, a los cuales agrego, a la izquierda, un número de orden según la cronología de las publicaciones hemerográficas. Tras el título, anoto el número de orden de cada texto en el volumen y la paginación original (ambos entre paréntesis). Luego, el órgano y la fecha de publicación de los artículos (en el asiento 8, con título diferente). Todas esas publicaciones aparecieron en Buenos Aires. El «Índice cronológico» posterior reproduce los mismos títulos en su orden de publicación.

8. «Los amigos de la ciudad» (6; 31-32): «A propósito de los derrumbes»: *Martín Fierro* 19, 18-VII-1925.
9. «Boletería de la gratuidad» (7; 33-35): *Pulso* 1, julio de 1928.
10. «La oratoria del hombre confuso» (16; 37-40): *Martín Fierro* 10-11, 9-X-1924. (La inminente aparición de este brindis en honor del pintor argentino Pedro Figari como separata había sido anunciada en la contratapa de la edición «tranviaria» —es decir: económica— de *Veinte poemas para ser leídos en el tranvía*, de Oliverio Girondo, en Editorial Martín Fierro; colofón: 20-IX-1925.)
11. «Brindis a Ricardo Güiraldes» (17; 41-43): *Martín Fierro* 36, 12-XII-1926.
12. «Brindis a Gerardo Diego» (3; 45-46): *Pulso* 2, agosto de 1928.
13. «Brindis inasistente (en el homenaje al escritor D. Clodomiro Cordero)» (11; 47-50): *Carátula*, julio de 1929.
14. «El Recienvenido (Fragmento)» (2; 51-55): *Proa* 3, julio de 1923.
15. «El "Capítulo siguiente" de la autobiografía de Recienvenido (De autor ignorado y que no se sabe si es bueno)» (9; 57-64): *Proa* 4, noviembre de 1924.
16. «El capítulo siguiente (Pequeña nota del Editor)» (12; 65-67): *Proa* 14, diciembre de 1925.
17. «Sobreviene dicho capítulo (Aniversario de Recienvenido)» (13; 69-72): *Proa* 14, diciembre de 1925.
18. E.M. [Evar Méndez]: Bibliografía (73-74).
19. Índice ([77]).

Índice cronológico

El orden original de publicación de los trabajos había sido el siguiente (no considero los asientos 1, 18 y 19 de la lista precedente, por razones obvias. Las cifras entre paréntesis tras cada título remiten al número de orden y a la paginación del texto en *Papeles*):

1. «Confesiones de un recién llegado al mundo literario (Esforzados estudios y brillantes equivocaciones)» (4; 19-20): *Proa* 1, agosto de 1922.
2. «Desperezo en blanco» (5; 21-23): *Proa* 1, agosto de 1922.

3. «El Recienvenido (Fragmento)» (14; 51-55): *Proa* 3, julio de 1923.
4. «La oratoria del hombre confuso» (10; 37-40): *Martín Fierro* 10-11, 9-X-1924.
5. «El "Capítulo siguiente" de la autobiografía de Recienvenido (De autor ignorado y que no se sabe si es bueno)» (15; 57-64): *Proa* 4, noviembre de 1924.
6. «Los amigos de la ciudad» (8; 31-32): «A propósito de los derrumbes»: *Martín Fierro* 19, 18-VII-1925.
7. «Un artículo que no colabora» (6; 25-26): *Martín Fierro* 22, septiembre de 1925.
8. «Artículo diferente» (7; 27-29): *Martín Fierro* 24, 17-X-1925.
9. «El capítulo siguiente (Pequeña nota del Editor)» (16; 65-67): *Proa* 14, diciembre de 1925.
10. «Sobreviene dicho capítulo (Aniversario de Recienvenido)» (17; 69-72): *Proa* 14, diciembre de 1925.
11. «Carta abierta argentino-uruguaya» (3; 13-18); *Martín Fierro* 34, 5-X-1926.
12. «Brindis a Ricardo Güiraldes» (11; 41-43): *Martín Fierro* 36, 12-XII-1926.
13. «Autobiografía» (2; 9-11): *La Gaceta del Sur*, Rosario, mayo de 1928.
14. «Boletería de la gratuidad» (9;33-35): *Pulso* 1, julio de 1928.
15. «Brindis a Gerardo Diego» (12; 45-46): *Pulso* 2, agosto de 1928.
16. «Brindis inasistente (en el homenaje al escritor D. Clodomiro Cordero)» (13; 47-50): *Carátula*, julio de 1929.

Acerca de la publicación de este libro, así como de la participación de Reyes y/o Borges en él, he publicado algunos trabajos:

(2004/08): «Arqueología de *Papeles de Recienvenido* (Macedonio entre Borges, Méndez y Reyes)»: www.macedonio.net/critical/recienarque.htm.

(2004/12a): «Edición crítica de un texto de Macedonio: "El accidente de Recienvenido" — y una yapa»: www.macedonio.net/critical/accidentecritica.htm.

(2007/08): «Historia de una gestación: *Papeles de Recienvenido* y la atmósfera intelectual porteña»: Noé Jitrik, dir.: *Macedonio. Historia crítica de la literatura argentina*, VIII. Buenos Aires: Emecé, 2007, 47-66.

El último mencionado es una versión abreviada de mi visión actual de los hechos. Preparo una versión «definitiva», que será publicada próximamente en www.macedonio.net.

***

1930

Tras quejarse de su puesto como embajador, Reyes anota en su *Diario* (8 de enero de 1930):

> Peores cada vez mis impresiones del ambiente literario argentino, donde a nadie le importa la literatura, sino la politiquilla literaria de los grupos o *patotas*, y donde los individuos o los grupos se traicionan entre sí constantemente. A la realidad sustituyen un fantasma de murmuraciones. Muy raro todo. Quédense solos y arréglense solos. Yo, para mi coleto, he decidido alejarme prácticamente y vivir con la mente en otra parte, y no es queja contra «persona»: sería ingrato.

El 10 de enero de 1930 Reyes envía a Evar Méndez una carta de demisión (cuya copia, lamentablemente, no se conserva en la «Capilla Alfonsina»), decepcionado por el espíritu reinante en los grupos literarios porteños y sus «miserables campañas», prometiéndose no volver a publicar en Argentina (*Diario* 298; *Correspondance* 211), propósito que no cumplirá.

El mismo día, renuncia a *Libra*, mediante la siguiente carta a Francisco Luis Bernárdez, conservada en la «Capilla Alfonsina»:[215]

---

[215] Preparo la edición comentada de ese epistolario.

Buenos Aires, 10 de enero de 1930

Mi querido Bernárdez:

He procedido a un juicio salomónico y, con ayuda de la media noche, me puse delante de mi alma. Hace varios días y aun meses que cierta malsana inquietud me tenía desvelado. Al fin he descubierto el mal. Necesito, con grave urgencia para mi salud, concentrarme un poco: ando muy disperso, y tengo demasiado que hacer en mis cosas oficiales, — dejándonos ya de las literarias.

En consecuencia, le envío a usted todo lo que tengo para *Libra*: bien poco. Lo de Molinari[216] y lo de Marasso.[217] Lo mío, será cuando esté acabado. El libro de Milner sobre Góngora, no sólo no puedo traducirlo por falta de tiempo, sino que me he visto en la necesidad de escribir-

---

[216] Reyes había trabado conocimiento por intermedio de Molinari con Arturo Marasso el 16-IV-1929 (*Diario* 267). La amistad y la colaboración entre Reyes y Molinari fue objeto de burla por parte del peruano Alberto Hidalgo. Cf. Martín Greco: «El crisol del fascismo. Alberto Hidalgo en la década del treinta»: Álvaro Sarco, ed.: *Alberto Hidalgo, el genio del desprecio. Materiales para su estudio*. Lima: talleres tipográficos, 2006, 335-381.

[217] Arturo Marasso (1890-1970): escritor argentino. Tras estudiar Filosofía y Letras, fue profesor de Literatura Española en la Universidad de la Plata (1915-1945). Escribió poesía, ensayos y estudios literarios, entre ellos *Estudios literarios* (1920), *El verso alejandrino* (1923), *Hesíodo en la literatura castellana* (1926); *La creación poética y otros ensayos* (1927), *Rubén Darío y su creación poética* (1934), *La antología griega en España* (1934), *Cervantes y Virgilio* (1937), *Antología de la poesía lírica española* (1953) y *Estudios de literatura castellana* (1955). De sus afinidades con Reyes hablan sus trabajos *Luis de Góngora* (1927) y *El pensamiento secreto de Mallarmé* (1948). Marasso también guardaba relación con Evar Méndez, a quien dedicó un ejemplar de *Don Luis de Góngora*. Buenos Aires: Sosín y Toia Editores, 1927 («Estas anotaciones dedicadas al estudio del lirismo de Góngora y de sus fuentes, fueron leídas en la Facultad de Humanidades de la Universidad de La Plata y publicadas en la Revista *Nosotros* en el número de junio de este año de 1927»). El ejemplar se conserva en la Biblioteca de la Academia Argentina de Letras bajo la signatura Lermon 19-1-34: «A mi estimado y viejo amigo Don / Evar Méndez, poeta, afectuosamente / *Arturo Marasso*».

le en vista de reparos de documentación que se me ofrecieron en las primeras páginas. No puedo, pues, dárselo para *Libra* por ahora.[218]

Perdóneme que no me sienta con fuerzas para hacer por el segundo número de *Libra* lo que hice por el primero. Pero la cosa va en serio. Tengo que concentrarme en ciertos deberes apremiantes. Acuérdese que yo, por fortuna o por desgracia, no sólo soy escritor, sino hombre público, que depende de una jerarquía administrativa.

Por otra parte, le ruego me dé noticias de Elena Cid[219] y sus dibujos para mis versos. ¿Por qué no obtiene usted de ella la devolución del original con cualquier pretexto afectuoso? Yo necesito en este momento de mi vida liquidar todos mis asuntos pendientes. Prescindiendo de todo, si es necesario. Por eso también prescindo de los ofrecidos dibu-

---

[218] El artículo de Zdislas Milner al que Reyes, apasionado erudito gongorino y mallarmeano, alude, es: «Gongora et Mallarmé. La connaissance de l'absolu par les mots»: *L'Esprit Nouveau* 3, Paris, 1922, 285-296 (mencionado en *OCAR* VII, 110). Borges elogió ese trabajo de Milner en «Examen de un soneto de Góngora» (*Inicial* 10, mayo de 1926, 50-53; *El tamaño de mi esperanza* 1926, 123-130; aquí lo llama en p. 125 «amorosísimo y meditadísimo estudio»). Reyes recibió una carta de Milner, que reprodujo en *Monterrey* 6, octubre de 1931. Lo menciona a menudo en un texto firmado en 1954: «La estrofa reacia del *Polifemo*», capítulo III de *Tres alcances a Góngora* (*OCAR* VII, 218-232).

[219] «Elena Cid» era el seudónimo de Elena Hurtado de Mendoza, pintora argentina, amiga de Francisco Luis Bernárdez. Sobre ella y su obra, véanse Max Dickmann: «El arrivismo en el arte: Antonio Berni, Xul Solar y Elena Cid [Muestra colectiva en Amigos del Arte]»: *Nosotros* 240, mayo de 1929, 253-255); «Atalaya» (i.e. Alfredo Chiabra Acosta): «Elena Cid»: *Camuatí* I.2, Buenos Aires, junio de 1929, 12; Julio Rinaldini: «Elena Cid»: *Revista Semanal de La Nación* I.10, Buenos Aires, 8-IX-1929, 32. En carta a Evar Méndez del 18-VII-1927 (reproducida en *Martín Fierro* 43, 15-VIII-1927, 372), Bernárdez dirá: «Marechal y yo hemos conocido aquí [en París] a una pintora que es toda una excepción. Se llama Elena Cid, es nacida en San Nicolás [Provincia de Mendoza] y reside en Europa desde hace tres años. Fue discípula de Lhote [...] tiene una sólida cultura artística, literaria y filosófica». Pedro Henríquez Ureña la menciona en carta a Reyes del 13-VI-1930 (*Epistolario* III, 401). En la década del treinta, Elena Cid se convirtió en la amante del músico suizo Ernest Ansermet, quien estuvo radicado un tiempo en Argentina.

jos y del plan de publicar por ahora el libro. Espero que me haga este favor con la delicadeza del caso, y agradeciéndole en el alma a la grande Elena su buena y amable disposición.

Un apretón de manos

AR

***

En su *Diario*, Reyes anota el mismo día (297-298):

> Larga carta a José Ortega y Gasset contándole la historia de mis peripecias con el mundo literario argentino. A él le debo explicaciones para que no me crea ligado a miserables campañas. A Evar Méndez, carta entregándole los *Cuadernos del Plata* /298/ que ya no quiero dirigir. [...] Ya no quiero ni publicar aquí. Me quiero desligar de todos. La conversación de [Samuel] Glusberg la otra tarde acabó de abrirme los ojos.

Reproduzco a continuación esa dolida carta a Ortega y Gasset (con quien mantuvo una contradictoria relación),[220] donde Reyes relata sus experiencias con la serie *Cuadernos del Plata* y con la revista *Libra* (ya reproducida en Carlos García: *El joven Borges, poeta*, 2000, 170-177, y luego por Rose Corral como apéndice a su edición facsimilar de *Libra*. Agrego aquí varias notas al pie):[221]

---

[220] Cf. Carlos García: «Reyes y Ortega y Gasset: nuevas huellas de un largo malentendido. [Apéndice a la correspondencia Alfonso Reyes/Juan Guerrero Ruiz (1949-1950)]»: *Universidad de México* 595, México, agosto de 2000, 70-72.

[221] El tenor es similar al de la carta que Reyes envió a Genaro Estrada el 21 de enero de 1929 (Zaïtzeff 1993, II, 184-186).

[Carta de Alfonso Reyes a José Ortega y Gasset, de Buenos Aires a Madrid, 10-I-1930, 6 pp. mecanografiadas («Capilla Alfonsina» Ortega N° 14-19:]

Buenos Aires, 10 de enero de 1930

Sr. Dn. José Ortega y Gasset,
Madrid

Mi muy querido José:

Aquel estado de ánimo que usted me conoció en Buenos Aires, me tuvo mucho tiempo como en estado de sonambulismo, y aun con pocas ganas de aprovechar la cordialísima acogida que el mundo literario porteño me dispensó desde mi llegada. Un día, sin buscarlo, me vi rodeado y frecuentado por algunos de los jóvenes que considero más escrupulosos y exigentes en materia de letras. Sinceramente, nunca pude compartir sus puntos de vista en materia de nacionalismo y americanismo, pero en esta exageración (que soy el primero en lamentar que no me entusiasme) siempre he visto la semilla de una futura cosecha para el pensamiento americano. Tanto peor para mi felicidad personal, si soy más exigente y más escéptico que mis contemporáneos del Continente. Comprenderá que las visitas de estos muchachos comenzaron a hacerme un bien muy grande. Un día me hablaron de fundar una revista. Y yo, que veo esta ciudad llena de revistas, y que tengo cierta experiencia de lo mal que salen las cosas a que sólo puede uno dar la mano izquierda, les dije: «cuando ustedes publiquen las dos o tres cosillas que tienen en casa y que no se deciden a confiar a las revistas que andan por ahí, ya no sabrán qué hacer con su nueva revista. Lo mejor será que ustedes funden una pequeña y limpia colección de cuadernos (para huir del tamaño y del nombre comprometedor de "libro") y ahí, sin compromiso de periodicidad, vayan publicando sus cosas. Se me ocurre un nombre: *Cuadernos del Plata*». No dejó de sorprenderme agradablemente (pues aún no conocía yo los peligros de este sistema de ir anticipando sobre mi voluntad) que, a los dos o tres días, los chicos se presentaron en casa, trayéndome ya editor para los *Cuadernos del Plata* —«la colección —añadieron— que usted va a dirigir». El editor, de antiguo hecho a publicarlos y a lidiar con ellos, era Evar Méndez, dueño del nombre editorial PROA, antiguo director de la revista *Martín Fierro*, poeta de los libros mucho más que editor, puesto que se arruina gustoso por publicar libros exquisitamente, gastando en ello lo que no tiene. Pero esto yo lo vine a averiguar /2/ cuando ya no podía retroceder. Mi primera reacción fue de un gran optimismo. Volví a pensar en mi trabajo de letras, algo abandonado. Se me ocurrió que tal vez podía yo quitarme de encima para siempre la enojosa preocupación de estar buscando editores y libreros. Soñé en juntar mis libros dispersos y mal publicados. (Tan dispersos y mal publicados que ni yo mismo puedo encontrar ejemplares cuando busco, ni creo que así, de repente, usted se dé cuenta de que llevo publicados ya como quince volúmenes, entre verdaderos libros y folletos que aspiran a libros.) De entonces datan mis comunicaciones con usted para pedirle su intervención de CALPE.[222] Mi proyecto era prematuro o no se entendía de lejos: prácticamente, hube de abandonarlo. Pero volvamos a los muchachos argentinos, que —entre tanto— siempre con el método de ir adelantando sobre la realidad, se habían apresurado ya a anunciar los *Cuadernos del Plata* con una profusión desconcertante, inventando títulos y creando un programa editorial fantástico en mucha parte. Después he visto —fenómeno bien argentino y «de fachada»— que, en este ambiente literario, el anuncio de un libro equivale a la aparición del libro, y se le discute y se le mata antes de que salga.

---

[222] Según carta del 11-XII-1932 a Amado Alonso, Ortega habría hecho que se frustraran los planes de Reyes de publicar en editorial Calpe: «Yo veo que publican a muchos otros, y me entristeció para siempre la clara y franca mala voluntad de José Ortega y Gasset, que me dejó rechazar cortésmente por Calpe: así como suena». La relación entre ambos fue más conflictiva de lo que cabría esperar entre personas de su cultura e inteligencia. Preparo una edición comentada de su correspondencia.

Desde que se trató del primer *Cuaderno*, los *Seis relatos* de Güiraldes, comencé a tener desilusiones. Adelina, la viuda de Güiraldes, me hizo saber que el ser poeta de libros no siempre iba bien con la formalidad de los tratos, y que me fuera con pies de plomo (¡pero era tarde!). El abogado de ella aquí, Eduardo J. Bullrich, con ser tan mi amigo, me exigió firmar una infinidad de cláusulas realmente pueriles (pues no se conformaba con la firma de Evar Méndez) para dar el permiso definitivo. En fin, sentí cierta extraña dureza ambiente, cierta falta de finura en el trato conmigo. Luego sucedió lo que tenía que suceder: como sólo Méndez comprometía su dinero, y yo me limitaba a dar a la colección mi nombre como un adorno, y como Méndez es literato, él tenía sus gustos, y no había manera de oponerse a ellos sin cometer una indelicadeza. Tuve que retroceder dos o tres veces ante algunos nombres que se me habían ocurrido, para no recibir una negativa. Y tuve que aceptar, en principio, todos los nombres que él quiso. Los tomitos, aunque algo charros para mi gusto, tienen bastante dignidad y se hacen en la imprenta de San Antonio de Areco, donde la primer edición de *Don Segundo Sombra*. Mi afán por sentirme asociado al fin al mundo en que estoy viviendo era tan grande y me hacía tanto bien, que pasé por muchos, muchos enojos, con tal de seguir adelante con un empeño cuyos resultados han sido bastante exiguos, puesto que apenas se han podido publicar cuatro libritos.[223] Comprendí que esto no llegaría a vivir con plena vida /3/ si no se lograba resolver el punto económico de la colección. Y ya verá usted más adelante (pues no tengo más remedio que alargarme, perdóneme usted) la forma en que he procurado hacer este último servicio a la colección, ya como testamento y para despedirme de ella y entregarla a las manos de los mismos muchachos argentinos, de las que nunca debió salir. Varias veces me encontré con los amigos de *Nosotros*,[224] y nunca entendí las

---

[223] El quinto y último tomo, de Gilberto Owen, salió unos meses más tarde.
[224] La revista había organizado un banquete en honor de Ortega en el Restaurant «Retiro» (6-XI-1928).

reclamaciones que me hacían diciéndome que por qué «me había pasado a los otros»: creí que era una manera de recordarme que hace mucho los tengo sin colaboraciones mías.[225] ¡He tardado tanto en comprender las características de este mundillo literario, donde todos andan en bandos y les importa más la política de los bandos que el verdadero trabajo! Yo estaba haciendo esfuerzos por cerrar los ojos de mi perspicacia mexicana; yo no quería ver. Pedro Henríquez Ureña me había echado tanto en cara mis malas impresiones del primer momento, que yo quería a toda costa convencerme de que todo era vida y dulzura. Otro día, Bernárdez y Marechal se arreglaron para fundar una revista con el editor Gleizer, una revista que saldría cada tres meses, con las estaciones, y que tendría un carácter antológico, como *Commerce*. Tuve que defenderme mucho para que no mezclaran mi nombre con el suyo en la dirección de esta revista, porque realmente me parecía que mi presencia le quitaba la frescura juvenil. Y, sin embargo, tan entusiasmado quería yo vivir, que trabajé mucho para el primer número de esa revista, les di muchas colaboraciones, y puedo decir que gracias a mí se publicó un número de invierno, acaso el único que llegue a salir, puesto que en cuanto los dejé solos, no han sido capaces de sacar el de primavera ni el de verano. Pero pasó lo mismo que desde el principio venía yo notando. Antes de salir la revista, los dos muchachos anduvieron de grupo en grupo diciendo que iban hacer esto y lo otro, y a excluir a estos y a los otros. No sé hasta dónde llegarían en sus extremos, pero lo infiero por los otros extremos que más tarde tuve la pena de presenciar. Extremos deben haber sido, cuando Mallea y Borges (éste, el más interesante de todos), que estaban también en el primitivo plan de dirección de la revista (la revista se llamó *Libra*)[226] se separaron de Marechal y Ber-

---

[225] Entre la revista *Nosotros* y Evar Méndez habían surgido graves disensiones a fines de 1927.
[226] Dos ejemplares se conservan en la «Capilla Alfonsina» (México, D.F.).

nárdez por no poder compartir su criterio. Yo me quedé desconcertado: creía habérmelas con un grupo de gente que se entendía entre sí, y resulta que eran capaces de reñir casi por una pequeña discusión literaria, y /4/ por las condiciones de una publicación que aún no existía. ¡Siempre el mismo extrañísimo fenómeno! ¡Siempre considerar como suficiente hecho literario el anuncio solo! ¡Siempre sustituir la realidad por una anticipación simbólica de ella! (¿No viene esto a corroborar las admirables apreciaciones de usted sobre el carácter argentino y la nunca cumplida promesa de la pampa?). El ambiente seguía cargándose de entusiasmo ficticio por una parte. Por otra, seguían sorprendiéndome las «señales furtivas». Yo publiqué en *Libra* una humorada llamada «Las Jitanjáforas», que en nada difiere de mi habitual humorismo, y que en tiempos más conscientes de la alegría literaria, se hubiera tomado por lo que es: un juego literario. ¿Creerá usted que no faltó por ahí alguien que me dijera que había yo escandalizado a muchas personas? ¿Y hasta otro que me saliera con aquello de pasarse? «-Ya veo que se ha pasado usted a la gente joven. Hace usted bien, porque esos son el porvenir». Cierto que fue el repugnante sordo que ilegible —si lo oyera— respondería al nombre de Gálvez.[227] Yo ni siquiera me he defendido. No me defiendo de respirar,

---

[227] Manuel Gálvez (1882-1962): abogado y escritor argentino, de tendencia conservadora y nacionalista, casado desde 1910 con la poeta Delfina Bunge (de una familia de terratenientes). De su demasiado prolífica obra apenas merecen mención algunos ensayos y novelas: *El solar de la raza* (1931), *La maestra normal* (1914), *El mal metafísico* (1917), *Nacha Regules* (1919). En 1930, año en que funda el PEN-Club argentino, Gálvez publicó la novela *Miércoles Santo*. Intentó asegurarse el apoyo de Reyes para su candidatura al Premio Nobel, proyecto desvergonzado, que le acarreó muchas bromas y desprecio en Buenos Aires. Su obra más interesante es su autobiografía, aparecida en varias entregas en Buenos Aires: *Amigos y maestros de juventud* (*Recuerdos de la vida literaria, 1900-1910*). Kraft, 1944; *En el mundo de los seres ficticios*. (*Recuerdos de la vida literaria,* tomo II). Hachette, 1961; *Entre la novela y la historia* (*Recuerdos de la vida literaria,* III). Hachette, 1962; *En el mundo de los seres reales* (*Recuerdos de la vida literaria,* IV). Hachette, 1965. Véase la reedición, con estudio

ni pido excusas por la circulación de mi sangre, no doy explicaciones por mis secreciones internas. En un banquete, Méndez Calzada[228] me dice de repente, a propósito de un cuento de [Horacio] Quiroga, que me gustó: «¿Cómo aplaude usted estas cosas, usted que es partidario del arte deshumanizado?».[229] No sé cuándo habré hecha esta profesión de fe, ni veo que pueda concluirse de mis pobres libros, donde hay un poco de todo, dejándome vivir en ellos como acostumbro —sin doctrina previa. Más tarde, es el mismo Evar Méndez: «Doctor, ¿cómo elogia usted esto o lo otro del grupo de *Claridad*,[230] usted que es surrealista?». Yo, que no salgo de mi asombro. Y le cuen-

preliminar de Beatriz Sarlo: *Recuerdos de la vida literaria*, I. *Amigos y maestros de juventud. En el mundo de los seres ficticios*. Taurus, 2002. Allí, Gálvez menciona a Reyes entre sus «amistades extranjeras», pero de manera denigratoria (2002, 656). Gálvez y Reyes mantuvieron correspondencia entre 1930 y 1957 (Zaïtzeff 2008, 169-186).

[228] Enrique Méndez Calzada (1898-1940): escritor y periodista argentino. Dirigió el suplemento literario del prestigioso diario *La Nación* entre 1928 y 1931, tarea en la cual lo asistió Guillermo de Torre. Obras (poesía, relatos, crítica): *Devociones de Nuestra Señora la Poesía* (1921), *Jesús en Buenos Aires* (1922), *El jardín de Perogrullo* (1925), *Las tentaciones de Don Antonio* (1926), *Y volvió Jesús a Buenos Aires* (1926), *El hombre que silba y aplaude* (1927), *El tonel de Diógenes* (1928), *Abdicación de Jehová* (1929), *Pro y contra* (1930). Se suicidó en Barcelona.

[228] Alusión al libro de Ortega, *La deshumanización del arte* (Madrid: Revista de Occidente, 1925), intento de explicación del arte de avanzada.

[230] *Claridad. Revista de arte, crítica y letras, ciencias sociales y políticas*, sucesora de *Los Pensadores*, dirigida por Antonio Zamora; Leónidas Barletta e Israel Zeitlin («César Tiempo») fueron sus secretarios. Alcanzó 225 números, de julio de 1926 a diciembre de 1941 (pero continuó la numeración de *Los Pensadores*, del 123 al 347). Un ejemplo de la época, tomado de Miranda Klix: «Asteriscos de la nueva literatura argentina»: *Claridad* 156, 5-IV-1928 (cuyo conocimiento agradezco a Fabiana Sordi): «Las literaturas de vanguardia, lejos de ser el reflejo de una sensibilidad nueva, son el fruto raquítico de una senil, desgastada, que necesita del pinchazo, hasta de la incisión violenta, para ser impresionada. De ahí ese afán desorbitado por lo raro, lo llamativo, lo original. Son literaturas para sociedades como las de Occidente, podridas hasta los huesos, y las cuales estamos esperando, día a día, ver desmoronarse sobre sí mismas, casi sin estruendo. Son refinadas, oscuras, anhelosas de parecer jóvenes a

to a usted estas nimiedades porque tienen sentido y van a esto: la necesidad que hay aquí de clasificar cuanto antes las cosas para quitárselas de encima y juzgarlas de montón, para no tener que entender cada una separadamente: todo, ahorro de esfuerzo. Pero el efecto es de una insoportable grosería mental. Los muchachos, siempre cordiales conmigo —aunque llenos de inconsecuencias entre sí, lo cual me tenía ya muy inquieto y molesto, y con muchas ganas de desprenderme del único inofensivo compromiso que he contraído con ellos, que es la publicación de los *Cuadernos del Plata*— decidieron un día que era llegado el momento de resucitar su antigua revista de combate: *Martín Fierro*. Yo sentí venir un peligro —ya mi instinto estaba muy alerta— y me apresuré a aconsejarles: «Han cambiado los tiempos. Ustedes /5/ han ganado ya en toda la línea. Ya el arte avanzado se exhibe en Amigos del Arte que es, digamos, una casa oficial. Atacar al burgués no tiene sentido. El burgués de esta sociedad acepta ya todas las audacias de la nueva literatura. Ustedes no tienen por qué seguir combatiendo al enemigo que ya no existe. En cambio, de ustedes se han desprendido elementos indisciplinados y soberbios, que son por ejemplo todas esas plumas sueltas del periódico *Crítica*,[231] todos esos jovenzuelos impertinentes que se creen que basta ignorar para merecer. Esos son los verdaderos enemigos de ustedes: sus falsos hermanos. Y ustedes deberían ahora hacer en *Martín Fierro* una labor de depuración. Asear su propia casa». No sé cómo lo entendieron, ni si

---

costa de todo, y se llenan de puerilidades y de infantilismos, como esas viejas ridículas que quieren ocultar su senectud con afeites, colorines e ingenuidades. [...] Es respondiendo a esta necesidad [de un arte que refleje y comprenda la nueva sociedad en formación] que se ha producido el movimiento literario (primer gran movimiento literario en la historia de las letras argentinas) que se ha dado en llamar "de izquierda", por su tendencia francamente revolucionaria».

[231] Acerca del controvertido periódico *Crítica* véase Sylvia Saítta: *Regueros de tinta. El diario* Crítica *en la década de 1920*. Buenos Aires: Sudamericana, 1998 (Historia y Cultura); Álvaro Abós: *El tábano. Vida, pasión y muerte de Natalio Botana, el creador de «Crítica»*. Buenos Aires: Sudamericana, 2001.

les dio la gana de pararse a pensar en ello. Lo que sé es que me convidaron a cenar una «parrillada criolla». Estaban presentes Evar Méndez (que, sin creer en ellos, los dirige y los aprovecha, aunque ellos no se den cabal cuenta: poco a poco comprendí esta postura), Borges, Mallea, Bernárdez, Molinari y creo que Mario Pinto y el buen Xul Solar. A Bernárdez varias veces había yo tenido que sujetarlo, en casa, por el estado de irritación en que se ponía contra los defectos argentinos y las cosas que aquí le parecían censurables. Es hijo de español, vivió de niño en España: apenas comienza a ser argentino. Yo no sabía que de aquí salen los nacionalismos más desenfrenados. Pues bien: Bernárdez llegó con Marechal, y ambos traían la cara extraña y descompuesta: habían venido envenenándose solos, exaltándose, excitándose con sus propias palabras como con una droga. Primero me mostraron el anuncio (¡el anuncio! ¡Era lo que importaba, y no el hecho mismo!) de la próxima aparición del *M.F.*, anuncio publicado ya por ellos —siempre adelantándose y forzándome de paso la mano ¡apenas entonces lo entendí!—, en que mi nombre, sin habérmelo consultado, aparecía revuelto entre los suyos de una forma que bastaría para acreditarme de viejo verde.[232] Después los dos se pusieron a vociferar. Acababa de llegar el *Espectador* a la Argentina.[233] Nadie tenía derecho a juzgarlos. Éste era un país con ríos y montañas ¡qué se estaban creyendo los europeos! Y mil puerilidades por el estilo. De paso, dale contra Victoria Ocampo por su hermoso y reciente artículo que, antes de la cena, Borges me había ayudado a elogiar; y que

---

[232] Reyes parece aludir a la nota aparecida en *El Mundo* el 17-XI-1929, arriba reproducida.
[233] *El Espectador*, publicación de Ortega, comenzó a aparecer en febrero de 1916. Tras su regreso a España a comienzos de 1929, Ortega publicó en esa serie comentarios críticos sobre la Argentina: «La pampa... promesas» y «El hombre a la defensiva», bajo el común título «Intimidades». Los ensayos desataron una ola de protestas, de la que hay pruebas en varios periódicos de la época. El texto de las ocho entregas de *El Espectador* conforma ahora el tomo II de las *Obras completas* de Ortega (Madrid: Fundación Ortega y Gasset/Taurus, 2004).

ahora, ante la llegada de los dos energúmenos, también a él le parecía detestable.[234] Yo creía que aquello era una pesadilla. Hasta la Bebé Elizalde[235] resultó culpable, por querer «importar cultura extranjera» o no sé qué. /6/ ¿Para qué hacer el cuento largo? Comprendí que estábamos muy lejos, y que yo iba siendo juguete de un ambiente cuyos escollos no conocía.[236] El castigo no se hizo esperar, porque un semita Fijman[237] tronó por ahí contra mí diciendo que yo hacía de

---

[234] Reyes alude a Victoria Ocampo: «Quiromancia de la pampa»: *La Nación*, Buenos Aires, diciembre de 1929, recogido luego en su libro *Testimonios. Primera serie, 1920-1934*. Madrid: Revista de Occidente, 1935 (véase el comentario de Reyes sobre otro texto de Ocampo, «Un paso de América», en *Monterrey* 3, Rio de Janeiro, octubre de 1930).

[235] Sobre la «Bebé Elizalde» véase arriba, nota a EM.09, del 19-VI-1929.

[236] Reyes alude al mismo episodio en carta a Genaro Estrada del 13-XII-1929 (II 254): «Algo de jijismo literario, para variar: aquí le mando estos recortes, donde verá usted el brete en que me han puesto estos cabrones muchachos, en su afán de asociarme a ellos para todo lo que hacen. Yo no puedo atacar a [José] Ortega [y Gasset] ni a los Amigos del Arte. Pero entérese de todo, que vale la pena. De paso, querían, también convertir a Victoria [Ocampo] en cabeza de turco. Yo les he dicho que al campo del jijismo yo no puedo seguirlos. He aclarado muy bien mi situación. He logrado salvar a Victoria —creo: son muy inseguros estos cabrones—; continúo con mis *Cuadernos del Plata* y con *Libra* mientras se pueda, y algo haré para *Nuestra América* Waldo Frankiana que Victoria proyecta con la imposible y perjudicial colaboración del estratega judío universalmente odiado aquí, Samuel Glusberg». *Nuestra América* es un avatar previo de la revista que terminaría llamándose *Sur*, nombre al cual se llegaría después de pasar también por *América y Cía*.

[237] Jacobo Fijman (1898-1970): poeta argentino nacido en Rusia. Falleció en un hospital psiquiátrico, al cual había ingresado en 1942. Fue colaborador de *Martín Fierro* y otras revistas de avanzada. Sus obras: *Molino rojo* (1926; allí, el poema emblemático «Canto del cisne», que comienza «Demencia: / El camino más alto y más desierto»), *Hecho de estampas* (1929), *Estrella de la mañana* (1931). Viajó a Europa en 1927, con Oliverio Girondo y Antonio Vallejo, quien luego tomaría los hábitos religiosos. Fijman convirtió en 1929 del judaísmo al cristianismo. Acerca de la actitud de Reyes ante el pueblo judío, véase, por ejemplo, su carta a Francisco Castillo Nájera del 9 de mayo de 1946 en Zaïtzeff 2008, 203.

viuda influyente en la literatura argentina, y que aquí no querían ¡mulatos!. Otro semita que se decía mi amigo y a quien yo había consentido en dar siempre colaboraciones para *La Vida Literaria*, [Samuel] Glusberg (¡el mismo que el candoroso Waldo Frank ha pretendido dejar asociado con Victoria [Ocampo] para la fundación de una revista interamericana!) dijo cosas impertinentes contra los *Cuadernos* (contra *Libra* también), salvando su respeto para mí en forma que más bien me pareció irónica.[238] Lo llamé a cuentas y me dijo que todo era porque estaba celoso de que yo me hubiera ido «con los otros»!!! Me encontré, amigo José, en la misma situación en que se encontraba, en México, el político mexicano legalista y leguleyo Manuel Iglesias, que descubrió ser el verdadero y único Presidente de la República por no sé qué bizantinismos constitucionales, en momentos en que la opinión armada se batía por Porfirio Díaz o por Lerdo de Tejada.[239] Llegaba don Manuel Iglesias a un pueblo, con su criado, y no bien habían descansado un poco, cuando había que huir: «¡Nos vamos ahora mismo, que vienen los de Lerdo!» «¡Nos vamos, que vienen los de Díaz!». Y el criado le preguntaba: «Dígame, señor, ¿y cuándo vienen los nuestros?». Todos eran «los otros», y ningunos eran «los míos».

Lo menos que debía yo a usted era esta larga historia. La debo al respeto y a la admiración que usted me inspira, de ahora y de siempre. La debo al cariño que le tengo. La debo a su amistad y, muchas

---

[238] Reyes parece aludir a la publicación de Glusberg en *La Vida Literaria* 17, diciembre de 1929, 4 («El año editorial 1929. Las revistas»). Reyes alude a una reveladora charla con Glusberg en su *Diario* (298; 10-I-1930): «La conversación con Glusberg la otra tarde acabó de abrirme los ojos».

[239] Los sucesos relacionados con Manuel Iglesias tuvieron lugar en 1876. José de la Cruz Porfirio Díaz Mory (1839-1915): político y general mexicano, dos veces presidente (1876/77-1880 y 1884-1911). Sebastián Lerdo de Tejada (1827-1889): jurista y político mexicano, presidente de su país, sucesor de Benito Juárez y predecesor de Porfirio Díaz, quien tomó el poder a fines de 1876. Ambos fallecieron en el extranjero: Lerdo en New York, Díaz en París.

veces, al apoyo que usted me ha dado en varios órdenes y en varios momentos de la vida.

Conclusión: me estoy despidiendo de todos los grupos y bandos, desligándome de toda oferta de mera colaboración. He procurado que la Cía. Ibero-Americana, cuyo representante anda por aquí, compre a Evar Méndez quinientos ejemplares de cada tomo de los *Cuadernos* (nunca será un negocio, pero sí una buena tarjeta de visita para la presentación de esa Empresa en América).[240] Con sólo eso, la colección podrá vivir.[241] Hoy mismo le he pedido que borre mi nombre del colofón en los sucesivos tomos.[242] Más voy a decirle: estas malas impresiones me confirman en mi deseo de alejarme. Esta carta es absolutamente confidencial.

Lo quiere y admira muy de veras,

AR

***

Al revés de lo que declara la versión oficiosa, Reyes hizo una mala experiencia en Buenos Aires. Creyendo que tal heterogeneidad sería posible, se relacionó tanto con los grupos tradicionalistas (representados por *Nosotros*), como con los renovadores en sus diversas vertientes (Florida, Boedo), advirtiendo que cada bando le tomaba a mal la colaboración con los demás cuando ya era demasiado tarde.

---

[240] Hay alusiones a este plan, no concretado, en carta de Reyes a Méndez, del 15-IX-1930 (EM.14).

[241] La generosidad de don Alfonso no permitió, pese a sus disgustos, que se desentendiera del todo de los *Cuadernos del Plata*. Ya el 1-III-1929 Reyes había remitido un telegrama de contenido similar a Genaro Estrada, solicitando que éste suscribiera «varios ejemplares» de los *Cuadernos del Plata*, según surge de *Diario* 259 (el telegrama no figura en Zaïtzeff 1993).

[242] A pesar del exabrupto, Reyes se ocupará aún de la corrección del próximo volumen (el último de los aparecidos), según muestra su carta a Méndez de septiembre de 1930 (ver abajo).

En carta del 28 de enero de 1930, Larbaud acusa recibo del «plus récent volume des *Cuadernos del Plata*», sin mencionar su título, por lo cual no puede dilucidarse si se trata del volumen de Macedonio Fernández o del de Molinari,[243] y pregunta por *Libra*, aludiendo a los problemas reseñados por Reyes en su carta del 4 de diciembre de 1929 (*Correspondance* 81). Larbaud lamenta que *Libra* no vuelva a aparecer, pero relativiza los defectos porteños de que hablara Reyes, comparándolos con los de la juventud parisina (*Correspondance* 75 y 78).

En carta a Reyes del 31 de enero de 1930, Francisco Luis Bernárdez menciona a Borges y a los *Cuadernos del Plata*: «El domingo iré a su casa, don Alfonso. Espero la próxima *Revue Mondiale*. Anuncia un artículo sobre Mallarmé. Esta noche cenaré con Borges y charlaremos acerca de los *Cuadernos*». (También Molinari relatará visitas similares.)

En carta del 14 de febrero de 1930, de Pedro Henríquez Ureña a Alfonso Reyes (de La Ribera; *Epistolario* III 376-377):

> Las lecturas que se hacen aquí son pocos temibles para gentes de letras. A Borges y a mí se nos han leído traducciones, que nos hemos entretenido en cotejar a los originales (Shelley, Whitman, Meredith). D. Francisco [Soto y Calvo] cree ser un traductor muy exacto, pero además muy rápido y muy fácil.

En la misma carta a Reyes (376), Henríquez Ureña da el siguiente retrato de Borges:

> Borges, que se fue prometiendo volver, estuvo simpatiquísimo. *He is a gentleman* y estuvo como se debe (hay gente que no lo hace) con Soto y Calvo. Le he descubierto mucha humanidad y mucha sensatez. Nada muy bien, camina mucho, y mientras más conversa, más pierde y deja atrás sus manías.

---

[243] El segundo no figura en el Fonds Larbaud (Vichy). Se conserva un ejemplar del primero, sin dedicatoria (Duroux 1999, 44 y 66).

Paralelamente se desarrollan las actividades de Reyes. El 6 de marzo de 1930 Reyes anota en su *Diario* su inminente traslado a Brasil y la fundación del periódico que se convertiría en *Monterrey* (Alicia Reyes 1977, 192); y el 12 del mismo mes: «Prueba de *Gustos y colores* de Pedro Henríquez Ureña, y *Línea*, de Owen, para los *Cuadernos del Plata*» (*Diario* 305). El primero de los libros no salió en la serie, por motivos desconocidos, a pesar de que ya estaba compuesto. El 17 de diciembre de 1928 Reyes ya había anotado (*Diario* 238): «Pedro Henríquez me ha dado al fin el original de sus "Trazos graves", "En la Orilla" para los *Cuadernos del Plata*».[244]

El 19 de marzo de 1930 Reyes remite una carta a Valery Larbaud, de Buenos Aires a París, donde comunica que se ha decidido su traslado a Río de Janeiro: en Buenos Aires «no he tenido tiempo de cuidar mi trabajo literario, y la inacción ambiente me ha estorbado el otro. Aquí he pasado una crisis muy dolorosa que deseo olvidar. [...] Espero publicar, para mantener mi contacto con el mundo, un plieguecito periódico *Monterrey, Correo Literario de Alfonso Reyes*».

A pesar de diversas frustraciones, Reyes asistió al almuerzo de despedida que le ofrecieran «los chicos de *Cuadernos del Plata*» en el restaurante típico «La Criolla» poco antes de marchar al Brasil (*Diario* 309, 28-III-30). *La Nación* del 29 de marzo de 1930 trae sobre ello el siguiente suelto:

En honor del embajador de México.
Fue ofrecida una demostración a Alfonso Reyes

En un restaurante de la Recoleta un grupo de escritores despidió ayer con un almuerzo al embajador de México, D. Alfonso Reyes, que

---

[244] «En la orilla», que finalmente no apareció en los *Cuadernos del Plata*, debía ser, según Pedro Henríquez Ureña relatara a Reyes en carta del 16 de noviembre de 1924 (*Epistolario* III 262), una serie de aforismos sobre estética, destinada inicialmente a los *Cuadernos Literarios* (cf. también *Epistolario* III 266, 273).

partirá próximamente para tomar posesión de su nuevo destino en Río de Janeiro.

La demostración puso en evidencia el afecto y el respecto de que el distinguido escritor y diplomático se ha rodeado durante su estada entre nosotros y transcurrió en un ambiente grato y cordial. Se hallaban presentes, además del obsequiado, la Sra. Elena Cid y los Sres. Jorge Luis Borges, Eduardo Mallea, Francisco Luis Bernárdez, Ricardo E. Molinari, Evar Méndez, Arturo Marasso Roca, Guillermo de Torre, Ulises Petit de Murat, Mario Pinto, Xul Solar, Alejandro Sirio, Luis Saslavsky y Luis Colombo.

Finalmente, el 3 de abril de 1930 Reyes se embarca rumbo a Río de Janeiro, donde presentará sus credenciales de embajador el 6 de mayo de 1930 (Reyes conocía ya la ciudad, donde había hecho escala, al viajar por primera vez a Buenos Aires, el 26 de julio de 1927). El 8 de julio de 1930 recibe allí la visita de Jules Supervielle, quien permanece diez días (*Correspondance* 237).

***

Alfonso Reyes y Adolfo Bioy

Entre los numerosos documentos depositados en la «Capilla Alfonsina» (México, D.F.) se encuentran dos cartas del padre de Bioy Casares, don Adolfo Bioy, a Reyes. Las misivas fueron publicadas en la Tesis profesional de Bernardo Javier Ruiz López: *Adolfo Bioy Casares y sus temas fundamentales*. México: UNAM, 1976, en cuyas páginas 146-163 se reproduce la correspondencia entre Reyes y Bioy Casares. Ruiz López, cuyo trabajo obtuvo mención honorífica en el Premio Nacional de Ensayo José Revueltas (1978), no advierte que las primeras dos cartas pertenecen al Dr. Adolfo Bioy, padre del escritor, y no a éste (error no subsanado en la reedición de ¿2003?). Puesto que a pesar de la confusión las cartas son intrínsecamente interesantes, recojo aquí ambas misivas (la segunda, bajo la fecha 28 de septiembre de 1930).

En cuanto a Adolfo Bioy (1882-1962), fue abogado, político y escritor. Publicó dos interesantes libros de memorias: *Antes del novecientos*. Buenos Aires, 1958 (reseñado por Borges en *Sur* 257, marzo-abril de 1959, pp. 61-62) y *Años de Mocedad*. Buenos Aires: Nuevo Cabildo, 1963.[245] Fue Ministro de Relaciones Exteriores entre octubre de 1931 y febrero de 1932, bajo la dictadura del general José Félix Uriburu. Integró, a partir de 1938, el Comité Pro-Inmigración Vasca a la Argentina. Fue Presidente del Colegio de Abogados (1956-1957).

---

[245] Borges recogió un texto de Adolfo Bioy en la antología dedicada a *El Matrero*. Buenos Aires: Barros Merino, 1972, 171-172, procedente de *Antes del novecientos*.

[AB.01]

[Carta de Adolfo Bioy a AR, 3 hojas manuscritas recto y verso, numeradas 1-3 (aquí 6 páginas, 1-6). (Ruiz López 146-148 la atribuye erróneamente a Adolfo Bioy Casares). Un fragmento apareció en Monterrey.]

[Membrete:]
Dr. Adolfo Bioy
Abogado
Diagonal Sáenz Peña 530
U.T. 33 Avenida 0277

Buenos Aires, 6 de abril de 1930

A Su Excelencia Don Alfonso Reyes
Embajador de México
Río de Janeiro

Querido amigo

Esto es lo malo de los regresos a la patria: el blanco inesperado que halla uno en las filas, cada vez más estrechas, de los amigos selectos.[246] Y esta vez el caso se presenta particularmente grave, no sólo porque la separación puede durar largo trecho y por la calidad de los seres que se alejan y por lo que significaba su /2/ presencia para los intereses en mi patria, sino porque durante esta ausencia mía que acaba de terminar, la presencia del que ahora se va fue como una obsesión (de espíritu, por cierto, benigno). ¡Cuántas veces nos dijimos con Marta:[247] «Tenemos que ver mucho más a menudo a los Reyes»; «Esto tenemos que comentarlo con Reyes», etc. etc.

---

[246] Reyes había abandonado Buenos Aires pocos días antes, el 2 de abril de 1930, con rumbo a Río de Janeiro (*Diario* 310).

[247] Marta Casares, madre de Adolfo Bioy Casares, heredera de una dinastía ganadera.

Mucho teníamos que comentar con Reyes, en efecto, y comentarlo así, verbalmente y mano a mano, que es el modo de sacar ideas claras del confuso laberinto /3/ mental que produce un primer contacto con el contenido de los Estados Unidos.

No solamente Tablada,[248] con quien comentamos entre mil cosas y personas a Norah Borges con motivo de la *Fuga de Navidad* (cuando le mandaba a usted con Germán Elizalde[249] mi mensaje de amistad, referí precipitadamente al mensajero cuatro mal barajadas cosas de las conversadas con el insigne mexicano poeta, Germán me dijo: pon [ilegible] en una tarjeta tuya, /4/ además de los nombres de esas personas, «libro escrito ilustrado por Norah Borges», y yo lo puse así para memoria de Germán, no para usted que para usted nada significaba eso) —no solamente Tablada, decía, que es el pontífice máximo de la misión, no solamente los otros sacerdotes, Orozco, Covarrubias,[250] etc., pero todos los mexicanos residentes en Estados Unidos, todos los lustrabotas, inclusive, son los misioneros de una obra de penetración espiritual. No tratan ni consideran a los Estados Unidos como adversarios, no odian los mexicanos al Yankee, no lo aman tampoco, lo comprenden, /5/ son los únicos en el mundo que lo comprenden, son los únicos que saben que si no se le ayuda, si no se le aporta aquello de que carece: alma, poco durará la poderosa y magnífica estructura. Todo mexicano, aunque sin decirlo, ni aún menos alardeando, parece compenetrado de ese mandato espiritual, singularmente humano y generoso.

---

[248] José Juan Tablada (1871-1945): uno de los más importantes poetas mexicanos de la época.

[249] Germán Elizalde, cuñado de la bebé Elizalde. Sobre él dice Reyes en carta a Genaro Estrada del 13-XII-1929 (*Con leal franqueza*, II 260): «es quien dirige la asociación "La Peña", sesiones subterráneas en el café Tortoni, centro bohemio que repite a lo vulgar lo que en Amigos del Arte se hace a lo divino o a lo precioso».

[250] Remite al dibujante y caricaturista mexicano Miguel Covarrubias (1901-1957), y no al diplomático del mismo nombre (1856-1924).

Por lo que antecede vaya induciendo Alfonso amigo, cuanto deseaba yo y necesitaba hablar con usted y cuánto grande es el desgarramiento que la inoportunidad de su traslado me produce. /6/

Ya lo creo que me ocuparé de Orozco cuando venga[251] —ya se lo dije a él en New York—, lo apadrinaremos, como dice usted; en las domas de potros, en mi tierra, es a menudo un mancarrón el que apadrina al corcel brioso y soberbio ¿por qué no he de apadrinar a Orozco? Pero usted va a hacerle aquí mucha falta.

Tablada exquisito, todo lo poeta que puede serse y todo lo bueno que se puede ser. Su casa, que es una jaula preciosa, en la que apenas cabe él y su avecilla antillana, su casa que es extremadamente chica, tiene puerta muy grande; allí conocimos también a dos muchachas mexicanas que nos cantaron deliciosamente cosas paisanas de su tierra.

A Manuela todo nuestro afecto, a Alfonsito el de nosotros tres. Lo abraza su amigo que se [al margen superior:] despide, espera, hasta pronto

Adolfo Bioy

***

El 9 de mayo de 1930 Reyes envía a Valery Larbaud, de Río de Janeiro a París, la siguiente carta (*Correspondance* 86):

Nunca he estado tan solo. En Buenos Aires me dejé fuertes amores (así: con todas las letras). Estoy neurasténico y mutilado. La naturaleza, tan hermosa, se burla de mis cuitas.

---

[251] Ya desde marzo de 1930 Reyes colaboró con Elena Sansinena de Elizalde en planear una exposición de José Clemente Orozco en «Amigos del Arte» (*Diario* 307; 17-III-1930).

Poco después, el 19 de junio de 1930, aparece el primer número de *Monterrey, Correo Literario de Alfonso Reyes* (Río de Janeiro), del cual Reyes remitió un ejemplar a Borges, a Guillermo de Torre y a muchos otros conocidos. Larbaud, por ejemplo, acusa recibo con carta del 13 de julio de 1930 (*Correspondance* 89).

A pesar del distanciamiento que quizás hubiera entre Reyes y Méndez, Borges permanece en contacto con ambos. De su relación con Reyes en esta época, testimonian dos cartas sin fecha: una de c. 25 de junio de 1930, otra de c. 15 de septiembre de 1930.

***

[7]

[Carta de JLB a AR, 1 página manuscrita sin fecha. (Pacheco 1979, 5, N°
I; *La Gaceta del FCE* 188, agosto de 1986, 46: «c. julio de 1930». «Capilla
Alfonsina» N° 3):]

[Buenos Aires, c. 25 de junio de 1930]

[Membrete:] JLB [como en N° 8][252]

Siempre leído amigo: Le agradezco de veras su *Monterrey*,[253] carta hermosa en que me parece sentir una soledad. Aquí, todo está como era entonces,[254] con alguna más aspereza y rencor en el ambiente literario. Nuestros domingos en la tarde ya no tienen destino...[255] Norah Lange tiene un libro de versos en prensa,[256] Rossi[257] persiste

[252] Este membrete y el de la carta N° 8 son iguales a los de las cartas N° 6 y N° 10, pero el recuadro en que se inscriben las letras «JLB» está aquí inscrito, a su vez, en un triángulo formado por ornamentos azules.

[253] *Monterrey*: revista fundada por Alfonso Reyes en Río de Janeiro. N° 1: junio de 1930 (19-VI-1930); N° 2: agosto de 1930; N° 3: octubre de 1930; N° 5: julio de 1931; N° 6: octubre de 1931; N° 7: diciembre de 1931; N° 8: marzo de 1932 (con colaboración de Borges: «Estornudos homéricos»); N° 9: julio de 1932; N° 10: marzo de 1933; N° 13: junio de 1936; N° 14: julio de 1937 (Buenos Aires, reproducción del N° 13).

[254] Cita de «La vuelta al hogar», de Víctor Olegario Andrade (poeta argentino nacido en el Brasil), texto citado a menudo por Borges (también en una carta a un receptor innominado, de 1928). Evar Méndez escribió un prólogo a una edición de las *Obras* de Andrade.

[255] Según Borges relatara en numerosas entrevistas, él y otros jóvenes literatos argentinos visitaban a Reyes los domingos por la tarde.

[256] Norah Lange (1906-1972): *El rumbo de la rosa* (1930). *Obras completas*, I. Rosario: Beatriz Viterbo, 2005. Al revés de lo que ocurriera con los dos primeros poemarios de Lange, Borges no reseñó este volumen.

[257] Vicente Rossi (1871-1945): escritor uruguayo. Borges se ocupó a menudo de su obra: *Cosas de negros*. Córdoba, 1926 (reseñado en *Valoraciones* 10, La Plata, agos-

235

en su campaña tan hermosa y peleadora como insensata pro idioma rioplatense, yo entregaré a Gleizer mi *Carriego* dentro de una semana. Creo que es todo.

Le envío, para divertir unos minutos suyos, unos insospechables endecasílabos de Raquel Adler, geniales de acento oficial y de chatura. Deben ser dichos con vivacidad y con énfasis:

> Luego por circunstancias económicas
> Tuvimos que mudar de domicilio
> Y abandonar la casa que mis padres
> Habían adquirido en Calle Oruro.[258]

Mis respetos a su señora. Un abrazo de *Borges*

***

to de 1926, 39-40 —aquí, también un breve texto de Reyes en la sección «Mosaico», página 68, cita de una carta suya a Pedro Henríquez Ureña de abril de 1926—; *Textos recobrados* 254-255); *El idioma nacional rioplatense*. Folletos lenguaraces, 6 (reseñado en *Síntesis* 18, octubre de 1928, 361; *Textos recobrados* 373); *Desagravio del lenguaje de «Martín Fierro»* (reseñado en *Crítica. Revista Multicolor de los Sábados* 11, 21 de octubre de 1933, 7; *Borges en Revista Multicolor* 218-219. En la misma revista aparecieron cinco textos de Rossi en 1933-1934). No todos los textos que se atribuyen en ese libro a Borges le pertenecen; véase, por ejemplo, mi respuesta a un cuestionario: «Los textos que, seguro, no son [de Borges]. Las detalladas denuncias de un experto»: *Ñ. Revista de Cultura*, Buenos Aires, 28-II-04 (suplemento del diario *Clarín*).

[258] Versos reproducidos en la rúbrica «Museo» de *Destiempo* 2, Buenos Aires, enero de 1936, 6, allí firmados por «María Raquel Adler». Texto ahora recogido en Borges/Bioy Casares: *Museo. Textos inéditos*. Buenos Aires: Emecé, 2002, 53. M. R. Adler (1910-1974) fue una poetisa, declamadora y educadora argentina; entre sus obras, de tendencias místicas, figuran *Cánticos de Raquel* (1925) y *La divina tortura* (1927).

[8]

[Carta de JLB a AR, 1 página manuscrita, sin fecha (es posterior al 6 y anterior al 30 de septiembre de 1930; indicio: mención que hace Borges de enviar a Reyes el libro *Evaristo Carriego*, aparecido el 30 de septiembre de 1930, «en diez días»). (Pacheco 1979, 5-6, N° II; falta en JWR; «Capilla Alfonsina» N° 2):]

[Membrete:] JLB [como en N° 7]

[Buenos Aires, c. 20 de septiembre de 1930]

¡Salve! Quiero, en primer término, agradecer la invitación de *Monterrey*,[259] a quien remitiré unos borradores, apenas los desdibuje un poco. No me tengo confianza; ya sabe usted que el borrador —como el anacronismo, el anatropismo y la errata— es también un género literario.[260]

Quiere usted mi versión sobre los sucesos gloriosos.[261] Juro que desde aquella tarde victoriana[262] no he vuelto a ver a la señora

---

[259] Según *L'Herne*, Borges pone aquí una nota al pie, pero ella corresponde más abajo, tras «milongas».

[260] Reyes sentía pavor ante las erratas, tema sobre el cual escribió a menudo; véase apenas, a título de ejemplo, su carta de 1947 a Pablo Carlos Etchart, autor de *Apología de la bibliofilia y vituperio de la errata* (*OCAR* VIII, 85-87).

[261] Creo discernir cierta ironía en el adjetivo «gloriosos». No se conserva, al parecer, la misiva con la cual Reyes inquirió a Borges acerca de los dramáticos acontecimientos que tuvieron lugar en Buenos Aires el 6 de septiembre de 1930, cuando se produjo el levantamiento militar que llevaría a la primera dictadura en la Argentina. Cf. al respecto el cap. XVII de Graciela Montaldo, dir.: *Yrigoyen, entre Borges y Arlt (1916-1930)*, en: David Viñas, dir.: *Historia Social de la literatura argentina*, VII. Buenos Aires: Contrapunto, 1989, 396-406. David Rock: *El radicalismo argentino, 1890-1930*. Buenos Aires: Amorrortu, 1997, 257-263.

[262] Alusión a alguna tertulia en casa de Victoria Ocampo.

Saint,[263] y sólo en contadísimas ocasiones a la resplandeciente Haydée Lange.[264]

En cuanto a la [ilegible] eliminación del Doctor [Yrigoyen], puedo asegurarle que, descontada su necesidad, su bondad final, su justicia, [ilegible] nos vale ahora un desagradabilísimo ambiente. La revolución (o cuartelazo con apoyo del público) [ilegible] es una victoria del buen sentido sobre la inepcia, sobre la frecuente deshonestidad y la ofuscación, pero todas esas malas cosas vencidas correspondían a una mitología, a un cariño, a una felicidad —a la imagen estrafalaria del *Dotor*,[265] conspirador y tácito en la misma Casa Rosada. Buenos Aires, ahora, ha tenido que repudiar su mitología casera y frangollar motivos de entusiasmo con heroísmos en los que nadie cree y con el tema —insignificante para el espíritu— de que estos militares no roban. Sacrificar el Mito a la lucidez, ¿qué le

---

[263] Reyes había planeado con Julia Bullrich de Saint y Victoria Ocampo la revista literaria *El Pliego Suelto*, que no se concretó en esa forma, sino como serie de cuadernillos.

[264] En carta sin fecha a un receptor desconocido, conservada en la Universidad de Virginia, anota Borges: «Siempre me veo con Xul [...] con don Alfonso Reyes, con la distraída diosa sonriente Haidée (no tan seguido como yo quisiera y que me desprecia con amabilidad, siempre)». Según mis conjeturas, esa misiva es aproximadamente del 15 de julio de 1929; el receptor podría ser Carlos M. Grünberg. En cuanto a Haydée Lange, era hermana de Ruth y de Nora (que más tarde, a propuesta de Guillermo de Torre, firmaría Norah) Lange. Todas ellas eran hijas de Gunardo Lange (ingeniero civil noruego) y Berta Erfjord, descendiente de irlandeses y noruegos. La madre era hermana de Estela Erfjord, madre de Guillermo Juan Borges, primo hermano de Jorge Luis. Cf. Beatriz de Nóbile: *Palabras con Norah Lange* [entrevista del otoño 1968]. Buenos Aires: Carlos Pérez, 1968, 9, 11 y 13. Subsiste una foto que muestra a Borges (con boina y barba) al lado de Haydée Lange. Al dorso, un texto de Borges: «Wounded tapir / April the first, 1939». Haydée Lange tradujo *La humillación de los Northmore*, de Henry James, que apareció con prólogo de Borges. Buenos Aires: Emecé, 1945 (Quimera, 12).

[265] Es así como pronuncian la palabra *Doctor* las personas incultas en Argentina.

parece? [George Bernard] Shaw indudablemente lo aprobaría. No sé si escribo con precisión: antes (repito) poseíamos idiotez pero con barulleros diarios opositores, con sus [ilegible] «Vivas» y «Mueras», con su idolatría cómoda que florecía en las paredes, en las milongas[266] y en las letras de tangos; ahora, tenemos independencia con ley marcial, una prensa adulona, la tuñonada con escarapela perpetua[267] y la ficción de que el régimen tilingo anterior era cruel y tiránico.[268]

Espectáculos, pocos. [Ilegible] Un tiroteo no letal de rifles en la plaza del Once, una ametralladora a media cuadra en la calle Junín, dos armerías saqueadas por un malevaje inseguro en la calle Rivadavia: esas visiones debo a la revolución, y se las agradezco.[269]

Carriego, dentro de unos diez días lo irá a ver.

De aquí, muchísimos afectos. Suyo [ilegible], en la espera

Jorge Luis Borges

***

[266] [Nota de Borges:] Véase *Cuaderno San Martín*, p. 56. También (escuchado por mí en el cafetín *La Flor del Norte*, la víspera de la revolución: *Uno, dos, tres, cuatro / Irigoyen para rato*. [Nota de CG: En la traducción francesa de esta misiva aparecida en *L'Herne*, la nota está mal ubicada.]

[267] Aunque *tuñonada* es voz asturiana por *topetada*, y *escarapela* vale también por *riña*, entiendo así el giro: «los izquierdistas como Raúl González Tuñón están continuamente alzados».

[268] Véase sobre la época la versión que da en carta sin fecha Amado Alonso, que la editora data hacia noviembre de 1930 (*Crónica parcial. Cartas de Alfonso Reyes y Amado Alonso, 1927-1952*. Prólogo y edición: Martha Elena Venier. México: El Colegio de México, 2008, 25-26).

[269] La Plaza Once de Septiembre, erigida sobre los antiguos corrales de Miserere, denominada así en honor de la batalla de Pavón, episodio de las guerras civiles argentinas que tuvo lugar el 11 de septiembre de 1852. La calle, hoy Avenida Rivadavia, que atraviesa la ciudad desde el Río de la Plata hasta el linde oeste, conforma uno de los costados de la Plaza. La calle Junín era, por esas fechas, famosa por sus lupanares.

Dedicatoria de Borges a Reyes de *Evaristo Carriego*. Buenos Aires: M. Gleizer, 1930:

> Para Alfonso Reyes poeta infatigable y amigo entrañable, con toda mi admiración.   *Jorge Luis Borges*
> San Isidro, 1930 —

Fuente: Charles Vallely *et al.*: *Jorge Luis Borges. A Catalogue of Unique Books and Manuscritps*. Introducción: Alberto Manguel. Brookline (MA): Lame Duck Books, 2003 (Volume Gallery, 47); precio: USD 25 000.

Acerca de esta fuente debe notarse que posee numerosos libros con dedicatorias de Borges. Lo problemático es que varios de esos libros figuran, con otras dedicatorias, en los archivos de sus dedicatorios. Si bien no es del todo imposible que Borges dedicara algún título más de una vez a la misma persona, no deja de plantearse la cuestióin de la autenticidad de algunos de esos volúmenes ofrecidos por el anticuario norteamericano. En el entresijo que abren esas dudas plantea Alejandro Vaccaro su novela *El manuscrito Borges*. Buenos Aires: Bruguera, 2006 (donde aparezco como personaje, expresamente en página 227 y de manera cifrada en otras).

***

La última carta conservada del epistolario entre Evar Méndez y Reyes es la siguiente, la única del mexicano al argentino:

[EM.14]

[Carta de AR a EM, 1 p. mecanografiada, copia («Capilla Alfonsina», EM N° 21)]

Río de Janeiro, 15 de septiembre de 1930

Querido y recordado amigo Evar Méndez:

Pasaron tantas cosas, que tengo que empezar con el «Decíamos ayer» de Fray Luis de León.[270] Yo tuve mil atenciones de repente (Aún no acaban: mañana recibo en casa a un millar de personas, Fiesta Nacional y otros percances), y en Buenos Aires sucedía lo que sucedió, obligándome todo ello a una prudente expectativa. No necesito asegurarle que he seguido los acontecimientos con el interés y la sensibilidad de un argentino legítimo.[271] Sea para bien de todos.

Le mando el precioso libro en prueba de Gilberto Owen,[272] con el cual me dio usted un gusto verdadero, que sé apreciar y agradecer

---

[270] Fray Luis de León (1528-1591): sacerdote y poeta español, de origen judío converso. A raíz de su traducción del *Cantar de los cantares,* padeció cinco años de cárcel. Según quiere la leyenda, al salir de la prisión retomó su cátedra de «Sagradas Escrituras» en la Universidad de Salamanca con el acostumbrado giro: «Decíamos ayer...».

[271] Alusión al golpe militar del 6-IX-1930 que depuso al presidente Hipólito Yrigoyen e inauguró una nefasta tradición argentina.

[272] Gilberto Owen (1905-1952): poeta, crítico y ocasional actor de teatro, era miembro del grupo mexicano de avanzada llamado «»Contemporáneos». Su libro *Línea,* que contenía poemas y prosas poéticas, es el único de autor extranjero en *Cuadernos,* aunque originalmente se habían previsto muchos otros. Los materiales de Owen llegaron a Buenos Aires el 18-VI-1929 (*Diario* 281); las primeras pruebas estaban listas el 12-III-1930, junto con las de un volumen que no vio la luz: *Gustos y colores,* de Pedro Henríquez Ureña (*Diario* 305). El «original de imprenta» de *Línea,* con correcciones a mano de Reyes, se puso en venta en el catálogo de www.broli.com en agosto de 2001 (no he logrado verlo). Por carta del 19-VIII-1942, Reyes inquiere a

hasta el fondo. Reparé en todos los detalles, sin omitir ése del «fundado por Alfonso Reyes» que, a la distancia, me ha conmovido, como otro gestecillo más de esos tan finos, discretos y hondos que a veces sorprendí en el trato de usted, querido amigo.[273]

Me atreví a corregir (¡perdone mi insistencia, pero le aseguro que es mejor así! Ahora, si no le gusta, no me haga caso): «se ha impreso» por «se han impreso».[274] Nada más. No encontré la menor objeción en el texto, que leí desdoblando los pliegos, para mayor respeto. Sólo que no respondo de conformidad con el original, puesto que no vi el original. No creo que haga falta, francamente. No veo por qué he de revisar yo desde tan lejos, y haciendo perder más tiempo, lo que ya está bien visto, depurado y correctísimamente compuesto allá. Sé que usted ha exagerado su gentileza. No me hago desentendido de una sola de sus bondades. Espero, pues, para pronto, ver un ejemplar de Owen ya impreso, para mi colección.

Devolví a Angélica Ocampo[275] el original del libro de Victoria, diciéndole, como es la verdad, que todo me interesa y me gusta, y que si ella quiere hacer una selección, sólo ella misma tiene el criterio para ello, puesto que se trata de persona tan consciente.[276] Ahora

---

Borges: «Sería posible que me consiguiera usted un volumen de *Línea* de Gilberto Owen que publicamos en *Cuadernos del Plata*?».

[273] En una carta sin fecha, Macedonio Fernández escribió a Méndez: «No he sabido cultivar el trato de usted, en mi vida siempre bloqueada. Era usted el más delicioso de los Amigos» (*OCMF* II 105). Y en *Museo* 314 lo caracteriza como «desinteresado, entusiasta por la obra de todos, artista».

[274] Así ya en la justificación de tirada de Macedonio Fernández: *Papeles de Recienvenido*, 1929, p. [4].

[275] Angélica Ocampo (1891-1980): hermana de Victoria y Silvina Ocampo.

[276] El 31-I-1929, Reyes había escrito a «Victoria Ocampo (París) urgiendo el envío de su Epistolario, para *Cuadernos del Plata*» (*Diario* 252). El trabajo no llegó a aparecer allí, como muchos otros títulos planeados. Puede tratarse, igualmente, de material de V. Ocampo para la primera serie de sus *Testimonios*, que aparecería en

habría que añadir la linda página sobre los negros de los Estados Unidos. No veo la menor dificultad para que usted la aborde sobre el asunto.

Por desgracia, no conservo el plan que usted me dio para Venegas:[277] yo se lo pasé a éste. Yo espero hacer algunas aclaraciones con Pedro Sáinz, cuando venga por acá.[278]

1935 en Madrid. Ya en 1927 se había planeado la edición en forma de libro de varios artículos de Ocampo (algunos de ellos ya aparecidos en *La Nación*) sobre «Tagore, Riviere, Debussy, los nuevos músicos» y el *jazz* (según nota sin firma, probablemente de Evar Méndez, en *Martín Fierro* 39, 28-III-1927, 319). Las cartas entre Reyes y Ocampo (1927-1959) fueron publicadas por Héctor Perea en 1983; el epistolario de Victoria con su hermana Angélica fue publicado por Eduardo Paz Leston en 1997.

[277] José Venegas (1879-1948): escritor y periodista español que fue, hacia 1937, agregado cultural a la Embajada de España en Buenos Aires. En su país, colaboró en *La Gaceta Literaria* y en *Almanaque Literario 1935*, dirigido, entre otros, por Guillermo de Torre. En Buenos Aires, donde se exilió tras la Guerra Civil, colaboró en *España Republicana*, *Noticias Gráficas*, *Nosotros* y *España* (publicación de la Comisión Valenciana de Ayuda al Gobierno [Republicano] Español; N° 1, 12-X-1937), dirigida por Francisco «Paco» Madrid (a comienzos de la década del veinte, éste mantuvo correspondencia desde Barcelona con Jacobo Sureda, amigo y corresponsal juvenil de Borges). En abril de 1929, Venegas firmó, con García Lorca y otros, una carta abierta (cf. Federico García Lorca: *Epistolario Completo*. Ed. Andrew A. Anderson/Christopher Maurer. Madrid: Cátedra, 1998, 602). Obras: *Verdad y mentira de Franco. La rebelión según sus autores* (Buenos Aires: La Vanguardia, 1938); *Andanzas y recuerdos de España* (Montevideo: Feria del Libro, 1943). Cf. Bonet 1995, 620-621. En *España Republicana* XX 400, Buenos Aires, 1-I-1938, se comentó su banquete a Reyes (Robledo Rincón 202).

[278] Alusión a Pedro Sáinz Rodríguez, con quien, desde comienzos de 1930, Reyes discutía su «representación literaria de la CIAP [Compañía Ibero-Americana de Publicaciones] en América, y la exclusiva de [sus] libros» (*Diario* 322, 22-VII-1930), así como planes de distribución para los *Cuadernos del Plata*. El 6-X-1930, Sáinz Rodríguez volvería a pasar por Río, ocasión en que Reyes trató acerca de «mis obras en CIAP [...] y mi representación de dicha editorial ante América» (*Diario* 327). La empresa, que en 1931 editó un Boletín Bibliográfico titulado *C.I.A.P.*, quebró en 1932. Cf. Rafael Cansinos Assens: *La novela de un literato*. Madrid: Alianza, 1995,

Le vuelvo a decir que usted es el dueño de mi *Mallarmé*, el cual ha tardado, pero para mejor nacer.[279]

Lo quiere y lo saluda su amigo

AR

***

III, 224-226; Ramón Oteo Sans: *Cansinos-Assens: Entre el modernismo y la vanguardia.* Alicante: Aguaclara, 1996, 213-215; y la carta de Concha Espina a Cansinos, del 5-VII-1932 (Oteo Sans 1996, 174, con mención de Venegas).

[279] A pesar de esta promesa, el libro no fue, finalmente, editado por Evar Méndez, sino por la Editorial Destiempo (de Adolfo Bioy Casares) en 1938, aunque sí fue impreso por Colombo. En carta a Borges del 28-VII-39 (CA, Borges/Reyes N° 9), Reyes anota: «Le ruego que pida en mi nombre, y por mi cuenta, a Adolfo Casares Bioy [*sic*], que me envíe diez ejemplares de mi libro sobre Mallarmé». El tema figura igualmente en la correspondencia entre Reyes y Bioy Casares conservada en la «Capilla Alfonsina» y reproducida en este volumen; véanse las cartas del 25-IX-39 (de Bioy a Reyes) y del 7-XI-39 (de Reyes a Bioy).

[AB.02]

[Carta de Adolfo Bioy a AR, 2 p. manuscritas (Ruiz López 149 la atribuye erróneamente a Adolfo Bioy Casares):]

[Membrete:] [Escudo Nacional] / Subsecretario / de / Relaciones Exteriores

Buenos Aires, 28 de septiembre de 1930

Querido amigo:

«Puede ser que Reyes vuelva» es el estribillo de moda en los círculos de Buenos Aires que usted sabe y que no son, por cierto, los menos prestigiosos.

Es así que su nombre y recuerdo cobran relieve en medio de estos acontecimientos que sentimos todos trascendentales para el país.[280] Cosas más inesperadas, cosas más difíciles que esa vuelta han sucedido con /2/ mucha facilidad en estos días... ¿por qué no, pues?

Del fragmento de mi carta en *Monterrey* ¿qué quiere usted que le diga sino que le ha hecho usted un honor, sin duda, inmerecido? Eso sí, esa observación mía, necesitaba riego para arraigar en mi espíritu y convertirse en juicio definitivo, tal como lo es hoy gracias a la importancia que usted le ha dado.

A los tres Reyes... magos del recuerdo desde su alejamiento, nosotros tres les enviamos nuestra honda simpatía y gran aprecio. Para usted un abrazo de

Adolfo Bioy

***

[280] Bioy alude al levantamiento militar que derrocó al presidente Hipólito Yrigoyen el 6 de septiembre de 1930, inaugurando así una retahíla de gobiernos de facto y crímenes en la Argentina —la bien llamada «década infame»—. Bioy, como buen representante de su estrato social, simpatizó con el nuevo régimen, al cual sirvió en diversos cargos.

1931

En la Biblioteca de la Academia Argentina de Letras (Buenos Aires, signatura Lermon 18-7-5), se conserva intonso un ejemplar del siguiente libro de Reyes: *El testimonio de Juan Peña* (con tres dibujos de Manuel Rodríguez Lozano). (Justificación de tirada: «Tiram-se deste livro 250 exemplares en Papel Manchester. Escripto e datado em Madrid, 1923». Colofón: «Acabou-se de imprimir aos 18 de Novembro de 1930, nas officinas Villas Boas, Rua Sete de Setembro, 223. Rio de Janeiro».) El volumen contiene la siguiente dedicatoria:

> Para Evar Méndez
> su amigo
> Alfonso Reyes
> Río / 931[281]

Ignoro cómo terminó la correspondencia o el trato entre Reyes y Méndez, que quizás se reanudó al regreso del mexicano a Buenos Aires en 1936-1937. De hecho, ambos pertenecían al PEN Club. Reyes asistió como huésped de honor al congreso realizado en Buenos Aires en septiembre de 1936; Méndez formaba parte de la comisión directiva que dio a luz, entre 1930 y 1934, *PEN Club. Noticiario mensual.*

---

[281] Otro ejemplar conservado en la misma biblioteca está dedicado a Manuel Gálvez.

La última noticia que encuentro acerca de la relación entre ambos procede del intercambio epistolar entre Reyes y Ricardo E. Molinari. En carta remitida a Molinari, de Río de Janeiro a Buenos Aires, el 13 de junio de 1932, don Alfonso anotó (Zaïtzeff 1998, 231, y 2008, 356-357):

> También estoy hace mucho tiempo sin comunicación con Evar Méndez, porque me devolvieron lo que envié a su antigua casa. [...][282]
> El *Mallarmé* lo puse a dormir, de propósito, para convencerme de que no debía ser el librote gordo que quería Evar Méndez —pues ya todo está dicho y bien dicho por la crítica francesa, y es torpeza y americanada el insistir— sino la pequeña contribución personal que yo soñé al principio. Cuando acabe de asearlo, veremos. Yo creo que ya Evar no se interesa, así es que lo haré aquí como pueda con los elementos de Río.

En la década del treinta, Méndez parece haber reducido sus actividades publicísticas, ya que no lo encuentro mencionado a menudo. Publicó en diversos órganos artículos sobre música y discos y en 1940 participó en un homenaje colectivo al impresor Colombo (cf. Molinari *et al.*). En 1941, recogió en una exigua edición algunos textos humorísticos suyos, aparecidos originalmente bajo seudónimo. En 1949 comentó con Girondo, Bullrich y Prebisch el informe dado por el primero ante la Sociedad Argentina de Escritores acerca del periódico *Martín Fierro*. En 1954, un año antes de morir, aludió por última vez a la aventura de *Martín Fierro* en un artículo de la revista *Contrapunto*. Recojo en la bibliografía final sus principales títulos.

***

---

[282] La «antigua casa» debe ser la de Vidal 1679, donde Méndez habitó, cuando menos, hasta mayo de 1931. En septiembre de 1932 vivía ya en Arcos 2712 (cf. Cincotta 1997, 31, 33).

Entre fines de 1930 y comienzos de 1931, Reyes remite a Borges un ejemplar de *Testimonio de Juan Peña* (1930; cf. cartas de Torre a Reyes, del 14 de enero de 1931 [N° 35], de Reyes a Torre, del 22 de enero de 1931 [N° 36] y de Torre a Reyes, sin fecha, c. marzo de 1930 [N° 39 en mi libro *Las letras y la amistad*). Es de suponer que alguna esquela acompañaba al envío, y que Borges lo agradeció con otra, aunque en la «Capilla Alfonsina» no se conservan rastros de ninguna de ellas.

El primer número de *Destiempo* (octubre de 1936) traerá en la primera página un artículo de Reyes firmado «Río, 1931».

***

Reyes, Borges y *Sur*

En enero de 1931 salió a la venta el primer número de la revista *Sur*, una de las mejores y más influyentes de Hispanoamérica: llegó a sacar 349 números entre 1931 y 1981, si bien su primera etapa es la más importante. Borges y Reyes colaboraron en ella desde el primer número; Reyes estuvo incluso involucrado en el trabajo previo a la aparición.

Es imposible tratar aquí en detalle las evoluciones de la revista. Para comprender las intenciones de su directora y de algunas de las personas que participaron decisivamente en la empresa, así como para ordenar el puesto de la publicación en el concierto de las demás de la época, podrían leerse estos trabajos sobre *Sur*, Victoria Ocampo, María Rosa Oliver, Waldo Frank y Samuel Glusberg:

NN. «Índice de la revista *Sur*, 1931-1966», «Obras publicadas por la Editorial Sur»: *Sur* 303-305, Buenos Aires, noviembre de 1966-abril de 1967.

ARAMBEL-GUIÑAZÚ, María Cristina (1993): «Capítulo I: La palabra difícil, II *Babel*»: *La escritura de Victoria Ocampo: Memorias, seducción, «Collage»*. Buenos Aires: Edicial, 1993, 30-36.

AYERZA DE CASTILHO, Laura/FELGINE, Odile (1998): *Victoria Ocampo*. Traducción: Roser Berdagué. Barcelona: Circe, 1998.
CLEMENTI, Hebe (1992): *María Rosa Oliver*. Buenos Aires: Planeta, 1992.
FRANK, Waldo (1973): *Memoirs of Waldo Frank*. Edición: Alan Trachtenberg. Amherst: University of Massachusetts Press, 1973.
— (1975): *Memorias*. Buenos Aires: Sudamericana, 1975.
GIRBAL-BLACHA, Noemí/QUATTROCCHI-WOISSON, Diana, dirs. (1999): *Cuando opinar es actuar. Revistas argentinas del siglo XX*. Buenos Aires: Academia Nacional de la Historia, 1999.
GRAMUGLIO, María Teresa (1986): «*Sur*: una revista política»: *Punto de vista* 28, Buenos Aires, 1986.
— (1990): «Hacia una antología de *Sur*. Materiales para el debate»: Saúl Sosnowski, ed.: *La cultura de un siglo. América Latina en sus revistas*. Buenos Aires: Alianza, 1999, 249-260.
KING, John (1986): *Sur. A Study of the Argentine Literary Journal and Its Role in the Development of a Culture, 1931-1970*. Cambridge: Cambridge University Press, 1986.
— (1989): *Sur. Estudio de la revista argentina y de su papel en el desarrollo de una cultura, 1931-1970*. México: FCE, 1989.
— (1990): «*Sur* y la cultura argentina en la década del treinta»: *América. Cahiers du CRICCAL* 4-5, Paris, enero-marzo de 1990, 381-391. [Número dedicado al tema «Le Discours Culturel dans les revues Latino-Américaines de l'entre deux-guerres, 1919-1939».]
MAJSTOROVIC, Gorica (2005): «An American Place. Victoria Ocampo's Editorial Politics, the Foundation of *Sur*, and Hemispheric Alliances»: *Arizona Journal of Hispanic Cultural Studies* 9, Arizona University Press, 2005.
— (2006): «Cosmopolitanism and the Nation: Reading Asymmetries of Power in Victoria Ocampo's *Babel*»: *A Contracorriente* III.3, North Carolina State University, primavera de 2006, 47-64.
MATAMORO, Blas (1986): *Genio y figura de Victoria Ocampo*. Buenos Aires: EUDEBA, 1986, 201-308.
MÉNDEZ, Jesús (1981): «The Origins of *Sur*. Argentina's Elite Cultural Magazin»: *Revista Interamericana de Bibliografía* XXX.1, Washington, 1981, 3-15.

OCAMPO, Victoria (1984): *Sur y Cía.* Buenos Aires: Sudamericana, 1984.
PAGNI, Andrea (1994): «Relecturas de Borges y *Sur* por la izquierda intelectual argentina desde los años ochenta: el caso de *Punto de vista*»: *Actas del VII Congreso Nacional de Literatura Argentina.* Tucumán: Universidad Nacional de Tucumán, 1994, 459-465.
PARODI [LISI], [María] Cristina (1984): «*Martín Fierro* y *Sur*: la continuidad de un proyecto»: *Hispamérica* 36, Maryland, 1984.
PARODI LISI, María Cristina (1987): *El proyecto cultural de la revista* Sur *(1931-1971) en la obra literaria de Victoria Ocampo.* [Disertación] Darmstadt, 1987.
PASTERNAC, Nora (2000): «Jorge Luis Borges en la revista *Sur*»: *Estudios* 60-61, México, primavera-verano de 2000, 47-70.
— (2002): *Sur. Una revista en la tormenta. Los años de formación, 1931-1944.* Buenos Aires: Paradiso, 2002.
PAZ LESTON, Eduardo (1982): «El proyecto de la revista *Sur*»: *Historia de la literatura argentina* 4: *Los proyectos de la vanguardia.* Buenos Aires: Centro Editor de América Latina, 1982, 289-312.
PODLUBNE, Judith (2005): «Lecturas cruzadas en la revista *Sur*: Mallea y Borges sobre Kafka y Chesterton»: *Anclajes* IX.9, Buenos Aires, diciembre de 2005, 119-139.
SARLO, Beatriz (1983): «La perspectiva americana en los primeros años de *Sur*»: *Punto de vista* 17, Buenos Aires, abril-junio de 1983, 10-12.
SITMAN, Rosalie (2003): *Victoria Ocampo y* Sur *entre Europa y América.* Buenos Aires: Lumiere, 2003.
TARCUS, Horacio (2002): *Mariátegui en la Argentina o las políticas culturales de Samuel Glusberg.* Buenos Aires: El cielo por asalto, 2002.
VILLORDO, Oscar Hermes (1993): *El grupo Sur. Una biografía colectiva.* Buenos Aires: Planeta, 1993.
ZULETA, Emilia de (1999): «*Sur* entre cultura y política: 1931-1960»: Noemí Girbal-Blacha/Diana Quattrocchi-Woisson, dirs.: *Cuando opinar es actuar. Revistas Argentinas del siglo XX.* Buenos Aires: Academia Nacional de la Historia, 1999, 193-221.

***

[9]

[Postal de JLB, Enrique Amorim[283] y Guillermo de Torre a AR, manuscrita, sin fecha (falta en Pacheco 1979; mencionada en JWR 616 n. 1). La misiva no figura, en la «Capilla Alfonsina», entre la correspondencia de Reyes con Borges, sino en el epistolario Reyes/Guillermo de Torre (CA Torre N° 41; N° 38 en mi libro). La tarjeta carece de sello postal, lo cual sugiere que fue remitida en un sobre, no conservado en la «Capilla Alfonsina». Motivo de la postal: «Avd. Sarandí».]

[Livramento, c. enero-febrero de 1931]

[JLB:] Dr. Alfonso Reyes
Fe de erratas
[GT:] Donde dice «Doctor», léase «licenciado» (mi cultura mexicanista da el alerta)[284]

[A partir de aquí, el texto prosigue en sentido transversal:]

[JLB:] Prendidos a los flecos del Brasil, desde Livramento, le dedicamos un abrazo — *Jorge Luis*
[EA:] ¡Wam Wam Wam! ... *AMORIM* —[285]

---

[283] Enrique Amorim (1900-1960): prolífico poeta y novelista uruguayo. Aunque de familia pudiente, se decantó por la izquierda política; colaboró en revista de Buenos Aires (*Los Pensadores, Claridad*, etc.). Obras: *Tangarupá* (1925), *La Carreta* (1932; Borges, que ya le había dedicado su cuento «Hombre de la esquina rosada», prologó la versión alemana de esta novela), *El paisano Aguilar* (1934), *El caballo y su sombra* (1941), *El asesino desvelado* (1946), etc. Cf. Alicia Ortiz: *Las novelas de Enrique Amorim* (Buenos Aires, 1949). Amplia bibliografía de y sobre Amorim en la edición Archivos de *La carreta*, a cargo de Fernando Aínsa.
[284] La nomenclatura de los títulos académicos mexicanos difería de la usual en Argentina o en España.
[285] Texto de difícil lectura; en mi primera edición leí «Uam...».

[GT:]   olvidados de *Monterrey*, de *Sur* y demás divertimientos de folicularios, estamos por unos días entregados a las hojas grandiosas de este valle uruguayo-brasilero.
          Abrazos *Guillermo*[286]
[AR:]   de Torre

***

[286] Torre alude a esta misiva en carta sin fecha, de c. marzo de 1931 (Reyes-Torre 114, N° 39): «Debo respuesta a sus dos últimas cartas llegadas durante mi veraneo. Durante él me aproximé un poco a usted, en una excursión con George y Amorim a la frontera uruguayo-brasileña, desde donde le recordamos postalmente».

1932

[10]

[Carta de JLB a AR, 1 página manuscrita, sin fecha. (Pacheco 1979, 6, N°
III, quien data hacia enero de 1932; fragmento en JWR 618; *ARA* 276;
«Capilla Alfonsina» N° 1):]

[Membrete:] JLB [como en N° 6]

[Buenos Aires, poco posterior al 25 de febrero de 1932]

Don Alfonso: Releo en la página 40 de *Calendario*: «Un solo estornudo sublime conozco en la literatura: el de Zaratustra». ¿Puedo proponerle otro?[287] Es uno de los tormentosos presagios de la *Odisea*, y está al final de su libro XVII.[288] La reina, fastidiada, hace votos por la vuelta del héroe y entonces (sigo la versión de

---

[287] De manera análoga, Reyes dirá en «De la traducción», capítulo de *La experiencia literaria* (*OCAR* XIV, 149): «Señalo a la atención de Borges el tango por excelencia de la incapacidad de expresión, que dice: "Churrasca, mi churrasquita. Yo no encuentro otra palabra Que mejor la puerta me abra Para expresarte mi amor"; donde el enamorado acaba diciendo que escribió para la Churrasca una cartita, "Y le puse tantas cosas Que al final no se entendía Y la tuve que romper"».
[288] Cf. *Odisea* XVII 541 ss.

Andrew Lang) «Telémaco estornudó con vigor y en torno el techo resonó maravillosamente».[289]

El ominoso carácter de la efusión es reconocido en seguida, y Penélope exclama: «Eumeo, ¿no adviertes que mi hijo ha estornudado una bendición sobre mis palabras? Ya sé de cierto que ningún destino a medio forjar caerá sobre los pretendientes y que ninguno de ellos conseguirá eludir la muerte y los hados».[290]

Sería entretenido rastrear los escamoteos y las deformaciones de ese estornudo a través de los púdicos traductores. ¿Lo estornudó Mme Dacier o lo falsificó? Chapman, en su versión de 1614, no lo silencia:

...in echoes round
Her son's strange neesings horrid sound.

(*Neesing*, me informa el Diccionario, es una antigua forma de *sneezing*.)[291]

---

[289] En un apunte inédito de Jacobo Sureda, amigo juvenil de Borges, escrito quizás hacia 1922, el mallorquín escribió: «En todo el libro, los augurios, las supersticiones, los oráculos, tienen una importancia capital. / Así cuando Penélope exclama: Pliegue a los dioses que Ulises venga! Telémaco estornuda. Todo el palacio se retiembla. Esto fue un augurio que llenó a Penélope de alegría. No puede haber nada más ridículo» (*Cuaderno Nº 2*). Es probable que Borges y Sureda conversaran o intercambiaran correspondencia sobre este pasaje de Homero, aunque nada de ello figura en el epistolario conservado (cf. mi edición de Borges: *Cartas del fervor*, 1999).

[290] Andrew Lang (1844-1912): folklorista, escritor y traductor inglés. He aquí el original que Borges parafrasea, traducido por Lang y S. H. Butcher (London, 1879): «[...] Telemachus sneezed loudly, and around the roof rang wondrously. And Penelope laughed, and straightway spake to Eumaeus winged words: / 'Go, call me the stranger, even so, into my presence. Dost thou not mark how my son has sneezed a blessing on all my words? Wherefore no half-wrought doom shall befall the wooers every one, nor shall any avoid death and the fates. [...]"». El mismo Andrew Lang escribió acerca del estornudo en *Custom and Myth* (1884), capítulo «The Method of Folklore».

[291] El término aparece en Shakespeare (*Sueño de una noche de verano*) y en algunos pasajes de la «King James Version» de la Biblia.

Don Alfonso, disculpe estas fruslerías. Desde que Norah se fue, estamos solos.[292] Muy cordialmente. «Con saludos de casa a casa.»[293]

Jorge Luis Borges

Posdata: También, en una revista americana, este epíteto homérico: «The not to be sneezed at sum of two hundred dollars»[294] — El estornudo, ahí, es despectivo.
Salve![295]

***

Reyes reproducirá la misiva anterior en *Monterrey*, con pequeños agregados: «Estornudo homérico»: *Monterrey* 8, Rio de Janeiro, marzo de 1932, recogido luego en «Estornudos literarios»: *A lápiz*,

---

[292] Norah Borges y su marido, Guillermo de Torre, se trasladaron a España el 25 de febrero de 1932 en el vapor *General San Martín*; pasaron por Río de Janeiro, donde se encontraba Reyes, el 1 de marzo de 1932. Regresarían a la Argentina en 1936, a raíz del estallido de la Guerra Civil, tras una odisea que los llevó de Madrid primero a París.

[293] Borges utiliza aquí un giro caro a Reyes, quien a menudo finalizaba así sus cartas. Así, por ejemplo, en carta a Amado Alonso del 27 de mayo de 1940 —al final de la cual remite saludos a Borges (*Crónica parcial. Cartas de Alfonso Reyes y Amado Alonso, 1927-1952*. Prólogo y edición de Martha Elena Venier. México: El Colegio de México, 2008, 120).

[294] En inglés norteamericano, en que la frase ya suena extraña (versión literal): «El que no debe ser estornudado al precio de doscientos dólares».

[295] El carácter (circunstancial, erudito, lúdico) de esta carta hace pensar que debió haber otras de la misma clase entre ambos autores. Por lo demás, Reyes dedicó espacio en tres números de *Monterrey* al tema «Estornudos literarios»: 8 (Río, marzo de 1932, 7), 9 (Río, julio de 1932, 5) y 13 (Río-Buenos Aires, junio-agosto de 1936, 8). Cf. *A lápiz*, OCAR VIII, 313-317.

México, 1947; *OCAR* VIII, 313.[296] Reyes añade al comienzo «Jorge Luis Borges me escribe desde Buenos Aires:», y al final:

Amigo Jorge Luis: No tengo a mano a Mme. Dacier,[297] ni tampoco la Ulixea, de Pérez,[298] el padre del célebre secretario de Felipe II,[299] libros ambos que se han quedado en mi tierra. Usted puede consultar allá a don Leopoldo Lugones, experto en materia de Odisea.[300] En la traducción castellana de Segalá y Estalella,[301] la página 453 se abre con el alegre estornudo. También lo encuentro en la versión de Bérard, III, página 45.[302]

---

[296] *OCAR* II, 313, trae una errata en relación con las comillas de la cita con que comienza el texto de Borges, error conservado en la edición de James Willis Robb (JWR). Reyes cambió su texto para *OCAR*: «Entre otros, un estornudo sublime conozco en la literatura: el de "Zaratustra" cuando se enfrenta de nuevo con la soledad y, cosquilleada por el aire como por vinos espumosos, su alma "estornuda" y exclama gozosa: "¡A tu salud!"» (*Calendario: OCAR* II, 289, «Los gestos prohibidos»).

[297] Anne Dacier: *Odyssée d'Homer* (1716).

[298] Gonzalo Pérez: *La Ulixea de Homero*. Venecia, 1526. Pérez fue secretario del rey Carlos I, y luego de Felipe II.

[299] Antonio Pérez (1540-1611): secretario del rey Felipe II. Véanse J. García Mercadal: *Antonio Pérez, secretario de Felipe II. Una vida borrascosa*. Madrid: Morata, 1944; Gregorio Marañón: *Antonio Pérez. El hombre, el drama, la época* y *Los procesos de Castilla contra Antonio Pérez*, ambos en Madrid: Espasa-Calpe, 1947 (hay numerosas reediciones).

[300] Según Luis Arturo Guichard («Notas sobre la versión de la *Ilíada* de Alfonso Reyes»: *Nueva Revista de Filología Hispánica* LII.2, 2004, 416), Lugones tradujo de la *Odisea* los cantos V, VI y XXII íntegros, así como fragmentos de los siguientes: I, III, IV, XI, XIII, XIV, XVII-XIX, XXI y XXIII. Guichard muestra, por lo demás, el influjo de Lugones sobre Reyes como traductor del griego.

[301] Homero: *La Odisea*. Traducción: Luis Segalá y Estalella. Madrid, 1910 (existen numerosas reediciones).

[302] Homero: *Odyssée*. Edición y traducción: Victor Bérard. Paris: Les Belles Lettres, 1924. Bérard publicó numerosos trabajos sobre Homero, que tuvieron gran influencia en su época. Sólo menciono algunos de sus títulos: *Les Phéniciens et l'Odyssée* (1902-1903). Paris: Armand Collin, 1927; *Les navigations d'Ulysse, I. Ithaque et la*

Borges mencionará y comentará la labor de varios traductores de Homero en su ensayo «Las versiones homéricas», aparecido en *Discusión* precisamente en 1932.

***

Según relata el poeta argentino Ricardo E. Molinari en carta del 29 de mayo de 1932 a Reyes, Borges planeaba por esas fechas un nuevo poemario, que no llegó a concretarse (Borges publicaría recién en 1943 un libro de poemas): «Pronto ¿? Paco [Francisco Luis Bernárdez], Jorge Luis [Borges], Leopoldo [Marechal] y R. E. [Molinari], publicamos unos Cuadernos de poesía: *El buque*; J.L.B. (sin título todavía); *Laberinto de amor* y *Delta*)». El párrafo, ya citado más arriba, procede de Zaïtzeff 1998, 229, y 2008, 354.

***

Con colofón del 30 de julio de 1932 aparece el siguiente libro de Borges: *Discusión. Colección de nuevos escritores argentinos, 1. Buenos Aires: M. Gleizer, 1932.* Se conserva en Monterrey el ejemplar dedicado a Reyes (UANL, signatura: PQ7797/ .B635/ D5 FAR):

> A D. Alfonso Reyes, cuya doctrina, cuyo nombre, cuya alusión, son justificación de estas páginas. *Jorge Luis Borges.*
> Buenos Aires, 1932-

***

Grèce des Achéens; II. Pénélope et les barons des îles; III. Calypso et la mer de l'Atlantide; IV. Nausicaa et le retour d'Ulysse (1927-1929). Paris: Armand Colin, 1971. *L'Odyssée d'Homère. Étude et analyse.* Paris: Mellotée, 1931.

1933

[11]

[Carta de JLB a AR, 1 página mecanografiada; firma autógrafa. Falta en Pacheco; fragmento en JWR 619. «Capilla Alfonsina» N° 6:]

[Membrete:]
CRÍTICA
Av. de Mayo 333
Unión Tel. 37, Riv. 6800-5

Buenos Aires, Julio 4 de 1933[303]

Estimado colega:[304]

Habiéndome hecho cargo de la dirección del suplemento literario CRÍTICA MAGAZINE me interesa sobremanera contarlo a usted como colaborador.[305] Espero a la mayor brevedad un trabajo suyo:

---

[303] Por estas fechas, Reyes se aprestaba a hacer una gira por Uruguay, Argentina y Chile, en «comisión preparatoria de la VII Conferencia Internacional Americana» (JWR 619).

[304] El tono impersonal se explica porque se trataba de una carta circular, dirigida con el mismo texto a numerosos escritores.

[305] El órgano que Borges dirigirá en 1933-1934 con Ulyses Petit de Murat llevaría por título *Revista Multicolor de los Sábados*. La *Revista* fue esmeradamente editada

cuento, crónica, noticia histórica o biografía, lo que resuelva usted, pero sin olvidar el carácter popular que esta clase de publicaciones requiere.[306]

La retribución se hará efectiva apenas publicado el trabajo.

De 18 a 19 horas todas las tardes estaré en CRÍTICA. Espero su visita o sus páginas. Las dos, mejor.[307]

Lo saluda muy cordialmente

Jorge Luis Borges

***

Del mismo año es el folleto de Borges titulado *Las Kenningar*. Buenos Aires: Francisco A. Colombo, 1933. Un ejemplar dedicado se conserva en la Universidad Autónoma de Nuevo León, bajo la signatura PQ7797/ .B635/ K4 FAR:

> A Don Alfonso Reyes, esta feria de patéticas vanidades, esta investigación y este glosario de los *pirates précieux*. Muy cordialmente *Borges*.
> [AR:] Pueyrredón 2190

La versión original del ensayo apareció primero en *Sur* 6, Buenos Aires, noviembre de 1932, 202-208, bajo el título «Noticia de los Kenningar». Borges reeditó el texto sólo para corregir el erróneo

---

en versión CD-Rom por el Fondo Nacional de las Artes (Buenos Aires, 1999), con un folleto y algún facsímil, en un loable trabajo coordinado por Nicolás Helft. En cuanto a *Crítica*, de Natalio Botana, cf. Silvia Saítta: *Regueros de tinta. El diario* Crítica *en la década del 20*. Buenos Aires: Sudamericana, 1998.

[306] Acerca del trabajo de Borges en esta publicación, así como sobre sus estrategias de escritura, cf. Annick Louis: *Jorge Luis Borges: œuvre et manœuvres*. Paris: L'Harmattan, 1997.

[307] La *Revista Multicolor* no traería ningún trabajo de Reyes.

género masculino atribuido a las *Kenningar* en la primera edición. Reyes, sin embargo, aludió repetidas veces a «Los Kenningar» (*OCAR* XIV, 146, 362, y XXII, 310), sin advertir el cambio de género.

***

1935

Aunque no se conserva ninguna carta o tarjeta al respecto, Borges remitió a Reyes un ejemplar dedicado de *Historia universal de la infamia*. Buenos Aires: Editorial Tor, 1935 (UANL, signatura PQ7797/ .B635/ H52 FAR; reproducida facsimilarmente ya en Pedraza Salinas 1990, 79):

> A Alfonso Reyes, estos juegos visuales.
> Cordialmente   *Jorge Luis Borges*

Reyes, por su parte, publicó este año dos títulos: *Minuta. Juego poético*. Maestricht (Holanda): «Halcyón», 1935 (con grabados de Marguerite Barciano), e *Infancia*. Buenos Aires: Asteria, 1935. Extrañamente, no encuentro ningún eco en la prensa argentina de la aparición del segundo libro.

Paralelamente, surgen los primeros indicios de contactos entre Reyes y Adolfo Bioy Casares. Si bien ambos se habían conocido en la casa de los Bioy, el primer signo concreto de una relación entre los escritores es la siguiente dedicatoria de *La nueva tormenta o la vida múltiple de Juan Ruteno*. Buenos Aires: Francisco A. Colombo, 1935 (con ocho ilustraciones de Silvina Ocampo; hubo dos versiones del libro; la conservada carece de la ilustración de portada a cargo de Silvina Ocampo; UANL, signatura: PQ7797/ .B535/ N8 FAR):

> Al
> Señor Alfonso Reyes

con la amistad y la admiración de
Adolfo Bioy Casares
Bs As 1935.
s.c. [su casa] Av. Quintana 174
          Bs As

***

1936

En julio de 1936 Reyes retomó su puesto de Embajador Extraordinario y Plenipotenciario de México en Argentina, cargo en el cual permaneció hasta diciembre de 1937. Esta segunda embajada (cuya sede estaba en la calle Arroyo, 820) estuvo bajo un signo diferente al de la primera, ya que la situación mundial había cambiado. En su cargo, Reyes debió ocuparse de asuntos muy delicados en relación con la Guerra Civil española, ya que el gobierno argentino, en contra de la opinión mayoritaria del pueblo, apoyaba a los insurrectos franquistas, mientras que México apoyaba a la República.

La mejor fuente para el estudio de este tema es el documentado libro de Alberto Enríquez Perea, comp.: *Alfonso Reyes y el llanto de España en Buenos Aires*. México: El Colegio de México/Secretaría de Relaciones Exteriores, 1998. (Véase ya su *México y España: solidaridad y asilo político, 1936-1942*. Introducción y recopilación: Alberto Enríquez Perea. México: Secretaría de Relaciones Exteriores, 1990.) Para otros aspectos de la estadía de Reyes en Argentina, cf. *ARA* 179-217.

Entre el 5 y el 15 de septiembre de 1936 tuvo lugar en Buenos Aires el Primer Congreso Internacional del PEN-Club, en el cual participaron, entre otros: Jules Romains, Georges Duhamel, Benjamin Crémieux, Jacques Maritain y Jules Supervielle por Francia; Alfonso Reyes por México; Filippo T. Marinetti y Giuseppe Ungaretti por Italia. Por España, ya en plena Guerra Civil, se preveía la presencia de Melchor Almagro San Martín y Enrique Diez-Canedo,

Carlos Soldevila, José Ortega y Gasset y Gabriel Alomar, pero sólo Diez-Canedo pudo participar, puesto que ya se encontraba en Buenos Aires como embajador de la República; los demás estuvieron «Imposibilitados de asistir por los sucesos de España» (*Sur* 23, agosto de 1936). En representación de la Argentina participaron Victoria Ocampo, Manuel Gálvez, Juan Pablo Echagüe, Eduardo Mallea y Antonio Aíta, bajo la presidencia de Carlos Ibarguren. Cf. *La Literatura Argentina* VII.93, Buenos Aires, septiembre de 1936 (*ARA* 192, con la lista de todos los participantes); NN: *XIV Congreso Internacional de los P.E.N. Clubs. Discursos y debates*. Buenos Aires: PEN Club, 1937; Fermín Estrella Gutiérrez: *Recuerdos de la vida literaria*. Buenos Aires: Losada, 1966, 174-178.

En el primer número de la revista *Destiempo*, de Borges y Bioy, que apareció en octubre de 1936, Reyes publicó un texto firmado en Río en 1931: «Donde el poeta se descubre a sí mismo». Ese primer número fue reseñado así en *Nosotros* 7, 2ª época, Buenos Aires, octubre de 1936, 247:

> *Destiempo* se llama una nueva revista de vanguardia literaria, cuyo primer número corresponde a octubre. Nada más que un pliego de seis páginas de formato mayor, y en él una selección elegante de páginas en prosa y verso, breves o fragmentarias, pero autorizadas por firmas excelentes o de escritores jóvenes de prestigio: Fernández Moreno, Rega Molina, Mastronardi, Ilja Krupkin, en verso; Reyes, Borges, Henríquez Ureña, Silvina Ocampo, Bioy Casares, en prosa. Todas descripciones o fantasías; una sola página crítica, hábil *stroncatura*, hecha con ironía sonriente, de *Aldea millonaria*, el libro de Enrique Loncán, que marró el tercer premio nacional de Literatura: la firma Manuel Peyrou. Además, dos viñetas de Xul-Solar, que desearíamos comprender.
> Deseamos a *Destiempo* larga vida y buena suerte.

Borges dio a luz *Historia de la eternidad*. Buenos Aires: Viau y Zona, 1936; hizo llegar a Reyes un ejemplar dedicado (UANL, signatura PQ7797/ .B635/ H5 FAR):

A Alfonso Reyes, con la gratitud de su repetido lector
Jorge Luis Borges

Según Vallely *et al.* 2003, 71, se conservaría un segundo ejemplar con otra dedicatoria en la página del título:

> Al amigo Alfonso Reyes embajador ilustre, con la invariable amistad de siempre. Agradeciéndole la invitación recibida.
> *Jorge Luis Borges*   1936 -

(Recuérdese lo dicho en el capítulo «1930» acerca de los libros que figuran en este catálogo. En este caso el precio adjudicado al volumen es de USD 30 000.)

Ricardo Molinari, en carta a Reyes del 3 de marzo de 1936 (Zaïtzeff 2008, 379), dice al respecto:

> Creo que Borges también le mandó su libro.

Poco después Reyes publicó *Otra voz (1925-1934)*. México: Fábula, 1936, acerca del cual no encuentro ninguna huella en la obra de Borges.

Es este también al año del asesinato de García Lorca, sobre el cual pronunciará Reyes, al año siguiente, su *Cantata en la tumba de Federico García Lorca*. Buenos Aires: Luis Seoane, 1937. Asombra igualmente no hallar testimonios de la lectura por parte de Borges de este texto, que tuvo una gran repercusión en el Buenos Aires de la época.

Sobre Lorca véase mi edición: *Federico García Lorca/Guillermo de Torre. Correspondencia y amistad*. Madrid/Frankfurt am Main: Iberoamericana/Vervuert, 2009.

***

1937

[12]

[Carta de AR a JLB, 1 página manuscrita (falta en otras recopilaciones; «Capilla Alfonsina» N° 32; fotocopia donada por NN):]

[Membrete:] El Embajador de México

[Buenos Aires, 12 de marzo de 1937]

Caro Jorge Luis:

No me diga que no. Le ruego que me prepare usted una página de jóvenes argentinos para una nueva revista *Letras de México*, donde al fin se ha juntado lo mejorcito de la casa, y de que pronto le enviaré un número.[308]

---

[308] *Letras de México*: revista mexicana fundada por Octavio G. Barreda en 1937, de la cual aparecieron 32 números hasta 1947. Fue dirigida sucesivamente por Octavio G. Barreda, Rafael Solana, Bernardo Ortiz de Montellano, José Luis Martínez, Alí Chumacero y Emilio Abreu Gómez. Existe reedición facsimilar: México: FCE, 1985. En ella colaboraron Ermilo Abreu Gómez, Luis Cardoza y Aragón, Antonio Castro Leal, Jorge Cuesta, Genaro Estrada, Celestino y José Gorostiza, Miguel N. Lira, B. Ortiz de Montellano, Carlos Pellicer, Jaime Torres Bodet, Rafael Heliodoro Valle, Xavier Villaurrutia y otros. En *Letras de México* Reyes publicó, por ejemplo, «Al diablo con la homonimia» o «Historia natural das Laranjeiras». En cuanto a la contribu-

Gracias!
Suyo

Alfonso Reyes

Bs. As. 12-III-1937

***

A poco de aparecido, Bioy remite a don Alfonso un ejemplar de su libro *Luis Greve, muerto*. Buenos Aires: Destiempo, 1937 (Talleres de Francisco A. Colombo; colofón del 15-VI-37; UANL, signatura: PQ7797/ .B535/ L9/ 1937 FAR):

Para Alfonso Reyes
con toda admiración
Adolfo Bioy Casares
Julio 1937

***

ción de los argentinos, dice Barreda en carta a Reyes del 22 de mayo de 1937 (hasta el momento habían salido ya ocho números de la revista, y el Nº 9 estaba ya impreso, pero no distribuido): «No hemos recibido nada suyo, ni aquella página de poetas argentinos. Esperamos». En cuanto al diplomático, escritor y traductor mexicano Octavio G. Barreda (1897-1964), véanse sus *Obras*. México: UNAM, 1985. A partir de abril de 1943, Barreda dirigió *El Hijo Pródigo. Revista Literaria*. México: Ediciones Letras de México, 1943-1946, 42 números (sólo los primeros estuvieron bajo su dirección). Reedición facsimilar: FCE, 1983. En ella colaboraron Octavio Paz, Xavier Villaurrutia, Celestino Gorostiza, Alfonso Reyes y otros. Cf. «Cartas a Ermilo Abreu Gómez» (de Genaro Estrada, Alfonso Reyes, Octavio G. Barreda, etc.): *La Palabra y el Hombre* 43, Xalapa, julio-septiembre de 1967, 445-452; Octavio G. Barreda: «*La experiencia literaria*»: Alfonso Rangel Guerra 1996b, 555-559 (publicado originalmente en *El Hijo Pródigo* 2, México, mayo de 1943, 122).

En carta del 12 de noviembre de 1937 a Xavier Icaza, Reyes comenta un libro de aquél, *Marea encendida* (México, 1937), y agrega (Serge I. Zaïtzeff: *Xavier Icaza y sus contemporáneos epistolarios*. México: Universidad Veracruzana, 1995, 51):

> He distribuido cuidadosamente los ejemplares que a ese efecto me enviaste. Borges me dijo, por teléfono, inteligentes y gratas cosas.

***

Este año, aparte de algunos títulos aparecidos en el extranjero (*Tránsito de Amado Nervo*. Santiago de Chile: Ercilla, 1937; *Idea política de Goethe*. México: ICI, 1937), Reyes publicó en la Argentina *Las vísperas de España*. Buenos Aires: Sur, 1937 (incluye *Cartones de Madrid, En el Ventanillo de Toledo, Horas de Burgos, La saeta, Fuga de Navidad* y otros textos inéditos hasta la fecha). Borges debió conocer el volumen, no sólo por ser un producto de la editorial Sur, sino también porque contiene un texto de Reyes ilustrado por su hermana Norah: *Fuga de Navidad.*

***

La última misiva conservada del epistolario entre Reyes y Macedonio Fernández está fechada el 19 de diciembre de 1937; no es seguro que fuese enviada. Por intermedio de Adolfo de Obieta accedí a la versión manuscrita de la segunda y última página de esa carta. Reproduzco primero el texto impreso en *OCMF* y, a continuación, la versión manuscrita, que aduce numerosas variantes.

[MF.03]

[Carta de MF a AR, Buenos Aires, 19-XII-37 (no enviada), según *OCMF* II 118-119:]

Buenos Aires, 19 de diciembre de 1937

A Alfonso Reyes, el Hombre-Esperanza de la Idea Ibero-América: «vivir unidos y fuera del asesoramiento norteamericano en un construirse sobre el solo acento temperamental común, en un siempre *originarse* —no seguir ni acatar— aun en el *colaborar* con la otra racialidad del continente: la saxo-americana (o como debe denominarse), sin dejar de *seguirse* a sí, en la originalidad de seguirse, que es lo único que *colabora* con la Humanidad. Pluralizar la tentativa de lo Humano, no escolarizarse, en medio del total Misterio».

En una excepcional valoración de su destino americano personal quédole admirador y afecto (además de ingrato reiteradamente desagradecido y tardío). Suyo muy atentamente

Macedonio Fernández

Todo lo dicho quede para usted —ilustre Alfonso Reyes tan indulgente conmigo— si le parece mejor reservarlo; enteramente como a usted convenga. Me basta haber por fin héchole llegar un indicio de que soy sensible al interés de su gran carrera de artista, y de obrero de la ibero-americana entidad, que a su vez sólo interesa por cuanto colabore a lo Humano, como lo Humano por el Misterio.

Un juicio sobre la más fecunda actuación inter-iberoamericana del Dr. Alfonso Reyes.

Contemplada su unidad y certeza de acción en trabar enlaces entre todos los deslindamientos (suaves y casuales) que asumieron corte nacional en la proliferación nacionalista de una familia y cultura comunes: la ibero-americana, puede creerse que es usted persona providencial, la mas eminente inteligente y reconocida de la gran posibilidad Iberoamericana o por lo menos del desplegarse temperamental de lo ibero-americano con eximición de aconsejamientos de lo no ibero-americano sea angloamericano o europeo. En esta consideración lo sentimos Embajador por inteligencia, calidez y tipicidad, de todos ante todos, aunque sea la buena fortuna de México haberlo destacado. Es usted ostensiblemente el más vocacional y capacitado de los embajadores inter-iberoamericanos de la historia continental. Así lo vemos ausentarse como *nuestro Embajador* y llegar como el de todos.

Macedonio Fernández

La versión conservada en el archivo de Macedonio difiere considerablemente de la publicada:

Un juicio sobre la más [ilegible] fecunda actuación
~~inter ibero-americana del Dr Alfonso Reyes~~

Contemplada vuestra unidad y certeza de acción en la trabazón de los enlaces entre todos los deslindamientos coercibles, suaves y casuales, que asumieron corte *nacional* en la proliferación nacionalista de una familia y cultura comunes: la ibero-americana, puede creerse que sois persona providencial, la mas eminente {inteligente} y reconocida de la gran posibilidad Ibero-America o por lo menos del aseguramiento del desplegarse temperamental de lo ibero-americano con eximición de aconsejamientos de lo no ibero-americano sea anglo-americano o europeo.

En esta consideración os sentimos Embajador por inteligencia, calidez y tipificidad, de todos ante todos, aunque sea la buena fortuna de Méjico haberos destacado. Sois ostensiblemente el más vocacional y capacitado de los embajadores inter ibero-americanos de la

Historia Continental. Así os vemos ausentaros como *nuestro* Embajador y llegar como el de todos.

Macedonio Fernández

El texto de *OCMF* II 119 parece basarse en este manuscrito. No queda claro, sin embargo, el grado de ingerencia que pueda haber tenido la editora de *OCMF* II, Alicia Borinsky. Como fuere, la suya parece una versión pasada en limpio y algo desentumecida del manuscrito original (¿hecha por Macedonio, por Adolfo de Obieta o por Borinsky?), preparado, según denota el estilo, para alguno de los banquetes de recepción ofrecidos a Reyes cuando asumió por segunda vez su cargo de embajador (1936-1937).

Si la carta («no enviada») con fecha 19-XII-37 reproducida en *OCMF* II 118 pertenece realmente al mismo contexto original, ello sugiere que Macedonio no asistió al festejo en cuestión, y dejó a Reyes la libertad de elegir si el brindis sería leído o no.

Una carta de Macedonio Fernández a su hijo Adolfo (lamentablemente sin fecha, pero quizás también de 1937) reza: «Ya escribí a Alfonso Reyes, a Bandeira[309] y a Ramón [Gómez de la Serna]» (*OCMF* II 217). No encuentro más huellas de esa carta a Reyes.

Para concluir, recojo algunos testimonios de los corresponsales:

En primer lugar, el texto de una dedicatoria de Macedonio a Reyes, en el volumen *Una novela que comienza* (se conserva en la Universidad Autónoma de Nuevo León, México):

---

[309] Manuel Bandeira (1886-1968): reputado poeta brasileño. Reyes participó en el festejo de su cincuentenario y en el *Homenagem a Manuel Bandeira* (Rio de Janeiro: Oficinas Tipográficas Jornal do Comercio, 1936), y apoyó más tarde la traducción de obras suyas al castellano (Alicia Reyes 1976, 222). El contexto de la carta de Macedonio no permite mayor elucidación. Cf. Fred P. Ellison: «Alfonso Reyes y Manuel Bandeira. Una amistad mexicano-brasileña» [1987]: James Willis Robb, comp.: *Más páginas sobre Alfonso Reyes*. México: El Colegio Nacional, IV.ii, 1997, 492-509.

A Alfonso Reyes.
Yo estudio una «Excensión sistemática de Tautología», «Qué no es tautológico», y me cruzo con una fuerte sospecha suya para con lo tautológico. Excepcional coincidir.
Lo sigo en sus colaboraciones; libros suyos no tengo.
Sea feliz junto a
su noble consorte.
Suyo
Macedonio Fernández
BA Otamendi 622
Junio 1941

Por lo demás, son pocas las alusiones a Macedonio en la obra de Reyes, quien en general apenas lo menciona, de pasada, como aquél a quien reverenciaban los jóvenes porteños. En 1943, Reyes publicará un artículo titulado «El argentino Jorge Luis Borges» (*Tiempo*, México, 30-VII-43; «Misterio en Argentina»: *OCAR* IX 307-309), que comienza con una alusión a Macedonio:

> Orígenes y tradición. El gran viejo argentino Macedonio Fernández, cuya atildada cortesía y cuyas facciones recuerdan un poco a Paul Valéry,[310] pertenece a la tradición hispánica de los «raros», que puede trazarse por las extravagancias de Quevedo, Torres Villarroel, Ros de Olano,[311] Silverio Lanza y Gómez de la Serna. Sin ser maestro de capi-

[310] Borges recordaría que a Macedonio le disgustaba esta comparación (*Autobiografía*, 1999, 72).
[311] Reyes alude a Antonio Ros de Olano (Caracas, 1808-Madrid, 1868), amigo y colaborador de Espronceda. Sus *Cuentos estrambóticos* (1868) causaron revuelo. Es el único de la lista que no encuentro mencionado en la obra o en la correspondencia de Borges.

lla, ha ejercido cierta influencia en un grupo juvenil argentino, al menos poniéndolo en guardia contra los lugares comunes del pensamiento y de la expresión.

Macedonio, por su parte, aludirá una vez más a Reyes en una carta no enviada a Natalicio González[312] (sin fecha, pero de hacia 1951, según permite inferir su contenido; *OCMF* II 72):

> Querido amigo: Yo tuve relaciones epistolares con mejicanos, me parece que con Ezequiel Chávez, que ha traducido a Stuart Mill,[313] con Maples Arce (de Veracruz), que no me contestaron, y con el gentilísimo y gran experto en Arte Alfonso Reyes, que gratamente traté aquí.

La idea de entrar en contacto con el poeta estridentista Manuel Maples Arce (1898-1981, fue asimismo político y diplomático) debe haber surgido en Macedonio por intermedio del joven Borges, quien mantuvo con el mexicano una breve correspondencia hacia 1921-1922 (véase arriba, capítulo «1921»). No hallo otros testimonios de peso acerca de la relación entre Alfonso Reyes y Macedonio Fernández. Un último nexo entre ambos tiene lugar en una carta de Adolfo Bioy Casares a Macedonio, del 12 de diciembre de 1937 (*OCMF* II, 352-353):

---

[312] Cf. Macedonio Fernández: *Poemas*. Prólogo: Natalicio González. México: Guarania, 1953 (edición póstuma, pero autorizada en vida por el autor). Se conserva un ejemplar del libro en la «Capilla Alfonsina» (México, D.F.).

[313] Parece tratarse de Ezequiel Adeodato Chávez Lavista (1868-1946), abogado y luego rector de la UNAM (1913-1914 y 1923-1924). Macedonio debe haberle escrito en relación con el libro *Resumen sintético del sistema de lógica de John Stuart Mill, con notas complementarias*. París: Librería de la Vda. de Ch. Bouret, 1911. Chávez fue representante de la moderna psicología en México.

Señor Macedonio Fernández - La Verde

Gran amigo:

En *Destiempo* teníamos la ilusión de una editorial. Su extraordinaria carta, con la invitación a una serie de libros del /353/ Dudarte,[314] dio apremio a nuestra esperanza. Una tarde llegó Borges con una carta de Ulyses Petit de Murat encargándolo de la publicación de *Marea de lágrimas* (su último libro de poemas). Después hubo otra carta de Ulyses preguntando si no podría ponerse a su libro el pie de imprenta: Editorial Destiempo. Ese libro en el futuro renovó el entusiasmo por la editorial, como si ya tuviéramos un testimonio de su existencia. Los que estaban presentes ofrecieron sus libros para hacer una primera serie. Me encargaron que le escribiera pidiéndole un libro.

Desde Navidad estoy ocupadísimo (reconstruyendo años pasados, en un desorden impenetrable, de mi administración de este campo, para un señor de impuesto a los réditos; también fui llamado desde aquí: las ovejas se morían si yo tardaba; un camino iba a partirme el casco de la estancia). Estas actividades de comercio rural, tan alejadoras del campo, me alejaron también de la literatura y recién ahora escribo esta carta indispensable para la suerte de la editorial Destiempo (quizá por tenerlo tanto en nuestros proyectos no hemos sentido apuro en llamarlo). Si tiene la bondad de aceptar este pedido (su libro es el que más deseamos) le agradeceré mucho que me mande un título, aunque sea precario, para poder anunciarlo en *Mallarmé entre nosotros*, de Alfonso Reyes.

Ignoro si usted está en La Verde o en Buenos Aires. Mando esta carta a Pissavini,[315] para que se encargue de hacérsela llegar.

[314] Aparecería reproducida en *Destiempo* 3, diciembre de 1937.
[315] Ernesto Pissavini, que figuraba como secretario de *Destiempo*, era un empleado de Bioy, encargado del edificio en que se encontraba la redacción (por esta época,

Si los problemas económicos de la editorial se resuelven, espero publicar un libro de cuentos fantásticos de Santiago Dabove, uno de Manuel Peyrou, de cuentos policiales, algunas traducciones. Tenemos los siguientes libros:[316]

>   Ulyses Petit de Murat: *Marea de lágrimas*
>   Alfonso Reyes: *Mallarmé entre nosotros*
>   Carlos Mastronardi: *La rosa infinita*
>   Ezequiel Martínez Estrada: *Buenos Aires*
>   *Antología de cuentos irreales*
>   Novalis: *Fragmentos* (traducción y notas de Borges)[317]

Lo saluda muy afectuosamente

Adolfo Bioy Casares

***

---

y en la del número 2 de *Destiempo*: Av. Quintana 174. En la del número 1: Alsina 2090). Bioy le atribuye algunas de las citas que recoge en su *De jardines ajenos*. Madrid: Tusquets, 1997.

[316] *Destiempo* 3 trajo una lista similar a la siguiente. La publicación de los títulos se preveía, según el anuncio, entre diciembre de 1937 y agosto de 1938.

[317] Este trabajo no se concretó. Hacia el fin de su vida, Borges consideró prologar una edición de Novalis, pero terminó por rechazar el proyecto (cf. *Biblioteca personal*, 132). Es factible, pues, que a pesar de las numerosas atribuciones erróneas que contiene el volumen *Borges en Revista Multicolor. Obras, reseñas y traducciones inéditas* (Buenos Aires: Atlántida, 1995, 376-380), la traducción de Novalis allí contenida sea realmente de Borges (había aparecido en el suplemento de *Crítica* 50, 21-VII-1934).

1938

[13]

[Carta de AR a JLB, 1 página mecanografiada. (Pacheco 1979, 6, N° IV; JWR 619-620; «Capilla Alfonsina» N° 7, copia):]

México, D.F., marzo 8 de 1938

Sr. Don Jorge Luis Borges
Pueyrredón 2190
Buenos Aires, Argentina

Mi querido Jorge Luis:

Espero que el librito que dejé para la editorial «Destiempo»[318] no le causará a usted muchos enojos. Entre usted, Pedro [Henríquez Ureña] y Amado Alonso[319] tal vez podrán encargarse de que salga,

---

[318] *Mallarmé entre nosotros.* Buenos Aires: Destiempo, 1938.

[319] Amado Alonso (1896-1952): lingüista y crítico literario español. Estuvo radicado en Buenos Aires entre 1927 y 1946, donde fue director del Instituto de Filología, por esas fechas el más importante de Latinoamérica; en 1939 fundó, y dirigió hasta 1946, la *Revista de Filología Hispánica*; el Instituto de Filología y Literaturas Hispánicas de la Facultad de Filosofía y Letras de Buenos Aires lleva hoy su nombre. Escribió sobre Borges («Borges, narrador»: *Sur* 14, Buenos Aires, noviembre de 1935, 105-115; «Desagravio a Borges»: (*Sur* 94, julio de 1942, 15-17). En relación con

en lo posible, sin erratas. Mil gracias por lo que hagan y mil perdones.

Deseo ardientemente sus noticias, las de los suyos, de Norah y Guillermo[320] y, en general, de todos los inolvidables amigos. Ahora descubro que yo les pertenezco a ustedes mucho más de lo que suponía, que ya era mucho. No me olviden por favor.

Siempre suyo,

AR
Alfonso Reyes
Córdoba. # 95

***

Alonso, cf. Ana María Barrenechea/Élida Lois: «El exilio y la investigación científica en la Argentina»: *Cuadernos Hispanoamericanos* 473-474, Madrid, noviembre-diciembre de 1989, 81-91. En cuanto a su relación con Reyes, cf. James Willis Robb: «La amistad de Amado y Alfonso (Por el epistolario de Amado y Alfonso Reyes)»: *Por los caminos de Alfonso Reyes (Estudios, 2ª serie)*. México: Centro de investigación científica y tecnológica de la Universidad del Valle de México, 1983, 101-113; y *Crónica parcial. Cartas de Alfonso Reyes y Amado Alonso, 1927-1952*. Prólogo y edición: Martha Elena Venier. México: El Colegio de México, 2008.

[320] Cf. mi edición anotada del epistolario entre Reyes y Guillermo de Torre (Valencia, 2005). No figura allí ninguna misiva de los corresponsales entre el 1 de noviembre de 1937 y el 13 de mayo de 1938.

[14]

[Carta de AR a JLB, 1 página mecanografiada. (Falta en Pacheco y en JWR; «Capilla Alfonsina» N° 8, copia):]

México, D.F., marzo 29 de 1938

Sr. don Jorge Luis Borges
Pueyrredón # 2190
Buenos Aires, Argentina

Mi querido Jorge Luis:

Los últimos periódicos recibidos de Buenos Aires nos traen la triste noticia, por desgracia ya muy esperada, del fallecimiento de don Jorge G. Borges.[321] Le ruego a usted que exprese a su madre y a todos los suyos, y la acepte para sí, la expresión de nuestra más sincera condolencia.

---

[321] Jorge Guillermo Borges (1873-1938): padre de Jorge Luis y Norah Borges. Estudió derecho (uno de sus compañeros de estudio fue Macedonio Fernández, otro el padre de Ernesto «Che» Guevara) y fue profesor de psicología en la Escuela Normal de Lenguas Vivas. Publicó algunos poemas en revistas españolas y argentinas y una novela titulada *El Caudillo* (Palma de Mallorca, 1921; reeditada en Buenos Aires en 1989). Sobre su prieta obra cf. mi «Examen de la obra de Jorge Guillermo Borges» (en prensa). Según rumores recogidos en Buenos Aires, Borges habría escrito un texto sobre su padre a poco de la muerte de éste, que no dio a luz. Reyes, por su parte, compuso en Buenos Aires, en 1930, en honor de la muerte del suyo una «Oración del 9 de febrero», que tampoco entregó a la imprenta en esa época; reproducida ahora en *OCAR* XXIV, 23-29. Sobre ese texto, véanse dos trabajos de Rogelio Arenas Monreal: «Alfonso Reyes íntimo: "Oración del 9 de febrero". Materialidad discursiva. Biografía y autobiografía»: Pol Popovic Karic: *Alfonso Reyes, Perspectivas críticas: Ensayos inéditos*. Tecnológico de Monterrey, 2004, 97-120; *Alfonso Reyes y los hados de febrero*. México: UNAM/Universidad Autónoma de Baja California, 2004.

Un abrazo cordial

AR
Alfonso Reyes
Córdoba # 95

AR/cv

***

No subsisten otros rastros de contacto entre Reyes y Borges en 1938. Sin embargo, en febrero, y a raíz del suicidio del poeta argentino Leopoldo Lugones, Reyes publica una rápida y emotiva necrológica, donde alude indirectamente a Borges:[322]

> Aun entre los jóvenes argentinos, que se vieron en el doloroso trance de separarse de él [Lugones] por motivos no literarios, era voz común que en el *Lunario sentimental* estaba el semillero de toda la nueva poesía argentina.

Si bien Borges no fue el primero ni el único en proferir asertos similares, lo había hecho de manera amplia y fundada un año antes, en la revista *El Hogar* del 26 de febrero de 1937 (*Textos cautivos*, 97-100). Se conserva el ejemplar que perteneció a Borges del *Lunario sentimental*, en el cual hay numerosas anotaciones de Borges.

Conjeturo que Reyes escribió a Borges al respecto de Lugones, cuyo suicidio (llevado a cabo el 18 de febrero de 1938 en una de las

---

[322] Reyes: «Leopoldo Lugones»: *El Nacional*, México, 27 de febrero de 1938 (*OCAR* XII, 147-149; *ARA* 239-240). En cuanto a la relación entre ambos, cf. Angel J. Battistessa: «Leopoldo Lugones y Alfonso Reyes. Documentos para la historia de una amistad»: *Boletín de la Academia Argentina de Letras*, Buenos Aires, enero-junio de 1975. El *Diario* de Reyes contiene relatos de encuentros con Lugones en Buenos Aires; en la «Capilla Alfonsina» se conservan cartas de Lugones a Reyes, ahora publicadas en Zaïtzeff 2008.

islas del delta del río Tigre, en las inmediaciones de Buenos Aires) lo intrigaba; véase, por ejemplo, su carta a Victoria Ocampo, del 13 de abril de 1938:

> Explíqueme usted, si tiene explicación posible, qué significa el suicidio de Leopoldo Lugones, que parecía tan satisfecho con el sesgo que las cosas toman en el mundo.[323]

(Reyes publicó un artículo sobre «Leopoldo Lugones» en *El Nacional*, México, 27-II-1938; *OCAR* XII, 147-149; *ARA* 239-240.)
Por otro lado, Reyes no ignoraba el extraño temple de Lugones, quien, en una de sus visitas, ante un bulto que había sobre la mesa, le dijo: «Sí [...], es un revolver, un revolver cargado. A eso llamo yo el Poder Ejecutivo» (*Diario* 272, 26-IV-1929).

Borges, por su parte, publicó varios textos sobre Lugones, entre ellos los siguientes (todos en Buenos Aires, salvo indicación en contrario):

«Leopoldo Lugones, *Romancero*»: *Inicial* 9, enero de 1926, 207-208 (recogido en *El tamaño de mi esperanza*).
«Las "nuevas generaciones" literarias»: *El Hogar* 26-II-19, 5 (recogido en *Textos cautivos*).
«Leopoldo Lugones»: *Sur* 41, febrero de 1938, 57-58; *Repertorio Americano*, San José de Costa Rica 19-III-1938, 150-152; *Nosotros*, 2ª época, 26-28, mayo-junio de 1938 (recogido en *Leopoldo Lugones*. Troquel, 1955, 81-84; Bettina Edelberg colaboró con Borges en la elaboración de este volumen).
«Lugones, Herrera, Cartago»: *Cursos y Conferencias* 268, marzo de 1955, 1-4 (recogido en *Leopoldo Lugones*).

---

[323] Reyes alude a la fascistización del mundo por esas fechas, evolución deseada y apoyada por Lugones. Véase un párrafo similar en carta de Reyes a Alberto Gerchunoff del 15 de abril de 1938 (Zaïtzeff 2008, 195).

«Leopoldo Lugones»: *Inter-American Review of Bibliography/Revista Interamericana de Bibliografía* 13.2, Washington, abril-junio de 1963, 137-146 (conferencia pronunciada el 21-II-1962 en la Unión Panamericana).
«La muerte de Leopoldo Lugones»: *Cuadernos del Congreso por la Libertad de la Cultura* 76, París, septiembre de 1963, 17-19.
«Lugones. Una obra maestra» [Sobre el cuento «Yzur», texto fechado 9-VI-1982]: *Clarín*, jueves 27-X-1983, sección «Cultura y Nación», 5 (recogido en *Cuentistas y pintores argentinos*, Buenos Aires, 1985).

Es famoso, además, el prólogo de *El hacedor* (1960), en el cual Borges rinde a Lugones pleitesía, en una alucinada reconciliación.
Los encuentros reales entre Borges y Lugones no habían sido muy cordiales (véanse los ejemplos recogidos en mi reseña crítica: «Ivonne Bordelois: *Un triángulo crucial: Borges, Güiraldes, Lugones*. Eudeba, 1999»: *Variaciones Borges* 9, Aarhus, enero de 2000, 255-258).

***

Reyes y Adolfo Bioy Casares

De aquí en adelante recojo allí donde corresponden cronológicamente las cartas intercambiadas entre Alfonso Reyes y el escritor argentino Adolfo Bioy Casares (1914-1999). Como las del padre, don Adolfo Bioy, se conservan en la «Capilla Alfonsina» y fueron publicadas por Bernardo Javier Ruiz López en su tesis: *Adolfo Bioy Casares y sus temas fundamentales*. México: UNAM, 1976. He comparado *in situ* su edición con los originales (1999) y corregido alguna pequeña inexactitud.
Además, he conseguido por intermedio de Daniel Martino copia de algunas cartas de Reyes a Bioy que no figuran en el archivo de la "Capilla Alfonsina", de modo que es esta la edición más completa publicada hasta hoy (gracias también a Ernesto Montequin por su mediación con los herederos de Bioy Casares).
(Acerca de las cartas intercambiadas con Reyes conversa Graciela Gliemmo con Bioy en "Fragmentos de una amistad. Alfonso Reyes a

través del recuerdo de Adolfo Bioy Casares": *ARA* 42-46; entrevista de junio de 1998. Las informaciones allí contenidas, sin embargo, son muy imprecisas y en algunos casos erróneas, de modo que apenas son consideradas aquí.)

[ABC.01]

[Tarjeta postal de ABC a AR, manuscrita (CA N° 9; Ruiz López 150):]

[Cascada de Olain, 9 de septiembre de 1938]

A S. E. el Señor Alfonso Reyes.
Brasil.

Querido y admirado amigo: Empiezo a temer que usted no haya recibido la carta que le mandé a México. Volvía a darle gracias por su libro, tan perfecto, y me atrevía a preguntarle si usted creía necesario hacer algún trámite para publicar la *Suave Patria*, de L. Velarde. Nuestra ambición sería publicarla con un prólogo suyo...[324]

---

[324] Ramón López Velarde (1888-1921): jurista y escritor mexicano. *La suave patria* apareció pocos meses antes de su muerte, a comienzos de 1921. Antes había publicado *La sangre devota* (1916) y *Zozobra* (1919). Otras obras: *Poesías, cartas, documentos e iconografía* (1952), *El minutero* (1933), *El don de febrero y otras prosas* (1952), *Prosa política* (1953), *Obras*. Edición: José Luis Martínez. México: FCE, 1990 (2ª ed., aumentada). Junto con Tablada es considerado uno de los predecesores de la vanguardia literaria, a pesar de su recato y sus tendencias religiosas. *La suave patria* no llegó a aparecer en Editorial Destiempo. Bioy conocía el libro desde 1937 cuando menos (cf. *Destiempo* 3, Buenos Aires, diciembre de 1937, 6, donde se lo cita en la sección «Museo»: «Inaccesible al deshonor, floreces», ahora reproducido en Borges/Bioy Casares: *Museo. Textos inéditos*. Buenos Aires: Emecé, 2002, 56). Véase José Emilio Pacheco: «López Velarde. Hacia *La suave patria*», en Ramón López Velarde: *El son del corazón* [Bloque de Obreros Intelectuales, 1932]. Poemas. Edición facsimilar. México: Señales, 2004, 149-158. El volumen contiene, además del poema «Suave patria» en páginas 99-107, otros dos ensayos: Carla Zurián: «El color del blanco y negro» (pp. 137-146, sobre las viñetas del pintor Fermín Revueltas) y Eduardo Lizalde: «López Velarde, el último latido» (pp. 129-135).

No sabe como lamento haber dejado pasar su estadía en Buenos Aires, sin conversaciones con usted (¡como si la buena conversación tuviera tantas oportunidades!).[325]

Con Silvina, con Borges, siempre lo recordamos y esperamos que Buenos Aires vuelva a mejorarse pronto con su vuelta.

Cuando escriba a su simpático hijo déle recuerdos de mi parte.[326]

Saludo a su señora y le repito mi amistad y agradecimiento

A. Bioy Casares

Sept. 9/1938

[Al margen superior, al comienzo de la postal, pero escrito al final:]

El libro se vende mucho.[327]

La editorial sigue bastante bien (las noticias de estas editoriales se parecen siempre a las de los enfermos.)

***

---

[325] En conversación con Graciela Gliemmo recordaba Bioy Casares (1998, 42): «Alfonso Reyes, cuando yo era chico, frecuentaba la casa de mis padres, en Avenida Quintana 174. Y mis padres, para los almuerzos, me hacían estar en la mesa con las personas grandes, porque querían que yo aprendiera, que yo oyera hablar a personas inteligentes. Así se inició una amistad, en la que él me vería como a un chico y yo como a un amigo». Bioy Casares tenía unos 13-14 años cuando Reyes viajó por primera vez a la Argentina.

[326] El hijo de Reyes había sido compañero de clase de Bioy Casares en el «Instituto Libre de Segunda Enseñanza» (no de «Enseñanza Secundaria», como dice Bioy 1998, 43). También el poeta Oliverio Girondo fue enviado de joven a esa institución.

[327] Alusión al libro de Reyes: *Mallarmé entre nosotros* (Destiempo, 1938); se convertirá en la tercera parte de *Culto a Mallarmé* (*OCAR* XXV, de 1991).

Reyes respondió casi inmediatamente a la postal de Bioy, con la siguiente misiva:

[ABC.02]

[Carta de AR a ABC, 1 página mecanografiada (Falta copia en la «Capilla Alfonsina»; original con firma autógrafa de Alfonso Reyes en el archivo póstumo de ABC; gracias a Daniel Martino):]

[Membrete:] Papier avion / Air France

Río de Janeiro, 20 de septiembre de 1938

Sr. D. Adolfo Bioy Casares
Quintana 172
Buenos Aires.- Argentina

Querido amigo:

Gracias por su amable tarjeta. Celebro las buenas nuevas de la editorial Destiempo. No recibí, en efecto, la carta que usted me mandó a México, de donde salí el 17 de mayo exactamente. Muy bien su idea de editar la *Suave patria* de López Velarde. Sin tiempo para preparar un prólogo adecuado, pues ando en tareas arduas que me absorben todo, le sugiero a Xavier Villaurrutia, que ha estudiado mucho a ese poeta y es un escritor inteligente en verso y en prosa. Puede usted dirigirse a él a través de *Letras de México*, que Jorge Luis [Borges] debe tener por ahí. Yo no traigo conmigo las direcciones de mis amigos, ni mis libros, ni mis papeles, ni nada.

Estoy encantado con mi *Mallarmé*, del que acaban de llegarme cinco ejemplares. Ahora veo lo que sucede. D. Ernesto Pissavini (a quien me permito retornar por el grato conducto de usted sus amables saludos), encargó que se hiciera un paquete a conciencia. Lo forraron en tela, lo sellaron y cosieron; y tan bien lo hicieron, que el correo no lo recibió como mero paquete postal, sino como encomienda. En tal condición, causaba derechos de aduana, y tuve que pedir la exención diplomática, lo que me hizo perder cerca de un mes, o más, en recibirlo. ¡Muy de veras agradecido!

Ojalá pudiera leer yo lo que se haya dicho por ahí del libro, pero ya no me atrevo a pedirle tanto. Mis suscripciones de diarios argentinos, y las revistas que de allá me envían, me llegan a México, y allá me han de estar esperando en manos de mi hijo, a quien con el mayor gusto comunico el recado de usted. Acaba de salvarse de un ataque de difteria, con una inyección a tiempo. Ya está otra vez trabajando regularmente.

Saludos a Silvina [Ocampo], a Jorge Luis [Borges], a todos los buenos amigos que viven siempre en mi recuerdo. ¡Cuánto desearía acercarme por Buenos Aires! Aún no desespero. Entretanto, aquí va un cordial abrazo para usted y mis mejores saludos para sus padres.

Alfonso Reyes
Alfonso Reyes
Voluntarios da Patria 45.

* * *

Considero plausible que el siguiente documento, que no ofrece indicios para su datación, sea poco posterior al recién reproducido.

[ABC.03]

[Tarjeta de AR a ABC, sin fecha y sin sello postal (indicio de que fue remitida en un sobre). Motivo: dibujo de una mujer que reprende a su pequeño hijo, porque este ha cortado con tijeras la cola de un pavo real. La letra no parece ser de Alfonso Reyes, sino de su hijo. Falta copia en la «Capilla

Alfonsina»; original en el archivo póstumo de ABC (gracias a Daniel Martino):]

[México, D.F., ca. octubre-noviembre de 1938]

Buenos Aires, República Argentina

¡Gracias, caro Adolfo, por los recortes y sus amables palabras! Lo recuerdo siempre, estoy a su lado. Un abrazo, y otro de mi hijo

Alfonso Reyes

[Sello:] Avenida General Benjamin Hill, N° 122 / México 11, D.F.

* * *

En uno de sus elogios de doble filo dice Borges en su reseña de «Hillaire Belloc. *Stories, Essays and Poems*» (*El Hogar*, Buenos Aires, 23-XII-1938; *Textos cautivos* 1990, 291):

> hay prosas encantadoras, aunque nos sea del todo indiferente la materia que tratan. (Ejemplos: la prosa de Andrew Lang, de George Moore, de Alfonso Reyes.)

***

1939

[15]

[Carta de AR a JLB, 1 página mecanografiada (Falta en Pacheco y en JWR; «Capilla Alfonsina» N° 9, copia):]

México, D.F., 28 de julio de 1939

Señor don Jorge Luis Borges
Pueyrredón 2190
Buenos Aires, Argentina

Mi querido Jorge Luis:

Supongo que ya sabe usted los empeños en que ahora me encuentro, entre luchas y contratiempos.[328]

---

[328] A partir de febrero de 1939 Reyes, establecido ya en México, se ocupaba de organizar la «Casa de España en México», que se convirtió en octubre de 1940 en El Colegio de México. Al respecto, véase Alberto Enríquez Perea, comp.: *Alfonso Reyes en la Casa de España en México (1939-1940)*. México: El Colegio Nacional, 2005. Sobre el período informan también las notas de Reyes en *Diario. Cuaderno número siete*, que abarca el lapso 24-VI-38 a 31-X-39. El *Diario* de Reyes está en curso de publicación.

Le ruego que pida a mi nombre, y por mi cuenta, a Adolfo Casares Bioy [*sic*] que me envíe diez ejemplares de mi libro sobre Mallarmé.[329]

Abrazos para usted y todos los inolvidables amigos.

Muy suyo   AR

Alfonso Reyes

AR.ess.

***

La siguiente carta de Bioy Casares a Reyes menciona a Borges:

[ABC.04]

[Carta de ABC a AR, 1 página mecanografiada (CA N° 10; Ruiz López 151-153):]

Buenos Aires
Av. Quintana 174
25 de septiembre de 1939

Sr. Alfonso Reyes
México.

Admirado Alfonso Reyes:

Hace mucho he recibido su tarjeta postal, he mandado los libros a Cremieu[330] y Alone,[331] estoy queriendo contestarle.

---

[329] En carta del 25 de septiembre de 1939, Bioy escribe a Reyes: «P. S.: Le mando 15 ejemplares de *Mallarmé entre nosotros*». El 7 de noviembre de 1939 Reyes confirma a Bioy haber recibido seis ejemplares. Ignoro si recibió los restantes.

[330] Benjamin Crémieux (1888-1944): crítico literario francés, especialista en literatura italiana, colaborador de *Sur* y en la *Nouvelle Revue Française*. Con Jules Romains, representó a Francia en la sonada sesión del PEN-Club que tuvo lugar en

293

Muchas veces, de noche, caminando Borges y yo por el sur de Buenos Aires, con amistad, con fervor literario, decimos:

«Amigo con quien he compartido, en las mocedades de México, la puta y la locura.
Mis dos manos estas flores le dan». * [Nota al pie:]³³² * En Julio.

También:

Buenos Aires en 1936. Crémieux, miembro de la Resistencia, murió en un campo de concentración nazi (Buchenwald). En 1921 publicó *Le premier de la classe*, una novela autobiográfica acerca de su juventud en Narbonne. Visitó a Reyes en Río (septiembre de 1930; cf. *Diario* 324 [aquí llamado, por error de lectura, «Crémena»], 325-326). Ambos se conocieron en París (cf. *Diario* 118, del 28-X-1925).

³³¹ Alone (seudónimo de Hernán Díaz Arrieta, 1891-1984): escritor, periodista y crítico chileno, autor de *Panorama de la literatura chilena durante el siglo xx*. Santiago de Chile: Nascimento, 1931). Alone escribió elogiosamente sobre Reyes (Alfonso Rangel Guerra 1996a, 251-257 y 285-288 —textos de 1933 aparecidos en *La Nación* de Santiago de Chile; 1996b, 506-512, de *El Mercurio*, Santiago, 15-III-1942). Escribió también, por ejemplo sobre «Guillermo de Torre, crítico literario»: *El Mercurio*, Santiago de Chile, 2-I-1944.

³³² La cita, no del todo exacta, procede de un trabajo de Reyes titulado «Notas sobre Jesús Acevedo» (México, julio de 1924), *OCAR* IV, 448, donde reza: «Camarada con quien he compartido, en las mocedades de México, la puta y la locura: / "Mis manos estas flores te dan"». La cita dentro de la cita es, a su vez, una variante de un verso de Rubén Darío, procedente de su «Balada laudatoria a Don Ramón del Valle-Inclán»: «Señor, que en Galicia tuviste cuna, / mis dos manos estas flores te dan». Al texto citado por Bioy alude Ulyses Petit de Murat en «Recuerdo argentino de Alfonso Reyes» (*Páginas sobre Alfonso Reyes*, 437-439; Alicia Reyes 1977, 164): Nunca sabría en qué medida lo considerábamos ilustre. Había un poema suyo, que hablaba de cosas que habían compartido amigos, incluido el lance amoroso con las mismas mujeres sin dueños, que todos sabíamos y repetíamos». Bioy Casares menciona también el texto en forma de poema en *De jardines ajenos. Libro abierto*. Edición: Daniel Martino. Barcelona: Tusquets, 1997, 188 (la penúltima palabra es allí «te», no «le»).

«La cercenada gloria de San Juan
Los astutos colmillos de Caín
Héroes   Napoleón y Calibán
Sitios   Wagram Bailén Verdun Junín».[333]

Espero tener pronto la suerte de leer nuevos libros suyos. Siempre lo recordamos con Silvina Ocampo.

Bioy Casares

P.S.: Le mando 15 ejemplares de *Mallarmé* entre nosotros.

***

---

[333] Versos del poema XIII, «Carne», en *Minuta* (*OCAR* X, 368).

[ABC.05]

[Carta de AR a Adolfo Bioy Casares, 1 página mecanografiada (CA N° 11, copia; Ruiz López 154):]

México, D.F., 7 de noviembre de 1939

Señor don Adolfo Bioy Casares,
Ave. Quintana, 174.
Buenos Aires, Argentina.

Mi querido Adolfo:

Sólo ahora contesto su carta del 25 de septiembre, porque sólo ahora comienza el calamitoso correo a entregarme los ejemplares de mi *Mallarmé* que tuvo usted la bondad de enviarme y de que ya me han llegado seis. Espero que poco a poco me lleguen los otros nueve. Paciencia.

Los recuerdos que hace usted me llenan de emoción. No quiero que me olviden mis buenos amigos de Buenos Aires.

En estos días, usted, Silvina Ocampo y Jorge Luis Borges recibirán, de los jóvenes de la revista *Taller*,[334] donde se han juntado los

---

[334] La revista mexicana *Taller* fue fundada por Octavio Paz (1914-1998), Efraín Huerta (1914-1982), Rafael Solana (1915-1992) y Alberto Quintero Álvarez (1914-1944). Apareció entre diciembre de 1938 y febrero de 1941. Paz, que formó parte de la dirección desde el primer número, fue su único director a partir del número 5. La revista publicaba mayormente poesía y crítica literaria. Aparte de los nombrados, publicaron en ella los mexicanos José Revueltas y José Alvarado, así como muchos exiliados españoles de tendencia republicana, algunos de los cuales Paz había conocido en España en 1938. Reyes contribuyó con 150 pesos mexicanos a la financiación de la revista (Stanton 1998, 53: carta de Paz a Reyes, del 7 de noviembre de 1939). Reedición facsimilar: México: FCE, 1982. Véase también Manuel Durán: «Las revistas *Taller* y *Tierra Nueva*: nueva generación, nuevas inquietudes»: *Revista Iberoameri-*

de *Hora de España*,[335] la solicitud de alguna colaboración. Merecen que ustedes los atiendan si pueden, y yo de antemano les doy las gracias.

Un abrazo afectuoso de

AR
Alfonso Reyes

AR.ess.

***

cana LV.148-149, Pittsburgh, julio-diciembre de 1989, 1151-1160. Hasta donde alcanzo a ver, Borges no publicó en *Taller*, e ignoro si recibió la carta anunciada por Reyes.

[335] *Hora de España*: revista republicana española, publicada durante la Guerra Civil, en 1937 (Valencia) y 1938 (Barcelona). Apenas aparecido el último número, el 23, Barcelona cayó en manos de los fascistas. Su director fue Antonio Sánchez Barbudo. A la redacción pertenecían además Manuel Altolaguirre, Rafael Dieste y Juan Gil-Albert; el colaborador gráfico fue Ramón Gaya. En sus volúmenes figuran trabajos de León Felipe, José Moreno Villa, Ángel Ferrant, Antonio Machado, José Bergamín, Rafael Alberti, José Gaos, Dámaso Alonso, Benjamín Jarnés, Enrique Diez-Canedo, Luis Cernuda, Corpus Barga, Juan José Domenchina, Emilio Prados y otros (varios de ellos formaban parte de la *Alianza de Intelectuales Antifascistas*). Reedición facsimilar completa: Liechtenstein/Madrid: Topos Verlag/Editorial Laia, 1977. Como se recordará, Reyes fue amigo y/o corresponsal de varios de los nombrados. También Borges conoció a algunos de ellos, y sentía respeto intelectual hacia Machado y Diez-Canedo cuando menos.

1940

En este año Borges rinde uno de sus más logrados homenajes a Reyes, al incluirlo como personaje en su exquisito y profundo relato «Tlön, Uqbar, Orbis Tertius» (*Sur* 68, Buenos Aires, mayo de 1940, 30-46; recogido luego en *Ficciones*):

> Alfonso Reyes, harto de esas fatigas subalternas de índole policial, propone que entre todos acometamos la obra de reconstruir los muchos y macizos tomos que faltan: *ex ungue leonem*.[336] Calcula, entre veras y burlas, que una generación de tlonistas puede bastar.

Casi todo está en esas líneas tan plenas de sentido: el perfecto engarce con el relato, pero también la alusión a las predilecciones literarias de Reyes, a su enciclopedismo, a su gusto por el trabajo intelectual en común, demostrado tanto desde sus días juveniles del Ateneo como con la cita que frecuentemente hacía del antiguo adagio «todo lo sabemos entre todos»,[337] el vigoroso gusto por la actividad del cerebro. Hilando ya demasiado fino, puede verse en el párrafo hasta una premonición de las *Las burlas veras*, que Reyes publicó en 1957...

Esta mención expresa de Reyes fue, desde luego, tempranamente advertida por la crítica. Pero además de ella, hallo en otro cuento de

---

[336] «Ex ungue leonem»: «[Reconstruir] el león a partir de la uña».
[337] Un ejemplo entre muchos posibles en *OCAR* XXIV, 241.

Ficciones un indicio más que apunta al mexicano: creo ver en Reyes un eco de la propuesta de Borges para afrancesar la *Aguja de navegar cultos* de Quevedo («Pierre Menard, autor del Quijote», *OC* 445). En su artículo «De la traducción» (originalmente de 1931, pero reescrito hacia 1941; recogido en *La experiencia literaria*), Reyes, quien cita a Borges en ese trabajo, anota (*OCAR* XIV, 152-153):

> A veces damos con verdaderos rompecabezas: cuando la frase original está muy impregnada del humus del terruño. [...] Se me ocurre que la *Aguja de marear cultos* podría traducirse, yendo más allá de lo idiomático hasta el campo de la literatura comparada, por *Le Nord des Précieux*. [...] La traducción de una lengua literaria al argot del propio país suele intentarse con un fin humorístico.[338]

Puesto que «Pierre Menard...» es posterior a la primera versión de este pasaje de Reyes, conjeturo que Borges mejoró de pasada la traducción propuesta por Reyes, quizás en prosecución de alguna erudita y amistosa disputa entre ambos.

Al tratar en *El deslinde* el tema de los «Supuestos fantásticos», que le parecen «los casos más atractivos, los más poéticos en el sentido corriente de la palabra», Reyes, por su parte, menciona a Borges como representante de los «Tipos filosófico-psicológicos», precisamente bajo recurso a «Tlön...» (*OCAR* XV, 137):

> El escritor argentino Jorge Luis Borges ha acertado con algunas narraciones trascendentales que, aunque sin trama novelística, crean mundos ficticios: en «Tlön, Uqbar, Orbis tertius», inventa un pueblo que concibe el universo bajo normas muy diferentes de las nuestras; en «La lotería de Babilonia», un pueblo gobernado por el juego de azar. Estas fantasías van mucho más allá del humorismo y tienen un valor de verdaderas investigaciones sobre las posibilidades epistemológicas.

***

---

[338] El cambio entre *navegar* y *marear* ocurre también en otros textos de Reyes.

1941

En su artículo «La historia y la mente» (*El Nacional*, 6 de mayo de 1941; *Los trabajos y los días*, 1944, *OCAR* IX, 245), Reyes cita el cuento «La lotería en Babilonia» (*Sur* 76, enero de 1941; luego recogido en *Ficciones*).

De este año no subsiste, al parecer, ninguna misiva de nuestros corresponsales, pero una carta de Reyes a Bioy Casares menciona a Borges:

[ABC.06]

[Carta de AR a Adolfo Bioy Casares (CA N° 12, copia; Ruiz López 155-156; original con firma autógrafa de Alfonso Reyes en el archivo póstumo de ABC; gracias a Daniel Martino):]

[Membrete:] El Colegio de México / Pánuco, 63 / Eric. 18-68-61 Méx. L 47-61 / El Presidente

México, D.F., a 20 de junio de 1941

Sr. D. Adolfo Bioy Casares
Ave. Quintana, 174
Buenos Aires, Argentina.

Mi querido Adolfo:

Yo creo que la cariñosa dedicatoria de usted me ha puesto pedante.[339] Experimento una miserable necesidad de apartar desde luego dos objeciones no menos miserables: por qué escribe usted «descripto» en vez de «descrito»? por qué, a lo largo del libro, usa usted «sino» en vez de «si no»?[340]

Y vamos al grano, al rico grano. Participo atrozmente, con rabia y ganas de gritar, de los puntos de vista que sobre la novelística moderna expone Borges en el Prólogo.[341] Ya hacía falta que alguien dijera estas verdades de a libra. Su *Invención de Morel*, querido Adolfo, es un gran libro, sencillamente. La ciencia se ha vuelto muy amiga de la poesía[342] y usted la lleva a conclusiones admirables. Ese Robinson entre sombras, único en América, renueva nuestra literatura. Para más excelencia, no nos lo ha dado usted construido *a posteriori* y en la explicación artificial de una perspectiva, sino que nos aparece como célula viva, agitándose y diferenciándose caprichosamente a nuestros ojos, conciencia en marcha que sólo se explica y entiende

---

[339] El volumen dedicado se conserva en la UANL (signatura: PQ7797/ .B535/ I5 FAR): *La invención de Morel*. Buenos Aires: Losada, 1940 (portada con ilustración de Norah Borges). La dedicatoria de Bioy reza: «Para Alfonso Reyes / que escribe mejor que nadie / devotísimo recuerdo de / *Adolfo Bioy Casares* / Nov. 1940».

[340] El mismo error se observa, por ejemplo, en los manuscritos de Ramón Gómez de la Serna, otro corresponsal de Reyes. No hallo, en el epistolario conservado entre ambos en la «Capilla Alfonsina» (cuya edición comentada preparo), huellas de que Reyes hiciera a Ramón el mismo «reproche». Sobre el tema en general escribió varias veces; véase, por ejemplo, su «Sobre la reforma de la ortografía portuguesa»: *Sur* 1, Buenos Aires, invierno de 1931, 167-170 (firmado «A.R.»).

[341] Entiéndase: «a *La invención de Morel*», de A. Bioy Casares. El «Prólogo» de Borges está fechado el «2 de noviembre de 1940». El libro apareció en Buenos Aires: Editorial Losada, 1940 (Novelistas de España y América).

[342] Sobre este tema versó parte de la correspondencia que hacia 1914-1916 remitió a Reyes el poeta chileno Vicente Huidobro; cf. mi edición de ese epistolario (México: El Colegio Nacional, 2005).

plenamente al llegar a la última línea. Me parece espléndido por todos conceptos y lo felicito con entusiasmo.[343]

Me da gusto y envidia contemplar desde acá esa literatura de alientos universales que están fraguando usted, Borges, Silvina, mientras por acá me ahogan en un costumbrismo manido. Quisiera estar al lado de ustedes. No me olviden.

Le encargo muchos saludos para sus padres[344] y lo abrazo en nombre de mi hijo y el propio.[345]

AR
Alfonso Reyes

P.S. ¿Quieren ustedes enviarme cierta *Antología de la literatura fantástica*?[346]

***

[343] Reyes menciona este libro de Bioy al final del apartado XIV de «Hermes o de la comunicación humana»: *Filosofía y Letras* II.3, México, julio-septiembre de 1941, 49-76; *La experiencia literaria*, *OCAR* XIV, 47-48: «El joven escritor argentino Adolfo Bioy Casares presiente, en *La invención de Morel*, la captación íntegra del bulto humano con todos sus atributos de presencia, forma, consistencia, color, movimiento y voz: un doble perfecto de cada uno de / nosotros. Merced a una disposición comparable al disco fonográfico y al proyector de cine, el hombre ausente o ya desaparecido podría entonces reproducirse indefinidamente en sus escenas grabadas. Se llegaría a la repetición íntegra de la historia».

[344] Dr. Adolfo Bioy y Marta Casares.

[345] El Dr. Alfonso Reyes Mota (n. 1912); editó en 1969 el *Diario* de su padre.

[346] Jorge Luis Borges, Adolfo Bioy Casares, Silvina Ocampo: *Antología de la literatura fantástica*. Buenos Aires: Sudamericana, 1940 (Laberinto, 1); existen numerosas reediciones. Acerca del usualmente soslayado papel de Silvina Ocampo en esta antología, cf. Annick Louis: «Silvina Ocampo et la *Antología de la Literatura Fantástica*»: *Le fantastique argentin. Silvina Ocampo, Julio Cortázar. América. Cahiers du CRICCAL* 17, 1997, 255-269; y «Definiendo un género: la *Antología de la literatura fantástica* de Silvina Ocampo, Adolfo Bioy Casares y Jorge Luis Borges»: *Nueva Revista de Filología Hispánica* XLIXI.2, México, 2001, 409-437. Reyes, por su parte, tilda de «caprichosa» esta antología, «donde seguramente hay varios cuentos firmados con

Bioy Casares respondió poco después, con la siguiente página:

[ABC.07]

[Carta de Adolfo Bioy Casares a AR, 1 p. mecanografiada (CA N° 13; Ruiz López 157-158):]

Villa Allende, Córdoba, 8 de septiembre de 1941

Señor Don Alfonso Reyes,
presidente de El Colegio de México,
Pánuco, 33, México, D.F.

Querido maestro:[347]

Estoy desprovisto (o libre) de *La invención de Morel*, pero su generosa carta me llegó con mucho atraso y no quiero postergar la contestación ni el envío de la Antología.

Si un perseverante *sino* usurpa, a lo largo de mi libro, el lugar de *si no*, habrá que atribuir esto a una fuente de errores —la desatención— y no a un mero error. En cuanto a la *p* de descrito quizá deba

---

nombres supuestos y escritos por los recopiladores del volumen» (*OCAR* IX, 308). Bioy Casares registra en sus *Memorias* (1994, 88) los títulos traducidos por él y Borges. Que Reyes aguardaba impaciente este libro se desprende de su carta del 12 de junio de 1941 a Amado Alonso (*Crónica parcial. Cartas de Alfonso Reyes y Amado Alonso, 1927-1952*. Prólogo y edición: Martha Elena Venier. México: El Colegio de México, 2008, 170): «Desearía yo además dos libros recién publicados en Buenos Aires: Leopoldo Hurtado, *Espacio y tiempo en el arte actual*, Losada [1941]; Borges, Ocampo y Bioy, *Antología de la literatura fantástica*». Sobre el volumen, véase María José Ramos de Hoyos: «La *Antología de la literatura fantástica* de Borges, Bioy Casares y Silvina Ocampo»: Rafael Olea Franco, ed.: *Fervor crítico por Borges*. México: El Colegio de México, 2006, 209-229.

[347] Se conservan puntualmente los errores de grafía que Bioy incluye intencionalmente en su carta.

atribuirse a un secreto mal gusto, pero la atribuyo a un razonamiento condenado al infortunio: los dos mejores escritores de nuestro idioma, usted y Borges, lo condenaron (de paso recuerdo que Unamuno exigía la supresión de la *b* de *obscuro*).[348] Yo, en mi adecuada confusión, escribía *descripto* y *obscuro*, y razonaba: sin duda conviene suprimir esas letras; de todos modos, el tiempo ha de suprimirlas; cada vez que escribimos *descripto* molestamos a la posteridad (como los que escribieron *fermoso*); pero suprimir esas letras es trabajo de ínfimos atilas, de verbales hitlers, es una modesta contribución al matete general, un intento de extraviar a la filología, una caída en la escandalosa doctrina de la ortografía fonética y en los más atroces localismos. Si la *p* capitula (pensaba yo) ¿qué nos protege de *perfeto*, de *conscrito*, de *l'ónibus*, de *dotor*?[349] Pero la capitulación es mía y de mi falacia. Una luminosa palabra que hay en el sobre está escrita con *j*, no con la tradicional *x*.[350]

Por separado le mando la *Antología*. En la página 47 hay un saludo imperceptible, un guiño, al amigo.

---

[348] Adviértase que Bioy tacha la «p» en la fecha de la presente carta.

[349] Bioy atribuye a Borges la siguiente anécdota de 1958: «Schiaffino, a los que decían *anejo*, les preguntaba por qué no decían por *nexo*, nejo y por *conexo*, *conejo*» (*Borges*, 431). Véase la opinión que Borges tenía acerca de estos temas a finales de la década del veinte, en «Sobre pronunciación argentina»: *Nosotros* 227, Buenos Aires, abril de 1928, 152 (carta de Borges a Tobías Bonisatti, director de una revista de Bahía Blanca titulada *Índice*); *Textos recobrados 1919-1929*, 1997, 336-337.

[350] Bioy Casares debe aludir a la *x* de la palabra *México*. Véase, de Reyes: «La interrogación nacional»: *Monterrey* 9, Rio de Janeiro, julio de 1932; *OCAR* VIII, 261-262 (apartado *Ortografía o eje de la X*). También la carta de Reyes del 25-III-1952 al escritor argentino Arturo Capdevila, donde se explaya sobre el tema. En resumen: «A lo largo de nuestra historia se ha escrito la palabra con *x*, con *j* y, durante el desconcertado siglo XIX, hasta con *g*. La ortografía oficial conserva la *x* por una coquetería arqueológico-lingüística. Y por algunas de esas confusiones propias del *Gulliver* de Swift, los conservadores han dado en México, actualmente, en la flor de preferir la *j*, y los liberales, la *x*» (Zaïtzeff 2008, 133).

Tenemos en prensa una olvidable *Antología de la Poesía Argentina* (1900-1941); preparamos otra, de cuentos fantásticos y policiales.[351] ¡Cómo lo necesitamos aquí, la literatura y los amigos! Saludos afectuosos, y la gratitud de

Adolfo Bioy Casares

Un abrazo a su hijo.

[A mano:]

N.B.: Mi dirección es la de siempre: Av. Quintana 174, Bs. As.

***

Reyes, a su vez, respondió con la siguiente misiva:

---

[351] Jorge Luis Borges, Adolfo Bioy Casares, Silvina Ocampo: *Antología poética argentina*. Buenos Aires: Sudamericana, 1941 (Laberinto, 2; con prólogo de Borges, fechado el 4 de diciembre de 1941). No fue reeditada por los recopiladores. Recibió, por su parcialidad y por su nivel desparejo, fuerte crítica (cf., por ejemplo, la reseña de Eduardo González Lanuza en *Sur* 89, Buenos Aires, febrero de 1942, 68-69). No apareció ninguna recopilación de «cuentos fantásticos y policiales», pero sí lo hicieron dos libros con temas similares: Jorge Luis Borges, Adolfo Bioy Casares: *Los mejores cuentos policiales*. Buenos Aires: Emecé, 1943. Un decenio más tarde, los mismos publicaron: *Cuentos breves y extraordinarios*. Buenos Aires: Rueda, 1953 (Mundial, 2). El plan original parece proceder de 1937: en el tercer y último número de la revista *Destiempo* (Buenos Aires, diciembre de 1937) se anunciaba ya para agosto de 1938 un libro recopilado por Borges, que no llegó a aparecer: *Antología de Cuentos Irreales*. De índole similar es la recopilación hecha por Borges y Bioy: *Libro del cielo y del infierno*. Buenos Aires: Sur, 1960.

[ABC.08]

[Carta de AR a Adolfo Bioy Casares, 1 p. mecanografiada (CA N° 14, copia; Ruiz López 159; el original con firma autógrafa y agregados *manuscritos* de Alfonso Reyes en el archivo póstumo de ABC; gracias a Daniel Martino):]

[Membrete:] El Colegio de México / Pánuco, 63 / Eric. 18-68-61 Méx. L 47-61 / El Presidente

México, D.F., 14 de octubre de 1941

Sr. D. Adolfo Bioy Casares
Ave. Quintana, 174.
Buenos Aires, Argentina.

Querido Adolfo:

Le agradezco mucho la preciosa *Antología de la literatura fantástica* que acaba de llegarme y que mucho deseaba poseer, aunque ya he andado asomándome a ella por todos lados. Felicitaciones a los tres y a los tres envío un afectuoso abrazo.

Alfonso Reyes
Alfonso Reyes

P.S. Escrito el recado anterior me llega su gratísima carta. Veo que las palabras no nos dejan dormir. Ya verá usted como un día las matamos a todas. Venga esa *Antología de la poesía argentina*. Yo también quisiera estar con ustedes, amigos inolvidables. *Saludos de mi hijo. Lo he tenido enfermo hace más de dos años, de reumas misteriosos que van y vienen. Parece que ya la acertamos.*

AR

***

1942

No hay rastro de la misiva de Borges a Reyes que habría acompañado el envío de su libro *El jardín de senderos que se bifurcan*, de hacia marzo-julio de 1942. El ejemplar remitido por Borges se conserva en la «Capilla Alfonsina», con la siguiente dedicatoria:

A Alfonso Reyes, estos opacos ejercicios de imaginación razonable. Con nostalgia de su conversación. *Jorge Luis Borges.*

***

[16]

[Carta de AR a JLB, 1 página mecanografiada. (Pacheco 1979, 7, N° V; JWR 621; «Capilla Alfonsina» N° 10, copia):]

México, D.F., a 19 de agosto de 1942.

Sr. D. Jorge Luis Borges

Mi querido y siempre recordado Jorge Luis:

No podría en breves líneas decirle con cuánto agrado he leído sus *Caminos que se bifurcan*[352] y con cuánto interés busco todo lo que usted publica. Lo desearía siempre a mi lado...[353]

Sería posible que me consiguiera usted un volumen de *Línea* de Gilberto Owen que publicamos en *Cuadernos del Plata*?

Saludos a todos. Gracias y un abrazo.

AR
Alfonso Reyes

***

[352] De parte de quien, como Reyes, sentía tanta aprehensión por las erratas, es una desconsideración que debe haber herido a Borges hablar de «Caminos que se bifurcan». El título correcto es «El jardín de senderos que se bifurcan». El relato dio su nombre al volumen aparecido en Editorial Sur en 1942, con nueve de los mejores cuentos de Borges: «Tlön, Uqbar, Orbis Tertius», «El acercamiento a Almotásim», «Pierre Menard, autor del Quijote», «Las ruinas circulares», «La lotería en Babilonia», «Examen de la obra de Herbert Quain», «La biblioteca de Babel», «La muerte y la brújula» y «El jardín de senderos que se bifurcan». En 1944 pasaron a conformar el volumen *Ficciones*.
[353] La última frase falta en Pacheco; el párrafo siguiente falta en JWR.

1943

Guillermo de Torre dedicó este año dos libros a Reyes:

La aventura y el orden. Buenos Aires: Losada, 1943 (UANL, signatura: PN778/ T6/ 1943 FAR):

Para Alfonso Reyes, con el
vivo recuerdo de
Guillermo de Torre

Menéndez Pelayo y las dos Españas. Buenos Aires: Patronato hispano-argentino de cultura, 1943 (UANL, signatura: PQ6020/ .M4/ T6/ 1943 FAR):

A Alfonso Reyes, quien
comprenderá muy bien estos
desgarramientos.

Con la vieja y leal amistad de
Guillermo de Torre

(Véase *Las letras y la amistad,* 2005, Apéndice 17.)

***

Alfonso Reyes: «El argentino Jorge Luis Borges»: *Tiempo*, México, 30 de julio de 1943; *Los trabajos y los días*, 1944; *OCAR* IX, 307-309 (hay numerosas reediciones; sigo aquí la versión de *OCAR*):

Alfonso Reyes
El argentino Jorge Luis Borges

ORÍGENES y *tradición*. El gran viejo argentino Macedonio Fernández, cuya atildada cortesía y cuyas facciones recuerdan un poco a Paul Valéry, pertenece a la tradición hispánica de los «raros», que puede trazarse por las extravagancias de Quevedo, Torres Villarroel, Ros de Olano, Silverio Lanza y Gómez de la Serna. Sin ser maestro de capilla, ha ejercido cierta influencia en un grupo juvenil argentino, al menos poniéndolo en guardia contra los lugares comunes del pensamiento y de la expresión.

La obra y la persona. Jorge Luis Borges, uno de los escritores más originales y profundos de Hispanoamérica, detesta, en Góngora, las metáforas grecolatinas ya tan sobadas y las palabras que significan objetos brillantes sin dar claridad al pensamiento, así como desconfía del falso laconismo de Gracián, que acumula, aunque en frases cortas, más palabras de las necesarias. Borges ha escrito ya una buena docena de libros entre verso y prosa. En el verso huye de lo que él llama la manía exclamativa o la poesía de la interjección, y en la prosa, cuando opera con su propio estilo, sin caricatura costumbrista, huye de la frase hecha. Su obra no tiene una página perdida. Aun en sus más rápidas notas bibliográficas hay una perspectiva original. Fácilmente transporta la crítica a una temperatura de filosofía científica. Sus fantasías tienen algo de utopías lógicas con estremecimientos a lo Edgar Allan Poe. Su cultura en letras alemanas e inglesas es caso único en nuestro mundo literario. En sus venas hay sangre escocesa. Su hermana, Norah, es la fina dibujante, esposa de Guillermo de Torre. Tiene una parienta anciana a quien visitan los duendes y los espíritus, pero con tanta familiaridad, que ya ella no les hace caso cuando dan en tumbar sillas o descolgar cuadros de las paredes. Borges es algo miope, y su andar parece el de un hombre medio naufragado en el mundo físico. Con todas las condiciones para ser un /308/ exquisito, se orienta de modo singular, cuando quiere, por entre los bajos fondos de la vida porteña y el lenguaje del arrabal, en el que ha logrado unas páginas de factura admirable y verdaderamente quevediana, dando dignidad al dialecto. ¡Lástima que estas páginas —de extraordinario valor— resulten inaccesibles al que no ha practicado aquellos ambientes de Buenos Aires!

La novela detectivesca. Así acontece con un libro publicado bajo el seudónimo de H. Bustos Domecq, *Seis problemas para don Isidro Parodi* (Buenos Aires, Sur, 1942).[354]

Borges y su colaborador Adolfo Bioy Casares —de una generación más nueva y autor de la encantadora fantasía científica *La invención de Morel*— habían publicado no hace mucho cierta caprichosa *Antología de la literatura fantástica,* donde seguramente hay varios cuentos firmados con nombres supuestos y escritos por los recopiladores del volumen. Con un método semejante, los *Seis problemas* crean la personalidad de los prologuistas y del fingido autor Bustos Domecq, antes de crear los cuentos mismos. Con este libro, la literatura detectivesca irrumpe definitivamente en Hispanoamérica, y se presenta ataviada en el dialecto porteño. No se trata de problemas policiales ni de investigaciones de laboratorio. Parodi, el per-

---

[354] Sobre este libro escribe Reyes en «¿Ruido o silencio?» (*La Nueva Democracia,* Nueva York, mayo de 1944; *OCAR* IX, 356): «Últimamente, ha aparecido en español, aunque en español dialectal y cargado de propósito con argentinismos intraducibles, cierta obra firmada bajo el seudónimo *Bustos Domecq* (*Seis problemas para D. Isidro Parodi*), que merece también los honores de la primera fila y que representa la entrada triunfal del asunto *detectivesco* en las letras de nuestra habla».

sonaje que descubre la trama de los casos y la identidad de los culpables, no cuenta más que con su cerebro, como que es un presidiario recluido en su celda para varios años. Este desasimiento del «mundanal ruido» le da la concentración mental para sus aciertos y la nitidez, el despojo, para captar las líneas esenciales de los problemas. Todos los casos se desenvuelven en dos tiempos: en el primero, el visitante —generalmente un inocente de quien se sospecha— relata su enigma al presidiario como quien cuenta su enfermedad al médico; en el segundo, y con ocasión de una segunda visita, el médico dicta el diagnóstico, el presidiario da la recta solución del enigma.

Testimonio social. De paso, nos vemos transportados a los escenarios más abigarrados y curiosos, recorremos los más ocultos rincones de la vida porteña, y desfila a nuestros ojos /309/ una galería de tipos de todas las escalas y todas las razas mezcladas en aquel hervidero de inmigraciones, hablando cada uno su lenguaje apropiado. A tal punto que, amén de su interés de enigma, el libro adquiere un valor de testimonio social, aunque iluminado fuertemente por las luces poéticas. Entiéndase bien: poéticas, no sentimentales. No hay un toque sentimental aquí, que sería contrario a la firme estética de Borges.

Mago de las ideas. Borges es un mago de las ideas. Transforma todos los motivos que toca y los lleva a otro registro mental. Los solos títulos de sus libros hacen reflexionar sobre una nueva dimensión de las cosas y parece que nos lanzan a un paseo por la estratósfera: *El tamaño de mi esperanza, Historia de la eternidad, Historia universal de la infamia,* etc. Ya inventa una región inédita y olvidada del mundo, donde se pensaba de otro modo: «Tlön, Uqbar, Orbis Tertius»;[355] ya inventa a un escritor francés que se propone reescribir

---

[355] Una figura llamada «Reyes» es mencionada en este texto.

íntegro el texto del *Quijote*, usando las mismas palabras de Cervantes, y simplemente pensando por su cuenta y al modo de hoy, con la fertilización del anacronismo, cada uno de los conceptos del libro clásico; ya imagina una biblioteca de todos los libros existentes y todos los libros posibles; ya una Babilonia gobernada, no por leyes sino por una especie de Lotería Nacional. Lo cual, bien mirado...

Tiempo, México, 30 de julio de 1943 («Misterio en la Argentina»).

***

[17]

[Carta de JLB y ABC a AR, 1 página mecanografiada (Pacheco 1979, 9, N° VI; JWR 622; «Capilla Alfonsina» N° 11; copia sin firma en el archivo póstumo de ABC (gracias a Daniel Martino); con introducción y notas en Carlos García: «Borges, Reyes y Chesterton. Una glosa»: *Proa* 42, Buenos Aires, julio-agosto de 1999, 115-116):]

Buenos Aires, 23 de octubre de 1943.
Sr. don Alfonso Reyes,
Méjico

Querido amigo:

¿Podemos incurrir en la mera historia? Cierta editorial nos encargó una antología de cuentos policiales; en ella incluimos «Los tres jinetes del Apocalipsis», de Chesterton; el valeroso temor de ofender a ciertos países aconsejó a nuestros editores la eliminación de ese cuento;[356] a última hora tuvimos que reemplazarlo: optamos por «La honradez de Israel Gow», en la excelente versión que usted conoce.[357] Esperamos, ahora, en su indulgencia.[358]

---

[356] El país al que no se quería ofender era, conjeturo, Alemania. Los militares argentinos sintieron gran admiración, ya antes de la Segunda Guerra Mundial, por el ejército alemán, y peregrinaban hacia allí para aprender su oficio, o trajeron al país instructores y armas alemanes. Perón simpatizaba con la Alemania nazi ya desde sus tiempos como coronel y miembro del Grupo de Oficiales Unidos. Acerca de su ayuda a nazis, tras la Guerra, véase Uki Goñi: *Perón y los alemanes. La verdad sobre el espionaje y los fugitivos del Reich*. Buenos Aires, 1998. Sobre el papel jugado por el ejército en la Argentina de la época, véase Robert A. Potasch: *El ejército y la política en la Argentina, 1945-1962. De Perón a Frondizi*. Buenos Aires: Sudamericana, 1981.

[357] La «excelente versión» era de Reyes. Fue corregida por Borges y/o Bioy; Reyes agradecerá los «finos retoques» en carta del 24 de mayo de 1944 (aquí, N° 20). Tanto «Los tres jinetes del Apocalipsis» como «La honradez de Israel Gow» figuran en Gilbert Keith Chesterton: *El ojo de Apolo* (Madrid: Siruela, 1985), en traducción de Bor-

Saludamos a nuestros lejanos amigos Xavier Villaurrutia[359] y José Luis Martínez.[360] Para usted, nuestra viva nostalgia, toda nuestra amistad.

Jorge Luis Borges
Adolfo Bioy Casares

***

ges y Bioy (la participación de Reyes no es mencionada en las ediciones modernas). El original «The Three Horsemen of Apocalypse» procede del volumen *The Paradoxes of Mr. Pond* (1936), el último libro de ficción de Chesterton. El cuento es el primero de una serie de ocho, siete de los cuales habían aparecido originalmente en *Storyteller* en 1935 y 1936.

[358] La antología apareció en 1943, bajo el título *Los mejores cuentos policiales*, en Editorial Emecé (Buenos Aires).

[359] Xavier Villaurrutia (1903-1950): poeta mexicano, relacionado con el grupo de la revista *Contemporáneos*. *Obras completas*. Prólogo: Alí Chumacero. México: FCE, ²1966. Reyes mantuvo correspondencia con él. Villaurrutia publicaría «Tres notas sobre Jorge Luis Borges»: *El hijo pródigo*. México, 1944-1945; Jaime Alazraki, ed.: *Jorge Luis Borges. El escritor y la crítica*. Madrid: Taurus, 1976 64-68 (sobre *Poemas 1922-1943*, *Ficciones* y *Seis problemas para Don Isidro Parodi*).

[360] José Luis Martínez (1918-2007): escritor y diplomático mexicano, una de las personalidades culturales más descollantes del siglo XX, autor, entre otros títulos, de *Elegía por Melibea y otros poemas* (1940), *Poesías mexicanas modernas* (1942), *Situación de la literatura mexicana moderna* (1948), *La literatura mexicana. Siglo XX* (1949-1950), *La expresión nacional*. México: Ediciones Oasis, 1984. Fue catedrático de la UNAM y director del Fondo de Cultura Económica. Dirigió la edición de las *Obras Completas* de Reyes.

[18]

[Carta de AR a JLB y ABC, 1 página mecanografiada. (Pacheco 1979, 9; N° VII; JWR 622-623; «Capilla Alfonsina» N° 12, copia):]

México, D.F., a 17 de noviembre de 1943.

Sr. don Jorge Luis Borges

Queridos Jorge Luis y Adolfo:
Gracias por su carta del 23 de octubre. Villaurrutia y Martínez saludan a ustedes por mi conducto. Israel Gow está muy honrado. Esperemos que los sucesores de Calleja[361] no reclamen, pues de ellos era la propiedad. No olviden enviarme la antología policial. Los sigo cuanto puedo. Los recuerdo siempre y los quiero de veras.

AR

***

[361] Editorial madrileña, donde habían aparecido, originalmente, las traducciones de Chesterton hechas por Reyes, quizás por mediación de su amigo José Moreno Villa, quien trabajaba para la editorial Calleja desde 1917 (véase su artículo titulado «Calleja y Alfonso Reyes»: *Hermes*, Madrid, enero de 1921): *Ortodoxia* (1917), *Pequeña historia de Inglaterra* (1920), *El candor del padre Brown* (1921), *El hombre que fue jueves* (1922). «El honor de Israel Gow» pertenece a *El candor del padre Brown*. Sorprende, sin embargo, el aserto de Reyes acerca de la situación legal, puesto que sus traducciones de *El hombre que fue jueves* y *El candor del padre Brown*, habían sido publicadas, en el intervalo, por Editorial Losada (1938 y 1939), en cuyo programa figuran aún hoy. Entre tanto, sus traducciones fueron adoptadas en las *Obras completas* de Chesterton publicadas por Aguilar (Madrid).

[19]

[Carta de AR a JLB, 1 página mecanografiada. (Pacheco 1979, 9; N° VIII; fragmento en JWR 623; «Capilla Alfonsina» N° 13, copia):]

México, D.F., a 24 de noviembre de 1943

Sr. D. Jorge Luis Borges
Buenos Aires, Argentina

Querido Jorge Luis:

Yo soy el primero y el último, pero no el único que lo admira y quiere en México. *Cuadernos Americanos* desea vivamente alguna colaboración de usted, lo que le dé la gana. Nos honraría y complacería mucho. La administración es correcta y sabe bien que el trabajo literario se paga.[362]

Un abrazo cordial.   *AR*

Alfonso Reyes

***

[362] La única colaboración de Borges en *Cuadernos Americanos* es de 1958: el poema «Un sajón», recogido en *Poemas 1923-1958* (Buenos Aires: Emecé, 1958). Jesús Silva Herzog (1892-1985) fundó la revista en 1941; su primer número, correspondiente a enero-febrero de 1942, fue impreso el 29-XII-1941. Reyes formaba parte de la «junta» directiva (cf. Jesús Silva Herzog: «La revista del nuevo mundo»: *Una vida en la vida de México*. México: Siglo XXI, 1972, 246). Véase Alberto Enríquez Perea: *Vidas de cultura y pasión mexicanas. Correspondencia Alfonso Reyes / Jesús Silva Herzog (1939-1959)*. México: El Colegio de México/El Colegio de San Luis Potosí, 2001 (no se menciona a Borges en ese epistolario).

1944

[20]

[Carta de AR a JLB, 1 página mecanografiada. (Pacheco 1979, 9, N° IX; JWR 624; «Capilla Alfonsina» N° 14, copia):]

México, D.F., a 24 de mayo de 1944

Sr. don Jorge Luis Borges
Maipú 994
Buenos Aires, Argentina

Mi querido Jorge Luis:

Bástele saber que he estado enfermo y no pregunte de qué.[363] Descanso, campo, alejamiento de toda tarea, etc. En estos tristes tiempos, la antología poética de usted ha sido una de mis más ciertas

---

[363] Reyes sufría del corazón. El ataque en cuestión tuvo lugar el 4-III-1944; hubo otros en febrero y junio de 1947 y uno más el 3-VIII-1951. Una carta de Manuela Mota de Reyes a Adolfo Bioy Casares, con matasellos del 10-IX-1951 (cf. aquí abajo), relata que Reyes guardó cama debido a su dolencia. Sobre los problemas cardíacos de Reyes y las reflexiones que le suscitaron, véanse sus notas en *Cuando creí morir* (*OCAR* XXIV), publicadas póstumamente.

alegrías.[364] Volví a pasar por las avenidas conocidas y entre las nuevas, fascinado.[365] Gracias de todas veras.

Ahora, para usted y para Adolfo Bioy: acaban de llegarme los cuentos policiales. Encantado, me prometo unas horas de encanto.[366] Me ha gustado mucho ver el cuento de Chesterton convertido ya en un ente estético independiente de los casuales traductores, y he apreciado como buen gustador los finos retoques.[367] Gracias otra vez.

[364] Reyes alude a *Poemas (1923-1943)*. Buenos Aires: Losada, 1943 (Poemas de España y América. — Directores: Amado Alonso, Guillermo de Torre. Colofón: 17 de noviembre de 1943), con una viñeta de tapa hecha por Atilio Rossi en 1942. Borges debió acompañar el envío con algunas líneas, cuyo paradero ignoro. No se conserva el volumen, que, al parecer, contenía una dedicatoria, en la Biblioteca Alfonsina de Monterrey (UANL).

[365] Con el giro acerca de «las avenidas conocidas y las nuevas» alude Reyes a que el volumen contenía muchas piezas conocidas de los primeros tres poemarios de Borges: *Fervor de Buenos Aires, Luna de enfrente* y *Cuaderno San Martín* (pero no todas, ya que algunas fueron suprimidas y las demás reescritas), más alguna nueva. Los poemas nuevos eran las siguientes (agrego entre paréntesis las fechas en que surgieron o fueron publicados por primera vez: «Prose poems for I. J.» (1934); «Insomnio» (1936), «La noche cíclica» (1940), «Del infierno y del cielo» (1942), «Poema conjetural» (1943); Borges agregó a algunos textos también unas «Notas». Si se considera que el poemario anterior había aparecido en 1929, debe decirse que este volumen de 1943 ofrece un magro resultado y es indicio de una grave crisis de Borges como poeta. De hecho, vimos más arriba (cap. «1932») que Borges había planeado otro poemario, que sin embargo nunca llegó a cuajar.

[366] Reproduzco la dedicatoria del libro a continuación de esta misiva.

[367] Se trata del cuento «La honradez de Israel Gow»; Borges y Bioy retocaron la traducción de Reyes. Para la cuestión, cf. mi glosa «Borges, Reyes y Chesterton»: *Proa* 42, Buenos Aires, julio-agosto de 1999, 115-116; *El Trujamán*, Madrid, 14-IV-2004 (Centro Virtual Cervantes) y en www.alfonsoreyes.org, Colaboraciones, 25-X-2004. Carla Raffo estudia en detalle los «finos retoques» en «Un cuento policial: Chesterton según Reyes y Borges»: *Variaciones Borges* 25, Pittsburgh, abril de 2008. Acerca del tema Borges y la traducción pueden verse los siguientes trabajos: Efraín Kristal: *Invi-*

Pronto llegará un libro espantoso que estoy por sacar: *El Deslinde, Prolegómenos a la teoría literaria.* Por favor, considérenlo con piedad. El hijo monstruoso es el que se lleva nuestra ternura.[368]
Saludos y abrazos.

A.R.

***

El libro al cual alude Reyes se conserva en la «Capilla Alfonsina»: Adolfo Bioy Casares/Jorge Luis Borges: *Los mejores cuentos policiales.* Buenos Aires: Emecé (1943), 2ª ed., 1944 (UANL, signatura: PN6054/ B5 FAR):

---

sible Work. Borges and Translation. Nashvilel (TE): Vanderbilt University Press, 2002; Sergio [Gabriel] Waisman: *Borges y la traducción. La irreverencia de la periferia.* Buenos Aires: Adriana Hidalgo, 2005 [en inglés: *Borges and Translation. The Irreverence of the Periphery.* Lewisburg (PA): Bucknell University Press, 2005 (Bucknell Studies in Latin American Literature and Theory)]; Olea Franco, Rafael: «Una infidelidad creadora y feliz: el civilizado arte de traducir»: *Los dones literarios de Borges.* Madrid/Frankfurt am Main: Iberoamericana/Vervuert, 2006, 67-97. Me ocupé de algunas traducciones de Borges, sobre todo del alemán, en C. García 1996/06, 2002/04, 2003/12, 2004/02, 2004/09 y 2004/10a. Por el revés, interesa también Sylvia Molloy: «Traducir a Borges»: Rafael Olea Franco, ed.: *Desesperaciones aparentes y consuelos secretos.* México: El Colegio de México, 1999, 273-283.

[368] Hay varias menciones de Borges en *El Deslinde* (páginas 18n, 58n, 129, 144, etc.). Véase la reseña por Luis Emilio Soto: *Sur* 124, Buenos Aires, febrero de 1945; *ARA* 292-297. Borges y Bioy (bajo el seudónimo común «B. Lynch Davis») incluyeron un pasaje («El intuitivo») de *El Deslinde* en «Museo»: *Anales de Buenos Aires* 9, Buenos Aires, septiembre de 1946; reproducido en Borges/Bioy Casares: *Museo. Textos inéditos,* 2002, 97, en *Cuentos breves y extraordinarios,* 1955; 1968, 38; y en *Libro del cielo y el infierno* (1960; 1970). A pesar de ello, no hallo testimonios de que Borges o Bioy mostraran mucho interés por el libro, que tuvo en general escasa fortuna en Argentina.

Para Alfonso Reyes,
con la amistad y la gratitud
de los antologistas
Adolfo Bioy Casares
Jorge Luis Borges

***

Bioy remitió a Reyes un ejemplar dedicado de su libro de relatos *El perjurio de la nieve*. Buenos Aires: Cuadernos de la Quimera (Emecé), 1944 (UANL, signatura: PQ7797/ .B535/ P3 FAR):

Para Alfonso Reyes,
(el maestro, el amigo),
con la devoción de *Bioy Casares*
[A lápiz, con otra letra:] Sta Fe 2606/Bs Aires

***

1945

En uno de sus numerosos aportes sobre la novela policial, Alfonso Reyes menciona a Borges («Sobre la novela policial»: *Todo*, México, enero de 1945; *OCAR* IX, 458):

—¿Se ha escrito algo que merezca leerse sobre el género policial?
—Hay un buen ensayo de Roger Caillois, y hay mil notas y luminosos atisbos en Jorge Luis Borges, que, en colaboración con Adolfo Bioy, está dando carta de naturalización al género en la literatura hispanoamericana y, podemos decir, en la hispana.

***

En la Biblioteca Nacional (Buenos Aires) se conserva, bajo la signatura Nº Inv.: 537.724, un texto de Reyes dedicado a Borges: «Tres puntos de exegética literaria»: *Jornadas* 38, México D.F.: El Colegio de México/Centro de Estudios Sociales, 1945, 80 p. Dedicatoria en portada: «a Jorge Luis. A.R.». El libro contiene tres ensayos de Reyes: «El método histórico en la crítica literaria» (1941), «La vida y la obra» (1940) y «Los estímulos literarios» (1942); todos ellos figuran ahora en *OCAR* XIV, 237-308.

***

Adolfo Bioy Casares obsequia a Reyes un ejemplar dedicado de su novela *Plan de evasión*. Buenos Aires: Emecé, 1945 (UANL, signatura: PQ7797/ .B535/ P3 FAR):

Para Alfonso Reyes,
el maestro, el amigo.
Adolfo Bioy C

***

1946-1948

En 1946, Borges y Bioy citan un párrafo de Reyes, procedente de *El deslinde* (1944), en su rúbrica «Museo» de *Los Anales de Buenos Aires* 9, septiembre de 1946, bajo la firma común «B. Lynch Davis» (Borges/Bioy Casares: *Museo*, 2002, 97).

No se conservan, al parecer, otros testimonios de esta época. Pero encuentro algunas menciones de Borges en otras correspondencias mantenidas por Reyes paralelamente en 1948.

Así, por ejemplo, en carta de Roberto Giusti a Reyes, del 14 de junio de 1948 (CA Giusti N° 21), escrita tras la lectura de *Jardín de flores curiosas*, de Antonio de Torquemada:[369]

> ¿se figura usted cómo la habrían paladeado algunos cenáculos modernistas de fines del siglo pasado, amadores de cosas raras, de haberlo conocido? Y yo me pregunto: ¿qué no haría por leerlo Jorge Luis Borges?

El texto rezuma cierta ironía y, quizás, alguna inquina. La revista *Nosotros*, que Giusti fundó y dirigió por decenios con Alfredo Bianchi, había contribuido al establecimiento de Borges en la escena literaria de Buenos Aires a comienzos de la década del veinte. De los dos directores, Bianchi fue quien más apoyó a Borges. Giusti no

---

[369] Antonio de Torquemada: *Jardín de flores curiosas, en que se tratan algunas materias de humanidad, philosophia, theologia, y geographia, con otras cosas curiosas, y apazibles* [...]. Salamanca, 1570. Edición de Giovanni Allegra. Madrid: Castalia, 1982 (Clásicos Castalia, 129).

parece haberlo visto con buenos ojos. No sorprende, por ello, que Borges apenas participe en la segunda etapa de la revista (números 1 y 26-28, de 1936 y 1938). No se conserva en este caso, por desgracia, la respuesta de Reyes. Por lo demás, es de imaginar que Borges conocía el texto de Torquemada, aunque no hallo muestras de que lo mencione en alguno de sus textos (no figura, por ejemplo, en Balderston 1986).

Una carta de Reyes a Victoria Ocampo (CA V. Ocampo N° 109), del 3 de agosto de 1948, contiene otra mención de Borges:

> Simplemente por curiosidad, y sin que el caso tenga la menor importancia: acaba de llegar a [esta] un joven poeta mexicano que estuvo empleado allá en nuestra Embajada. [...] Me ha traído saludos de mis amigos más escogidos de Buenos Aires, presentándose como muy habitual de tu casa, de María Rosa [Oliver], de Borges, de Bioy, etc. ¿Es verdad que estuvo tan en trato con ustedes como él pretende y que se habla de «tú» contigo?

Por carta sin fecha, poco posterior (CA N° 110), Victoria Ocampo negará haber conocido al poeta de marras. La carta de Reyes muestra que consideraba a Borges entre sus «amigos más escogidos de Buenos Aires».

Poco después, el 8 de septiembre de 1948, la madre y la hermana de Borges fueron detenidas por la policía peronista. Un grupo de damas al cual ambas pertenecían había cantado el himno nacional y distribuido panfletos políticos en la calle Florida. A raíz de ello, ambas fueron condenadas a un mes de prisión. Doña Leonor, ya anciana, estuvo detenida en su propia casa, pero Norah fue internada en una cárcel. Ésta es una de las fuentes del odio que Borges sintiera por el peronismo, que acompañará de aquí en más su vida como ciudadano y explicará, entre otras cosas, por qué se dejó instrumentalizar por algunos regímenes militares posteriores.

***

De este año se conservan en México dos libros dedicados por Torre a Reyes:

El primero fue *Lope de Vega*. Separata del «Estudio preliminar» al tomo destinado al Teatro de Lope de Vega en la colección de Clásicos Jackson. Separata. Buenos Aires: Jackson, 1948 (UANL, signatura: PQ6481/ T6 FAR):

> Para Alfonso Reyes.
> *Guillermo de Torre*

(Borges participó también en proyectos relacionados con los Clásicos Jackson.)

Reyes respondió elogiosamente a Torre mediante carta del 1 de marzo de 1949 (N° 93 en mi edición):

> Me encanta poseer en tirada aparte su magnífico ensayo sobre Lope de Vega, donde hasta ha encontrado usted, con su habitual liberalidad, algún sitio para mis pobres palabras.

El segundo libro es: *Valoración literaria del existencialismo*. Buenos Aires: Ollantay, 1948 (Aguja de vidrio, 2) (UANL, signatura: B819 .T6 FAR):

> A Alfonso Reyes, que
> nunca me manda sus libros,
> pero que yo leo siempre. Esta
> mínima aportación a sus
> anaqueles. Con un abrazo de
> *Guillermo de Torre*/1948.
> Juncal 1283. Buenos Aires.

***

1949

[JMV.02]

[Carta de Juan Manuel Villarreal a Alfonso Reyes, 2 páginas mecanografiadas, «Capilla Alfonsina»:]

Juan Manuel Villarreal
La Plata, 14 — 835

2 de mayo de 1949

Admirado y admirable amigo:

Su *Cortesía* de ayer[370] me encuentra hoy —después de veinte años de silenciosa devoción por su obra— entre mis papeles de abogado de provincia y me recuerda —¡lejano laurel!— que yo también quise ser poeta. (¡No es acaso ésa la piedra de toque de todo gran artista!) Sus mejores versos —¡Oh! «Tonada de la sierva enemiga»[371] y muchos otros que oímos por vez primera en la voz magistral de Pedro [Henríquez Ureña]— vuelven ahora a mis oídos y al acelerar el ritmo de mi corazón lo ilusionan con que aún tiene veinte años.

---

[370] Reyes recogió el poema a Villarreal arriba reproducido en el volumen *Cortesía* (México: Cultura, 1948).
[371] Cf. *OCAR* X, 67-68.

Aunque más no fuera por ese presente vital, su *Cortesía* de ayer, de hoy y de siempre deja comprometida la gratitud de este su amigo, cuyo nombre, a la sombra vigorosa del suyo, perdurará lo que sus propios méritos no lograrían jamás.

Cordial y agradecidamente suyo me repito su devoto admirador y /2/ sincero amigo

Juan Manuel Villarreal

Señor D. ALFONSO REYES[372]
México D.F.

***

El 14 de mayo de 1949, Enrique Espinoza (seudónimo de Samuel Glusberg) remite una carta a Reyes desde Chile, con el siguiente pasaje:

> Me gustaría, querido Alfonso Reyes, dedicarle un número de *Babel*. Pero aquí no hay cómo hacerlo. Su obra es muy apreciada en general. Pocos la conocen, sin embargo, en particular. Creo que se impone una rigurosa selección de sus mejores páginas, que podría intentar Borges o algún otro admirador suyo de Buenos Aires.

***

---

[372] El siguiente testimonio de este diálogo es de 1951.

[ABC.09]

[Carta de Adolfo Bioy Casares a AR, 1 página manuscrita sobre papel azul. (CA N° 15; Ruiz López 160):]

[Membrete:] Per Air Mail / [Escudo con el lema: Per Mare Ubique] / Royal Mail Lines Limited // On Board / The Royal Mail Liner / «Andes»

[¿AR?:] Santa Fe 2606/Bs. As.

[A bordo del «Andes»,] 30 de junio de 1949[373]

Señor don Alfonso Reyes.

Querido maestro: Aquí van las tardías congratulaciones[374] y la amistad y la nostalgia y la admiración de

Adolfo Bioy Casares

Muchas veces, en Francia, con Octavio y con Helena Paz, le hemos recordado.[375]

***

[373] Véase Adolfo Bioy Casares: *Memorias*, 1994, 125: «En el 49, en el 51, y en el 54, estuve en Europa». Bioy y Silvina Ocampo viajaron por Inglaterra, Escocia; pasaron luego en automóvil a Suiza e Italia, desde Francia. Bioy trabó en este viaje conocimiento con Octavio Paz y Helena Garro de Paz en París (véase abajo, la nota a la carta del 14 de agosto de 1951).
[374] Reyes había cumplido los 60 años.
[375] Reyes escribirá el 13-VII-49 a Octavio Paz (Stanton 1998, 94): «Adolfito Bioy Casares me envió una tarjeta contándome que estuvo con ustedes. Cuénteme sus impresiones: yo lo dejé muy jovencito, y luego lo he visto crecer». Stanton anota: «Reyes no lo habrá visto desde su segundo período como embajador de México en Argentina (1936-1937), cuando Bioy tenía 22 y 23 años».

[ABC.10]

[Carta de AR a Adolfo Bioy Casares, 1 página mecanografiada. (CA N° 16, copia; Ruiz López 161):]

México, D.F., 8 de julio de 1949

Sr. don Adolfo Bioy Casares,
Santa Fe 2606
Buenos Aires,
ARGENTINA.

Mi querido amigo Adolfo:

Gracias por su grato saludo de a bordo, fecha 30 de junio último.

Le ruego que tome nota exacta de mi dirección, porque venía equivocada.

Lo recuerdo siempre mucho, con vivo interés por su trabajo y con firme afecto. Mi hijo lo saluda conmigo.

Un abrazo de su viejo amigo

AR
Alfonso Reyes
Av. Industria 122.

***

Bioy Casares, por su parte, remitirá a Reyes, poco más tarde, un ejemplar dedicado de su libro de relatos, titulado *La trama celeste*. Buenos Aires: Sur, 1948 [el cuento que da título al volumen apareció en *Sur* 116, Buenos Aires, junio de 1944.] (UANL, signatura: PQ7797/ .B535/ T7 FAR):

Para Alfonso Reyes, admirándolo
y queriéndolo, su amigo de
aquí lejos. *Adolfo Bioy Casares*.
                    Buenos Aires,
                    Agosto 1949.

[A lápiz, otra letra, quizás de AR:]
Santa Fe, 2606
Bs Aires.

***

[21]

[Carta de AR a JLB, 1 página mecanografiada. (Pacheco 1979, 10; N° X; JWR 627; *ARA* 277. «Capilla Alfonsina» N° 15, copia. El original de esta misiva, donado por Borges, se conserva hoy en el Tesoro de la Biblioteca Nacional, Buenos Aires. El membrete figura sólo en el original):]

[Membrete:]
EL COLEGIO DE MÉXICO
Nápoles 5
Eric. 28-68-61 Mex. 35-47-61

[México, D.F.,] 27 de septiembre de 1949

Sr. don Jorge Luis Borges

Mi querido Jorge Luis:

Estoy deleitado con *El Aleph*.[376] Acaso por culpa de mis obligaciones didácticas, me siento harto de los libros. Usted me reconcilia con las letras. ¡Qué lástima no poder tenerlo a mi lado, para que me devolviera una poca de fe!

Un estrecho abrazo

Alfonso
Alfonso Reyes

AR/jat

***

[376] Borges: *El Aleph*. Buenos Aires: Losada, 1949 (Prosistas de España y América).

1950

[22]

[Carta de AR a JLB, 1 página mecanografiada. (Pacheco 1979, 10, N° XI; falta en JWR; «Capilla Alfonsina» N° 16, copia):]

México, D.F., a 25 de abril de 1950

Querido Jorge Luis:

Si puede, le ruego que me envíe sus artículos sobre los filósofos presocráticos.[377] Me interesan por usted y por ellos. ¡Qué rabia tenerlo tan lejos!

Saludos

Alfonso Reyes

***

---

[377] Borges no escribió artículos sobre filósofos presocráticos, pero sí a menudo sobre Heráclito o alguna vez sobre Demócrito. Ignoro a qué alude Reyes.

[23]

[Carta de AR a JLB (Mejía Sánchez 1969, 83/1996b, 700-701; falta en «Capilla Alfonsina»):]

México, D.F., 28 de septiembre de 1950

Sr. don Jorge Luis Borges
Maipú 994
Buenos Aires, Argentina

Mi querido Jorge Luis:
Usted y yo no nos equivocamos en estas cosas. Es un grupo joven, pero respondo de él mejor que de mí mismo. Publica una colección de cuadernitos que se llama *Los Presentes*.[378] Quieren algunos huéspedes de edad computable. Yo, siempre viejo verde, ya usted lo sabe, les daré algo. Pero ellos y yo deseamos ardientemente unas páginas de usted, cuento, relato, entre 5 y 9 cuartillas tamaño carta, a máquina, a doble espacio. No nos falle. Mándemelo a mí. Lo abraza

Alfonso Reyes
Av. Industria 122
México 11, D.F.

***

[378] El grupo de jóvenes estaba conformado por los autores mexicanos Enrique González Casanova, Jorge Hernández Campos, Juan José Arreola y Ernesto Mejía Sánchez (nicaragüense radicado en México desde 1944). Al parecer, Borges no respondió a la solicitud de Reyes. En cuanto a la colaboración de Reyes dice Mejía Sánchez (1996b, 700): «Pues *Los Presentes* interesaron a Reyes vivamente, hasta nos preparó un original, que no sé por qué motivos no llegó a publicarse. Quizá por el silencio que guardó Borges a un requerimiento tan singular».

1951

Por estas fechas, y debido seguramente a la situación política bajo el peronismo, Borges estaba planeando abandonar Argentina y radicarse en Estados Unidos. Poco antes del 24 de abril de 1951 remite una carta a Justina Ruiz de Conde (Chairman del Departamento de Español en Wellesley College, Mass., EE. UU.), aceptando la propuesta que Mary Sweeney (secretaria de la Corporación del Instituto Internacional en EE. UU.) le hiciera poco antes por carta de tomar una cátedra de español en Wellesley, cerca de Boston. Borges no obtuvo el puesto, finalmente, porque Dámaso Alonso lo denunció como «enemigo profesional de la literatura española». Cf. Pedro Salinas/Jorge Guillén: *Correspondencia (1923-1951)*. Barcelona: Tusquets, 1992, 572.

***

Las huellas de la correspondencia entre Reyes y Juan Manuel Villarreal se interrumpen entre 1949 y 1958, pero las *Obras completas* de don Alfonso registran un contacto anterior, en forma de poema (*OCAR* X, 299):

> A Juan Manuel Villarreal
> en La Plata, por varias publicaciones
>
> Claro ingenio y pluma fuerte,
> Juan Manuel Villarreal,

su *Burlador de la Muerte*[379]
me ha deleitado al igual
que el *Fantasma*, el *Medallón*,
y la *Transfiguración*,
Ojos de perro, el *Amante*
y hasta *Las uñas del Diablo*.
Aquí renuncia el vocablo
y atajo la consonante,
que, para celebrarlos con decoro,
habría que decir «cuentos de oro».

21 de junio, 1951

El poema debió formar parte de una carta de Reyes a Villarreal, remitida al recibir uno o más libros de éste. Se conserva en México, por ejemplo, un ejemplar dedicado de:

El burlador de la muerte. Buenos Aires. Sudamericana, 1951 (UANL: PQ7797/ .V526/ B8). Dedicatoria:

* Para Alfonso Reyes,
gran poeta y señor
de la cultura, su
amigo y admirador
[Rúbrica]
16 abril de 1951.
LA PLATA - 14- 835.

Ello hace pensar que el contacto no fue interrumpido en el intervalo, a pesar de que no se conocen otros testimonios (véase «1956»).

***

[379] Alusión a un libro de Villarreal: *El burlador de la muerte*. Buenos Aires: Sudamericana, 1951.

[ABC.11]

[Carta de Adolfo Bioy Casares a AR, 1 página manuscrita sobre papel azul (CA N° 17-18, junto con una envoltura que hace las veces de sobre; Ruiz López 162):]

[Sobre:] By Air Mail / If anything is enclosed, this letter wil be sent by ordinary mail / [Sello:] R.M.S. Andes / 22AUG1951 / [ilegible]ed on the high seas / [Sello postal]

Señor don Alfonso Reyes
Avenida Industria 122,
México D.F.
México

Sender's name and adress
Adolfo Bioy Casares,
Santa Fe 2066,
Buenos Aires

A bordo del *Andes*
14 de agosto de 1951
[Matasellos: 22 de agosto de 1951]

Señor don Alfonso Reyes.

Querido maestro:

Con Helena Garro de Paz,[380] en la avenida Victor Hugo, hemos hablado de usted con profundo afecto y hemos leído, maravillados, su felicísima *Junta de sombras*.[381]

---

[380] Por estas fechas, Bioy mantuvo con Elena Garro una relación amorosa, de la cual se conserva casi un centenar de cartas. Cf. Pascal Beltrán del Río: «Historias de amor.

Reciba un abrazo de su devoto

Adolfo Bioy Casares

***

Como don Alfonso no estaba en condiciones de hacerlo, sería su esposa quien respondería a Bioy:

Cartas de Adolfo Bioy Casares a Elena Garro»: *La Nación*, Buenos Aires, 3-XII-97, «Cultura». En la Princeton University se conserva correspondencia entre Bioy y Garro y materiales afines del período 1949-1969 (signatura: C0827, box 1, folder 20-22).

[381] En carta del 3-XI-51, Octavio Paz escribe a Reyes (Stanton 1998, 158): «Mi mujer —que casi nunca lee libros de ensayos— tropezó con *Junta de sombras*. Tanto le entusiasmó su libro que volvió a leer la *Ilíada* y la *Odisea*». El volumen fue recogido en *OCAR* XVII (1965).

[ABC.12]

[Carta de Manuela Mota de Reyes a Adolfo Bioy Casares, 1 página mecanografiada. (CA N° 19, copia sin firma; Ruiz López 163):]

México, D.F., 10 de septiembre de 1951

Querido Adolfo Bioy Casares,

Recibí su cariñosa carta en la que le dice a Alfonso que con Helena Garro de Paz le había recordado y habían leído su *Junta de sombras*. Su carta le dará mucho gusto cuando pueda leerla. Ahora se encuentra en cama con un ataque al corazón ya muy mejorado. No quise dejar de contestarle a su cariñosa carta así como mandarle mis mejores recuerdos a sus padres.

Manuela M. de Reyes.
Av. Industria 122,
México 11, D.F.

***

Torre dedicó un libro a Reyes, que versa sobre el papel del intelectual y la literatura «comprometida», *Problemática de la literatura*. Buenos Aires: Losada, 1951 (UANL, signatura: PN518/ T6 FAR):

A Alfonso Reyes, maestro
en ciencia y arte literaria.
Con la antigua devoción y
amistad de
Guillermo de Torre

Reyes respondió al envío mediante carta del 11 de diciembre de 1951 (N° 94 en mi edición; CA N° 110, copia; el original, en la Biblioteca Nacional, Madrid, signatura Mss 22829/31, 20):

México, D.F., 11 de diciembre de 1951

Sr. don Guillermo de Torre,
C/o Editorial Losada,
Alsina 1131,
Buenos Aires,
Argentina.

Mi querido y muy recordado Guillermo:

Acabo de tener la alegría de recibir su volumen *Problemática de la Literatura*, que pega exactamente en el blanco de mis mayores preocupaciones y que me propongo leer cuidadosamente como todo lo que viene de su pluma. Admiro su generosidad, su actividad tan constante e inteligente, su buen tino para palpar las zonas neurálgicas. Está usted íntegra y plenamente vivo, constante presencia en el sitio de ataque. Lo admiro, lo envidio y lo felicito. Yo empiezo a cansarme. Mi último accidente cardíaco fue muy serio y me ha dejado con pocos ánimos. Tengo que reducir mi trabajo, sin remedio.

Saludos a Norah, y un abrazo de su viejo y fiel amigo

Alfonso
Alfonso Reyes

AR/jat

***

1952

Si bien no hallo documentos que certifiquen contactos entre Reyes y Borges, deben haber tenido lugar. Indicio de ello es la existencia en la Universidad de Nuevo León (México) de un ejemplar de un libro de Borges aparecido en este año (signatura: PN518/ .B64 FAR): *Otras inquisiciones* (1937-52). Buenos Aires: Sur, 1952. El texto de la dedicatoria reza:

> A Alfonso Reyes, con la nostalgia y la
> amistad de *Jorge Luis Borges*

***

1953

Ana María Barrenechea menciona a Borges en una carta a Reyes del 28 de enero de 1953 (Zaïtzeff 2008, 55-56), al hablar de Enrique Pezzoni:

¿Recuerda usted su artículo en uno de los últimos números de Sur, sobre Borges?

También alude a Enrique Pezzoni en: «Aproximación al último libro de Borges»: *Sur* 217-218, Buenos Aires, noviembre-diciembre de 1952, 101-123 (Pezzoni 1986, 31-59). Véase, del mismo autor: «Transgresión y normalización en la narrativa argentina contemporánea (1970)»: *Revista de Occidente* 100, Madrid, julio de 1971, 172-191 (Pezzoni 1986, 9-28); «Borges: La revuelta sigilosa»: *Revista de la Universidad de México* XXXVIII.12, México, abril de 1982, 45-47 (Pezzoni 1986, 60-66); «*Fervor de Buenos Aires*: autobiografía y autorretrato»: *Filología* XX.2, Buenos Aires, 1985 (Pezzoni 1986, 67-96); *El texto y sus voces*. Buenos Aires: Sudamericana, 1986.

En su correspondencia con Octavio Paz (Stanton 1998), Reyes remite a cierto oscuro episodio de la política argentina. Según ya se desprende del epistolario entre don Alfonso y Victoria Ocampo (Perea 1983), ésta fue víctima de molestias y represalias de parte del régimen peronista. En carta del 1 de junio de 1953, Reyes escribe a Paz (Stanton 1998, 205; véanse ya las páginas 201-24):

Ahora, su carta me ha dado ocasión de hacer la gestión que aconsejé desde el principio y que consideré siempre preferible. Yo traté en Relaciones [Exteriores] sobre la posibilidad de que el Gobierno Mexicano haga a Perón un ruego amistoso por los presos (Victoria [Ocampo], [Francisco] Romero, etc.) y de que nuestra Embajada [en Buenos Aires] esté alerta para proteger a Bianco, Bioy, Borges, etc. Parece que algo se podrá hacer en ambos puntos. Esperemos.

Ignoro si Borges tuvo noticias de las gestiones de Reyes, y si éstas dieron fruto.

***

En un texto agosto de 1953 Reyes cita a Borges («las edades hesiódicas», de *Estudios helénicos*; *OCAR* XVIII, 172. El texto de Borges procede de *Poemas, 1923-1943*. Buenos Aires: Losada, 1943):

Dice el argentino Jorge Luis Borges en «La noche cíclica»:

Lo supieron los arduos alumnos de Pitágoras:
los astros y los hombres viven cíclicamente,
los átomos fatales repetirán la urgente
Afrodita de oro, los tebanos, las ágoras.

***

Torre remitió a Reyes un ejemplar dedicado de su «Hacia una reconquista de la libertad intelectual»: *La Torre* 3, Río Piedras (Puerto Rico), julio-septiembre de 1953, 107-126. (Revista General de la Universidad de Puerto Rico; México: Editorial Cultura) (UANL, signatura: HM258 T6 FAR):

A Alfonso Reyes, tratando de salvar algo de nuestra España.
Muy amistosamente, *Guillermo de Torre*

***

1954

Tras la aparición de mi libro *Las letras y la amistad*, que recoge la correspondencia entre Reyes y Guillermo de Torre (2005), accedí a algunos documentos relacionados con el mismo tema —entre ellos a una nueva misiva de Reyes a Torre (inédita, hasta donde alcanzo a ver)—. Ordenada cronológicamente dentro del libro, debería figurar entre la carta 95 y la 96, por eso la bautizo «95a». La reproduzco a continuación, ya que figura en ella Norah Borges.

[Tarjeta postal de AR a GT, manuscrita. Motivo: «Historia general del arte. Dionisos navegando en un mar de dulzura. Con su mástil, hecho de una vela gigantesca. Pintado por Exequias de Atenas. Pinacoteca de Munich». La postal fue adquirida con posterioridad a la aparición de mi libro por la Biblioteca Nacional, Madrid, donde se conserva bajo la signatura Mss 23148/17:]

[México, D.F.,] 14 de julio de 1954

Hacia una reconquista de la libertad intelectual (¡gracias!) navega Dioniso, solitario. Quedamos pocos, caro Guillermo.[382]

---

[382] Reyes alude al trabajo que Torre le remitiera poco antes, el arriba mencionado «Hacia una reconquista de la libertad intelectual».

A Norah y a usted nuestro afecto invariable. Lo felicito, lo sigo siempre.

Suyo

Alfonso Reyes

Av. Industria 122
México 11, D.F.

***

De este año se conserva un libro dedicado por Bioy Casares a Reyes: *Homenaje a Francisco Almeyra*. Buenos Aires: Destiempo, 1954 (UANL, signatura: PQ7797/ .A4/ Z6/ 1954 FAR):

> Para Alfonso Reyes,
> con un saludo de
> su devoto lector
> y amigo
> *Adolfo Bioy Casares*
> Buenos Aires, 1954.
>
> [A la pluma, otra letra:]
>
> > Emecé Editores
> > San Martín 427
> > Bs Aires.

***

Ricardo Molinari dice a Reyes en carta del 22 de diciembre de 1954 (Zaïtzeff 2008, 393):

> Le recordamos, tenemos en usted nuestro mayor orgullo. Está presente, y todo ha cambiado por estas latitudes y nosotros ya andamos

cansados. Estuve ayer con Borges y nos perdimos recordando, hablando como quien respira ansioso, sin tiempo y seguridad.

***

[24]

[Carta de JLB a AR; 1 página manuscrita por Leonor Acevedo de Borges, con firma autógrafa de JLB. (Pacheco 1979, 10, N° XII; JWR 627; «Capilla Alfonsina» N° 17):]

Buenos Aires, diciembre de 1954

Amigo mío:

No quiero acabar el año sin enviarle con mis votos felices para 1955 a usted y los suyos, mi agradecimiento por el placer que me dieron sus envíos, en especial la *Trayectoria de Goethe*.[383] No me olvide en sus trabajos, los saboreo y me hacen pensar en los días que fueron.

Mi vista mal, le imponen un reposo de algunos meses — dicto a mi madre, que une los suyos a mis buenos deseos. Lo abraza su siempre

Jorge Luis

***

---

[383] Borges recibió un ejemplar de este libro (volumen 100 de los Breviarios del Fondo de Cultura Económica) con la siguiente dedicatoria: «Saudade a Jorge / Luis Borges / *Alfonso Reyes*». Se conserva en Buenos Aires (cf. Alejandro Vaccaro: *Borges. Una biografía en imágenes*. Buenos Aires, etc.: Ediciones B, 2005, 67).

1955

[25]

[Carta de AR a JLB, 1 página mecanografiada. (Pacheco 1979, 10, N°
XIII; JWR 628; «Capilla Alfonsina» N° 18, copia):]

México, D.F., 4 de enero de 1955[384]

Mi queridísimo Jorge Luis:

Correspondo a la señora su madre y a usted, en nombre de todos los míos, sus amables votos para 1955. Son ustedes muy queridos en esta casa, independientemente de la admiración y justificada lealtad con que sigo todas y cada una de sus líneas. No puedo evocar sin emoción los días de nuestra frecuentación y compañía, tan placente-

---

[384] Este año, en que se cumplían los cincuenta años de Reyes como escritor, Borges, Bioy Casares, Victoria Ocampo y otros escritores argentinos promovieron infructuosamente la obtención del Premio Nobel para Reyes. Véase la encuesta «¿Quién debe ser el próximo Premio Nobel de Literatura?»: *Leoplán* 515, Buenos Aires, 1955. Allí postulan Bioy Casares y Manuel Peyrou, amigos de Borges, que Reyes debería recibir el premio. Sin embargo, en una charla del 20-VI-1960 con Bioy Casares, Borges se pregunta retóricamente: «¿Lo hemos propuesto para el Premio Nobel? ¿Estaríamos locos?» (*Borges*, 659). Reyes ya había sido propuesto por escritores mexicanos como candidato al Premio Nobel en 1949, entre ellos Octavio Paz (véanse las cartas de la época y sus notas en Stanton 1998).

ros. Espero que su vista mejore y que al recibir estas líneas, le haya aprovechado a usted el obligatorio reposo que le imponen.

Un abrazo,

A.R.
Alfonso Reyes

***

[26]

[Carta de AR a JLB, 1 página mecanografiada. (Pacheco 1979, 11, N°
XIV; JWR 628; «Capilla Alfonsina» N° 19, copia):]

México, D.F., 2 de junio de 1955.

Querido Jorge Luis:

Ni decirle necesito que he leído con verdadero entusiasmo la versión taquigráfica de su conferencia sobre el escritor argentino y la tradición.[385] Desde lejos, siempre acordes como dos violoncellos.[386]

¿Cómo va esa salud? Un abrazo de su

A.R.
Alfonso Reyes

***

[385] Borges: «El escritor argentino y la tradición» [versión taquigráfica de una clase dictada en el Colegio Libre de Estudios Superiores el 19-XII-1951]: *Cursos y Conferencias* XXI.42, 250-252, Buenos Aires, enero-marzo de 1953, 515-525; *El Diario*, La Paz (Bolivia), 28-II-1954; *Sur* 232, Buenos Aires, enero-febrero de 1955, 1-8 (aquí leyó Reyes el texto); *Sur* 329, Buenos Aires, julio-diciembre de 1971, 223-230; el texto de la conferencia fue luego recogido en la reedición aumentada de *Discusión*, de 1957 (*OC* 1974, 267-274). El tenor de su trabajo: «Creo que los argentinos, los sudamericanos en general, [...] podemos manejar todos los temas europeos, manejarlos sin supersticiones, con una irreverencia que puede tener, y ya tiene, consecuencias afortunadas».

[386] «acordes [...] violoncellos»: Reyes cita aquí una frase de Eugenio d'Ors (*Xenius*); véase Alfonso Reyes: «La Cucaña» (1922): *Simpatías y diferencias* (*OCAR* IV, 383). Reyes utilizará a menudo el giro; así, por ejemplo, en carta a Jaime Torres Bodet del 22-IV-1955 (Curiel 1994, 167).

[27]

[Carta de JLB a AR; 1 página manuscrita por Leonor Acevedo de Borges, con firma autógrafa de JLB. (Pacheco 1979, 11, N° XV; JWR 629; *ARA* 277, con error de lectura; «Capilla Alfonsina» N° 20):]

Buenos Aires, 28 de agosto de 1955

Querido Reyes:

Gracias por sus *Quince Presencias*, que mi madre me lee (yo no puedo aún ni leer, ni escribir ¿se imagina lo que esto es para mí?) y que escucho con especial agrado, también su *Historia Documental*.[387] Nunca lo olvido, ni nuestras charlas con Henríquez Ureña, ni lo que he gozado y aprendido con sus libros. Saudades y un gran abrazo bien apretado de su invariable amigo

Jorge Luis Borges

[Otra letra:] Maipú 994/B. Aires

***

[387] Reyes: «Historia documental de mis libros, 1955-1959»: *OCAR* XXIV, 149-351.

La siguiente es la dedicatoria más tardía que hallo de un libro de Bioy Casares a Reyes: *El sueño de los héroes*. Buenos Aires: Losada, 1954 (UANL, signatura: PQ7797/ .B535/ S9 FAR):

> Para el admirado y querido
> Alfonso Reyes.
> *Adolfo Bioy Casares* 1955.
> Mi querido Alfonso:
> gracias por su generosa
> intervención en favor de
> la *Historia Prodigiosa* y gra-
> cias por el hermosísimo *Árbol de Pólvora*.[388] Recuerdos
> afectuosos para su hijo. Lo abraza *Adolfo Bioy Casares*.
> La dirección: Posadas 1650
> Buenos Aires.

***

En entrevista con Mario Puga («El escritor y su tiempo: los días de Alfonso Reyes»: *Universidad de México* 3, México, noviembre de 1955, 20; Willis Robb 1996b, 608), Reyes afirma:

> Jorges Luis Borges es el más alto exponente de las letras hispanoamericanas. Ningún escritor como él, dueño de tan limpio y alto estilo.

Por las mismas fechas, Borges publica, en un número especial dedicado a Reyes por la revista del Instituto Cultural Argentino-Mexicano, un texto titulado «Alfonso Reyes»: *México en la cultura* 21, Buenos Aires, octubre-diciembre de 1955, 11; *Revista Mexicana de Literatura* 6, marzo-abril de 1956, 415; *Universidad de México* 4,

---

[388] El libro de Reyes fue publicado en México en 1953.

diciembre de 1979, 11; *ARA* 312-313 (texto reproducido a menudo en otros órganos):[389]

Alfonso Reyes

Rechacemos la tentación de pensar que todo le fue dado. Todo, porque como en la fábula de Mazeppa[390] los aparentes disfavores son favores secretos y el hombre amarrado a un caballo que lo perderá en la estepa sin fin, va realmente a su reino. Fue así un favor para Alfonso Reyes haber nacido un poco de trasmano, en América, tierra que hereda las culturas occidentales, pero que no ha jurado devoción a ninguna de ellas. Otro favor fue que le tocara en suerte el español como lengua materna, ya que nadie, ni siquiera un nacionalista argentino, puede imaginar que esta lengua basta, y así Reyes debió adquirir el hábito de otras. También le fue dado el exilio, una de las armas de Joyce, que enseña que la patria es preciosa, como lo son las personas de nuestra familia, para nosotros, pero no tal vez para el universo. También, a no dudarlo, la desventura, porque nadie es tan pobre que no la tenga y Reyes no iba a prescindir de este medio esencial.

Es evidente, sin embargo, que he enumerado condiciones, no causas; generaciones de hombres las recibieron y no supieron convertirlas en dones.

---

[389] En la misma publicación, y antes del texto de Borges, los hubo de Rafael Alberto Arrieta, Roberto F. Giusti, Fryda Schultz de Mantovani, González Carballo, Luis Emilio Soto, Victor Massuh, María Rosa Oliver; tras el texto de Borges los hubo de Max Dickmann, Gerarda Scolamieri (directora de la revista), Pablo Rojas Paz y Antonio Requeni.

[390] Mazzepa es el nombre de la figura principal de un libro del escritor alemán Thomas Grob; existen numerosas variaciones musicales de esta historia.

Reyes es hoy el primer hombre de letras de nuestra América. No digo el primer ensayista, el primer narrador, el primer poeta; digo el primer hombre de letras, que es decir el primer escritor y el primer lector. Amigo de Montaigne y de Goethe, de Stevenson y de Homero, nada hay que pueda equipararse a la delicada hospitalidad de su espíritu. Dos virtudes de México, el valor y la cortesía, están en su obra, esas virtudes cuya perdición en Florencia deploró Dante.

He conocido la dicha de conversar con Alfonso Reyes; hoy me consuela de la privación de ese diálogo el trato de sus libros.

Buenos Aires, 8 de diciembre de 1955

***

En este año aparece *Poesía gauchesca*. Edición, prólogo, notas y glosario: Jorge Luis Borges y Adolfo Bioy Casares, 2 vols. (México: FCE, 1955). Reyes quizás apadrinara esa publicación. Como fuere, es curioso que no figuren huellas de esa producción en la correspondencia aquí reseñada. Imagino que las habrá en el archivo de la casa editora.

***

En carta del 8 de noviembre de 1955 a Reyes, Ana María Barrenechea relata a su mentor (Zaïtzeff 2008, 61):

> Ya estará usted al tanto de lo que pasa en Buenos Aires y conocerá que a Borges lo han nombrado director de la Biblioteca Nacional, merecida compensación después de la bochornosa actitud de quienes lo echaron de una biblioteca de barrio por ser un hombre digno.

Un levantamiento militar, autollamado «Revolución libertadora», había derrocado el régimen dictatorial de Juan Domingo Perón el

21 de septiembre de 1955. Pedro Eugenio Aramburu detentaba desde el 3 de noviembre la jefatura, con el usurpado título de presidente, tras suceder al general Eduardo Lonardi. Borges, que había sido enemigo del régimen peronista, prestó su apoyo al nuevo gobierno, con declaraciones públicas en su favor. Los militares le encomendaron, gracias a la ayuda de algunas personalidades afectas, la dirección nominal de la Biblioteca Nacional.

***

1956

En abril de 1956 Reyes hace un breve homenaje a Borges y otros amigos en su ensayo «Los rostros aleccionadores» (*Las burlas veras*, segundo ciento, 1959; Pacheco 1979, 12):

> Las conferencias del Port-Royal nacían al fuego de los ojos del público, dice más o menos Sainte-Beuve. Así veo yo, a veces, cuando escribo, la imagen de mis amigos vivos o muertos. Y, al modo como Marco Aurelio empieza el libro de sus pensamientos reconociendo lo que debe a éste y al otro en el orden de la virtud, yo puedo decir lo que debo a esas etéreas imágenes, aunque no siempre acierte a aprovechar sus consejos.
>
> Cuando temo haberme documentado imperfectamente y con demasiada ligereza, se me aparece como un reproche la cara de don Ramón Menéndez Pidal, mi inolvidable maestro. Cuando no logro expresarme con diafanidad y precisión, creo ver el rostro de Pedro Henríquez Ureña, que me reconviene. Cuando me pongo algo pedante, se me aparece como en protesta ese gran maestro de sencillez que fue Enrique Diez-Canedo. Cuando deseo más sensibilidad y gracias ¿a quién invocar sino a Azorín? Cuando me pongo algo «cursi», aparece Jorge Luis Borges y me lo reprocha en silencio. ¡Cuánto les debo a todos!
>
> Y lo más singular del caso: hace poco he averiguado que, a su vez, dos escritores sudamericanos leen en voz alta las frases o trozos que les parecen mal construidos, imitando mi voz y el ritmo de mi lectura, como quien se somete a prueba.[391] De modo que habemos varios que

---

[391] Octavio Paz atribuye esa costumbre a Borges y Bioy: «Alfonso Reyes fue un escritor que logró que el español fuese transparente en ciertos momentos. Por ejem-

nos ayudamos desde lejos. Con razón los siento a pesar de todo tan cerca de mí que, en ocasiones, me entra la tentación de hablarles.

***

En México se conserva otro libro dedicado por el escritor platense Juan Manuel Villarreal a Reyes: *Mi propia horca*. Buenos Aires: G. Kraft, 1956 (América en la novela) (UANL, signatura PQ7797/.V526/ M5):

> * Para D. Alfonso
> Reyes con el viejo
> afecto de su amigo
> [Rúbrica]
> Sept. 14 de 1956.

***

En carta del 11 de octubre de 1956, Reyes escribe a Guillermo de Torre (225; N° 96):

> Aún estamos conmovidos con nuestro último encuentro en México. Felicidades para Norah y sus hijos, para Jorge Luis [Borges] y su madre. Abrazos muy cordiales y enhorabuena cariñosa.

***

plo, en su gran poema *Ifigenia cruel*, y en algunos textos en prosa. Bioy Casares me contaba que él y Borges, cuando querían saber si un párrafo estaba bien escrito, decían: "Vamos a leerlo con el tono con que lo leería Alfonso Reyes"». (La anécdota es referida, sin mencionar fuente, en Jorge Mejía Prieto y Justo R. Molachino: *Borges ante el espejo*. México: Lectorum, 2005, 41. Allí también algunas cartas intercambiadas entre Reyes y Borges y textos de uno sobre el otro.)

Reyes recibe un ejemplar de dedicado de un libro de Guillermo de Torre: *Las metamorfosis de Proteo*. Buenos Aires: Losada, 1956 (UANL, signatura: PN158/ T6/ 1956 FAR):

A
Alfonso Reyes,
siempre presente en
mi admiración y mi
amistad.
Guillermo de Torre
[Otra letra:]
Juncal 1283 BsAs

***

Los libros que dedicó Reyes a Borges en 1956 son los siguientes (conservados en la Biblioteca Nacional, Buenos Aires):

Reyes, Alfonso: *Obras completas de Alfonso Reyes*, I. *Cuestiones estéticas, Capítulos de literatura mexicana, Varia*. México D.F.: FCE, 1955, 363 p. (Letras Mexicanas). Notas: en portadilla: «A Jorge Luis Borges, cordialmente. Alfonso Reyes. 1956». Ejemplar deteriorado con hojas sueltas afectadas por hongos. Biblioteca Nacional (Buenos Aires), Nº Inv.: 17.313.

Reyes, Alfonso: *Obras completas de Alfonso Reyes*, II. *Visión de Anáhuac, Las vísperas de España, Calendario*. México D.F.: FCE, 1956, 373 p. (Letras Mexicanas). Notas: en portadilla: «Saludo a Jorge Luis Borges de Alfonso Reyes». Biblioteca Nacional (Buenos Aires), Nº Inv.: 12.302.

Reyes, Alfonso: *Obras completas de Alfonso Reyes*, III. *El plano oblicuo, El cazador, El suicida, Aquellos días, Retratos reales e imaginarios*. México D.F.: FCE, 1956, 519 p. (Letras Mexicanas). Notas: en portadilla: «Saludo a Jorge Luis Borges. Alfonso Reyes». Biblioteca Nacional (Buenos Aires) Nº Inv.: 12.303.

***

1957

[28]

[Carta de JLB a AR, 1 página mecanografiada. (Pacheco 1979, 12, N°
XVI; JWR 629; «Capilla Alfonsina» N° 21):]

[Membrete:] [Logo: Escudo Nacional] / Biblioteca Nacional, Buenos Aires /
Director / [a mano:] México 564

[Buenos Aires,] 14 de marzo de 1957

Sr. Alfonso Reyes
Av. Gral. B. Hill 122
MÉXICO

Querido maestro y amigo:

Le envío un ejemplar del primer número de *La Biblioteca*,[392] inferior, como todas las obras humanas, a nuestras esperanzas, pero que anhela mejorarse y salvarse con una colaboración suya, de cualquier

---

[392] El primer número de *La Biblioteca* (segunda época, tomo IX) apareció en el «primer trimestre» de 1957, bajo la dirección de Borges. Allí publicó, entre otros textos (poemas, prosas poéticas, relatos), «Delia Elena San Marco», «Intenciones», «Diálogo de muertos», «La trama», «Un problema», «El cautivo», «Borges y yo», «El simulacro», «Composición escrita en un ejemplar de la gesta de Beowulf» y «Un diálogo anglosajón del siglo x».

extensión y carácter. En estos días le mandaré un ejemplar del trabajo didáctico sobre Lugones que hice con Bettina Edelberg.[393]

El país y yo lo extrañamos minuciosamente. Mis ojos no me dejan escribir y tengo que dictar esta carta y borrajear, acaso ilegiblemente, esta firma.

Jorge Luis Borges
[Sello:] Jorge Luis Borges
Director

Posdata: La lectura de su obra es una de mis grandes alegrías.[394]

***

---

[393] Jorge Luis Borges, con la colaboración de Bettina Edelberg: *Leopoldo Lugones*. Buenos Aires: Troquel, 1956. La reedición de 1988 recoge un nuevo prólogo de Edelberg, fechado en 1997. Borges y Edelberg (poeta argentina nacida en 1921) colaboraron igualmente en la confección del libreto de un ballet titulado *La imagen perdida* (1953), que permaneció inconcluso. Obras: *Para la red* (1948); *Ciudad a solas* (1951); *Crónica menor* (1956); *Imposturas* (1960); *Mutaciones* (1964), etc.

[394] La posdata falta en JWR.

[29]

[Carta de JLB a AR, 1 página mecanografiada (falta en otras recopilaciones. «Capilla Alfonsina» N° 24):]

[Membrete:] Biblioteca Nacional / Director

[Buenos Aires, c. abril de 1957][395]

Señor Alfonso Reyes,

Amigo y maestro:

Lleva estas líneas una de las mejores personas del mundo, una de las personas a quienes más quiero y admiro, Esther Zemborain de Torres.[396] Ha dirigido el Instituto de Arte Moderno, ha pronunciado conferencias, que no se olvidarán, sobre Wilde y George Bernard Shaw y prepara un trabajo sobre los presocráticos. Adivino desde aquí, con nostalgia, el diálogo de ustedes.

---

[395] La misiva es poco anterior a la carta N° 30.

[396] Esther Zemborain de Torres Duggan (1915-2001): dama de la sociedad argentina, presidió numerosas instituciones (Asociación Nueva Música, Sociedad de San Vicente de Paul, Unión Argentina de Protección a la Infancia, Comité de Cooperación de la Comisión Interamericana de Mujeres de la OEA, etc.). Borges publicó con su colaboración el libro *Introducción a la literatura norteamericana* (1967), le dedicó *Ficciones* y más tarde el poema «Una brújula». Su esposo, Eduardo Torres Duggan, falleció en 1965, año en que ella acompañó a Borges en su viaje a Chile. Véase Armando Capalbo: «Borges y los Estados Unidos. Esther Zemborain evoca al autor de *Ficciones*»: *La Nación*, Buenos Aires, 15-X-97. En su *Autobiografía*, Borges dice sobre ella (1999, 124): «Dos amigas muy queridas, Esther Zemborain de Torres y Victoria Ocampo, concibieron la posibilidad de que se me nombrara director de la Biblioteca Nacional». Borges ejerció ese cargo por casi 18 años, a partir de 1955. Sobre ese período de su vida, véase Martín Arias, comp.: *Borges director de la Biblioteca Nacional. Diálogos entre José Edmundo Clemente y Óscar Sbarra Mitre*. Buenos Aires: Biblioteca Nacional, 1998.

Muy cordialmente lo saluda

Jorge Luis Borges
[Sello:] Jorge Luis Borges
Director

***

[30]

[Carta de AR a JLB, 1 página mecanografiada (falta en otras recopilaciones. «Capilla Alfonsina» N° 22, copia):]

México, D.F., 3 de mayo de 1957

Sr. don Jorge Luis Borges
Biblioteca Nacional
Buenos Aires
ARGENTINA

Mi querido y recordado Jorge Luis:

Tengo dos cartas suyas. La primera pidiéndome colaboración para *Biblioteca*; la segunda, anunciándome la visita de la la [*sic*] señora Esther Zemborain de Torres. Estaba ausente de la ciudad: ya preparo colaboración y espero el número que usted me anuncia de la revista. Cuanto usted pida, está concedido de antemano, ya lo sabe. Ahora mismo me comunico por teléfono con su amiga, y ya usted recibirá los ecos de nuestras charlas.

Saludos muy cordiales de   *AR*

Alfonso Reyes

***

Extraña que no se conserve ningún testimonio de estas fechas relacionado con un libro de Borges publicado en México, seguramente con apoyo de Reyes. Aludo al *Manual de zoología fantástica*, escrito con la colaboración de Margarita Guerrero (la «Margot Guerrero» a quien está dedicado *Otras inquisiciones*, de 1952). El manual apareció en 1957 en la colección Breviarios del Fondo de Cultura Económica, pero, como permite inferir el prólogo, el libro existía ya, cuando menos, desde 1953. Desconozco los motivos que retrasaron su aparición, que quizás puedan ser desentrñados en el archivo de la editorial.

Los libros dedicados por Reyes a Borges en 1957 son los siguientes (se conservan en la Biblioteca Nacional, Buenos Aires):

Reyes, Alfonso: *Obras completas de Alfonso Reyes*, IV. *Simpatías y diferencias, Los dos caminos, Reloj de sol, Páginas adicionales*. México D.F.: FCE, 1956, 622 p. (Letras Mexicanas). Notas: en portadilla: «A Jorge Luis Borges, Alfonso Reyes. 1957». Biblioteca Nacional (Buenos Aires), Nº Inv.: 12.304.

Reyes, Alfonso: *Obras completas de Alfonso Reyes*, V. *Historia de un siglo, Las mesas de plomo*. México D.F.: FCE, 1956, 397 p. (Letras Mexicanas). Notas: en portadilla: «A Jorge Luis Borges su siempre devoto Alfonso Reyes. 1957». Biblioteca Nacional (Buenos Aires), Nº Inv.: 12.305.

Reyes, Alfonso: *Obras completas de Alfonso Reyes*, VI. *Capítulos de literatura española, De un autor censurado en el Quijote, Páginas adicionales*. México D.F.: FCE, 1957, 455 p. (Letras Mexicanas). Notas: en portadilla: «A Jorge Luis Borges, a la espera de sus obras completas, su Alfonso Reyes». Biblioteca Nacional (Buenos Aires), Nº Inv.: 12.306.

Reyes, Alfonso: *Resumen de la literatura Mexicana, siglos XVI-XIX*. 1ª ed. (Archivo de Alfonso Reyes. Serie C: residuos. Número 2). México D.F.: s.n., 1957, 66 p. Notas: en portada: «Saludo a Jorge Luis Borges. Alfonso Reyes». Biblioteca Nacional (Buenos Aires), Nº Inv.: 12.309.

***

Reyes, por su parte, recibirá un ejemplar dedicado de una publicación de Guillermo de Torre: «Literatura y crisis»: *Papeles de Son Armadans* XII, Madrid/Palma de Mallorca, marzo de 1957, 273 ss. Tirada de cincuenta ejemplares numerados (este ejemplar trae el número 26) (UANL, signatura: PN778/ T6/ 1957 FAR):

A Alfonso Reyes,
Guillermo de Torre

***

1958

[JMV.03]

[Carta de Juan Manuel Villarreal a Alfonso Reyes, 1 página mecanografiada, «Capilla Alfonsina»:]

[Membrete:] Ministerio de Educación de la Nación / Universidad Nacional de La Plata / [Escudo] / Biblioteca Pública / La Plata / (R. A.) [República Argentina]

La Plata, 10 de febrero de 1958

Señor Presidente del Colegio de México,[397]
D. ALFONSO REYES
S/D

Querido y recordado amigo:

Acuso recibo de sus líneas del 23 de diciembre próximopasado y del libro de Ana María Barrenechea, *La expresión de la irrealidad en la obra de Jorge Luis Borges*.[398]

---

[397] Para lo relacionado con esta meritoria institución, de cuya Junta de Gobierno Reyes fue presidente desde su fundación y hasta su fallecimiento (1940-1959), cf. Clara E. Lida, José A. Matesanz: *El Colegio de México: una hazaña cultural (1940-1962)*. México: El Colegio de México, 1990.

[398] El Colegio de México publicó la primera edición de este libro, fundamental en la historia de la recepción de la obra de Borges, en 1967. Una reedición aumenta-

Lo felicito por los magníficos volúmenes de sus obras completas.[399]

Con el afecto de siempre lo abraza cordialmente

Juan Manuel Villarreal
Juan Manuel Villarreal
Director

***

da apareció en 1984 en Buenos Aires (Centro Editor de América Latina). La edición definitiva salió bajo el título *La expresión de la irrealidad en la obra de Jorge Luis Borges y otros ensayos.* Buenos Aires: Ediciones del cifrado, 2000. Sobre la vasta e influyente obra de la profesora Barrenechea, cf. la reseña de ese libro a cargo de Ana Camblong, en *Variaciones Borges* 11, Aarhus, 2001. Por lo demás, Barrenechea fue una gran conocedora de la obra de don Alfonso, por quien sintió agradecimiento, respeto y afecto; cf. su ponencia «Alfonso Reyes: Embajador de la cultura de México»: Rose Corral, ed.: *Norte y Sur: La narrativa rioplatense desde México*. México: El Colegio de México, 2000, 27-36. Véase, también, el expediente A. M. Barrenechea, 1949, 1962, en Fondo Antiguo, Sección personal, Colegio de México, reproducción digital, 1998 (contiene, entre otros documentos, correspondencia entre Alfonso Reyes, Manuel Calvillo, Cristina Menchaca y A. M. Barrenechea referente a la Beca del Colegio de México a ésta, así como a la publicación de sus libros y el plan de trabajo de su investigación sobre Jorge Luis Borges aquí mencionada.) Parte del epistolario entre Reyes y Barrenechea, del período 1953-1956, ha sido publicada en Zaïtzeff 2008, 55-63.

[399] Las *Obras completas* de Reyes estaban en curso de publicación desde 1955; la edición en XXVI volúmenes fue completada en 1993. A fines de 1958 habían aparecido los tomos I-VIII.

1959

En el capítulo «1924» reproduje una anécdota sobre Borges referida por Reyes en su «Anecdotario inédito, 1914-1959». Presento a continuación otra nota de Reyes sobre Borges y algunos miembros de su familia (*OCAR* XXII, 411):

Alfonso Reyes
Borges

El genio literario de Jorge Luis Borges, único en nuestra América, se sostiene realmente sobre un falso equilibrio vital. Su salud es deficiente. Su vista cada vez más débil. Su misma manera de hablar y andar parece que acusan titubeos.

Creo haber dicho en alguna parte que una vieja tía suya estaba habituada a la constante visita de los duendes y los espíritus, de suerte que ya no prestaba atención a las travesuras que le hacían. Borges lo contaba con mucha gracia.

El padre del escritor comenzó a perder la vista durante un viaje por Italia, acompañado de su familia. Disimuló todo lo que pudo, y aunque ya veía muy poco, para no enturbiar el gozo de los suyos, hacía extremos de admiración ante los monumentos y las obras de arte. A bordo del barco que trajo a la familia de regreso hasta Buenos Aires, ya el disimulo no fue posible. Y el pobre señor entró en ese túnel de ceguera que precede a las operaciones de catarata. Fue afortunado y recuperó la vista. Cuenta que cuando salió de la clínica se divertía por la calle en leer todos los letreros y anuncios con verdadera voracidad. Pero hay algo a la vez cómico y trágico: durante su ceguera y su operación, cambiaron las modas. Y el señor Borges, asombrado, contemplaba sin poder hartarse las piernas de las mujeres que ahora descubría la falda corta. Se enfermó del corazón. Murió de este mal.

18-VI-1959

***

En Monterrey se conserva el siguiente libro relacionado con Borges:

Emma Susana Speratti Piñero: *Jorge Luis Borges.* San Luis de Potosí: Instituto Potosino de Bellas Artes, 1959 (UANL, signatura: PQ7797/ .B635/ Z82 FAR):

Para Alfonso Reyes, con el afecto de
siempre
Cordialmente
ESSperatti
México, 4/4/1959

Emma Susana Speratti Piñero (1919-1990) publicó *La elaboración artística en Tirano Banderas* (México: El Colegio de México, 1957); con Ana María Barrenechea fue autora de *La literatura fantástica en Argentina* (México: Imprenta Universitaria, 1957). Escribió también sobre Valle-Inclán, Juan Rulfo y Alejo Carpentier. Editó a Garcilaso de la Vega, *La Florida del Inca: historia del adelantado Hernando de Soto* (México: FCE, 1956). En 1960 editó para el Fondo de Cultura Económica la *Obra crítica* de Pedro Henríquez Ureña prologada por Borges. Colaboró, como Reyes, en la revista argentina *Buenos Aires Literaria.* Véase Antonio Alatorre Chávez:

«Emma Susana Speratti Piñero (1919-1990), in memoriam»: *Nueva Revista de Filología Hispánica* 39, México D.F., 1991, 657-664.

***

Reproduje más arriba dos cartas del Dr. Adolfo Bioy, padre del escritor, a Reyes. Agrego ahora una dedicatoria, estampada a mano en un ejemplar de su libro *Antes del novecientos (Recuerdos)* conservado en México (UANL, signatura: PQ7797/ .B535/ A5 FAR):

A mi ilustre amigo don Alfonso Reyes: Al leer hoy en *La Prensa* su «Salón de recuerdos», me acordé (siempre encuentro algún pretexto para hacerlo) que el año pasado publiqué unos, ya salvados, pues que empiezan después de mi nacimiento. Son un retrato oral confiado al lápiz y depositado en un cuaderno, en desorden. Y así pasaron a este libro que le ofrezco avergonzado de hacerlo tan tardíamente

Adolfo Bioy
Buenos Aires Mayo 10 1959

***

[31]

[Carta de JLB a AR; 1 página manuscrita con letra de Leonor Acevedo de Borges, firma de JLB. (Pacheco 1979, 12, N° XVII; JWR 630; ARA 277-278; «Capilla Alfonsina» N° 23):]

Buenos Aires, 19 de diciembre de 1959[400]

Querido Reyes:

No quiero concluir el año sin decirle el placer que me han dado sus libros y su querida amistad.

Habrá recibido la invitación para recibir el premio de *La Prensa*, ¿será posible? ¡Qué honor para Buenos Aires y para sus tantos amigos tenerlo entre nosotros![401]

Como yo no puedo hacerlo, me leen su *Filosofía helenística*,[402] gracias amigo, van en un abrazo mis votos felices para Navidad, y Año Nuevo.

J. L. Borges

---

[400] Reyes falleció a causa de su enfermedad cardíaca el 27-XII-1959, pocos días después del envío de esta carta.

[401] Reyes no aceptó la invitación de *La Prensa*, ya que su estado de salud desaconsejaba el viaje a Buenos Aires. Cf. su carta de agradecimiento remitida a Roberto F. Giusti el 18-XII-1959, publicada póstumamente en *La Prensa* del 9-I-1960 (*ARA* 338-339). En la «Capilla Alfonsina» se conserva la carta previa de Giusti a Reyes, fechada 12-XII-1959; allí, mención de Borges entre los miembros del jurado que otorga el premio: «Lo constituyen Arturo Capdevila —representante del Instituto [Popular de Conferencias]—, Jorge Luis Borges, Carlos Alberto Erro, Francisco Romero y el suscrito» (CA Giusti N° 29).

[402] Reyes sintió desde muy temprano interés por Grecia (véase ya en *Cuestiones estéticas* un texto de 1908 acerca de «Las tres *Electras* del teatro ateniense»). El tratado *La filosofía helenística*, que se ocupa del período «posterior a la época clásica y anterior a la Edad Media», fue publicado en 1959 por el Fondo de Cultura Económica (colo-

[LAB:]

La amanuense los desea / muy-felices / Leonor.
s/c Maipú 994

***

fón: 10-VIII-1959). En el prólogo de *OCAR* XX, donde se recogió ese volumen, traza Ernesto Mejía Sánchez la trayectoria grecicista de Reyes. En la página 29 cita una entrevista hecha a Borges: «La misma crítica apresurada decía más aún: que Reyes era sólo helenista, pero sin saber griego; que traducía a Homero sin saberlo. Resaca de la envidia que nunca falta. En una de las mil y una entrevistas que goza Jorge Luis Borges que le hagan, encuentro un pasaje del argentino en que explica muy visiblemente esta actitud universal ("Borges juzga a Borges. Entrevista de Jorge Ruffinelli y J. C. Martini Real", en *Plural*, México, 15 de agosto de 1974, III, núm. 11, p. 19): "Decía el doctor Johnson que la gente le había negado a Alexander Pope, en el siglo XVIII, el conocimiento del griego. Pero, dice, basta que una persona traduzca a Homero para que digan que no sabe griego".».

1960

Jorge Luis Borges: «In memoriam A. R.»: *La Nación*, Buenos Aires, 21-II-1960; repetido el 21-V-1989; *El Hacedor* (1960, 81-83); *OC* 1974, 829-830:

In memoriam A. R.　　　　　　　　　　　　　　　　*La Nación*

El vago azar o las precisas leyes
Que rigen este sueño, el universo,
Me permitieron compartir un terso
Trecho del curso con Alfonso Reyes.

Supo bien aquel arte que ninguno　　　Dominaba (lo he visto) el oportuno
Supo del todo, ni Simbad ni Ulises,　　Arte que no logró el ansiado Ulises
Que es pasar de un país a otros países
Y estar íntegramente en cada uno.

Si la memoria le clavó su flecha
Alguna vez, labró con el violento
Metal del arma el numeroso y lento
Alejandrino o la afligida endecha.

En los trabajos lo asistió la humana　　lo animó la ufana
Esperanza y fue lumbre de su vida
Dar con el verso que ya no se olvida
Y renovar la prosa castellana.

Más allá del Myo Cid de paso tardo
Y de la grey que aspira a ser oscura,
Rastreaba la fugaz literatura
Hasta los arrabales del lunfardo.

En los cinco jardines del Marino
Se demoró, pero algo en él había
Inmortal y esencial que prefería
El arduo estudio y el deber divino.

Prefirió, mejor dicho, los jardines   [Faltan estos 4 versos]
De la meditación, donde Porfirio
Erigió ante las sombras y el delirio
El árbol del Principio y de los Fines.

Reyes, la indescifrable providencia   la minuciosa
Que administra lo pródigo y lo parco
Nos dio a los unos el sector o el arco,
Pero a ti la total circunferencia.

Lo dichoso buscabas o lo triste
Que ocultan frontispicios y renombres;
Como el dios del Erígena, quisiste
Ser nadie para ser todos los hombres.

Vastos y delicados esplendores
Logró tu estilo, esa precisa rosa,
Y a las guerras de Dios tornó gozosa
La sangre militar de tus mayores.

¿Dónde estará (pregunto) el mexicano?
¿Contemplará con el horror de Edipo
Ante la extraña Esfinge, el Arquetipo
Inmóvil de la Cara o de la Mano?

¿O errará, como Swedenborg quería,
Por un orbe más vívido y complejo
Que el terrenal, que es apenas un reflejo
De aquella alta y celeste algarabía?

Si (como los imperios de la laca
Y del ébano enseñan) la memoria
Labra su íntimo Edén, ya hay en la gloria
Otro México y otro Cuernavaca.

Sabe Dios los colores que la suerte
Propone al hombre más allá del día;
Yo ando por estas calles. Todavía
Muy poco se me alcanza de la muerte.

Sólo una cosa sé. Que Alfonso Reyes
(Dondequiera que el mar lo haya arrojado)
Se aplicará dichoso y desvelado
Al otro enigma y a las otras leyes.

Al impar tributemos, al diverso	al audaz tributemos y al diverso
Las palmas y el clamor de la victoria;	las palmas y el clamor de una victoria
No profane mi lágrima este verso	no profanen las lágrimas el verso
Que nuestro amor inscribe a su memoria.	

***

Con motivo de la muerte de Reyes, Borges publica «Alfonso Reyes»: *Sur* 264, mayo-junio de 1960, 1-2; *Borges en* Sur, *1931-1980.* Buenos Aires: Emecé, 1999, 60-62:

Jorge Luis Borges
Alfonso Reyes

Hacia 1919, Thorstein Veblen se preguntó porqué los judíos, pese a los muchos y notorios obstáculos que deben superar, sobresalen intelectualmente en Europa. Si no me engaña la memoria, acabó por atribuir esa primacía a la paradójica circunstancia de que el judío, en tierras occidentales, maneja una cultura que le es ajena y en la que no le cuesta innovar, con buen escepticismo y sin supersticioso temor. Es posible que mi resumen mutile o simplifique su tesis; tal como la dejo enunciada, se aplicaría singularmente bien a los irlandeses en el orbe sajón o a nosotros, americanos del Norte o del Sur. Este último caso es el que me importa; en él descubro, o quiero descubrir, La clave de la obra de Reyes.

El inglés, el portugués y el español son las lenguas de América y la contingencia de que estas lenguas formen otras, más adecuadas a la expresión de nuestro continente, puede ser un temor o una esperanza, pero no el tema de un proyecto inmediato. El uso de aquellas lenguas no significa que nos sintamos ingleses, portugueses o españoles; la historia atestigua nuestra voluntad de dejar de serlo. Esa voluntad no es una renuncia; quiere decir que somos herederos de todo el pasado y no de los hábitos y pasiones de tal o cual estirpe. Como el judío de la tesis de Veblen, manejamos la cultura de Europa sin exceso de reverencia. (En cuanto a las culturas indígenas, imaginar que las continuamos /61/ es una afectación arbitraria o un alarde romántico.)

Los astros fueron generosos con Reyes. En la República Argentina hemos pasado del francés al inglés y del inglés a la incomunicada ignorancia;[403] a Reyes le tocó una zona sensible a la gravitación del

---

[403] He aquí una de esas *boutades* que Borges creaba a costa de la realidad. Si la frase tiene algún sentido, es el siguiente: antes, las clases cultas argentinas hablaban entre sí el francés; ahora, en vista de la dominación que antes Inglaterra y ahora los

inglés y una época que no había perdido aún la costumbre de las letras francesas. Años de España lo acercaron al ayer de su sangre y una noble curiosidad lo hizo ahondar en el ayer latino y helénico. Sabiamente usó las tres armas que permitió Stephen Dedalus: silencio, destierro y destreza. Otro favor fue ser contemporáneo de la más diversa y afortunada revolución de las letras hispánicas; hablo, naturalmente, del modernismo. Más allá de su nombre un tanto ridículo (el presente es la única forma en que se da lo real y nadie vivió en el pasado o vivirá en el porvenir) el modernismo sintió que su heredad era cuanto habían soñado los siglos y así Ricardo Jaimes Freyre[404] pudo versificar los mitos escandinavos, como Leconte de Lisle,[405] y Leopoldo Lugones, en *El Payador*, se desvió del tema pampeano para alabar a Góngora, proscripto por los académicos españoles.[406] Una

Estados Unidos ejercen en el mundo, hablan inglés. Tras ello, quizás ya hoy, no habrá más cultura.

[404] Ricardo Jaimes Freyre (1868-1933): poeta boliviano nacido en Perú, influenciado por el simbolismo. Pasó largas temporadas en la Argentina, donde murió. Fue, con Rubén Darío, uno de los fundadores, en Buenos Aires, de la efímera pero influyente *Revista de América*. Obras principales: *Castalia bárbara* (1899), *Los sueños son vida* (1917), *Poesías completas* (Buenos Aires: Claridad, 1944, con prólogo de Eduardo Jobín Colombres), *Poesías completas* (La Paz: Ministerio de Educación y Bellas Artes, 1957, con prólogo de Fernando Díez de Medina), *Poemas. Leyes de la versificación castellana* (México: Aguilar, 1974, con prólogo y notas de Antonio Castro Leal). Sobre él, véase Emilio Carilla: *Ricardo Jaimes Freyre*. Buenos Aires: Ediciones Culturales Argentinas, 1962. Gran parte de la literatura biográfica y crítica sobre Rubén Darío se ocupa de él y su obra.

[405] Charles-Marie-René Leconte de Lisle (1818-1894): poeta «parnasiano» y autor de teatro francés, traductor de algunos clásicos griegos (Homero, Esquilo, Sófocles, etc.).

[406] *El Payador* recoge una serie de conferencias que Lugones dio acerca del poema *Martín Fierro*, de José Hernández. El libro apareció en 1916, más de diez años antes de que la Generación del 27 española recuperara la figura de Góngora. El tema de Lugones, sin embargo, no era Góngora, sino el poema nacional argentino, en el cual él creyó ver un relato épico.

de las paradojas de aquel debate fue que los individuos de la Academia negaban o ignoraban el mejor pasado español y reducían el arte de escribir a la repetición de los refranes de Sancho o a la juiciosa variación de sinónimos. Quevedo escribió irónicamente que remudar vocablos es limpieza y la Gramática de la Academia alega esta broma para recomendar su criterio estadístico del lenguaje.

Cifrar en unos pocos nombres un complejo y vasto proceso es correr el albur de que se noten menos las inclusiones que las inevitables omisiones, pero entiendo que la renovación de la prosa cabe en el nombre de Groussac[407] y la renovación del verso en el de Darío. Ambas iniciativas culminan en la obra de Reyes, singularmente la primera. De dos modos podemos considerarla: en sí misma, en sus inquietudes y encantos, y en su carácter de instrumento forjado para quienes manejamos hoy el idioma. Si los dioses lo quieren, ensayaré algún día ese doble análisis; básteme /62/ hoy declarar con felicidad lo mucho que debo a su ejemplo.

La vasta biblioteca que Alfonso Reyes ha legado a su patria no es otra cosa que un símbolo imperfecto y visible. No sé si recorrió tantos volúmenes como Saintsbury o Menéndez y Pelayo, pero no será inútil recordar una diferencia que escapa al cómputo de páginas o de líneas. El campo visual de los referidos maestros no excede, en cada caso particular, el área del sujeto que trata; la memoria de Alfonso Reyes, en cambio, era virtualmente infinita y le permitía el descubrimiento de secretas y remotas afinidades, como si todo lo escuchado o leído estuviera presente, en una suerte de mágica eternidad. Esto se advertía, asimismo, en el diálogo.

***

---

[407] Acerca de Paul Groussac, véase arriba el capítulo «1929».

En su prólogo a la *Obra crítica* de Pedro Henríquez Ureña (Edición, bibliografía, índice onomástico: Emma Susana Speratti Piñero. México: FCE, 1960) cita Borges a Reyes:

> El dilatado andar por tierras extrañas, el hábito del destierro, habían afinado con él esa virtud [la cortesía]. Alfonso Reyes ha referido alguna inocente o distraída irregularidad de sus años mozos; cuando lo conocí, hacia 1925, ya procedía con cautela. Rara vez condescendía a la censura de hombres o de pareceres equivocados; yo le he oído afirmar que es innecesario fustigar el error porque éste por sí solo se desbarata

***

Libro de Reyes, de 1960, en la biblioteca de Borges (conservado en la Biblioteca Nacional, Buenos Aires):

Reyes, Alfonso: *Obras completas de Alfonso Reyes*, XI. *Última Tule, Tentativas y orientaciones, No hay tal lugar*. México D.F.: FCE, 1960, 415 p. (Letras Mexicanas). Notas: en papel guarda anterior, manuscrito en tinta: «Manuela». Biblioteca Nacional (Buenos Aires), N° Inv.: 18.239.

***

1961-1987

1961

Libro de Reyes, de 1960, en la biblioteca de Borges (conservado en la Biblioteca Nacional, Buenos Aires), remitido en 1961 por Manuela Reyes:

Reyes, Alfonso: *Obras completas de Alfonso Reyes*, XII. *Grata compañía, Pasado inmediato, Letras de la Nueva España*. México D.F.: FCE, 1960, 433 p. (Letras Mexicanas). Notas: en papel guarda anterior: «Con profundo cariño, Manuela. 22-III-61». Biblioteca Nacional (Buenos Aires) N° Inv.: 18.241.

***

[LAB.01]

[Carta de Leonor Acevedo de Borges y JLB a Manuela Mota, viuda de Reyes; 1 página manuscrita. (Falta en Pacheco; incompleta en JWR 630-631; «Capilla Alfonsina» N° 25):]

Austin, Texas, 30 de septiembre de 1961

Mi querida amiga:

El destino nos ha traído ¡siempre sucede lo inesperado! a este hermoso lugar del mundo... me siento casi su vecina, nos sentimos, pues estas líneas son también de Georgie, que la recuerda siempre y la abraza efusivamente: está aquí como *visiting professor* en la Universidad de Texas,[408] dictando un curso de literatura argentina que empezó el 18 y concluirá alrededor del 20 de enero; entonces, la Tinker Foundation lo llevaría a dar una conferencia en New York, Washington, etc. Algunos días antes de partir se encontró en un banquete con Cossío Villegas,[409] que le pidió le escribiera al llegar, para invitarlo a dar alguna conferencia en México, pero ignora su dirección. ¿Podría usted darle la nuestra? Tendría unos 8 o 10 días libres entre Navidad y Año Nuevo; preferiría hablar ante todo sobre Reyes y luego sobre Lugones o sobre temas de literatura inglesa (la materia que dicta en la Universidad de B. Aires), o argentina. [Ilegible] Puede escribir a «Department of Romance Languages in University of Texas-Austin 12», o la nuestra que va en el sobre. Simpatizamos mucho con sus sobrinos — ¡ella preciosa! Si esto fuera posible, ¡qué alegría abrazarla! ¿Está ahí Isabel H. Ureña?[410] Cariño para ella y que me mande su dirección y sus noticias.

---

[408] Borges permaneció en Estados Unidos entre el 10 de septiembre de 1961 y el 25 de febrero de 1962, en compañía de su madre. Entre otros lugares, visitó Washington y Nueva York. De la época subsiste una carta de Borges y su madre a Susana Bombal.

[409] Daniel Cossío Villegas (1898-1976): historiador, diplomático y escritor mexicano, cofundador y director de la editorial Fondo de Cultura Económica; fue, con Reyes, uno de los iniciadores de la Casa de España en México; fue asimismo uno de los fundadores del Colegio de México. Son interesantes sus *Memorias* (México: Joaquín Mortiz, 1976). Sobre él, véase Enrique Krauze: *Daniel Cossío Villegas. Una biografía intelectual.* Barcelona: Tusquets, 2001. Para sus actividades y su relación con Reyes, es imprescindible Alberto Enríquez Perea: *Testimonios de una amistad. Correspondencia Alfonso Reyes/Daniel Cossío Villegas (1922-1958).* México: El Colegio de México, 1998. Cossío visitó Buenos Aires en 1944, con el fin de organizar allí una sucursal del Fondo de Cultura Económica. Por estas fechas debió conocer a Borges personalmente.

[410] Isabel Lombardo Toledano (hermana de Vicente, un importante líder sindical mexicano, de tendencia comunista), fue la esposa de Pedro Henríquez Ureña desde 1923. Tuvo con él dos niñas, Natalia (Natacha, nacida en México y muerta en 1998)

La ciudad es muy bonita y los alrededores preciosos y ya estamos haciéndonos a la vida americana, tan distinta de la nuestra. Suya con invariable amistad.

Leonor Acevedo de Borges

[En el margen superior:]

La falta de vista de Georgie lo obliga a llevarme a mí con él, ¡dondequiera que vaya!

***

y Sonia. Ésta escribió un libro sobre su padre: *Pedro Henríquez Ureña. Apuntes para una biografía*. México: Siglo XXI, 1994. Donó a México el archivo personal de Pedro Henríquez Ureña, ahora en el Colegio de México.

1965

En la *Introducción a la literatura inglesa* compuesta con María Esther Vázquez (Buenos Aires: Columba, 1965, 58) dirá Borges:

> En el siglo XVIII, la paradoja y el ingenio habían sido empleados contra la religión. Chesteron los usó para su defensa. Su apología de la fe cristiana, *Ortodoxia* (1908), ha sido admirablemente vertida al español por Alfonso Reyes.

Obsérvese que Borges escribe «al español» y no «al castellano», que es lo usual en Argentina.

***

1966

[JWR.01]

[Carta de Jorge Luis Borges a James Willis Robb; letra de Leonor Acevedo de Borges (JWR 632):]

Buenos Aires, 22 de octubre de 1966

Prof. James Willis Robb
The George Washington University

De mi consideración:

Disculpe estas tardías líneas, pero diversas circunstancias impidieron que Guillermo [de Torre], mi hermano político, me hiciera entrega de la carta que usted le envió.[411] Tengo que agradecer a usted el honor que me hace al unir mi nombre al de Alfonso Reyes,[412] hombre que tanto he querido y admirado. Hace algunos años, creo

---

[411] James Willis Robb había remitido poco antes una carta a Guillermo de Torre, «preguntando si sabía si Borges y Reyes se habían conocido antes de sus encuentros en Buenos Aires, y si tal vez tendría Borges en su poder alguna carta adicional o algún libro de Reyes con dedicatoria especialmente interesante» (JWR 631).

[412] Sobre el tema, véase lo que dice Borges en una entrevista a cargo de Joan Queralt (*Revista de Occidente* 96, Madrid, marzo de 1971, 267-284; larga cita en Cobo Borda 1999, 144, n. 11).

que en el último o penúltimo de su vida, quise que se propiciara su candidatura al premio Nobel pero no me fue posible llevar adelante el proyecto, tan justo en el caso de Reyes. Por mi mala vista siempre fui mal corresponsal y nunca he tenido archivo. En cuanto a libros dedicados, los tengo todos en mi biblioteca personal de la Biblioteca Nacional, de la que soy Director, que ahora no puedo consultar pues está en un serio [des]arreglo.[413] Nuestra amistad se hizo aquí, lo visitaba con mucha frecuencia en su embajada, charlábamos largamente y su partida fue dura para mí. Lamento no serle más útil, ya que tanto le debo; cuente con mi gratitud y mi amistad.

[J. L. Borges]

s/c Maipú 994

***

---

[413] Se recogen en este volumen diez de esos títulos (los únicos que parecen haber subsistido), con las dedicatorias que contienen.

1968

Borges sobre Reyes (Rita Guibert: «Borges habla de Borges»: *Life en español* 31.5, 11-III-1968, 48-60; fragmento tomado de Jaime Alazraki, ed.: *Jorge Luis Borges. El escritor y la crítica*. Madrid: Taurus, 1976, 347):

> Diría que para mí el mejor prosista de lengua española de éste y del otro lado del Atlántico sigue siendo el mexicano Alfonso Reyes. Tengo recuerdos muy gratos de su amistad, de su bondad, y no sé si se lo recuerda como debería recordársele. Para mí fue un escritor ejemplar, y su obra, una gran obra. Suponiendo lo más triste, que no perdurara nada de ella, cosa que no creo, siempre perduraría el ejercicio de la prosa. Si tuviera que decir quién ha manejado mejor la prosa española en cualquier época, sin excluir a los clásicos, yo diría inmediatamente: Alfonso Reyes. La obra de Reyes es importante, no sólo para México sino para América, y debería serlo para España también. Su prosa es elegante, económica, y al mismo tiempo llena de matices, de ironías y de sentimiento. Hay como una especie de *understatement* en el sentimiento de Reyes. Es decir, al leer una página, que parece fría, se nota de pronto que debajo hay algo muy sensible, que el autor siente, y quizá sufre, pero que no quiere mostrarlo..., hay como un pudor. No sé qué se piensa de él. Creo que le han echado en cara el hecho de que no se ocupara exclusivamente o continuamente de temas mexicanos, aunque escribió mucho sobre México; y hay gente que no le ha perdonado que haya sido traductor de *La Ilíada* y de *La Odisea*. Lo cierto es que después de Reyes uno tiene que escribir el español de un /348/

modo distinto. Reyes era un escritor muy cosmopolita que había profundizado en varias culturas.

***

1970

Borges, Jorge Luis/Di Giovanni, Norman Thomas: *Autobiografía*
[*An Autobiographical Essay*, 1970]. Buenos Aires: El Ateneo, 1999, 92:

> En esa época [mediados de la década del veinte] también conocí a Alfonso Reyes. Era el embajador de México en la Argentina y solía invitarme a cenar en la Embajada todos los domingos. Todavía considero que Reyes es el mejor prosista del idioma español en este siglo y de él he aprendido a escribir de manera sencilla y directa.

Nótese que en el mismo texto, páginas más adelante, Borges dirá algo similar acerca de Adolfo Bioy Casares (1999, 116):

> Al contradecir mi gusto por lo patético, lo sentencioso y lo barroco, Bioy me hizo sentir que la discreción y el control son más convenientes. Si se me permite una afirmación tajante, diría que Bioy me fue llevando poco a poco hacia el clasicismo.

***

1973

Borges, Jorge Luis (1973/12): «Cómo conocí a Alfonso Reyes»: *Boletín Capilla Alfonsina* 28, México, abril-diciembre de 1973. Programa del Ciclo de Difusión Cultural Argentino, perteneciente a la serie «América, la versión argentina». Asesoría: Héctor A. Murena. Grabación proporcionada por la Embajada Argentina para el Homenaje a Alfonso Reyes en la Capilla Alfonsina. *ARA* 47-50.[414]

Señor Borges: ¿cómo conoció a Alfonso Reyes?

Lo conocí en casa de Pedro Henríquez Ureña. Pedro Henríquez fue, puedo decirlo, un gran hombre, pero esa grandeza de Pedro Henríquez Ureña perdura en la memoria de quienes lo hemos conocido, es decir, fue un hombre más memorable por su palabra oral que por su palabra escrita. Aunque sus escritos son inteligentes y decorosos —no podrían serlo de otro modo—, en Pedro Henríquez Ureña hay una suerte de timidez y también, esto es muy raro, yo lo noté en su gran amigo y nuestro gran amigo Alfonso Reyes. Porque, según se sabe, Reyes tuvo que pasar muchos años de destierro, de

---

[414] Este número dio a conocer la creación del «Premio Internacional Alfonso Reyes» y la decisión del jurado de entregárselo a Jorge Luis Borges, quien viajó a la ciudad de México en diciembre de 1973 para recibirlo. [Nota al pie en *ARA* 47; cf. una foto de ese viaje en Alicia Reyes 1977, 147.]

destierro sin duda grato muchas veces, en España. Y ahí, tengo la sospecha de que siempre lo vieron como a un latinoamericano o como ellos dirían, como a un hispanoamericano. Es decir que él siempre guardó una actitud de discípulo ante los españoles. Recuerdo una tarde que conversé con él, no, una noche tiene que haber sido, porque nos veíamos de noche los domingos, en la Embajada de México. Recuerdo que él estaba indignado por un juicio más o menos ligero y atolondrado de Ortega y Gasset sobre Goethe. Goethe era uno de los dioses de la devoción de Reyes. Entonces él formuló varias objeciones y yo le dije que por qué no las escribía. Y entonces, él con genuino estupor me dijo «¡Pero cómo voy yo a polemizar /48/ con Ortega y Gasset!». Yo le dije: « pero todos sabemos que usted es infinitamente superior a Ortega y Gasset». Pero él no podía admitir eso; siempre se sentía en actitud de discípulo ante escritores que eran ciertamente inferiores a él.[415] Por ejemplo, el tono de reverencia que él tenía cuando hablaba de Azorín.[416] Luego él encontró una salida; el escribió un libro sobre Goethe, publicado por el Fondo de Cultura Económica en México. Ese libro viene a ser una respuesta a Ortega y Gasset. Ahora, aquí pueden haber influido dos cosas: por un lado, cierta timidez, porque creo que Reyes —a pesar de ser valiente, y me consta que fue valiente— era tímido. Y también la cortesía, porque a Reyes no le gustaba disentir de su interlocutor. Y como era infinitamente inteligente, esto lo sabemos todos, a veces hasta inventaba razones en favor de su interlocutor y contra sus propias convicciones.

Yo lo conocí, a Reyes, en casa de Pedro Henríquez Ureña. Luego lo vi en casa de Victoria Ocampo, recuerdo que él habló de la «era

---

[415] Como muestro a continuación de la presente entrevista, esta escena debe haber tenido lugar hacia mayo de 1932.
[416] La correspondencia entre Azorín y Reyes, comenzada por éste en 1914, continuó hasta agosto de 1957. Cf. Barbara B. Aponte: «El diálogo entre Azorín y Alfonso Reyes»: James Willis Robb 1996a, 497-510.

victoriana» en la literatura argentina. Y luego, él me invitaba los domingos a comer con él en la Embajada de México. Recuerdo que tenía una memoria llena de citas oportunas. Yo admiraba y sigo admirando al poeta mexicano Othón y él me dijo que él lo había conocido a Othón, en casa de su padre, el general Bernardo Reyes. Yo le dije: «Pero cómo, ¿usted lo conoció?» y él encontró en seguida la cita oportuna, aquellos versos de Browning:

Hay un señor que habla de Shelley, y el otro le dice:

—Pero cómo, ¿usted lo vio a Shelley? ¿usted lo ha visto a Shelley?

Y entonces, cuando yo le dije: ¿usted lo conoció a Othón?, Reyes murmuró: «Ah, did you once see Shelley plain...».

Exactamente la cita que convenía. Reyes tenía el amor de la literatura inglesa, bueno, en realidad tenía el amor de todas las literaturas y de la literatura. Admiraba no sólo a los maestros, a los escritores famosos, sino también a los que han llamado los clásicos menores y nos encontramos en nuestra compartida devoción por el poeta francés Toulet,[417] hoy olvidado con injusticia. Él sabía de memoria muchas contrarimas, yo también. Y también en nuestra devoción por el helenista y ensayista escocés Andrew Lang.[418] Los dos ahora más o menos olvidados.

Reyes fue muy bueno conmigo, en aquel tiempo yo no era especialmente nadie. Y sin embargo Reyes me trató a mí como si yo fuera un escritor considerable. A Reyes le gustaba dejar, en los países que él recorría como Embajador, le gustaba dejar libros publicados por él. Él se daba a un país y además de cumplir con sus funciones diplomáticas, quería conocer a los escritores y, en especial, a los jóvenes escritores desconocidos. Y yo, por aquellos años, era ciertamente joven y más ciertamente aún desconocido. Esto bastó para que Alfonso Reyes me buscara y publicara un libro mío, del cual estoy

---

[417] Véase abajo la larga nota acerca de la relación Borges-Toulet.
[418] Andrew Lang: véase la nota a él dedicada en el comentario a la carta N° 10.

bastante arrepentido ahora. Pero yo estoy arrepentido de casi todo lo que escribo, cada uno escribe lo que puede y no lo que quiere. Y publicó un libro, *Cuaderno San Martín* en una serie de libros suyos, creo que se titulaba algo /49/ así como *Cuadernos del Plata*. El libro salió ilustrado por una amiga nuestra, por la gran escritora —desconocida entonces también— Silvina Ocampo, hermana de Victoria. Él publicó ese libro, luego él fundó una revista, la revista se titulaba *Libra*. Se refería a la balanza, al justo equilibrio de la balanza, pero en esa revista colaboraban amigos míos nacionalistas. Yo nunca he sido nacionalista. Yo le expliqué a Reyes que aunque me sentía muy honrado pensando que él hubiera pensado en mí, yo no quería publicar con aquellos otros y él comprendió perfectamente mis escrúpulos y me escribió una carta. Nuestra amistad no sufrió desmedro por aquello que había ocurrido. Y al hablar de cartas recuerdo la primera carta que me escribió Alfonso Reyes. Esto fue el año de 1923.

Yo había publicado mi primer libro, *Fervor de Buenos Aires*, Reyes me escribió una carta, una carta demasiado generosa para que yo recuerde sus palabras, para que yo repita sus palabras ahora, aunque las recuerdo. Y luego, al final, con una postdata decía: «Me conmueven o me tocan al pasar ciertos nombres de su antepasados, de sus mayores militares» y luego, punto. Y, luego: «Yo también...», porque él también era de estirpe militar como yo.

Todos los recuerdos que yo tengo de Alfonso Reyes son gratos. Recuerdo que le gustaba mucho el cinematógrafo: una vez discutimos una película con él y él compartía mi devoción por aquellas películas dirigidas por Josef von Sternberg, en que trabajaban Fred Kollar y George van Craft[419] y él dijo que no había películas malas, que en toda película siempre había algo que interesaba: un rostro

---

[419] «Fred Kollar y George van Craft»: error «de oídas» por Fred Kohler y George Bancroft. Ambos trabajaron juntos en *Underworld* (*La ley del hampa*), dirigida por Josef von Sternberg en 1927 (véase Cozarinsky 2002, 27 y 29).

que se entrevé, una puerta que se abre, una sombra... A él le bastaba con eso y esto era debido a su imaginación. Él enriquecía la conversación. Uno le decía algo y ese algo que uno le decía iba ramificándose en la imaginación de Reyes. Pero advierto que estoy hablando de recuerdos personales. Lo que yo no sé es si yo sentí lo que ahora sé: que Reyes ha sido uno de los mayores escritores de las diversas literaturas cuyo instrumento es la lengua española. Porque si el modernismo —y aquí podemos pensar en Darío, en Lugones, en Jaime Freyre, en otros— renovó el lenguaje de la poesía, la prosa no fue del todo renovada por el modernismo. Si bien hubo un admirable precursor, Paul Groussac. Paul Groussac escribió una prosa a la manera de Flaubert, cuando en España la gente trataba de remedar a los clásicos o buscaba lo más deleznable de la tradición, es decir, los refranes. De modo que o trataban de ser pomposos, o acudían al refranero de Sancho Panza. Groussac escribió una prosa elegante, económica, severa, pero la prosa de Groussac adolece todavía de ciertos adornos que ahora nos parecen superfluos. En cambio creo que Reyes ha escrito la prosa más admirable de la lengua castellana.

Yo propuse a Reyes, alguna vez, o quise proponerlo, para el Premio Nobel de literatura. Reyes estaba en México entonces. Yo hablé con algunos amigos míos. Me place recordar de Victoria de Ocampo y el nombre de Adolfo Bioy Casares. Y pensamos que si toda la América de habla española /50/ pedía el premio para Reyes, eso tendría más fuerza que si lo pidiera el gobierno de México, porque al fin de todo, los mexicanos pidiendo por un mexicano, llamarían menos la atención que todo un continente. Un continente de muchas repúblicas pidiendo el premio para Reyes, pero aquí volví a encontrarme con el nacionalismo. Me dijeron: «Sí, pero Reyes es mexicano», como si pudiera haber un pero ahí. Yo les dije, «pero precisamente porque él es mexicano y nosotros somos argentinos, va a tener más fuerza el pedido», pero me dijeron: «¿Cómo vamos a pedir por un mexicano?». Me di cuenta que no podía seguir conversando con personas así. Hice una tentativa análoga en Uruguay. En el Uruguay observaron agudamente que Alfonso Reyes no era precisamente oriental,[420] sino mexicano. Y como hubiera sido un poco absurdo que Victoria Ocampo, Bioy Casares y yo pidiéramos el premio para Alfonso Reyes y que lo pidiera un hombre de letras en el Uruguay —creo que fue Emilio Oribe[421] el único—, entonces el proyecto fracasó. Es una lástima porque Alfonso Reyes hubiera honrado el Premio Nobel recibiéndolo.

Tengo, pues, de Reyes, recuerdos personales muy gratos y la convicción de haber conocido a uno de los mayores escritores de lengua castellana, a uno de los espíritus más finos.

Él se entregaba a la traducción también y, a veces, mejoraba el original. Recuerdo unos versos de Mallarmé. Mallarmé dice:

Des séraphins en pleurs,

es decir: «Serafines que lloran».[422]

Reyes lo mejoró en la traducción y en lugar de esos lagrimosos serafines, puso:

Dolientes serafines

lo cual es ciertamente superior al texto.

---

[420] *Oriental* significa *uruguayo*; el nombre completo del país es «República Oriental del Uruguay», en alusión a la margen este del Río de la Plata.

[421] Emilio Oribe (1893-1975): poeta, ensayista y pensador uruguayo (de tendencia idealista), miembro de la generación llamada del «Centenario», amigo de Borges. De entre sus poemarios tempranos, destaco *La colina del pájaro rojo* (1925), influido por el ultraísmo; de entre sus libros ensayísticos, *Teoría del «nous»* (1930), *El mito y el logos* (1945) y *Estudios sobre las ideas estéticas* (1950).

[422] Verso de «Apparition» (procedente del artículo «Les Poètes maudits», 1884, y recogido en 1887 en *Les Poèmes de Stéphane Mallarmé*, 1887). La traducción de Reyes que Borges cita a continuación proviene de su *Mallarmé entre nosotros* (1938; *OCAR* XXV, 230; cf. ya 229, donde Reyes descarta intencionalmente «llorosos serafines»).

Ya que he hablado de Mallarmé, querría recordar aquellos versos de Mallarmé en que él se refiere a Edgar Allan Poe y dice:

Tel qu'en lui même en fin l'éternité le change.

Así dice: «Como al fin la eternidad lo convierta en sí mismo».[423] Pues bien, esto ha pasado con Alfonso Reyes.
Yo sabía que era un gran escritor, yo lo quería como amigo. Y creo que cuantos lo conocieron lo quisieron, pero ha sido necesaria la muerte para que yo lo vea como «el gran escritor» que fue. Porque a los contemporáneos, uno siempre los ve un poco en función de las circunstancias y es necesaria la muerte para que los vea del todo, para que uno vea en conjunto todo lo que significaron, aparte de lo que fueron el lunes, el martes o el miércoles, o a la tarde, o a la noche o a lo que fuera. Y ahora, yo agradezco todas las oportunidades que me ofrece el destino para poder hablar de Alfonso Reyes.
Les agradezco a ustedes esta ocasión de volver a testimoniar la ilimitada admiración que siento por él.

***

Reyes sobre Ortega y Goethe

Porque ilumina lo que dice Borges e ilustra acerca de Reyes (su saber y su personalidad), considero apropiado reproducir una carta de Reyes al escritor argentino Eduardo Mallea que permite datar la anécdota narrada por Borges acerca de la relación entre Reyes y Ortega. Fue publicada tras la muerte de Reyes por José Luis Martínez en *OCAR* XXVI, 439-445 (1993). La misiva carece de fecha,

---

[423] El texto correcto es: «Tel qu'en Lui-même en fin l'éternité le change» y procede de «Le tombeau d'Edgar Poe» (Baltimore, 1877).

pero como alude al ensayo de Ortega y Gasset «Pidiendo un Goethe desde dentro. Carta a un alemán», publicado en *Revista de Occidente* CVI, Madrid, abril de 1932 (número dedicado al Centenario de Goethe), la misiva debe ser poco posterior. En carta del 25 de mayo de 1932, por ejemplo, dirá Reyes a Victoria Ocampo (*Cartas echadas. Correspondencia 1927-1959*. Edición: Héctor Perea. México: Universidad Autónoma Metropolitana, 1983, 23):

> Lo que de él [Goethe] dice José Ortega me parece muy bello pero muy objetable, como doctrina, como actitud ante la exégesis de un hombre, y como documentación.

He aquí la carta a Mallea:

Caro Mallea:

El *Goethe* sigue en marcha. Pero voy procurando quitarle todo lo que tiene de efímero, de cosa escrita en tono de objeción o panegírico para un Centenario. Quiero que llegue a un equilibrio.[424]

La «Carta a un alemán» de José Ortega y Gasset me ha causado un verdadero arrobamiento, lo mismo que a usted. El gran escritor lo empuña a uno y lo transporta. Pero tiene la elocuencia engañosa de las sirenas. No se deje usted engañar. Ortega es sofístico y arbitrario.[425]

---

[424] En la citada carta del 25 de mayo de 1932 a Victoria Ocampo dice Reyes: «contra los deseos de Mallea, ya no será posible publicar de prisa lo que ahora estoy escribiendo. Saldrá, como todos mis libros, cinco o seis años después de escrito». Acerca de textos de Reyes sobre Goethe informa el epistolario de Mallea con don Alfonso del período 1929-1955 (Zaïtzeff 2008, 295-341), donde, sin embargo, falta esta carta.

[425] Como ya comenté arriba, estudio las dramáticas evoluciones de la relación entre Reyes y Ortega en mi edición comentada de su epistolario (en prensa).

Esto se lo digo a usted en secreto. Esta carta es un desahogo que yo confío a su corazón de amigo, pero no quiero que le dé el aire, porque no quiero tener que sufrir más en mis relaciones con José. Cuando entre él y yo se ha atravesado una pestaña, le confieso a usted que me sentí muy desdichado. Quizá Victoria [Ocampo] también podrá leer esta carta. Yo creo que le pasa con José lo que a mí: yo lo admiro, lo «amo» y no lo aguanto.

El ensayo de Ortega y Gasset es el fruto de dos sentimientos que él lleva a una temperatura de sublimidad: la soberbia y la envidia. La soberbia es casi otro nombre de la filosofía: yo me forjo una idea *a priori* de la realidad y comienzo por establecer que es la única idea legítima. Luego, si la realidad no la cumple, trato a puntapiés a la realidad. ¿Entender a la realidad en sí misma? ¿Aceptarla siempre como hizo Goethe? ¡Eso ni por asomo se me ocurre! ¡Eso sería clasicismo y humillación, y yo soy romántico, yo soy muy Satanás! Eso dejémoslo a los filólogos (y aquí pensamos en Menéndez Pidal), gente miserable que abusa de la atención de los hombres. ¿Que se me ocurre escribir sobre el *Quijote* para empezar? Pues comienzo por declarar que Cervantes está sentado en la llanura castellana desde hace cuatro siglos, esperando que nazca alguien que lo comprenda (ése, seré yo). ¿Que se me ocurre pensar sobre cualquier cosa? Pues a eso le llamaré «Otra manera de pensar», porque no es la de los demás humanos. ¿Que voy a escribir sobre Goethe? Pues ignoro el siglo y medio de comentarios que andan en cerca de los 50 000 volúmenes, y arremeto contra Goethe partiendo de un apriorismo. Baroja hace lo /440/ mismo que yo cuando hace crítica; sólo que él no tiene ni don de escritor ni mi música divina. Él es un bruto. Pero la actitud se parece mucho. Por eso me entiendo bien con Baroja y lo presento a mis amigas argentinas en Madrid como un representativo español. Esto, por lo que hace a la soberbia. En cuanto a la envidia, José envidia a Goethe con aquella envidia que —según André Gide— Nietzsche sentía por Jesucristo.

En ningún caso quiero hablar de sentimientos mezquinos aun cuando, para abreviar, caiga un poco en la caricatura.

La tesis de José sobre Goethe se articula en los siguientes puntos:

1. No estamos para centenarios. El pasado está en quiebra.
2. Goethe no debe ser descrito como hasta ahora, sino puesto en tela de juicio.
3. Goethe vivió contra su vocación, entendiendo por vocación cierta idea de ella que yo me hago. La antivocación de Goethe se revela en estos extremos:
4. Antes de los 30 ha concebido (si no acabado) todas sus grandes obras poéticas y diez años después todavía anda por Italia preguntándose si será un poeta, un pintor o un sabio.
5. Es optimista ante la naturaleza y trágico ante sí mismo: signo de contrariedad.
6. Todo le salió bien en la vida, y siempre estaba de mal humor. Signo de contrariedad (aunque, cierto, era muy joven, confiesa Ortega y Gasset, contradiciéndose).
7. Era tieso, rígido, andaba con paso perpendicular llevando su cuerpo como un estandarte en las procesiones. Una mujer dijo una vez de él que en su frente había una nube de hastío. Un hombre dijo de él otra vez que había algo desagradable en su boca. Todo esto es contrariedad (aunque, cierto, era el más dotado, el más elástico y fácil de los hombres, confiesa Ortega y Gasset, contradiciéndose).
8. Siempre huye de sí mismo: huye de sus amores, huye de la literatura para esconderse en Weimar y convertirse en estatua, y todavía huye de Weimar y se va a Italia, aunque después vuelve. La seguridad lo amojama y priva de un héroe a la literatura. Muera Goethe (espero que en Alemania se escandalicen. ¡Dios lo quiera!).

El primer punto es un esnobismo a la moda que ya me está cargando. Los hombres más eruditos y culturizados, para halagar a la muchachada ignorante, se ponen delante de ella a gritar: «Estoy con vosotros: ¡a cerrar los libros que para nada sirven!» Sería el primer caso, nuestra época, de un fenómeno sin relación con el pasado. También grita así, en México, nuestro Diego Rivera, después de henchir- /441/ se de tradición como puede verse en sus cuadros, y de haberse opuesto a la escuela de Picasso (otro que tal canta) que es como un compendio de historia de la pintura hecho hombre.

El segundo punto es el apriorismo del filósofo. Es una idea anticrítica. Muy útil para decir cuáles son nuestros ideales, pero no para entender a Goethe, ni a nadie. Objetar una realidad no tiene sentido.

Y decir de ella «me gusta o no me gusta» es cuestión de gustos personales.

Libertad completa. Ahora, el error contrario: poner de ejemplo a Goethe para ser imitado, tampoco tiene sentido a mis ojos.

Para valorizar el tercer punto habría que esperar el ensayo sobre la vocación que Ortega y Gasset acaba de ofrecer a los jóvenes españoles.

Pero creo que es objetable. Supone que, antes de existir cada uno de nosotros, existe un yo programático. No admite que el yo se vaya formando en la vida. Es un punto de vista subjetivo y antigoethiano.

Goethe es objetivo y hasta oriental y fatalista. No quiere magnetizarse interrogándose a sí mismo. No quiere decidir, por eso escapa de las mujeres, de Francfort, y hasta de Weimar. (El segundo Weimar ya no es Weimar, sino el gabinete de trabajo de Goethe, de donde, prácticamente, no vuelve a salir más.) Goethe hace su yo renunciando, prescindiendo de todo lo que no le interesa, y, en lo que le interesa, alimenta su yo —al revés de lo que quiere Ortega— de fuera para dentro.

Goethe duda a veces de ser un yo. Dice que estamos en manos de los «demonios». Es demasiado inmenso para sentir su personita como lo siente hoy un romántico quisquilloso. La vida de un hombre es, a los ojos de Ortega y Gasset, una cabalgata: el jinete existe antes que el caballo y tiene un rumbo proyectado. Se trata de saber si logra plegar su caballo al rumbo. Para Goethe, al contrario, la vida es una integración vegetativa entre una realidad subjetiva (mínima) y una realidad objetiva (máxima): una simbiosis paulatina entre el yo y el no yo, en que el yo, para ser cada vez más y hasta para seguir siendo, absorbe el no yo. Pero al paso que lo absorbe, se confunde con lo absorbido. El individuo se hincha hasta deshacerse en el paisaje. Mientras no se entienda esto, no se conoce a Goethe. A la luz de esta idea que es la de Goethe, Goethe mismo es la más alta realización de su propio yo. La idea de Ortega es contraria: Goethe no la realiza. No tenía para qué.

El cuarto punto es una simpleza: Desde el momento en que, para las cosas de la naturaleza, la vida es evolución mientras que para el hombre es drama, Goethe puede y debe ser optimista en su filosofía científica y trágico al inclinarse sobre sí mismo. ¿O es que se puede considerar por lo trágico el problema científico del arbusto? ¿O es /442/ que se puede abandonar un problema de la propia conducta en brazos de la evolución natural? ¡Ojalá!, dice Goethe: ello nos libraría del dolor.

Pero no puede, porque no ha logrado aniquilar la cosquilla del libre albedrío como lo hace un faquir. Goethe, siempre, entre el Oriente y el Occidente. Como quiera, este caso del Juan que ríe ante la naturaleza y el Juan que llora ante sí mismo es el de todos los hombres de ciencia, porque es el único posible y humano: unos nos lo han contado, y otros no. Pero así es siempre y no supone contradicción. ¡Qué tontería!

El quinto punto me ha dejado perplejo. Yo creí que la «vocación» de que habla Ortega y Gasset era una realidad ética, casi mística, superior a la que en la tierra los pobres mortales llamamos «las distintas ramas del conocimiento». ¡Y resulta que la «vocación» se confunde con una idea tayloriana de la especialidad! No: la vocación de Goethe no era ser poeta, pintor ni sabio, sino desplegar todo su yo, realizarse todo en el orden de la plena conciencia de su propia vida.

Lo demás, son meras estrategias de la vocación. Además, si como dice Ortega y Gasset muy bien ya Goethe en la juventud ha concebido las grandes líneas de su obra poética, y tiene ya (aunque Ortega y Gasset no habla de eso) una perfección técnica que parece que nació con él, ya, en el orden poético, no le falta más que ir todos los días «acostando obra sobre el papel» como dicen los franceses. Pero como no se ha muerto, y como además tiene el coeficiente dinámico de ser quien fue —una dosis de hombre extraordinaria— su ser sigue de frente, trasciende de la poesía a otras actividades. Siempre tuvo la preocupación de pedagogo y de biólogo experimental por desarrollar todos los gérmenes; la «potencia» es una suciedad a sus ojos: todo tiene que llegar a ser «acto». De aquí que se entregue a todas sus tentaciones activas. ¿A los cuarenta? Sí: el desliz del pie del gigante es carrera para un enano, decían los griegos. Algunos nos andamos desmayando a los cuarenta y cinco, pero no Goethe que tenía la intuición y la voluntad de la longevidad. (Ya lo verá usted en mi libro.) Su compás no es el nuestro. En lo infinitamente grande o pequeño, los físicos saben que fallan muchos modos funcionales tenidos hasta hoy por leyes absolutas y que sólo se aplican a las dimensiones medias en que el hombre se mueve. La dimensión planetaria de Goethe también desconcierta a los filósofos. Finalmente, a Ortega y Gasset se le olvidó que Goethe es considerado y apreciado como el último gran representante del ideal del renacimiento humanístico, también encarnado en Leonardo de Vinci, y que se llama «el hombre universal». Se le fue de la mente, y cometió el dislate de juzgar a Goethe a la luz de un /443/ ideal de especialista contemporáneo. Goethe ni siquiera va a las ciencias por enciclopedismo (ideal contemporáneo suyo que bastaría para explicarlo), sino por «universalismo humanístico», que es tradición mucho más enraizada y fuerte. Y va a la pintura, y a la música, y hasta se ensaya cerca de los ochenta años en tirar al arco. ¿Cómo pudo Ortega olvidar esto? ¡Ganas de roerle a Goethe los zancajos!

El sexto punto me exaspera. Eso de que todo le salió bien en la vida, a aquel que mayor conciencia ha tenido de la situación trágica del hombre ante el mundo como lo confiesa el propio Ortega y Gasset (¡y ahí están sus obras para decirlo!), es una ramplonería de los biógrafos baratos. Goethe supo sacar siempre de necesidad virtud, eso es todo. Y luego, al interpretar él mismo su vida, por amor a la armonía, nos presenta la verdad siempre dulcificada por la poesía. Si yo aceptara la idea combativa de Ortega y Gasset con esa idea misma lo atacaría, diciendo si a un hombre de la talla de Goethe, de su sensibilidad y su conciencia, parece que todo le salía bien, será porque lo sabía gobernar: vocación. Pero yo prefiero mi idea de Goethe. Tengo gotas de sangre india, y creo por eso entender muy bien este proceso de libertad pasiva (idea germinante goethiana), o de «plicidad sin reposo» como él decía. Primero, interpretar un dolor en un plano más alto que el de la queja. Él acepta las cosas de la realidad, y luego se acomoda dentro de ellas en una simbiosis armoniosa: por eso todo tiene que salirle bien. En cuanto al malhumor es un embuste completo.

Goethe tenía el *genus irritabile vatum* que hasta hoy siempre fue considerado como un síntoma de la alta vocación poética o filosófica.

El mayor testigo de la intimidad de Goethe es Müller. Sobre 500 días, he encontrado en Müller una proporción de uno a veinte a favor del humor normal de Goethe, y dentro de éste, una proporción de algo más de la mitad para el humor «sublime», «encantador» y «gozoso» y otras cosas así. Y esto, en la vejez, cuando se aceda el carácter. Y yo hablo *a priori* partiendo de un principio filosófico: yo hablo a lo filólogo y a lo historiador, de afuera para dentro, después de documentarme y contar mis fichas con los dedos. Créame usted a mí. Ortega y Gasset tal vez ha confundido —como lo hacía el pobre Müller con quien Goethe jugaba al gato y al ratón diciéndole cosas contra la Iglesia, en lo cual hacía perfectamente— el mal humor con el humorismo. Da pena.

El séptimo punto, lo de la «tiesura», es una ramplonería como lo de que todo le salía bien, y una ramplonería aceptada sin probidad por un hombre tan enemigo de la ramplonería habitualmente como lo es /444/ Ortega y Gasset. Y aceptada sólo para asombrarse de que Goethe tuviera chispazos y humorismo, de que fuera un hombre como todos.

Y lo de la frente y la boca «son pláticas de familia de las que nunca hice caso». También Ortega y Gasset es tieso y rígido, y tiene una frente de hastío y una boca desagradable, y nada de eso es vocación contrariada, sino necesaria energía de control de los grandes hombres sobre sí mismos, y también actitud de ahorro de esfuerzo en los hombres visitados como monumentos públicos, y más si son cimas mundiales y ministros y maestros de Europa. Y por eso, a pesar de todos esos rasgos ingratos, las mujeres —que saben mucho— se enamoran de Ortega y Gasset, aunque nosotros (muertos de envidia, pero aquí sí de la buena y de la que Dios hizo) les aseguremos a ellas que con nosotros la pasarían mejor, hasta en punto a rigidez y tiesura.

El octavo punto yo lo contesto, respecto a la fuga de sí mismo, con las consideraciones ya hechas a propósito de los otros puntos. Creo que esta visión de Goethe orientalizado voy a incorporarla en mi libro. Realmente me parece una clave. En cuanto a la obra de anquilosamiento insensible que la vidita de Weimar y la seguridad burocrática ejercieran sobre Goethe, la acepto como una idea relativa, no en modo alguno como caso de traición a sí mismo. Regidor de teatro que no se ocupaba del teatro, dice Ortega y es una calumnia. No sólo se ocupaba en alma, vida y corazón sino hasta le costó dinero de su bolsillo.

Puede ser que un Goethe bohemio y trashumante —es decir: con el yo roto, con la «vocación» marcada precisamente— hubiera sangrado más sobre la vida, hubiera pues servido mejor a la poesía.

¿Habría sido mejor para la poesía que Rubén Darío no se embriagara?

No lo sabemos. En todo caso, esta virtud sería el fruto de una mutilación. La naturaleza, como dice Aristóteles, se aquieta a medida que se perfecciona. El más inteligente de los hombres, que es Monsieur Teste, ya no siente la necesidad de expresarse. Goethe iba por ahí. Si llega a vivir cien años más (y bastaría que le hubiera dado la gana, estoy seguro, sino que a él mismo se le ocurrió decir que ya había acabado el *Fausto* y ya podía morir), lo hubiéramos visto alcanzar la inmovilidad y el silencio de las montañas. Yo tengo un loro, Mallea. Cuando quiero que sea poeta, cuando quiero que hable todo el día, me basta mutilarlo; es decir: dejarlo sin comer. Cuando se encuentra bien nutrido, empieza a andar solemnemente como el grande hombre de Weimar.

En suma: que Weimar puede que haya sido una lástima, pero puede que no. Es cuestión de puntos de vista, pero la discusión no con-/445/ duce a nada, no crea nada. Un personaje de Pérez Galdós andaba escribiendo la historia lógico-natural de España: no como ella fue, sino como debió haber sido. Pérez Galdós había presentado a Ortega y Gasset.

Finalmente, le recomiendo que busque el discurso universitario de Ortega y Gasset sobre «Goethe el libertador» pronunciado recientemente en Madrid.[426] Repite algo de la «Carta a un alemán», y de repente, dejando establecido que Goethe es un caso de vida a contrapelo, se arranca —en palmaria contradicción— a cantar a Goethe libertador de

---

[426] «Goethe, el libertador»: publicado originalmente en alemán, bajo el título «Goethe, der Befreier»: *Neue Zürcher Zeitung* 530, Zürich, marzo de 1932.

la juventud, entendiendo por libertador al que enseña mayéuticamente (con y, no con ll: no se dé usted por aludido) a parir el propio yo: a libertarlo. De paso se deja decir, y es falso, que Goethe huyó de la palabra «libertad» que era tan usada en su tiempo. No hay tal: la usó de otro modo. Aquí, en mis «puñeteras» fichas, tengo no menos de ocho textos sobre la idea de libertad en Goethe, todos de primera.

Ellos me han autorizado esa noción de la libertad pasiva que le dejo expuesta.

Y ahora ¿puedo esperar de usted que guarde esta carta como secreto? Mire que no quiero hacer junto a Ortega y Gasset el papel que él hace junto a Goethe. Mire que discutir públicamente con Ortega y Gasset quien se siente menor que él y no tiene siquiera posibilidad de combate periodístico, quien al fin lo quiere y admira de veras, quien quizá siente que choca con él por un fenómeno de «adoración», quien nunca se acercó a él sin utilidad y provecho en pro o en contra, sería absurdo.

Suyo cordial.

***

Borges y Toulet

Paul-Jean Toulet (1867-1920) fue un poeta menor post-simbolista, o *fantaisiste*, cuya bicicleta «fue famosa en su tiempo» (según Reyes en *La experiencia literaria*, *OCAR* XIV, 327). La obra a que alude Borges se titula *Les contrerimes* (apareció póstumamente en Paris: Divan, 1921; en castellano: *Contrarimas*. Versión, prólogo y notas: Jorge Gimeno. Valencia: Pre-Textos, 1998).

Tanto Borges (quien lo menciona en «Pierre Menard, autor del Quijote», *OC* 1974, 445) como, especialmente, Bioy gustaron de Toulet. Bioy menciona el libro como uno de los temas conversados a menudo con Borges por esa época (Borges, 2006, 29).

El poema preferido por Borges —escrito en Bayonne, como la carta al relator de «Pierre Menard...»— procede de las *Contrerimes*, XLI 52:

> Tel s'enivrait, a son phébus
> D'un chocolat d'Espagne,
> chez Guillot, le fautre en campagne,
> Monsieur Bordaguibus.

Como puede apreciarse, «contrarimas» son estrofas de cuatro versos en las que alternan los de ocho y seis sílabas, mientras que la rima *abba* incomoda intencionadamente el ritmo.

Toulet publicó, aparte de poemas, como mínimo dos elegantes novelas de tendencia sádico-decadente: *Monsieur de Paur* (1898) y, especialmente significativo en el contexto de «Pierre Menard...», *Mariage de Don Quichotte* (1902), que convendría leer con miras al análisis del cuento de Borges.

En Martín Fierro 7, 25-VII-24, 1, ya se había anunciado una «traducción de fragmentos de [...] P.-J. Toulet» para el número siguiente, 8-9, del 6-IX-24. Allí aparecieron, efectivamente, «Fragmentos» de Toulet, sin firma de traductor; la versión podría ser de Borges, quien trabara a comienzos de los años veinte conocimiento con la obra del francés (la mayor debilidad de esta hipótesis es, sin embargo, la selección de textos, ya que su contenido no parece condecir con intereses de Borges).

Borges menciona en 1935 a Toulet en un paréntesis de su artículo «Los traductores de la 1001 Noches, 1. El capitán Burton»: «Nadie requiere de la verdad que sea verosímil o inmediatamente ingeniosa: pocos lectores de la Vida y Correspondencia de Carlos Marx reclaman indignados la simetría de las *Contrerimes* de Toulet o la severa precisión de un acróstico» (*Discusión, OC* 1974, 404).

Poco más tarde, en su reseña de un libro de Chesterton (*The Paradoxes of Mr. Pond*: *El Hogar*, Buenos Aires, 14-V-37, *Textos cautivos*

1990, 133), Borges elogia uno de los cuentos afirmando: «No es menos arduo y elegante que un severo problema de ajedrez o que una *contrerime* de Toulet».

***

1976

En su prólogo al poemario *La moneda de hierro*, fechado en Buenos Aires el 27 de julio de 1976, dice Borges:

> El prólogo tolera la confidencia: he sido un vacilante conversador y un buen auditor. No olvidaré los diálogos de mi padre, de Macedonio Fernández, de Alfonso Reyes y de Rafael Cansinos-Assens.

***

1979

En este año publica José Emilio Pacheco la segunda edición (primera bajo nombre propio) del epistolario: «Borges y Reyes: Una correspondencia. Contribución a la historia de una amistad literaria»: *Revista de la Universidad de México* XXXIV.4, México, diciembre de 1979, 1-16. No hallo repercusiones de esta publicación en escritos de Borges.

***

1980

El 23 de abril de 1980 Borges pronuncia en Madrid un discurso en la entrega del Premio Cervantes 1979 (Borges y otros: *Premio «Miguel de Cervantes» 1979*. Madrid: Anthropos/Ministerio de Cultura, 1989, 79-80), en el que cita a Reyes:

> El escritor tiene una desventaja: el hecho de tener que operar con palabras, y las palabras, según se sabe, son una materia deleznable. Las palabras, como Horacio no ignoraba, cambian de connotación emocional, de sentido; pero el escritor tiene que resignarse a este manejo, el escritor tiene que sentir, luego soñar, luego dejar que le lleguen las fábulas; conviene que el escritor no intervenga demasiado en su obra, debe ser pasivo, debe ser hospitalario con lo que le llega y debe trabajar esa materia de los sueños, debe escribir y publicar, como decía Alfonso Reyes, para no pasarse la vida corrigiendo los borradores, y así trabaja durante años y se siente solo, vivo en una suerte de sueñosismo; pero si los astros son favorables, uso deliberadamente las metáforas astrológicas, aunque detesto la astrología, llega un momento en el cual descubre que no está solo. En ese momento que le ha llegado, que le llega ahora, descubre que está en el centro de un vasto círculo de amigos, conocidos y desconocidos, de gente que ha leído su obra y que la ha enriquecido, y en ese momento él siente que su vida ha sido justificada.

***

Recojo algunos pasajes del texto de Emir Rodríguez Monegal: «Alfonso Reyes en mi recuerdo» (*Vuelta* 44, México, julio de 1980, 41-43; *La Gaceta del Fondo de Cultura Económica* 220, México, abril de 1989), porque aluden a la relación entre Borges y Reyes y a las cartas entre ambos, cuya publicación el autor no parece haber advertido:

> Volví a enredarme en la obra de Reyes —dice Rodríguez Monegal— cuando me puse a preparar la biografía literaria de Borges que se publicó el año pasado en Estados Unidos. Aunque sabía que habían sido amigos en la época que el escritor mexicano era Embajador en Buenos Aires y hasta había leído las cartas que se habían cruzado entre ambos (extraordinarias cartas de Borges a quien fue su maestro), no había podido medir la extensión de la deuda de Borges con Reyes hasta que me puse al trabajo menudo de documentarla. Pude ver entonces que, en efecto, y como ha dicho Borges reiteradamente, fue Reyes el que lo ayudó a salir de la fase expresionista y barroca, ya agotada en los años veinte, y lo llevó hasta el clasicismo de su mejor período. Fue en Reyes donde encontró Borges los secretos de esa sintaxis invisible a fuerza de precisa, esa ironía que es tan sutil que apenas se reconoce, de esa elegancia que no tiene igual.
>
> Aunque Borges ha reconocido esa deuda, no es todavía suficientemente pública. Porque para reconocerla hay que volver a leer a Reyes. Humanista enciclopédico, inquieto y curioso de todo cuanto el mundo de la cultura ha producido (incluso la cocina, incluso las modas), Reyes escribió demasiado. Poco lectores han tenido la capacidad de leerlo y releerlo. En su obra poética, en sus dramas (que incluyen la tantalizadora *Ifigenia Cruel*), en sus ensayos y hasta en su marginalidad, en su correspondencia hay todavía tanta mina inexplorada, tanto tesoro a revelar, tanta felicidad verbal o imaginativa.

En lo que sigue, Monegal opina que habría que publicar antologías de Reyes, en vez de sus *Obras completas*. Sobra aclarar el error de ese aserto. Con ese criterio, y con el mismo derecho, se puede proponer a la desidia y al desinterés de los lectores un *pot-pourri* de las tragedias de Shakespeare, en vez de alguna de ellas. Más interesante hubiera resultado que Rodríguez Monegal expusiera ante el lector en detalle a qué alude cuando moteja las cartas de Borges como «extraordinarias», o al decir: «no había podido medir la extensión de la deuda de Borges con Reyes hasta que me puse al trabajo menudo de documentarla».

***

1981

Ya reproduje en el capítulo «1929» las menciones que hace Borges de Reyes en este año, en el prólogo a su selección *Lo mejor de Paul Groussac* (Buenos Aires: Editorial Fraterna, 1981).

***

1987

Borges, Jorge Luis [1987] (1989): «Alfonso Reyes en la memoria»: *La Gaceta del Fondo de Cultura Económica* 220, México, 1989; *ARA* 343-344 (el tono y algunos giros del texto dejan presumir que se trata de la transcripción de una entrevista. La *Gaceta* atribuye el texto al año 1987; lo hallo también, sin mención de fuente, en Alifano 1988, 77-78):

Jorge Luis Borges
Alfonso Reyes en la memoria

Pienso en Reyes como en el más fino estilista de la prosa española de nuestro siglo. En materia de escritura aprendí mucho de él en cuanto a sinceridad y simplicidad. Reyes fue también un excelente traductor. Chesterton fue uno de los favorecidos por las excelentes traducciones que hizo de su obra. Era un escritor que manejaba el inglés y el francés casi como el castellano; además sabía latín y griego. Su traducción de las Versiones Homéricas es admirable, a diferencia de las que hizo Lugones, que es muy pedantesca.

Cuando yo le dije que me parecían atroces, Reyes no estuvo de acuerdo conmigo. Eran amigos con Lugones y él lo admiraba mucho.

Quizás Alfonso Reyes no haya logrado la fama que merece porque a un escritor le conviene que se lo vincule con un libro, aunque ese libro no sea el mejor de los suyos. El nombre de Goethe, por ejemplo, está unido al de Fausto, el de Cervantes al Quijote; Reyes está, como Quevedo, diseminado a través de toda su obra. Yo pienso ahora en *El deslinde* o en *Ifigenia cruel*, dos textos suyos admirables, pero creo que ninguno de esos libros es la cifra de Alfonso Reyes.

Alfonso Reyes tenía un trato muy delicado con el sexo opuesto. Para cada mujer encontraba la palabra justa para halagarla, y, por supuesto, deslumbrarla. Esto hacía que muchas mujeres se enamoraran de él, aunque no era un hombre apuesto ya que era petiso y gordo. Yo fui testigo de una galantería muy linda que tuvo con Victoria Ocampo. Él le dijo una vez: «Mi querida señora, otra vez se volverá a hablar de la era victoriana». Era una broma, claro, pero también una hermosa manera de homenajearla.

Alfonso Reyes tenía el don de la cita oportuna. Yo le hablé una vez de Othón, un poeta mexicano que, en algunas cosas, se parece a Almafuerte. Yo me sabía de memoria varios poemas suyos; aquellos versos que dicen «Veo tu espalda y ya olvidé tu frente», y luego: «Malhaya en el recuerdo y el olvido». Eso bien podría ser de Almafuerte... Alfonso Reyes me dijo que él había conocido a Othón, que frecuentaba la casa de su padre, el general Reyes. «¿Pero cómo, usted lo conoció a Othón?», comenté yo asombrado. Entonces él dio, inmediatamente, con la cita oportuna: recordó un poema de Browning: «Ah, did you once see Shelley plain?».[427] Que es, en cierto sentido, la misma situación por la que atravesó una persona asombrada de que otro hubiera conocido a Shelley.

En otra oportunidad le dije: «¿Por qué será que para nosotros es más fácil el trato con un italiano, con un inglés o con un francés que con un español? ¿No le parece a usted que es muy difícil tratar con un español que habla nuestro mismo idioma?». Y Alfonso Reyes encontró enseguida la razón: «Bueno —me dijo—, sucede que es

---

[427] Corrijo el defectuoso inglés del original, que reza: «Ah, did you want to see Shelley play?» (error difundido en muchos órganos que reproducen esta anécdota).

más fácil admitir la diferencia en lo diferente que la diferencia en lo análogo». Es decir, hablamos con un inglés o con un francés y ya sabemos qué espera de nosotros; en cambio, el español se parece tanto que cuando no se parece nos sorprende. Esa respuesta, Alfonso Reyes, que era un hombre muy inteligente, me la dio de inmediato; rápidamente encontró la razón.

***

En relación con el último tema había escrito ya don Alfonso en «Aduana lingüística», texto de 1933 rehecho hacia 1941 y recogido en *La experiencia literaria* (*OCAR* XIV, 163-164):

> Naturalmente, las diferencias nos chocan más entre las formas semejantes que entre las desemejantes: y las diferencias en lo que más se nos parece son las que más nos impresionan. El choque puede llegar hasta el efecto grotesco. Tal acontece del castellano al portugués y viceversa. [...] /164/
> Son muchos los peligros de la cercanía. Poseer a la vez, y poseer a la perfección, cuatro lenguas afines y que se perturban entre sí, y aun atajan el aprendizaje por lo mismo que se entre-adivinan, como el castellano, el portugués, el italiano y el catalán, yo lo refuto [léase: reputo] por el mayor acrobatismo. Esto es, al pie de la metáfora, hazaña tan sutil como partir un cabello en cuatro. Junto a esto, me río del árabe que habla alemán o del malgacho que traduce a Góngora [...].

En cuanto a su conocimiento del griego, Reyes mismo dice antes de reproducir su traducción de Homero (*OCAR* XIX, 91):

> No leo la lengua de Homero; la descifro apenas. «Aunque entiendo poco griego» —como dice Góngora en su romance—, un poco más entiendo de Grecia. No ofrezco un traslado de palabra a palabra, sino de concepto a concepto, ajustándome al documento original y conservando las expresiones literales que deben conservarse, sea por su valor

histórico, sea por su valor estético. Me consiento alguna variación en los epítetos, cierta economía en los adjetivos superabundantes; castellanizo las locuciones en que es lícito intentarlo. Hasta conservo algunas reiteraciones del sujeto, características de Homero, y muy explicables por tratarse de un poema destinado a la fugaz recitación pública y no a la lectura solitaria. Pero adelanté con cuidado y prudencia, sin anacronismos, sin deslealtades. La fidelidad ha de ser de obra y no de palabra.

La traducción de Reyes debe mucho a la de Lugones, según ha mostrado Guichard (2004).

En este marco, resulta interesante la carta de Reyes a Arturo Marasso del 2 de diciembre de 1948, solicitando copia de «cuanto se pueda obtener de las páginas homéricas traducidas por el llorado Leopoldo Lugones» (Zaïtzeff 2009, 68).

***

No datable

[32]

[Borrador de AR, 2 páginas manuscritas, sin fecha, tituladas: «Proyecto de Carta a Borges sobre las matemáticas». (Miguel Capistrán 1999, 87-89; «Capilla Alfonsina» N° 26-27):]

[Borrador]

Proyecto de carta a Borges sobre
las *matemáticas*

1. Mis logaritmos.

2. Mi desconcierto ante las primeras demostraciones matemáticas: no me *persuadían*, no eran intuidas: eran ordenación exterior a mi cerebro: mecánicas.

3. Treviño Arreola[428] me oye hablar con desdén de la matemática, se queja a mi hermano Rodolfo.[429] Éste me hace rectificar. Estudio con él, y luego...

---

[428] Porfirio Treviño Arreola: ingeniero, profesor de matemáticas de Reyes, quien lo menciona en *OCAR* XXIII, 352 y XXIV, 341.

[429] Rodolfo Reyes, hermano de don Alfonso, vivió en España los últimos cuatro decenios de su vida (1914-1954), a donde había pasado como exiliado político; falle-

4. En México, con Torres Torija.[430] La Analítica por proyecciones: mi anécdota escolar.
5. Física Chassagny con Cárdenas Moreno.[431] Escamoteaba los aparatos en fórmulas. Descreo de ver algunos fenómenos con los ojos, me acerco (con pretexto de la Soc. d. Astronomía) al otro profesor, Luis G. León.[432] Sus aparatos. Su *nature. Phisique* [sic] *Amusante.* Su azotea. Cursilerías profesores. Telescopio cuadrante sn. Sebastián. Sr. ~~Miranda~~ Medina y sus prédicas ateas. Lord Kelvin[433] sólo entendía fenómenos tras construir su mecánica en aparato. *Mecanismos comunes,* de Petrovich.[434]

ció en Madrid. Cf. sus *Memorias políticas,* I, *1899-1913.* Madrid: Biblioteca Nueva, 1929 (véase *Diario* 267; 16-IV-1929); II, *México 1913-1914.* Madrid: Biblioteca Nueva, 1930; III, *La bi-revolución española.* México, 1948; *Cuatro discursos* (Problemas interhispánicos. Problemas constituyentes. El pensamiento político de España. Mestizaje americano). Madrid: s/n, 1933 (un ejemplar en la Residencia de Estudiantes, Madrid). Reyes y su hermano profesaban diferentes opiniones; al respecto, véase Javier Garciadiego: *Política y literatura. Las vidas paralelas de los jóvenes Rodolfo y Alfonso Reyes* (conferencia sustentada el 26-VII-89 en el Centro de Estudios de Historia de México). México: Condumex, 1990 (se conservan dos ejemplares en la Residencia de Estudiantes, Madrid). Rodolfo compartía las opiniones políticas de su padre, don Bernardo, mientras que Alfonso Reyes no coincidía con ellas.

[430] Quizás José Torres Torija (1885-1952), cirujano de México D.F.

[431] Reyes alude al *Curso elemental de Física* (Paris: Hachette, 1914) de M. Chassagny.

[432] Luis G. León (1886-1913): físico, matemático y docente mexicano. Por iniciativa suya, se fundó la Sociedad de Astronomía mexicana en 1902. Obra: *Los progresos de la Astronomía en México desde 1810 hasta 1910* (1911). Tradujo al castellano, además, varias publicaciones de su especialidad.

[433] El físico escocés William Thomson, primer barón Kelvin (1824-1907), Lord desde 1892. Kelvin fue, con Rudolf Clausius, uno de los descubridores del segundo principio de la termodinámica. Definió la escala que lleva su nombre, para medir la temperatura absoluta, según la cual el cero absoluto equivale a menos 273,15° Celsius.

[434] Reyes menciona los «mecanismos comunes» de Ivan Petrovich Pavlov (1849-1936), *OCAR* XXVI, 214.

6. Los locos matemáticos. Chucho Prado y un compañero cuyo nombre olvidé.

/2/ Borges: matemáticas

7. Encuentro a Borges, afectado, en Pombo.[435] Presiento amistad. ¡Eran las matemáticas!
8. Matemáticas Lugones.

***

Ignoro si la carta a la cual estas notas sirvieron de borrador llegó a ser escrita y enviada, pero nada lo indica.

Al respecto de las matemáticas y Reyes dirá Borges (Sorrentino 1974, 100):

> Recuerdo que yo le presté a Reyes un libro de Bertrand Russell sobre filosofía de la matemática; tengo todavía el libro, con alguna nota marginal de Reyes.

Borges parece aludir a Bertrand Russel: *Introduction to Mathematical Philosophy* (London, 1919), libro que menciona en la bibliografía adosada a «La doctrina de los ciclos» (*Historia de la eternidad*; OC 1974, 392; allí también cita de *The ABC of Atoms*. London, 1927). Desconozco el actual paradero de ese volumen con escolios de Reyes.

De *Diario* 253 (entrada del 31 de enero de 1929) se desprende que en la década del veinte Reyes conocía de Russell, cuando menos, *The ABC of Relativity*.

---

[435] En la breve nota que agrega a este texto de Reyes, Capistrán consigna que durante su visita a México, en 1973, Borges negó terminantemente haber conocido a Reyes en la tertulia de Pombo.

En *El Deslinde* (1944; *OCAR* XV, 289-383) Reyes trata en detalle de las matemáticas. Borges también se ocupó a menudo del tema. Así, por ejemplo, reseñó, entre otros, los siguientes libros:

— E. T. Bell, *Men of Mathematics*: *El Hogar*, Buenos Aires, 8-VII-38, 28; *Textos recobrados*. Barcelona: Tusquets, 1986, 249-251.
— George S. Terry: «*Duodecimal Arithmetics*»: *El Hogar*, Buenos Aires, 16-IX-38, 83, y nuevamente en *Sur* 62, Buenos Aires, noviembre de 1939, 77 (*Borges en Sur, 1931-1980*, 215-216). De esta reseña se desprende que Borges conocía la obra didáctica de Egmont Colerus: *Vom Einmaleins zum Integral. Mathematik für Jedermann*. Viena, 1934 (*De la tabla de multiplicar a la integral. Matemáticas para todos*). Existen numerosas reediciones de este libro.
— Edward Kassner and James Newman: *Mathematics and the Imagination*: *Sur* 73, octubre de 1940, 85-86. El libro fue incluso reeditado por iniciativa de Borges como número 18 de su *Biblioteca personal*; Borges agregó un prólogo a esa versión en castellano, titulada *Matemáticas e imaginación* (el prólogo fue recogido en *Biblioteca personal*. Madrid: Alianza, 1988, 35-36).

***

Triste final

No quiero silenciar un desagradable capítulo de la relación entre Borges y Reyes: las opiniones críticas, despectivas incluso, que una figura llamada «Borges» vierte sobre Reyes según la pluma de Bioy Casares en su libro *Borges* (2006).

No es por inadvertencia que apenas he citado pasajes de ese libro, sino por ciertos pruritos, que paso a definir y a justificar sumariamente.

En primer lugar, los incriminados no son textos autorizados por Borges, o que éste siquiera haya visto; no puede excluirse la posibilidad, pues, de que todo el contenido sea invención de Bioy, cuyo discutible buen gusto ya puede advertirse en otros de sus *faux pas* autobiográficos.

Pero aunque así no fuera: las charlas entre Borges y Bioy en la versión que éste presenta de ellas no pasan de ser un ejercicio de maledicencia más o menos indiscriminada, una competencia de ingenio en el poco valiente arte de injuriar *in absentiae*.

No creo, por lo demás, que en todos y cada uno de los casos sea ésa la verdadera opinión de Borges sobre la persona criticada, y menos aún en el caso de Reyes.

Conjeturo, sí, que a Borges debe haber desagradado cierta tendencia de Reyes a la vanidad, disculpable, ante mis ojos, porque se basaba tanto en una ingente labor intelectual y diplomática como en una sonrisa autoirónica y benévola, que amortiguaba la, a veces, pueril necesidad de aplauso.

El otro gran reproche que surge de las *boutades* que se atribuyen a Borges es, en cierto sentido, correcto, pero Borges no fue ni el único ni el primero en manifestarlo. Me refiero al «reproche» que hace a Reyes de no haber dado de sí el libro que lo justificara.

Según la quizás malintencionada versión de James Irby,[436] Reyes se habría malquistado con Borges porque éste habría dicho

---

[436] De Irby, véase su *Encuentro con Borges*. James Irby, Napoleón Murat, Carlos Peralta. Buenos Aires: Galerna, 1968.

a Pedro Henríquez Ureña (Bioy: *Borges*, 1457; compárese con página 563):

> Si Reyes no se resuelve a escribir verdaderos libros, y no colecciones de artículos, quedará como algo que le sucedió al idioma.

No podremos ya saber si fue así o no, pero lo cierto es que Borges expresó juicios similares en algunas entrevistas, y cuando elogiaba a Reyes, sólo elogiaba su dominio del lenguaje, pero ninguna obra en particular. Así, por ejemplo, en el texto reproducido aquí arriba en el capítulo «1987».

En relación con una de las obras medulares de Reyes, Borges no se mostró muy entusiasmado. En charla con Bioy del 15 de junio de 1960 habría dicho (*Borges*, 658):

> Leyendo el libro de Reyes sobre Goethe uno intuye que ese libro es el resumen de otros. Cuando uno siente eso, no puede respetar mucho el libro que lee. ¿Cuál es el gran libro de Reyes? ¿*El deslinde*? No pude leerlo.

Ahora bien: conociendo a Borges, era de suponer que *El deslinde* no le interesaría, como ocurría con muchos otros libros de teoría, independientemente de su valor (lo cual no le impedirá elogiarlo en charla con James Irby en 1962).

El deslinde tiene, por lo demás, muy poco de Reyes, cuyos mayores méritos estriban menos en la teoría que en la buena práctica. Si Reyes en vez de ser un contemporáneo hubiese vivido dos o tres siglos antes, Borges habría extraído una o dos citas de ese libro, para alabarlo, menospreciarlo o ridiculizarlo, y lo hubiera hecho famoso como a muchos otros. Así, como obra de un mero contemporáneo, sólo quedaba la incomprensión. «Ah, did you once see Shelley plain?» Balzac en pantuflas...

En cuanto al arriba vapuleado *Trayectoria de Goethe* (1954), la lectura de Borges («mal lector» *par excellence*, en todos los sentidos del término) tampoco podía ser favorable al volumen, ni por su objeto (Goethe no perteneció al panteón de escritores predilectos de Borges, aunque lo leyó ya de joven) ni por su subliminal lucha con Ortega, contra cuyos juicios escribió Reyes gran parte de esa obra.

And yet... Si se considera, por ejemplo, la actitud del Borges mayor para con sus «maestros» de juventud, Rafael Cansinos Assens y Macedonio Fernández, se comprobará que también en esos casos Borges denigró, cuando menos, su estilo.

De esta manera, paradójica e impensadamente, podría verse en la crítica actitud de Borges para con la obra de Reyes una comprobación oblicua del magisterio que, por cierto tiempo, el mexicano ejerció sobre el argentino.

Mas no es éste un libro de psicología, sino de historia literaria, siquiera menuda.

***

Bibliografía

AGUIRRE, Coral (2009): *Las cartas sobre la mesa. La relación Borges-Reyes*. México: CONARTE/Universidad Autónoma de Nuevo León [Premio XX Certamen Nacional de Ensayo «Alfonso Reyes», México, 2008].
ALIFANO, Roberto (1982): *Conversaciones con Borges*. Buenos Aires: Torres Agüero, (1982) 1994.
— (1988): *Borges. Biografía verbal*. Barcelona: Plaza & Janes.
APONTE, Barbara Bockus (1965): «El diálogo entre Azorín y Reyes»: *Ínsula* 219, Madrid, febrero de 1965, 1 y 10; James Willis Robb 1996a, 497-510.
— (1966): «El diálogo entre Alfonso Reyes y Enrique Diez-Canedo»: *Boletín Alfonsino* 1, Montevideo, invierno de 1966, 3-6; James Willis Robb 1996b, 584-600.
— (1969): «El diálogo entre Alfonso Reyes y Ramón Menéndez Pidal»: *Presencia...*, 1969, 15-20.
— (1972): *Alfonso Reyes and Spain. His Dialogue with Unamuno, Valle-Inclán, Ortega y Gasset, Jiménez, and Gómez de la Serna*. Austin/London: University of Texas Press, 1972.
ARAMBURU, Julio (1927): «Alfonso Reyes»: *Nosotros* 217, Buenos Aires, junio de 1927, 357-363 (con dibujo de Moreno Villa: «Alfonso Reyes»).
ARA = ROBLEDO RINCÓN, Eduardo, coord. (1998): *Alfonso Reyes en Argentina*. Edición: Rafael Centeno. Recopilación de textos: Rafael Centeno, Graciela Gliemmo y Zoé Robledo. Buenos Aires: EUDEBA, 1998.
BÁEZ, Fernando (2001): «Borges y Reyes: notas sobre un enigma. Conferencia dictada en la Facultad de Humanidades y Educación (Universi-

dad de los Andes) en noviembre de 1999»: *Espéculo* 18, Madrid, 2001; reproducido en www.ucm.es/info/especulo/numero18/bo_reyes.html.

BALDERSTON, Daniel (1986): *The Literary Universe of Jorge Luis Borges. An Index to References and Allusions to Persons, Titles, and Places in his Writings*. New York/London: Grove Press, 1986.

BARILI, Amelia (1999): *Jorge Luis Borges y Alfonso Reyes: la cuestión de la identidad del escritor latinoamericano*. Prólogo de Elena Poniatowska («Borges y Alfonso Reyes»). México: FCE, 1999. [Cf. BARRIENTOS 2000.]

BARRIENTOS, Juan José (2000): «Borges y Reyes»: *Universidad de México* 591-592, México, abril-mayo de 2000 (comentario en base a Barili 1999).

BASTOS, María Luisa (1974): *Borges ante la crítica argentina, 1926-1960*. Buenos Aires: Hispamérica.

BATTISTESSA, Angel J. (1975): «Leopoldo Lugones y Alfonso Reyes. Documentos para la historia de una amistad»: *Boletín de la Academia Argentina de Letras*, Buenos Aires, enero-junio de 1975.

BIOY CASARES, Adolfo (1994): *Memorias. Infancia, adolescencia y cómo se hace un escritor*. Barcelona: Tusquets, 1994.

— (1998): «Fragmentos de una amistad. Alfonso Reyes a través del recuerdo de Adolfo Bioy Casares»: *Entrevista con Graciela Gliemmo*, Buenos Aires, junio de 1998; *ARA* 42-46.

— (2006): *Borges*. Edición al cuidado de Daniel Martino. Barcelona: Destino, 2006.

BONET, Juan Manuel (1995): *Diccionario de las Vanguardias en España, 1907-1936*. Madrid: Alianza, 1995.

BORGES, Jorge Luis (1927/01): «Pausa de Alfonso Reyes»: *Valoraciones* 11, La Plata, enero de 1927; *Textos recobrados* 280-281. [Recogido en este volumen.]

— (1927/06): «Alfonso Reyes, *Reloj de sol*»: *Síntesis* 1, Buenos Aires, junio de 1927, 110-114; *El idioma de los argentinos* [1928]. Buenos Aires: Seix Barral, 1994, 106-111. [Recogido en este volumen.]

— (1928): *El idioma de los argentinos* [1928]. Buenos Aires: Seix Barral, 1994.

— (1955): «Alfonso Reyes» [Buenos Aires, 8 de diciembre de 1955]: *México en la cultura* 21, Buenos Aires, octubre-noviembre de 1955;

Revista Mexicana de Literatura 6, marzo-abril de 1956, 415; *Universidad de México* 4, diciembre de 1979, 11; *ARA* 312-313. [Recogido en este volumen.]
— (1960/01): «In memoriam A. R.»: *La Nación*, 21 de febrero de 1960; *El hacedor* (1960, 81-83); *OC* 829-830. [Recogido en este volumen.]
— (1960/02): «Alfonso Reyes»: *Sur* 264, mayo-junio de 1960, 1-2; *ARA* 360-361; *Borges en* Sur, *1931-1980*. Buenos Aires: Emecé, 1999, 60-62. [Recogido en este volumen.]
— (1973/12): «Cómo conocí a Alfonso Reyes»: *Boletín Capilla Alfonsina* 28, México, abril-diciembre. Programa del Ciclo de Difusión Cultural Argentino, perteneciente a la serie «América, la versión argentina». Asesoría: Héctor A. Murena. Grabación proporcionada por la Embajada Argentina para el Homenaje a Alfonso Reyes en la Capilla Alfonsina. *ARA* 47-50. [Recogido en este volumen.]
— (1974): *Obras completas*. Buenos Aires: Emecé.
— (1988): *Biblioteca personal*. Madrid: Alianza.
— (1989): «Alfonso Reyes»: *La Gaceta del Fondo de Cultura Económica* 220, México; *ARA* 343-344. [Recogido en este volumen.]
— (1990): *Textos cautivos. Ensayos y reseñas en El Hogar, 1936-1939*. Ed. Enrique Sacerio-Garí, Emir Rodríguez Monegal. Barcelona: Tusquets, (1986) 1990 (Marginales, 92).
— (1997): *Textos recobrados, 1919-1929*. Buenos Aires: Emecé, 1997.
— (1999a): *Borges en* Sur, *1931-1980*. Buenos Aires: Emecé, 1999.
— (1999b): *Cartas del fervor. Correspondencia con Maurice Abramowicz y Jacobo Sureda (1919-1928)*. Prólogo: Joaquín Marco. Datación y notas: Carlos García (pp. 243-343). Barcelona: Galaxia Gutenberg/Círculo de Lectores/Emecé, 1999.
Borges, Jorge Luis/Bioy Casares, Adolfo (2002): *Museo. Textos inéditos*. Buenos Aires: Emecé, 2002.
Borges, Jorge Luis/Di Giovanni, Norman Thomas (1999): *Autobiografía*. Buenos Aires: El Ateneo, 1999.
Borges, Jorge Luis/Mastronardi, Carlos (1949): (Declaraciones acerca del periódico *Martín Fierro*): *La Nueva Gaceta* 3, Buenos Aires, 7-XI-49.
Borsò, Vittoria (2006): «Historias híbridas, espacios comunes y miradas entrecruzadas. El reto de la historiografía en Hispanoamérica (Alfonso

Reyes, Jorge Luis Borges, Fernando del Paso)»: Vittoria Borsò/Walter Bruno Berg, eds.: *Unidad y pluralidad de la cultura latinoamericana. Géneros, identidades y medios*. Madrid/Frankfurt am Main: Vervuert/ Iberoamericana, 2006, 59-84.

CAPISTRÁN, Miguel, comp. (1999): *Borges y México*. Compilación, prólogo, notas y bibliografía de Miguel Capistrán. México: Plaza y Janés, 1999. [Trae los siguientes textos sobre Borges y Reyes: Christopher Domínguez Michael: «Guiños de amistad y complicidad» (pp. 61-65); Donald A. Yates: «Una amistad literaria» (pp. 67-79); Ernesto Mejía Sánchez: «Una anécdota polémica» (pp. 81-82); Eduardo Deschamps R.: «La entrega del Premio Alfonso Reyes» (pp. 83-86); Alfonso Reyes: «¡Eran las matemáticas!» (pp. 87-89); Miguel Capistrán: «Una carta olvidada» (pp. 91-96); Jorge Luis Borges/Alfonso Reyes: «Las afinidades electivas» (p. 97-118); Alfonso Reyes: «Misterio en la Argentina» (pp. 119-122).]

CARILLA, Emilio (1982): «Pedro Henríquez Ureña en sus cartas»: *Boletín del Instituto de Literaturas Hispánicas* 4, Rosario,89-97.

— (1990): «Borges, Alfonso Reyes... y, de nuevo, "Pierre Menard"»: *Alba de América* 6.14-15, Westminster, julio de 1990, 203-210.

CAVAZZUTTI, Giordano Bruno (1881-1963): *Donde sopla el pampero. Relatos y cuentos de Huincaloo*. Prólogo: Juan Manuel Villarreal. Nota crítica María del Carmen Garay. Buenos Aires: Hachette, 1961.

CESTERO, Manuel F. (1922): «Alfonso Reyes»: *Nosotros* 157, junio de 1922, 267-275 (publicado antes en *Cuba contemporánea*, La Habana, febrero de 1922).

CINCOTTA, Héctor Dante, ed. (1997): *Cartas al poeta Ricardo E. Molinari*. Buenos Aires: Corregidor, 1997. [Cf. ZAÏTZEFF 1998 y 2008.]

COBO BORDA, Juan Gustavo (1990): «Jorge Luis Borges/Alfonso Reyes: una amistad literaria»: *El Paseante* 15-16, 1990, 142-153; reproducido en COBO BORDA 1999, 131-150.

— (1999): *Borges enamorado. Ensayos críticos. Diálogos con Borges. Rescate y glosa de textos de Borges y sobre Borges. Bibliografía*. Santafé de Bogotá: Instituto Caro y Cuervo, 1999 (La granada entreabierta, 37).

CONN, Robert T. (2002): *The Politics of Philology. Alfonso Reyes and the Invention of the Latin American Literary Tradition*. Lewisburg (PA): Bucknell University Press, 2002.

CÓRDOVA ITURBURU, Cayetano (1956): «Evar Méndez, un capítulo de nuestra historia literaria»: *El Hogar* 2407, Buenos Aires, 6 de enero, 18 y 74.
Correspondance = cf. LARBAUD, Valery/REYES, Alfonso, 1972.
CURIEL, Fernando (1989): *Cartas madrileñas. Homenaje a Alfonso Reyes*. Madrid: Asociación Cultural de Amistad Hispano-Mexicana.
— (1994): *Casi oficios. Cartas cruzadas entre Jaime Torres Bodet y Alfonso Reyes, 1922-1959*. México: El Colegio de México.
DAZI, Juan V. (i.e. Juan Carlos Albert) (2006): «Ramón, por Alfonso Reyes»: *BoletínRAMÓN* 13, Madrid, otoño, 33-34.
DE RUSCHI CRESPO, María (1998): *«Criterio». Un periodismo diferente. Génesis y fundación. Una respuesta católica al desafío de la prensa en la Argentina en la década de 1920*. Buenos Aires: Grupo Editor Latinoamericano.
DOMÍNGUEZ MICHAEL, Christopher (1986): «Diccionario mínimo. Borges y México; Alfonso Reyes»: *La Gaceta del Fondo de Cultura Económica* 188, México, agosto, 45-47; reproducido parcialmente bajo el título «Guiños de amistad y complicidad» en CAPISTRÁN 1999, 61-65.
DUROUX, Rose (1999): «La médiatèque de Vichy. Fonds Larbaud. Domaine espagnol»: *Cahiers des Amis de Valery Larbaud* 36, s. l., 1-114.
ENRÍQUEZ PEREA, Alberto, comp. (1998): *Alfonso Reyes y el llanto de España en Buenos Aires, 1936-1937*. México: El Colegio de México/Secretaría de Relaciones Exteriores.
— (2005): *Alfonso Reyes en La Casa de España, 1939-1940*. México: El Colegio Nacional.
FERNÁNDEZ, Macedonio (1925): «Evar Méndez»: *Proa* 6, enero, 12-19; *OCMF* VII, 151-155.
— (*OCMF*) (1974-1995): *Obras completas*, I-IX. Ed. Adolfo de Obieta. Buenos Aires: Corregidor.
— (*Museo*) (1993): *Museo de la Novela de la Eterna*. Edición crítica. Coordinadora: Ana Camblong. Madrid: ALLCA XX (Archivos, 25).
FERRARI, Osvaldo (1992): *Diálogos* [con Jorge Luis Borges]. Barcelona: Seix Barral (mantenidos entre marzo de 1984 y septiembre de 1985); «Su amistad con Alfonso Reyes» en pp. 57-62.
FELL, Claude, ed. (1995): *La amistad en el dolor. Correspondencia entre José Vasconcelos y Alfonso Reyes (1916-1959)*. México: El Colegio Nacional.

GARCÍA, Carlos (1996/06): «Las armas y las letras»: *Proa* 23, Buenos Aires, junio de 1996, 157-161 [Borges como traductor de August Stramm].
— (1999/05): «Ocho cartas de Adelina del Carril de Güiraldes a Guillermo de Torre (1925-1926)»: *Cuadernos Hispanoamericanos* 587, Madrid, mayo 1999, 69-95.
— (1999/08): «Borges, Reyes y Chesterton. Una glosa»: *Proa* 42, Buenos Aires, julio-agosto de 1999, 115-116 (Número de homenaje a JLB); también en *El Trujamán*, Madrid, 14-IV-2004 (Centro Virtual Cervantes) y en www.alfonsoreyes.org, «Colaboraciones», 25-X-04. [Contenido recogido, con variaciones, en este libro.]
— (1999/11): «Alfonso Reyes/Macedonio Fernández: Correspondencia 1929-1937»: *Letras de Buenos Aires* 44, Buenos Aires, noviembre de 1999, 33-39. [Contenido recogido en este libro.]
— (1999/11): «Alfonso Reyes/Macedonio Fernández: Correspondencia 1929-1937»: *Letras de Buenos Aires* 44, de noviembre de 1999, 33-39; *Universidad de México (Revista de la UNAM)* 600-601, México, enero-febrero de 2001 (difiere ligeramente de 1999/11); también en www.alfon soreyes. org, «Colaboraciones», 25-X-2004; versión actualizada, puesta en la red el 14-VIII-2004 en www.macedonio.net/critical/correyes.htm. [Contenido recogido en este libro, en los capítulos «1929» y «1937».]
— (1999/12): cf. BORGES, Jorge Luis: *Cartas del fervor. Correspondencia con Maurice Abramowicz y Jacobo Sureda (1919-1928)*. Prólogo: Joaquín Marco. Datación y notas: Carlos García. Barcelona: Galaxia Gutenberg/Círculo de Lectores/Emecé, 1999 (diciembre).
— (2000/02): «Alfonso Reyes y Proa (1928)»: *Proa* 45, enero-febrero de 2000, 161-163; también en www.alfonsoreyes.org, «Colaboraciones», 25-X-2004. [Contenido recogido, con variaciones, en este libro.]
— (2000/04): *El joven Borges, poeta (1919-1930)*. Buenos Aires: Corregidor, 2000 (abril).
— (2000/05): Macedonio Fernández/Jorge Luis Borges. Correspondencia 1922-1939. Crónica de una amistad. Edición y notas: Carlos García. Buenos Aires: Corregidor, 2000 (mayo).
— (2000/08): «Reyes y Ortega y Gasset: nuevas huellas de un largo malentendido. [Apéndice a la correspondencia Alfonso Reyes/Juan Guerrero Ruiz (1949-1950)]»: *Universidad de México (Revista de la UNAM)* 595,

México, agosto de 2000, 72-74; cf. también «Reyes y Ortega: un largo malentendido»: www.alfonsoreyes.org, «Colaboraciones», 25-X-04. [Cf. GARCÍA 2006/05.]

— (2002/04): «Borges, traductor del Expresionismo: Wilhelm Klemm»: *Fénix* 11, Córdoba (Argentina), abril de 2002, 55-67.
— (2003/12): «Borges traductor: Wilhelm Klemm (1920). Un error de lectura»: *El Trujamán*, Madrid, 1-XII-03.
— (2004/02): «Borges y Sir Thomas Browne: Escolio»: *El Trujamán*, Madrid, 24-II-04 (Centro Virtual Cervantes).
— (2004/08): «Arqueología de *Papeles de Recienvenido* (Macedonio entre Borges, Méndez y Reyes)»: www.macedonio.net/critical/recienarque.htm.
— (2004/09): «Borges y Angelus Silesius», I-V: *El Trujamán*, Madrid, 19-VII-04, 27-VII-04, 2-VIII-04, 11-VIII-04, 15-IX-04 (Centro Virtual Cervantes).
— (2004/10a): «Borges y von Czepcko»: *El Trujamán*, Madrid, 18-X-04 (Centro Virtual Cervantes).
— (2004/10b): «Macedonio Fernández y Xul Solar: Cuatro cartas inéditas»: *Cuadernos Hispanoamericanos* 561-562, Madrid, septiembre-octubre de 2004, 245-258.
— (2004/11): «Alfonso Reyes/Juan Manuel Villarreal: Amistad y correspondencia (1928-1958)»: www.alfonsoreyes.org, «Colaboraciones», 5-XI-04. [Contenido parcialmente recogido en este libro.]
— (2004/12a): «Edición crítica de un texto de Macedonio: "El accidente de Recienvenido" – y una yapa»: www.macedonio.net/critical/accidentecritica.htm.
— (2004/12b): «Macedonio Fernández y Xul Solar: Cuatro cartas y tres dedicatorias (1926-1941)»: www.macedonio.net/critical/macxul.htm.
— (2005/03): *Las letras y la amistad. Correspondencia Alfonso Reyes/Guillermo de Torre, 1920-1958*. Valencia: Pre-Textos, 2005 (marzo).
— (2005/03a): «Alberto Hidalgo y Alfonso Reyes. Anticipo de su correspondencia»: *El Hablador*, puesto en la red el 8 de marzo de 2005. URL: www.elhablador.com/garcia.htm.
— (2005/08): «Evar Méndez y el final de *Martín Fierro*: leyendas y verdades»: *Esperando a Godot* 6, Buenos Aires, agosto de 2005. [Véase aquí el cap. «1927», al final.]

— (2005/09): *Correspondencia Alfonso Reyes/Vicente Huidobro, 1914-1928.* México: El Colegio Nacional, 2005.
— (2005/11): «La polémica Huidobro-Torre a la luz de correspondencias inéditas (Cansinos, Vando-Villar, Reyes, Ramón)»: Gabriele Morelli/Margherita Bernard, eds.: *Nel segno di Picasso. Linguaggio della modernià: dal mito di Guernica agli epistolari dell'Avanguardia spagnola. Atti del Congresso Internazionale, 16-17 aprile 2004, Università degli Studi di Bergamo.* Milán: Viennepierre, 2005 (noviembre), 121-141. [Versión reducida; véase la completa en mi edición de la *Correspondencia Alfonso Reyes-Vicente Huidobro, 1914-1928.* México: El Colegio Nacional, 2005, 66-90.]
— (2006/05): «Reyes y Ortega: un largo malentendido» [Apéndice a la correspondencia entre A. Reyes y Juan Guerrero Ruiz, 1949-1950]: *Revista de Occidente* 300, Madrid, mayo de 2006, 121-128 (versión actualizada de 2000/08).
— (2006/11): «Una carta de Alfonso Reyes a Ramón (1923)»: *Boletín-RAMÓN* 13, Madrid, otoño de 2006, 31-32.
— (2007/06): «Alfonso Reyes y Ramón»: *Revista de Occidente* 313, Madrid, junio de 2007, 135-142.
— (2007/08): «Historia de una gestación: *Papeles de Recienvenido* y la atmósfera intelectual porteña»: Noé Jitrik, dir.: *Macedonio. Historia crítica de la literatura argentina,* VIII. Buenos Aires: Emecé, 2007, 47-66.
— (2008/04): «Religiosidad y conversión en "Pierre Menard, autor del Quijote"»: Rafael Olea Franco, ed.: *In Memoriam Jorge Luis Borges.* México D.F.: El Colegio de México/Centro de Estudios Lingüísticos y Literarios, 2008 (Cátedra Jaime Torres Bodet/Estudios de Lingüística y Literatura, 50), 101-118.

GARCÍA, Carlos/REICHARDT, Dieter eds. (2004): *Las vanguardias literarias en Argentina, Uruguay y Paraguay. Bibliografía y antología crítica.* Madrid/Frankfurt am Main: Iberoamericana/Vervuert, 2004.

GARCÍA, Carlos/SANZ, María Paz (2010): *Gacetas y meridianos. Correspondencia Ernesto Giménez Caballero-Guillermo de Torre, 1925-1968* (en prensa).

GARRIDO, Felipe (recopilación y nota) (1998): *La máquina de pensar y otros diálogos literarios. Alfonso Reyes y Jorge Luis Borges.* México: Asociación Nacional del Libro, 1998.

GIUSTI, Roberto F. (1930/03): «Despedida de Alfonso Reyes»: *Nosotros* 250, marzo de 1930, 431-433; ZAÏTZEFF 2000, 93-95. [Discurso de despedida, del 31-III-1930.]

— (1931/02): «Notas y noticias sobre libros» [Breve comentario sobre *El testimonio de Juan Peña*]: *Nosotros* 261, Buenos Aires, febrero de 1931, 212-213; ZAÏTZEFF 2000, 96.

— (1931/10): «Carta a Alfonso Reyes, 23 de octubre de 1931»: ZAÏTZEFF 2000, 29-30; el pasaje sobre el Polifemo fue reproducido por Reyes en Monterrey 8, Rio de Janeiro, marzo de 1932, en la sección «Boletín Gongorino».

— (1931/12): «Notas y noticias sobre libros» [Breve comentario sobre *La saeta*]: *Nosotros* 270-271, Buenos Aires, noviembre-diciembre de 1931, 368; ZAÏTZEFF 2000, 97.

— (1942/08): «Autores y libros» [Breve comentario sobre *Los siete sobre Deva*]: *Nosotros*, segunda época, 77, Buenos Aires, agosto de 1942, 212; ZAÏTZEFF 2000, 98.

— (1955/12): «Recuerdo de Alfonso Reyes»: *México en la cultura* 21, Buenos Aires, octubre-diciembre de 1955, 4; ZAÏTZEFF 2000, 99.

GONZÁLEZ ACOSTA, Alejandro (1989): *Alfonso Reyes: Cartas a La Habana. Epistolario de Alfonso Reyes con Max Henríquez Ureña, José Antonio Ramos y Jorge Mañach*. México: UNAM, 1989 (Nueva Biblioteca Mexicana, 102).

HENRÍQUEZ UREÑA, Pedro/REYES, Alfonso (1983): *Epistolario íntimo*, vol. III (1906-1946). Recopilación: Juan Jacobo de Lara. Santo Domingo (República Dominicana): Universidad Nacional Pedro Henríquez Ureña, 1983.

HORNEDO, Braulio (2005): «Reyes el memorioso. Jorge Luis Borges y Alfonso Reyes, una amistad memorable»: *Inventio* I.2, Cuernavaca, Universidad Autónoma del Estado de Morelos, septiembre de 2005, 97-101; reproducido en www.alfonsoreyes.org/amigo.htm.

IBARRA, Néstor (1930): «Jorge Luis Borges, poeta»: *Síntesis* 34, Buenos Aires, marzo de 1930, 11-32; *La nueva poesía argentina. Ensayo crítico sobre el ultraísmo 1921-1929*. Viuda de Molinari, 1930.

JWR = James Willis Robb (1967): «Borges y Reyes. Una relación epistolar»: *Humanitas* 8, Universidad de Nuevo León, Monterrey (México) 1967, que cito por la edición en WILLIS ROBB 1996b, 616-632.

LANGE, Norah (1942): «Evar Méndez»: *Discursos*. Buenos Aires: Ediciones CAYDE, 1942, 15-23.

LARBAUD, Valery/REYES, Alfonso (1972): *Correspondance 1923-1952*. Prólogo: Marcel Bataillon. Introducción y notas: Paulette Patout. Paris: Librairie Marcel Didier, 1972.

La Nación (1989): «En el centenario de Alfonso Reyes»: Ángel J. Battistessa: «Alfonso Reyes. Aquí cerca y hace tiempo»; «De Octavio Paz»; Enrique Anderson Imbert: «Teoría y práctica de la literatura»; Jorge Luis Borges: «In memoriam A. R.»; María Esther Vázquez: «Cuando un maestro habla de sus maestros» [Entrevista con E. Anderson Imbert]; NN: «Alfonso Reyes, vida y obra»: *La Nación*, Buenos Aires, domingo 21 de mayo de 1989, sección 4, pp. 1-2, 6.

L'Herne (1964): «Correspondance. Jorge Luis Borges à Alfonso Reyes» (Trad. Laure Bataillon): *Cahiers de l'Herne*, IV: *J. Luis Borges*, Paris, 1964, 53-57.

LIDA, Clara E./MATESANZ, José A. (1990): *El Colegio de México: una hazaña cultural (1940-1962)*. México: El Colegio de México, 1990.

LOEWENSTEIN, C. Jared (1993): *A descriptive catalogue of the Jorge Luis Borges Collection at the University of Virginia Library*. Charlottesville (VA): University Press of Virginia, 1993.

MALLEA ABARCA, Eduardo (1933): «Horas de Burgos, por Alfonso Reyes»: *Nosotros* 285-286, febrero-marzo de 1933, 240-242.

MASTRONARDI, Carlos (1929): «Cuaderno San Martín, de JLB»: *Síntesis* 29, Buenos Aires, octubre de 1929, 219-222.

MEJÍA SÁNCHEZ, Ernesto (1963): «Nota preliminar»: *OCAR* XIII, 7-14 (*El deslinde. Apuntes para la teoría literaria*. México: FCE, 1963).

— (1969): «Selva de recuerdos»: *Presencia...*, 1969, 71-84; WILLIS ROBB 1996b, 681-703.

MÉNDEZ, Evar (1910): *Palacios de Ensueño*. [Poemas 1906-1909]. Prólogo de Ricardo Rojas (firmado en «Buenos Aires, 1909»]. Buenos Aires: Arnoldo Moen y Hno., editores, 1910.

— (1915): *Canción de la vida en vano*. Con un frontispicio del escultor Mateo Alonso. Plaquette. Buenos Aires: Jacobo Peuser, 1915.

— (1923): *El jardín secreto (País natal. Ciudad y campaña. Media noche. Ideal)*. Buenos Aires: Editorial Babel, 1923 (Biblioteca Argentina de

443

Buenas Ediciones Literarias. Director: Samuel Glusberg. Serie A, vol. XV).
— (1924): *Las horas alucinadas. Nocturnos y otros poemas.* Dibujos de [Alfredo] Guido. [Edición del autor.] Buenos Aires: J. Samet, Librero-Editor, 1924.
— (1927): «Prólogo»: Pedro-Juan Vignale/César Tiempo, eds.: *Exposición de la actual poesía argentina, 1922-1927.* Buenos Aires: Minerva, 1927; reedición facsimilar: Buenos Aires: Tres Tiempos, 1981.
— (1927/09): «Doce poetas nuevos [1]»: *Síntesis* 4, Buenos Aires, septiembre de 1927, 15-33.
— (1927/10): «Doce poetas nuevos [2]»: *Síntesis* 5, Buenos Aires, octubre de 1927, 203-219.
— (1928/03): «De Evar Méndez»: *Nosotros* 225-26, Buenos Aires, febrero-marzo de 1928. [Respuesta a la encuesta «Sobre la influencia italiana en nuestra cultura»; reproducido en Carmen Alemany Bay: *La polémica del meridiano intelectual de Hispanoamérica (1927): Estudio y textos.* Alicante: Universidad de Alicante, 1998, 154-158.]
— (1941): *Cinco baladas del periódico* Martín Fierro. Buenos Aires: Edición del autor, 1941. Edición mecanografiada de 50 ejemplares.[437]
— (1949): *Oliverio Girondo* (con la colaboración de Evar Méndez, Alberto Prebisch y Eduardo J. Bullrich): *El periódico* Martín Fierro, *1924-1949. Memoria de sus antiguos directores.* Francisco A. Colombo, 1949; Schwartz 1987, 101-136. (Leída el 27-X-1949 por Cayetano Córdova Iturburu en la Sociedad Argentina de Escritores, Buenos Aires.)
— (1952): *Tragedia del autor: La errata.* Buenos Aires: Edición del autor, 1952, sin paginar [8 p. impresas].
— (1954/08): «La generación de poetas del periódico *Martín Fierro*»: *Contrapunto* I.5, Buenos Aires, agosto de 1954.
MOLINARI, Ricardo E./BULLRICH, Eduardo J./MÉNDEZ, Evar/LANGE, Norah, et al. (1940): *Francisco A. Colombo en sus cincuenta años de labor gráfica.* Buenos Aires, 1940.

---

[437] Ya en página [4] de *Las horas alucinadas* (1924) se anunciaba un volumen titulado *Baladas y otros ejercicios líricos.* Dos anticipos aparecieron en *Proa* (1924).

MONTENEGRO, Néstor (1999): *Borges por el siglo de los siglos*. Buenos Aires: Simurg, 1999. [Reproduce algunas misivas entre Reyes y Borges, a veces sin datar, y siempre sin informaciones relevantes.]
MONTERDE, Francisco (1969): «Alfonso Reyes en su Diario»: *Presencia*..., 1969, 85-90.
OC = cf. BORGES, Jorge Luis: *Obras completas* (1974).
OCAR = cf. REYES, Alfonso: *Obras completas* (1993).
OCMF = cf. FERNÁNDEZ, Macedonio: *Obras completas* (1974-1995).
OLEA FRANCO, Rafael (1993): *El otro Borges. El primer Borges*. Buenos Aires: FCE, 1993 (Tierra Firme).
— (2006): *Los dones literarios de Borges*. Madrid/Frankfurt am Main: Iberoamericana/Vervuert, 2006.
— (ed.) (1999): *Desesperaciones aparentes y consuelos secretos*. México: El Colegio de México, 1999.
— (ed.) (2006): *Fervor crítico por Borges*. México: El Colegio de México, 2006.
— (ed.) (2008): *In Memoriam. Jorge Luis Borges*. México D.F.: El Colegio de México/Centro de Estudios Lingüísticos y Literarios, 2008 (Cátedra Jaime Torres Bodet/Estudios de Lingüística y Literatura, 50).
OLEA FRANCO, Rafael/STANTON, Anthony, eds. (1994): *Los Contemporáneos en el laberinto de la crítica*. México: El Colegio de México, 1994.
PACHECO, José Emilio (1963) [Sin firma]: «Borges y Reyes: Una correspondencia»: *La cultura en México* (Suplemento de *Siempre!*), México, 7 de agosto de 1963.
— (1979): «Borges y Reyes: Una correspondencia. Contribución a la historia de una amistad literaria»: *Revista de la Universidad de México* XXXIV.4, México, diciembre de 1979, 1-16.
PAZ LESTON, Eduardo, ed. (1997): *Victoria Ocampo: Cartas a Angélica y otros*. Buenos Aires: Sudamericana, 1997.
PEDRAZA SALINAS, Jorge (1990): *Para don Alfonso Reyes: dedicatorias*. Prólogo: Alicia Reyes. Monterrey: Gobierno del Estado de Nuevo León, 1990 (incluye reproducción facsimilar de dedicatorias).
PEREA, Héctor, ed. (1983): *Alfonso Reyes/Victoria Ocampo: Cartas echadas. Correspondencia 1927-1959*. México: Universidad Autónoma Metropolitana, 1983.

PEREYRA, Wáshington Luis (1993-1996): *La prensa literaria argentina, 1890-1974*. Buenos Aires: Librería Colonial, I: *Los años dorados, 1890-1919*, 1993; II: *Los años rebeldes, 1920-1929*, 1995; III: *Los años ideológicos, 1930-1939*, 1996.

Presencia de Alfonso Reyes. Homenaje en el X aniversario de su muerte (1959-1969). México: FCE, 1969. [Cf. APONTE, MEJÍA SÁNCHEZ, MONTERDE.]

RAFFO, Carla (2008): «Un cuento policial: Chesterton según Reyes y Borges»: *Variaciones Borges* 25, Pittsburgh, abril de 2008.

RANGEL GUERRA, Alfonso, comp. (1996a): *Páginas sobre Alfonso Reyes*. Vol. I, primera parte. México: El Colegio Nacional, 1996.

— (comp.) (1996b): *Páginas sobre Alfonso Reyes*. Vol. I, segunda parte. México: El Colegio Nacional, 1996.

— (comp.) (1996c): *Páginas sobre Alfonso Reyes*. Vol. II, primera parte. México: El Colegio Nacional, 1996.

— (comp.) (1996d): *Páginas sobre Alfonso Reyes*. Vol. II, segunda parte. México: El Colegio Nacional, 1996.

REYES, Alfonso (1926): *Pausa*. Paris: Société Générale d'Imprimeurs et d'Éditeurs, 1926 (junio).

— (1929/07): «El secreto dolor de Groussac»: *Nosotros* 242, Buenos Aires, julio de 1929, 208-209 (número extraordinario en homenaje de Paul Groussac). [Carta de Reyes a Alfredo Bianchi, Buenos Aires, 14-VIII-29; *De viva voz*, *OCAR* VIII, 58-59 y en este volumen.]

— (1930/03): «Palabras sobre la Nación Argentina»: *Nosotros* 250, Buenos Aires, marzo de 1930, 305-313; *Norte y Sur* (1944); *OCAR* IX, 28-36.

— (1930/06): «De la biografía»: *Nosotros* 253, Buenos Aires, junio de 1930, 301-303.

— (1938/07): «Leopoldo Lugones»: *Nosotros* segunda época, 26-28, Buenos Aires, mayo-julio de 1938, 344-345.

— (1943): «Misterio en Argentina»: *Tiempo*, México, 30 de julio de 1943; *Los trabajos y los días*, 1944; «El argentino Jorge Luis Borges»: *OCAR* IX, 307-308 (1981); *ARA* 256-257.

— (1969): *Diario 1911-1930* [3 de septiembre de 1911/10 de octubre de 1913 y 4 de julio de 1924/1930]. Prólogo: Alicia Reyes. Nota: Dr. Alfonso Reyes Mota. Guanajuato: Universidad de Guanajuato (México), 1969. [Cf. MONTERDE.]

— (*OCAR*): *Obras completas*, I-XXVI. México: FCE, 1955-1992:

I	*Cuestiones estéticas. Capítulos de literatura mexicana. Varia* (1955), 1976.
II	*Visión de Anáhuac. Las vísperas de España. Calendario* (1956), 1976.
III	*El plano oblicuo. El cazador. El suicida. Aquellos días. Retratos reales e imaginarios* (1956), 1980.
IV	*Simpatías y diferencias. Los dos caminos. Reloj de sol. Páginas adicionales* (1956), 1980.
V	*Historia de un siglo. Las mesas de plomo* (1957), 1980.
VI	*Capítulos de literatura española.* De un autor censurado en «*El Quijote*». *Páginas adicionales,* 1957.
VII	*Cuestiones gongorinas. Tres alcances a Góngora. Varia. Entre libros. Páginas adicionales,* 1958.
VIII	*Tránsito de Amado Nervo. De viva voz. A lápiz. Tren de ondas. Varia,* 1958.
IX	*Norte y Sur. Los trabajos y los días. Historia natural das Laranjeiras,* 1959.
X	*Constancia poética,* 1959.
XI	*Última Tule. Tentativas y orientaciones. No hay tal lugar,* 1960.
XII	*Grata compañía. Pasado inmediato. Letras de la Nueva España,* 1960.
XIII	*La crítica en la Edad Ateniense. La antigua retórica.* Nota preliminar de Ernesto Mejía Sánchez, 1961.
XIV	*La experiencia literaria. Tres puntos de exegética literaria, Páginas adicionales.* Nota preliminar de Ernesto Mejía Sánchez, 1962.
XV	*El deslinde. Apuntes para la teoría literaria.* Nota preliminar de Ernesto Mejía Sánchez (1963), 1980.
XVI	*Religión griega. Mitología griega.* Nota preliminar de Ernesto Mejía Sánchez, 1964.
XVII	*Los héroes. Junta de sombras.* Nota preliminar de Ernesto Mejía Sánchez, 1965.
XVIII	*Estudios Helénicos. El triángulo egeo. La jornada aquea. Geógrafos del mundo antiguo. Algo más sobre los historiadores alejandrinos.* Nota preliminar de Ernesto Mejía Sánchez, 1966.

XIX *Los poemas homéricos. La Ilíada. La afición de Grecia.* Estudio preliminar de Ernesto Mejía Sánchez, 1968.
XX *Rescoldo de Grecia. La filosofía helenística, Libros y libreros de la Antigüedad. Andrenio: perfiles del hombre. Cartilla moral.* Estudio preliminar de Ernesto Mejía Sánchez, 1979.
XXI *Los siete sobre Deva. Ancorajes. Sirtes. Al yunque. A campo traviesa.* Estudio preliminar de Ernesto Mejía Sánchez, 1981.
XXII *Marginalia,* Primera, segunda y tercera series. *Las burlas veras,* Primera, segunda y tercera series. Introducción de José Luis Martínez, 1989.
XXIII Ficciones: *Quince presencias. Vida y ficción. Burlas literarias. Briznas. Árbol de pólvora. Los tres tesoros. El vendedor de felicidad. Landrú* (opereta). *Anecdotario, Églola de los cielos. El licencioso. Páginas adicionales.* Introducción de José Luis Martínez, 1990.
XXIV Memorias: *Oración del 9 de febrero. Memoria a la Facultad. Tres cartas y dos sonetos. Berkeleyana. Cuando creí morir. Historia documental de mis libros. Parentalia. Albores.* Introducción de José Luis Martínez, 1990.
XXV *Culto a Mallarmé, El polifemo sin lágrimas. Memorias de cocina y bodega. Resumen de literatura mexicana. Estudios lingüísticos. Dante y la ciencia de su época.* Introducción de José Luis Martínez, 1992.
XXVI *Vida de Goethe. Trayectoria de Goethe. Escolios goetheanos. Teoría de la sanción.* Introducción de José Luis Martínez, 1992.

REYES, Alfonso/ESTRADA, Genaro (1992-1994): *Con leal franqueza. Correspondencia entre AR y GE.* I (1916-1927), II (1927-1930), III (1930-1937). Ed. Serge I. Zaïtzeff. México: El Colegio Nacional, 1992, 1993, 1994.

REYES, Alicia (1977): *Genio y figura de Alfonso Reyes.* Buenos Aires: EUDEBA, 1977.

— (2000): *Genio y figura de Alfonso Reyes.* México: FCE, 2000.

ROBLEDO RINCÓN, Eduardo, coord. (1998): *Alfonso Reyes en Argentina.* Edición: Rafael Centeno. Recopilación de textos: Rafael Centeno, Graciela Gliemmo y Zoé Robledo. Buenos Aires: EUDEBA/Embajada de México, 1998. [*ARA.*]

RODRÍGUEZ MONEGAL, Emir (1980): «Alfonso Reyes en mi recuerdo»: *Vuelta* 44, México, julio de 1980, 41-43; *La Gaceta del Fondo de Cultura Económica* 220, México, abril de 1989. (Con mención de Borges.)
RUIZ LÓPEZ, Bernardo Javier (1976): *Adolfo Bioy Casares y sus temas fundamentales*. Tesis profesional. México: UNAM, 1976. Con la correspondencia AR/ABC (146-163: 13 documentos, pero los primeros 2 no son de ABC, sino de su padre, don Adolfo Bioy).
RUIZ [LÓPEZ], Bernardo [Javier] (1974): *Los mitos y los dioses. Adolfo Bioy Casares y sus temas fundamentales. Acompañado de la Correspondencia entre Adolfo Bioy Casares y Alfonso Reyes del Archivo de la Capilla Alfonsina*. México, D.F., noviembre de 1974. Reedición sin fecha en internet, con prólogo de 2003: ruix.biz/biog/bioy.pdf.
SARABIA, Rosa (1994): «Buenos Aires in the 1920s. A Center within the Margin»: David Jordan, ed.: *Regionalism Reconsidered. New Approaches to the Field*. New York/London: Garland Publishing, 1994, 139-158.
— (2009): «*La Gaceta Literaria* y *Martín Fierro*: una cartografía disputada»: Nigel Dennis, ed.: *Ernesto Giménez Caballero y «La Gaceta Literaria»*, (en prensa).
SCHWARTZ, Jorge (1987): *Homenaje a Girondo*. Buenos Aires: Corregidor, 1987.
— (2007): *Oliverio. Nuevo homenaje a Girondo*. Compilación, introducción y notas de J. Schwartz. Rosario: Beatriz Viterbo, 2007.
SORRENTINO, Fernando (1974): *Siete conversaciones con Jorge Luis Borges*. Buenos Aires: Casa Pardo, 1974. [Conversaciones de 1972.]
STANTON, Anthony (1998): *Correspondencia Alfonso Reyes/Octavio Paz (1939-1959)*. México: FCE, 1998.
SUÁREZ CALÍMANO, Emilio (1923/12): «Huellas: 1906-1919, por Alfonso Reyes»: *Nosotros* 175, Buenos Aires, diciembre de 1923, 487-489.
— (1924/01): «*Índice: Biblioteca de definición y concordia*. Madrid»: *Nosotros* 176, Buenos Aires, enero de 1924, 134
— (1924/05): «*Los dos caminos*, por Alfonso Reyes»: *Nosotros* 180, Buenos Aires, mayo de 1924, 102-110.
— (1929/10): «*Fuga de navidad*, por Alfonso Reyes (con ilustraciones de Norah Borges de Torre)»: *Nosotros* 245, Buenos Aires, octubre de 1929,

120-121. [Un ejemplar de este libro dedicado por Reyes a Guillermo de Torre se conserva en la Biblioteca de la Academia Argentina de Letras, Buenos Aires.]

— (1938/09): «Las vísperas de España, por Alfonso Reyes»: *Nosotros* segunda época, 30, Buenos Aires, septiembre de 1938, 188-190.

TARCUS, Horacio (2001): *Mariátegui en la Argentina o las políticas culturales de Samuel Glusberg*. Buenos Aires: Ediciones El Cielo por Asalto, 2001.

TORRE, Guillermo de (1964): «Para la prehistoria ultraísta de Borges»: *Cuadernos Hispanoamericanos* LVII 169, Madrid, enero-marzo de 1964, 5-15; *Hispania* XLVII 3, septiembre de 1964, 457-463; *Al pie de las letras*. Buenos Aires: Losada, 1967, 171-185.

TORRE BORGES, Miguel de (1987): *Borges. Fotografías y manuscritos*. Buenos Aires: Renglón, 1987.

VACCARO, Alejandro (1996): *Georgie, 1899-1930. Una vida de Jorge Luis Borges*, I. Buenos Aires: Editorial Proa/Alberto Casares, 1996.

VALLELY, Charles/WRONOSKY, John/ROLL-VÉLEZ, Saúl (2003): *Jorge Luis Borges. A Catalogue of Unique Books and Manuscripts*. Brookline/New York: Lame Duck Books/Volume Gallery, 2003.

VARIOS (1927): «Nuestra demostración a Alfonso Reyes»: *Nosotros* 221, octubre de 1927, 106-121. [Discursos de Ricardo Rojas, Emilio Suárez Calímano, Aníbal Sánchez Reulet y Alfonso Reyes. «Salutación a Alfonso Reyes», poema de B. Fernández Moreno. «Alfonso Reyes», dibujo de Bilis.]

VÁZQUEZ-RIAL, Horacio, ed. (1996): *Buenos Aires 1880-1930. La capital de un imperio imaginario*. Madrid: Alianza Editorial, 1996 («Memoria de las ciudades»).

VIGNALE, Pedro Juan/TIEMPO, César (1927): *Exposición de la actual poesía argentina, 1922-1927*. Buenos Aires: Minerva, 1927

VILLALOBOS DOMÍNGUEZ, Cándido (1917): «*Ortodoxia*, por G. K. Chesterton. Trad. de Alfonso Reyes»: *Nosotros* 99, Buenos Aires, julio de 1917, 497-500.

VILLARREAL, Juan Manuel (1925/06a): «Breves notas sobre el arte nacional mexicano»: *Estudiantina* I.2, La Plata, junio de 1925, 71-75.

— (1925/06b): «Elogio de los héroes homéricos»: *Estudiantina* I.2, La Plata, junio de 1925, 88-90.

— (1926/03): «Romance del domingo»: *Nosotros* 202, Buenos Aires, marzo de 1926, 273-274.
— (1926/08): «Figari pintor» (Discurso leído en la inauguración de la exposición de Pedro Figari [pintor uruguayo] organizada por el Ateneo Estudiantil de La Plata): *Valoraciones* 10, La Plata, agosto de 1926, 53-55.
— (1936): [Firmante del Comunicado que la Federación Universitaria Argentina entregó al Embajador Enrique Diez Canedo; solidaridad con el gobierno republicano]: *España Republicana*, Buenos Aires, 29-VIII-36.
— (1951): *El burlador de la muerte*. Buenos Aires: Sudamericana, 1951.
— (1956): *Mi propia horca*. Buenos Aires: Kraft, 1956 (América en la novela).
— (1970): *El extraño durmiente*. Buenos Aires: Goyanarte, 1970. [Contiene: «El extraño durmiente», «Metamorphosis», «La sorpresa», «El retrato de Shelly», «Agonía», «El perro de la inglesa», «Pigmalión», «Apólogo».]
WILLIS ROBB, James (1967a): «Borges y Reyes: algunas simpatías y diferencias (esbozo de una confrontación)»: *Norte* 8.1, Amsterdam, enero-febrero de 1967, 17-21; *Estudios sobre Alfonso Reyes*. Bogotá: El Dorado, 1976, 137-165; WILLIS ROBB 1996a, 608-615.
— (1967b): «Borges y Reyes. Una relación epistolar»: *Humanitas* 8, Universidad de Nuevo León, Monterrey (México) 1967; WILLIS ROBB 1996b, 616-632.
— (1974): *Repertorio Bibliográfico de Alfonso Reyes*. México: UNAM, 1974.
— (1983): «La amistad de Amado y Alfonso (Por el epistolario de Amado [Alonso] y Alfonso Reyes)»: *Por los caminos de Alfonso Reyes (Estudios, 2ª serie)*. México: Centro de investigación científica y tecnológica de la Universidad del Valle de México, 1983, 101-113.
— (1996a): *Más Páginas sobre Alfonso Reyes*. Vol. III, primera parte. Selección y biliografía: James Willis Robb. México: El Colegio Nacional, 1996.
— (1996b): *Más Páginas sobre Alfonso Reyes*. Vol. III, segunda parte. Selección y biliografía: James Willis Robb. México: El Colegio Nacional, 1996.
— (1996c): *Más Páginas sobre Alfonso Reyes*. Vol. IV, primera parte. Selección y biliografía: James Willis Robb. México: El Colegio Nacional, 1996.

— (1996d): *Más Páginas sobre Alfonso Reyes*. Vol. IV, segunda parte. Selección y biliografía: James Willis Robb. México: El Colegio Nacional, 1996.

WOODALL, James (1996): *The Man in the Mirror of the Book. A Life of Jorge Luis Borges*. London: Hodder & Stoughton, 1996.

XAMMAR, Luis Fabio (1943): «Escuela lírica de Alfonso Reyes»: *Nosotros* segunda época, 89, Buenos Aires, agosto de 1943, 162-168; reproducido en *Letras de México* IV.9, 15 de septiembre de 1943, 3 y 8. [Según Zaïtzeff 2000, 53 n. 2, fueron publicadas tres cartas de Xammar a Reyes en *Saludo del Perú para Alfonso Reyes*. Lima: Embajada de México en el Perú, 1989, p. xxii.]

YATES, Donald A. (1978): «Jorge Luis Borges y Alfonso Reyes: una amistad literaria»: *Boletín de la Capilla Alfonsina* 33, México D.F., 1978, 47-55; Miguel Capistrán, comp.: *Borges y México*. México: Plaza & Janés, 1999; James Willis Robb: *Más Páginas sobre Alfonso Reyes*. México: El Colegio Nacional, 1996, III.ii, 922-934. [Citas por esta última edición.]

ZAÏTZEFF, Serge Ivan (1989): «Alfonso Reyes y Rafael Cabrera: Contactos epistolares»: *Universidad de México* 460, mayo de 1989, 19-22.

— (1992): *Con leal franqueza. Correspondencia entre Alfonso Reyes y Genaro Estrada*. I: 1916-1927. México: El Colegio Nacional, 1992.

— (1993): *Con leal franqueza. Correspondencia entre Alfonso Reyes y Genaro Estrada*. II: 1927-1930. México: El Colegio Nacional, 1993.

— (1994): *Con leal franqueza. Correspondencia entre Alfonso Reyes y Genaro Estrada*. III: 1930-1937. México: El Colegio Nacional, 1994.

— (1998): «Recados entre Ricardo E. Molinari y Alfonso Reyes»: *Literatura Mexicana* IX 1, México (UNAM), noviembre de 1998, 219-247. [Cf. CINCOTTA.]

— (2000): *Una amistad porteña. Correspondencia entre Alfonso Reyes y Roberto F. Giusti*. México: El Colegio Nacional, 2000.

— (2008): *20 epistolarios rioplatenses de Alfonso Reyes*. México: El Colegio Nacional, 2008. [Correspondencias con Enrique Anderson Imbert, Enrique Banchs, Ana María Barrenechea, Ángel J. Battistessa, Alfredo A. Bianchi, Arturo Capdevila, Julio Cortázar, Baldomero Fernández Moreno, César Fernández Moreno, Manuel Gálvez, Alberto Gerchunoff, Juan Carlos Ghiano, Oliverio Girondo, Adelina del Carril de

Güiraldes, Enrique Larreta, Leopoldo Lugones, Eduardo Mallea, Ricardo E. Molinari, Ernesto Sábato, Alejandro Sux.]
— (2009): *Más epistolarios rioplatenses de Alfonso Reyes*. México: Universidad Autónoma Metropolitana, 2009. [Correspondencias con José Bianco, Francisco A. Colombo, Eduardo González Lanuza, Arturo Marasso, Ezequiel Martínez Estrada, María Rosa Oliver, Uylses Petit de Murat, Ricardo Rojas.]

ZULETA ÁLVAREZ, Enrique (1989): «Alfonso Reyes y la Argentina»: *Cuadernos Hispanoamericanos*, Los Complementarios, 4, Madrid, 1989, 41-66; *ARA* 422-450.

— (1997): *Pedro Henríquez Ureña y su tiempo. Vida de un hispanoamericano universal*. Buenos Aires: Catálogos, 1997.

Índice onomástico

¡*La Gran Flauta...!* (Buenos Aires): 83
A Contracorriente (Raleigh): 248
Abós, Álvaro: 221n
Abramowicz, Maurice: 26n
Abreu Gómez, Emilio: 269n-270n
Abril, Manuel: 41
Acevedo de Borges, Leonor: 350, 354, 376, 388, 390, 392
Acevedo, Delia: 151n
Actual (Puebla): 29, 32-33, 35n
Adler, (María) Raquel: 235
Afrodita: 346
Aguirre, Coral: 11n, 18, 203-204
Aínsa, Fernando: 250n
Aíta, Antonio: 266
Alatorre Chávez, Antonio: 374
Alazraki, Jaime: 315n, 394
Alberti, Rafael: 296n
Alemany Bay, Carmen: 127n
Alfar (La Coruña): 183n
Alfonso X: 62n
Alifano, Roberto: 24, 422
Alighieri, Dante: 357
Allegra, Giovanni: 325n
Almagro San Martín, Melchor: 265
Almanaque Literario 1935 (Madrid): 242n
Alomar, Gabriel: 266

Alone [seudónimo de Hernán Díaz Arrieta]: 292, 293n
Alonso, Amado: 216n, 238n, 255n, 279, 280n, 302n, 320n
Alonso, Dámaso: 296n, 337
Alonso, Fernando Pedro: 111n
Altolaguirre, Manuel: 296n
Alvarado, José: 295n
Álvarez, Germán: 18
Alvear, Marcelo Torcuato de: 32, 74, 86n
América y Cía. (Santa Rosa, La Pampa): cf. *Sur*. 202, 223n
América. Cahiers du CRICCAL (París): 248, 301n
Amorim, Enrique: 174, 250-251
Anales de Buenos Aires (Buenos Aires): 321n, 325
Anaya, Carlos Américo: 61
Anclajes (Buenos Aires): 69n, 249
Anderson, Andrew A.: 242n
Andrade, Víctor Olegario: 63, 234n
Ángel, Abraham: 72
Annali della Facoltá di Lingue Straniere di Ca' Foscari: 38n
Ansermet, Ernest: 213n
Antelo, Raúl: 71n, 1369n, 182

453

Antena. Hoja de Vanguardia (Valparaíso): 32*n*
Anzoátegui, Ignacio B.: 174-175
Aponte, Bárbara (Bockus): 41*n*, 42, 398*n*
Arambel-Guiñazú, María Cristina: 247
Aramburu, Pedro Eugenio: 258
Ardissone, Elena: 147
Arenas Monreal, Rogelio: 281*n*
Argos (México): 136*n*
Arias, Martín: 365*n*
Arizona Journal of Hispanic Cultural Studies (Arizona): 248
Arnold, Matthew: 122
Aroca, Joaquín de: 30
Arreola, Juan José: 336*n*, 426
Arrieta, Rafael Alberto: 356*n*
Arsamasseva, Margarita: 89
Artundo, Patricia M.: 18, 50, 129*n*, 136*n*, 151, 176-177
Ashford, Daisy: 104-105
Atalaya [seudónimo de Alfredo Chiabra Acosta] 213*n*
Atl, Dr.: 30
Áurea (Buenos Aires): 167
Ayala, Francisco: 109
Ayerza de Castilho, Laura: 248
Aznar, Luis: 75, 88, 109, 111*n*
Azorín [seudónimo de José Martínez Ruiz]: 46*n*, 359, 398

Babel (Buenos Aires, luego Santiago de Chile): 148*n*, 247-248, 308*n*, 330
Bacarisse, Mauricio: 30, 116*n*
Balderston, Daniel: 27*n*-28*n*, 326
Banchs, Enrique: 115

Bancroft, George: 400*n*
Bandeira, Manuel: 274
Barga, Corpus: 296*n*
Barletta, Leónidas: 220*n*
Barnatán, Marcos Ricardo: 182
Baroja, Pío: 405
Barradas, Rafael P.: 26n, 30, 35
Barreda, Octavio G.: 269*n*-270*n*
Barrenechea, Ana María: 18, 280*n*, 345, 357, 371, 372*n*, 374
Barrera López, José María: 26*n*
Bartholomew, Roy: 186
Barton, Bernard: 180-181
Barton, Lucy: 181
Battistessa, Ángel J.: 282*n*
Becco, Horacio Jorge: 182
Bell, E. T.: 429
Belloc, Hillaire: 290
Benarós, León: 170
Bérard, Víctor: 256
Bergamín, José: 116*n*, 296*n*
Bernárdez, Francisco Luis: 53, 75, 85-87, 89, 91-92, 97-99, 105, 111n, 129-130, 132, 137, 144-147, 156, 158, 174-175, 178*n*, 184, 192, 199, 202, 203*n*, 211-212, 213*n*, 218, 222, 226, 228, 257
Berni, Antonio: 156*n*, 213*n*
Biagini, Hugo: 109
Bianca, Adriana: 131
Bianchi, Alfredo A.: 165, 171, 183*n*, 187-188, 325
Bianco, José: 129, 346
Bigatti, Alfredo: 75, 88
Bioy Casares, Adolfo: 12, 23, 90*n*, 103, 116*n*, 133-134, 170, 228, 230, 235*n*, 243*n*, 244, 263-264,

266, 270, 276, 277n, 278, 284-288, 292, 293n, 294-295, 299, 300n-301n, 302, 303n, 304-305, 311, 314n, 315, 319n, 320, 321-326, 331-333, 339-341, 346, 348, 351n, 355, 357, 359n, 360n, 396, 401-402, 430-431
Bioy, Adolfo (padre): 228-230, 232, 244, 284, 301n, 375, 448
Bitácora (Buenos Aires): 129n
Blake, Pedro V.: 88
Blasi, Humberto: 49
Blümner, Rudolf: 124
Bocángel y Unzueta, Gabriel: 146
Boletín Capilla Alfonsina (México): 397
Boletín de la Academia Argentina de Letras (Buenos Aires): 38n, 282n
Boletín de la Fundación Federico García Lorca (Madrid): 27n
Boletín Editorial (México): 32n
BoletínRAMÓN (Madrid): 25n
Bolón Pedretti, Alma: 159n
Bonaparte, Napoleón: 294
Boneo, Martín Alberto: 103n
Bonet, Juan Manuel: 32n, 242n
Bontempelli, Massimo: 111n
Bordelois, Ivonne: 49n, 163n, 284
Borges (de Torre), Norah: 30, 35, 47n-48n, 75, 84, 105-106, 123, 126, 138, 149, 151n, 157, 159, 167n, 202, 205-206, 231, 255n, 281n, 300n, 347
Borges, Jorge Guillermo: 281n
Borges, Jorge Luis: 11-14, 16, 21-25, 26n, 27-32, 35-43, 45-50, 52-59, 61-62, 64-65, 67n, 69-71, 73n, 74-75, 78n, 80-81, 84-85, 86n, 87, 89-91, 94n, 95-96, 98-106, 115, 119, 121-126, 127n, 129-134, 135n, 137-139, 142, 144-145, 147-151, 154-155, 156n, 157-172, 174-187, 191-194, 196, 197n, 198-200, 202-206, 209, 213n, 214, 218, 222, 226, 228-229, 231, 233, 234n, 235-236, 237n, 238-239, 241n-243n, 247, 249-250, 253n-254n, 255-257, 259n, 260, 263, 266-267, 271, 275-279, 281-284, 286n, 287-293, 295, 296n, 297-301, 303, 304n, 307-308, 310-312, 314-317, 319, 320n, 321-323, 325, 327, 330, 334, 336-337, 343, 345-347, 349-350, 351n, 353n, 354-355, 356n, 357-361, 363n, 364-365n, 366-368, 371, 372n, 373-374, 376, 377n, 379, 381-382, 385, 388, 389n, 390-394, 396-397, 399n, 402n, 403, 413-422, 426, 428-432. Obras: *Antología clásica de la literatura argentina* 62; *Antología personal* 23n; *Antología de la literatura fantástica* 160n, 301, 302n, 305, 311; *Antología de la poesía argentina* 304-305; *Autobiografía* 182, 197n, 207, 209, 275n, 365n, 396; *Cartas del fervor* 27n, 29, *160, 254n*; *Cuaderno San Martín* 115, 125-126, 137n, 139, 148, 155n, 157-159, 160n, 162-163, 165, 167, 176, 178-180, 182, 185, 191n, 199, 200n, 206, 238n, 320n, 400; *Cuentos breves y extraordinarios* 304n, 321n;

Discusión 56, 179, 187, 257, 353*n*, 414; *El Aleph* 334; *El Hacedor* 125, 284, 379; *El idioma de los argentinos* 65, 94, 98*n*, 100-102, 124, 175-176, 179, 182-183; *El jardín de senderos que se bifurcan* 307, 308*n*; *El tamaño de mi esperanza* 56-57, 102, 161*n*, 163-165, 178, 213*n*, 283, 312; *Elogio de la sombra* 172; *Evaristo Carriego* 124, 160, 164, 185, 200*n*, 236, 239; *Fervor de Buenos Aires* 27, 32, 37-40, 41*n*, 42, 48, 124, 159, 164, 166*n*, 169, 172, 200*n*, 320*n*, 345, 400; *Ficciones* 297-299, 308*n*, 315, 365; *Historia de la eternidad* 22, 266, 312, 428; *Historia Universal de la infamia* 263, 312; *Inquisiciones* 28*n*, 31, 41, 161, 200*n*, 343, 368; *Introducción a la literatura inglesa* 122*n*, 391; *Introducción a la literatura norteamericana* 365*n*; *La moneda de hierro* 416; *La rosa profunda* 132*n*; *Las Kenningar* 260-261; *Libro del cielo y del infierno* 304*n*; *Los mejores cuentos policiales* 304*n*, 315*n*, 321; *Manual de zoología fantástica* 368; *Museo* 193, 235*n*, 241*n*, 286*n*, 321*n*, 325; *Otras inquisiciones* 343, 368; *Poemas 1923-1943* 320*n*, 346; *Poemas 1923-1958* 317*n*; *Poesía gauchesca* 357; *Textos cautivos* 200, 282-283, 290, 414; *Textos recobrados* 26*n*-27*n*, 62, 115, 135*n*, 156, 164, 167, 169, 175-176, 182, 187, 235*n*, 303*n*, 429

Borinsky, Alicia: 274
Botana, Natalio: 221*n*, 260*n*
Bracho, Carlos: 72
Brandán Caraffa, Alfredo: 50, 52, 98*n*, 175
Browning, Robert: 129-131, 132*n*-133*n*, 134, 399, 423
Brull, Mariano: 147
Buendía, Rogelio: 30
Buenos Aires Literaria (Buenos Aires): 374
Bullrich de Saint, Julia: 198*n*, 237*n*
Bullrich, A. E.: 75
Bullrich, Eduardo Juan: 75, 103*n*, 155*n*, 198*n*, 217, 246
Bullrich, Egmont: 106
Bunge de Gálvez, Delfina: 175, 219*n*
Bunge, Carlos Octavio: 146
Bustos Domecq, H. [seudónimo de Jorge Luis Borges y Adolfo Bioy Casares]: 311
Butcher, S. H.: 254*n*

Cahen Salaberry, R.: 206
Caillois, Roger: 323
Cairola, José B.: 75, 88
Calvillo, Manuel: 372*n*
Camblong, Ana María: 191*n*, 193, 372*n*
Campbell, Leónidas: 75, 88
Campo, Estanislao del: 67*n*, 123
Camuatí (Buenos Aires): 75*n*, 169, 213*n*
Cansinos Assens, Rafael: 26*n*, 30, 166*n*, 180, 242*n*-243*n*, 416, 432
Canto, Patricio: 129*n*
Cántor: 183
Capalbo, Armando: 174*n*, 365*n*

Capdevila, Arturo: 303*n*, 376*n*
Capistrán, Miguel: 28*n*, 46*n*, 130-131, 426, 428
Carambat, Hipólito: 75, 88
Carátula (Buenos Aires): 144, 195, 208-209
Carbone, Rocco:199*n*
Carbonell, N.: 146
Carcavallo, Pascual: 89, 90*n*
Cardoza y Aragón, Luis: 269*n*
Carilla, Emilio: 38*n*, 383*n*
Carnie, May: 83
Caro, Andrés Luis: 80, 75, 88, 169
Carpentier, Alejo: 374
Carriego, Evaristo: 63, 124, 160, 164, 185, 200n, 235-236, 238-239
Carril de Güiraldes, Adelina del: 48*n*, 154*n*
Carril, Adelina del: 48*n*, 74, 154*n*-155*n*
Carril, Delia del: 74-75
Casares, Marta: 230, 301*n*
Casares, Tomás D.: 174
Castañeda, Vicente: 128*n*
Castillo Nájera, Francisco: 223*n*
Castro Leal, Antonio: 106, 269*n*, 383*n*
Centeno, Rafael: 15
Cernuda, Luis: 296*n*
Cervera Salinas, Vicente: 159*n*
Chacón, José María: 116*n*
Chapman, George: 122*n*, 254
Chassagny, M.: 427
Cháves, Julio César: 38*n*
Chávez (Lavista), Ezequiel (Adeodato): 276
Chesterton, Gilbert K.: 63, 120, 249, 314, 315*n*-316n, 320, 414, 422

Chumacero, Alí: 269*n*, 315*n*
Cid, Elena [seudónimo de Elena Hurtado de Mendoza]: 146, 156*n*, 213, 228
Ciria y Escalante, José de: 30
Claridad (Buenos Aires): 220, 250, 383*n*
Clarín (Buenos Aires): 235*n*, 284
Claudel, Paul: 99*n*, 112
Clemente, José Edmundo: 365*n*
Clementi, Hebe: 248
Cobo Borda, Juan Gustavo: 11*n*, 62, 392*n*
Cocteau, Jean: 63, 170
Colerus, Egmont: 429
Collin, Armand: 256*n*
Colombo, Francisco A.: 103, 116, 125-128, 138, 143*n*, 148, 202, 207, 260, 263, 270
Colombo, Luis: 228
Colombo, Osvaldo:103*n*
Comet, César A.: 30
Commerce (París): 140, 192, 218
Contemporáneos (México): 32, 106*n*, 114-115, 137, 203, 240*n*, 315*n*
Contra (Buenos Aires): 156*n*
Contrapunto (Buenos Aires): 84, 236*n*, 246
Cordero, Clodomiro: 156*n*, 208-209
Córdoba Iturburu, Cayetano: 50
Cornejo, Lucio: 75, 88
Corral, Rose: 18, 32*n*, 71*n*, 147, 214, 372*n*
Correa Calderón, Evaristo: 30
Cosmópolis (Madrid): 25n, 27, 30, 32
Cossío Villegas, Daniel: 389
Covarrubias, Miguel: 231
Cozarinsky, Edgardo: 36, 400*n*

Crabbe, George: 181
Crémieux, Benjamin: 265, 292n-293n
Crespo, Esperanza: 72
Crisol (Buenos Aires): 175
Criterio (Buenos Aires): 98n, 99n, 115, 144, 172, 174-176, 178-179
Crítica (Buenos Aires): 85, 89, 90n, 108, 156n, 179, 221, 235n, 259-260, 278n
Cro, Stelio: 38n
Cruz, Juana Inés de la: 63
Cuadernos Americanos (México): 317
Cuadernos del Congreso por la Libertad de la Cultura (París): 284
Cuadernos del Plata (Buenos Aires): 82, 94n, 102-105, 107, 116, 123-127, 130, 137, 139-142, 144, 148-149, 154n-156n, 157-158, 162, 171-172, 179-180, 193-195, 198-199, 201, 203-204, 206-207, 214-216, 221, 223, 225-227, 241n-242n, 308, 400
Cuadernos Hispanoamericanos (Madrid): 38n, 48n-49n, 127n, 144, 202, 280n
Cuadernos Literarios (Madrid): 104, 227n
Cubero, Antonio M.: 30
Cuesta, Jorge: 72, 269n, 351n
Curiel, Fernando: 128, 144, 205, 353n
Cursos y Conferencias (Buenos Aires): 283, 353n

D'Ors, Eugenio: 116n, 147, 353n
Dabove, Santiago: 278
Dacier, Anne: 254, 256

Dailliez, Ana Cecilia Luisa: 135n
Darío, Rubén: 212n, 293n, 383n, 384, 401, 412
De Quincey, Thomas: 69n
De Ruschi Crespo, María Isabel: 175
Dedalus, Stephen: 383
Delfino, Augusto Mario: 75, 88-89
Dell'Oro Maini, Atillio: 174-175
Destiempo (Buenos Aires): 90n, 103, 116n, 140n, 170, 235n, 143n, 247, 266, 270, 277, 278n, 279, 286n-287n, 288, 304, 348
Di Giovanni, Norman Thomas: 396
Díaz Leguizamón, Héctor: 206
Díaz, Porfirio: 224
Dickmann, Max: 156n, 213n, 356n
Diego, Gerardo: 30, 208-209
Dieste, Rafael: 296n
Díez de Medina, Fernando: 383n
Diez-Canedo, Enrique: 13, 26, 27n, 37, 41-42, 106, 116n, 265-266, 296n, 359
Domenchina, Juan José: 296n
Don Segundo Sombra (La Plata): 49-50, 94, 99n, 105n, 108, 111-114, 137, 147-149, 155n, 163n, 203, 217
Dondo, Osvaldo Horacio: 172, 175
Duhamel, Georges: 265
Durán, Manuel: 295n
Duroux, Rose: 200n, 226n

Echagüe, Juan Pablo: 176, 266
Echeverría, P.: 30, 123
Edelberg, Bettina: 283, 364
Edwards Bello, Joaquín ("Jacques"): 53n
El Adelanto (Salamanca): 38

El Arte (Buenos Aires): 170
El Día (La Plata): 181
El Diario (Buenos Aires): 14, 49n, 71, 90n
El Diario (La Paz): 353n
El Hablador (Lima): 53n
El Hogar (Buenos Aires): 72, 90n, 102, 156n, 200, 282-283, 290, 414, 429
El Imparcial (México): 136n
El Maquinista de la Generación (Málaga): 36n
El Mercurio (Santiago de Chile): 293n
El Mundo (Buenos Aires): 76n, 90n, 91-92, 115n, 222n
El Nacional (México): 61n, 282n, 283, 299
El Nacional Ilustrado (México): 31
El Orden (Tucumán): 84
El Pliego Suelto (Buenos Aires): 105n, 128, 198, 237n
El Sol (Madrid): 46n, 183n
El Universal (México): 46n
Elizalde, Germán: 231
Elizalde, Luis F. de: 75, 88
Ellison, Fred P.: 274n
Enríquez Perea, Alberto: 18, 265, 291n, 317n, 389n
Epstein, Jean: 36n
Erfjord, Estela: 237n
Erro, Carlos Alberto: 75, 88, 199, 376n
Escalante, Evodio: 32n
Escosura, Joaquín de la: 30
España (Buenos Aires): 242n
España (Madrid): 26n, 30, 36, 42n, 104

España Republicana (Buenos Aires): 242n
España, José de: 161
Esperando a Godot (Buenos Aires): 82n
Espina García, Antonio: 30
Espinoza, Enrique [seudónimo de Samuel Glusberg]: 148, 157, 173, 206, 330
Espiral (Bahía Blanca): 108
Espronceda, José de: 275n
Esquilo: 383n
Estrada, Genaro: 72, 95-96, 102, 106, 114-115, 127, 128n, 135-136, 139, 144, 201, 203, 214n, 223, 225n, 231n, 269n-270n
Estrella Gutiérrez, Fermín: 266
Estrella, Guillermo: 89
Estudiantina (La Plata): 108
Estudios (Buenos Aires): 178, 249
Etchart, Pablo Carlos: 236n
Eurípides: 132

Fatone, Vicente: 174
Felgine, Odile: 248
Felipe II: 256
Felipe, León: 30, 296n
Fernández Moreno, Baldomero: 63, 171, 266
Fernández, Carlos: 18
Fernández, Jorge F.: 26n
Fernández, Macedonio: 12, 41, 53, 75, 88, 93n, 98n, 112n, 126, 139, 142, 146-148, 156n, 161, 170, 190, 192-193, 195, 197n, 200-201, 205, 207, 226, 241n, 271-277, 281n, 3210, 416, 432
Ferrant, Ángel: 296n

Ferrari, Osvaldo: 24
Ferraría, Mayorino: 183
Ferreiro, Alfredo Mario: 169
Figari, Pedro: 75n, 176, 208
Fijman, Jacobo: 223
Filología (Buenos Aires): 345
Filosofía y Letras (México): 301
Fioravanti, José: 75
FitzGerald, Edward: 180-181
Fósforo [seudónimo de Alfonso Reyes y Martín Luis Guzmán]: 36
Foulché-Delbosc, Raymond: 52, 147
Fragmentos. Revista de lingua e literatura estangeiras de la Universidade Federal de Santa Catalina (Florianópolis): 41
Franceschi, Gustavo J.: 174n
Franco, Luis L.: 88, 183
Frank, Waldo: 205, 223n, 224, 247-248
Freyre, Ricardo Jaimes: 383, 401
Frías, José D.: 30
Frondizi, Arturo: 314n

Gaiztarro, Ciriquiain: 30
Galíndez, Bartolomé: 30-31
Galtier, Lysandro Z. D.: 75, 88, 182
Gálvez (h.), Manuel: 89
Gálvez, Manuel: 175, 219, 220n, 245n, 266
Ganduglia, Santiago: 76, 127n, 161
Gaos, José: 296n
García Blanco, Manuel: 38n, 42
García Gutiérrez, Rosa: 128n
García Lorca, Federico: 27n, 36n, 242n, 267
García Pinto, Roberto: 76, 88

García, Carlos: 16, 29n, 50, 53, 81n, 87n, 93n, 99, 128n, 197n, 202n, 214, 314, 321
Garciadiego, Javier: 427n
García-Monge, Joaquín: 130n
García-Sedas, Pilar: 72n
Garfias, Pedro: 30
Garro de Paz, Elena: 331n, 339, 341
Gaya, Ramón: 296n
Gerchunoff, Alberto: 115, 283n
Gianuzzi, Valentino: 18
Gide, André: 177n, 405
Gil-Albert, Juan: 296n
Giménez Caballero, Ernesto: 128n, 138
Gimeno, Jorge: 413
Girbal-Blacha, Noemí: 248-249
Girondo, Oliverio: 57, 71, 80, 83, 85, 105, 131n, 135-136, 155n, 161, 176, 182, 183n, 198n, 208, 223, 246, 287
Giusti, Roberto: 48, 325, 356n, 376n
Gleizer, Manuel: 98n-99n, 100, 102, 145, 192, 218, 235, 239, 257
Gliemmo, Graciela: 15, 284, 287n
Glusberg, Samuel: 148, 157, 171-173, 205-206, 214, 223n, 224, 247, 249, 330
Godel, Roberto: 142n
Gómez de la Serna, Ramón: 25, 30, 41, 45, 112n, 274-275, 300n, 310
Góngora y Argote, Luis de: 27, 56, 57n, 69, 102, 142, 147, 212-213, 310, 383, 424
Góngora, Luis: 76
Gonnet de Rinaldini, Nieves: 129n
Gonzaga Urbina, Luis: 46n

González Boixo, José Carlos: 63n, 127n
González Carbalho, José: 89, 171, 356n
González Casanova, Enrique: 336n
González Lanuza, Eduardo: 50, 106, 161, 183n, 304n
González Martínez, Enrique: 135, 136n
González Rojo, Enrique: 72
González Trillo, Enrique: 76, 88-89
González Tuñón, Enrique: 50, 76, 161
González Tuñón, Raúl: 50, 76, 156n, 238n
González, C.: 106
González, Natalicio: 276
Goñi, Uki: 314n
Gorostiza, Celestino: 269n-270n
Gorostiza, José: 269n
Gramuglio, María Teresa: 248
Grecia (Sevilla, luego Madrid): 26n, 30-31
Greco, Martín: 18, 143n, 155n, 212n
Grob, Thomas: 356n
Groussac, Paul: 147, 185-189, 384, 401, 421
Grünberg, Carlos M.: 119, 237n
Guàrdia, Jaume: 26n
Güiraldes, Ricardo: 48n, 49-50, 52-54, 57, 74, 83-84, 90-91, 93, 94n, 103n, 105, 107-108, 116, 125, 137, 140, 148, 150-154, 155n, 157, 161, 163, 177, 191, 198n, 199-200, 206, 208-209, 217, 284
Guerra, M. A.: 178
Guerrero Ruiz, Juan: 214n
Guerrero, Margarita ("Margot"): 368
Guevara, Ernesto "Che": 281n
Guglielmini, Homero M.: 89
Guibert, Rita: 394
Guichard, Luis Arturo: 256n, 425
Guido Spano, Carlos: 63
Guillén, Jorge: 337
Gullo, Antonio: 42, 76, 88, 171, 348
Gutiérrez-Gili, Juan: 26n
Guzmán, Martín Luis: 36

Harper's Magazine (New York): 156n
Hazlitt, William: 69
Heine, Enrique/Heinrich: 63
Helft, Nicolás: 165n, 260n
Henríquez Ureña, Isabel Lombardo Toledano de: 389n
Henríquez Ureña, Natalia: 389n
Henríquez Ureña, Pedro: 23, 24n, 25, 52, 57, 61-62, 65, 41, 74, 76, 78n, 88, 94n, 104, 105n, 108-109, 111, 121-123, 129n, 140, 142n, 146, 181, 213n, 218, 226-227, 235n, 240n, 266, 279, 329, 354, 359, 374, 385, 389, 390n, 397-398, 431
Henríquez Ureña, Sonia: 390n
Hermes (Bilbao): 38n, 316n
Hermes Criollo (Montevideo): 41n
Hernández Campos, Jorge: 336n
Hernández, José: 89, 383n
Heynicke, Kurt: 31
Hidalgo, Alberto: 41n, 50n, 53, 90-91, 99n, 112, 136n, 170, 190n, 195, 212n
Hitler, Adolf ("hitlers"): 303
Homero: 89, 132n, 254n, 256n, 257, 357, 377, 383n, 424-425

Hora de España (Valencia, luego Barcelona): 296
Hora de Poesía (Barcelona): 26n
Huarte, Amalio: 128n
Huberman, Silvio: 156n
Huerta, Efraín: 295n
Huidobro, Vicente: 30, 300n
Humanidades (La Plata): 99n, 101
Hurtado, Leopoldo: 76, 88, 111n, 302n

Ibarbourou, Juana de: 115
Ibarra, Néstor: 156n, 172, 178
Icaza, Xavier: 271
Iglesias, Manuel: 224
Iglesias, Pedro: 30
Imán (París): 147
Índice (Bahía Blanca): 91, 100, 108, 147, 208, 303n
Índice (Madrid): 104
Ingenieros, José: 71
Inicial (Buenos Aires): 48, 50, 75, 81, 88, 144, 167, 213, 283
Inter-American Review of Bibliography (Washington): 284
Ipuche, Pedro Leandro: 41, 53
Irazusta, Julio: 174
Irazusta, Rodolfo: 177
Irby, James: 430-431
Irradiador (México): 31-32

James I, King: 254n
James, Herny: 237n
Jarnés, Benjamín: 61n, 296n
Jesucristo: 405
Jijena Sánchez, Rafael: 175
Jiménez, Juan Ramón: 30
Jitrik, Noé: 210

Jobín Colombres, Eduardo: 383n
Johnson, Samuel ("Dr. Johnson"): 377n
Jonson, Ben: 67
Jornadas (México): 323
Joyce, James: 146, 356
Juaristi, Jon: 38n
Junoy, José María: 30
Jurado, Alicia: 182
Justo, Liborio: 93n

Kahlo, Frida: 105n
Karic, Pol Popovic: 281n
Kassner, Edward: 429
Keller Sarmiento, Eduardo: 50
Kelvin, William Thomson, barón de: 427
Kerrigan, Anthony: 38n
Keyserling, Hermann von: 146
Khayyám, Omar: 181
Kinzie, mary: 38n
Klemm, Wilhelm: 31
Kodama, María: 18
Kohler, Fred: 400n
Korn, Alejandro: 61, 76, 88, 108-109
Korn, Guillermo: 76, 88
Krauze, Enrique: 389n
Kristal, Efrain: 320n
Krupkin, Ilja: 266

L'Esprit Nouveau (París): 213n
L'Herne (París): 131, 236n, 238n
La Biblioteca (Buenos Aires): 165n, 185, 363
La Fiera Letteraria (Milán): 166n
La Gaceta del Fondo de Cultura Económica (México): 419, 422
La Gaceta del Sur (Rosario): 144, 195, 207, 209

La Gaceta Literaria (Madrid): 61*n*, 72, 99*n*, 127n, 138, 142*n*, 148*n*, 242*n*
La Jornada (México): 14
La Jornada Semanal (México): 135*n*
La Libertad (Málaga): 180
La Literatura Argentina (Buenos Aires): 156*n*, 179, 266
La Maga (Buenos Aires): 90*n*
La Nación (Buenos Aires): 76*n*, 156*n*, 157, 170, 172, 174*n*, 189, 220*n*, 223*n*, 227, 242*n*, 340, 365*n*, 379
La Nación (Santiago de Chile): 293*n*
La Nueva Democracia (New York): 311*n*
La Palabra (Mendoza): 144, 270*n*
La Prensa (Buenos Aires): 46n, 103*n*, 124, 169, 171, 375-376
La Revue Argentine (París): 84, 187
La Torre (Río Piedras): 346
La Vanguardia (Buenos Aires): 61*n*, 242*n*
La Vida Literaria (Buenos Aires): 148, 157, 171, 173, 206, 224
Lafleur, Héctor René: 111*n*
Laforgue, Jules: 63
Lahitte, Ana Emilia: 143*n*
Lamb, Charles: 181
Lamberti Sorrentino, Antonino: 76, 88
Lang, Andrew: 254, 290, 399
Lange, Haidée: 89, 182, 237
Lange, Norah: 76, 81-82, 88-89, 103, 131, 156*n*, 195, 234, 237
Lange, Ruth: 89, 237*n*
Lara, Juan Jacobo de: 24*n*
Lara, Tomás de: 175
Larbaud, Valery: 52-53, 64, 82, 92, 94*n*, 105*n*, 128, 137, 140, 149, 150*n*, 157, 182, 198-200, 204-205, 225-227, 232-233
Larrea, Juan: 30
Las, Juan [seudónimo de Rafael Cansinos Assens]: 30-31
Lascano Tegui, "Vizconde" Emilio: 76
Lasso de la Vega, Rafael: 25*n*, 30
Lebrero, Cecilia: 129*n*
Leconte de Lisle, Charles-Marie-René: 383
Ledesma, Jerónimo: 18, 69*n*, 133*n*
Legón, Faustino J.: 174
León, Luis de: 240
León, Luis G.: 427
Leoplán (Buenos Aires): 351*n*
Lerdo de Tejada, Sebastián: 224
Letras de Buenos Aires (Buenos Aires): 41*n*, 197*n*, 279*n*
Letras de México (México): 269, 270*n*, 288
Lhote, André: 213*n*
Libra (Buenos Aires): 76*n*, 99*n*, 102, 104, 124, 140-141, 144-145, 147, 149, 163, 189, 192, 198, 203-205, 211-214, 218-219, 223*n*, 224, 226, 300, 400, 408
Lida, Clara E.: 371*n*
Liniers, Santiago de: 185, 189
Literatura Mexicana (México): 128*n*
Literaturmagazin (Hamburg): 36
Lizalde, Eduardo: 286*n*
Llorens, Vicente: 41
Loewenstein, C. Jared: 119, 155, 166, 181-182
Lois, Élida: 280*n*
Lojo, María Rosa: 105*n*
Lombardo Toledano, Vicente: 389*n*

Lonardi, Eduardo: 358
Loncán, Enrique: 266
López Merino, Francisco: 57, 76, 170-173, 181
López Parra, Ernesto: 30
López Velarde, Ramón: 286*n*, 288
Lorenzo Alcalá, May: 18, 47
Los Pensadores (Buenos Aires): 220*n*, 250*n*
Los Presentes (México): 336
Louis, Annick: 36, 160*n*, 177*n*, 260*n*, 301*n*
Lugones, Leopoldo: 32, 49*n*, 71, 144, 163*n*, 177, 256, 282-284, 364, 383, 389, 401, 422, 425, 428
Luisi, Clotilde: 30
Lynch Davis, B. [seudónimo de Jorge Luis Borges y Adolfo Bioy Casares]: 321*n*, 325

Mac Donagh, Emilio J.: 174
Madrid, Francisco "Paco": 242*n*
Majstorovic, Gorica: 248
Mallarmé, Stéphane: 95, 103, 116-117, 130, 139-141, 148, 154, 212*n*-213*n*, 226, 243, 246, 277-278, 279*n*, 287n, 288, 292, 294-295, 402-403
Mallea (Abarca), Eduardo: 76, 91, 155, 175, 198*n*, 199, 202, 218, 222, 228, 249, 266, 403-404, 412
Manguel, Alberto: 239
Maples Arce, Manuel: 29-32, 276
Marañón, Gregorio: 256*n*
Marasso (Roca), Arturo: 142*n*, 206, 212, 228, 425
Marco Aurelio: 359

Marechal, Leopoldo: 75*n*, 76, 81, 85, 86*n*, 87, 89, 91, 97-99, 144-147, 156, 158, 161, 184, 192, 195, 203*n*, 213*n*, 218, 222, 257
Mariátegui, José Carlos: 205, 249
Marichalar, Antonio: 37, 116*n*
Marín, Francisco Marcos: 38*n*
Marinetti, Filippo T.: 108, 265
Maritain, Jacques: 177*n*, 265
Martín Fierro (Buenos Aires): 25, 42, 49, 53, 57*n*, 61, 65, 71-75, 76*n*, 78-79, 81-86, 88-93, 94*n*, 95, 102, 105*n*-106*n*, 108, 127*n*-129*n*, 136, 142, 144, 147, 148*n*, 155*n*, 160*n*, 161, 163-164, 166, 168-169, 171-172, 176-177, 183*n*, 193-195, 204-205, 207-209, 213*n*, 216, 221, 223*n*, 235n, 242*n*, 246, 249, 383*n*, 414
Martínez Estrada, Ezequiel: 109, 111*n*, 199, 278
Martínez, José Luis: 24*n*, 269*n*, 286*n*, 315-316, 403
Martini Real, J. C.: 377*n*
Martino, Daniel: 18, 134, 284, 288, 290, 293*n*, 299, 305, 314
Marx, Karl: 414
Massuh, Víctor: 356*n*
Mastronardi, Carlos: 90, 127*n*, 156*n*, 180, 266, 278
Matamoro, Blas: 248
Matesanz, José A.: 371*n*
Maurer, Christopher: 242*n*
Mayo, Hugo: 30
Megáfono (Buenos Aires): 184
Mejía Prieto, Jorge: 360*n*
Mejía Sánchez, Ernesto: 46n, 336, 377*n*

Mejía, Eduardo: 88
Menchaca, Cristina: 372n
Méndez Calzada, Enrique: 220
Méndez, Evar [seudónimo de Evaristo Guillermo González Méndez]: 12, 25, 41, 65, 72-74, 76-77, 79-80, 82-85, 86n, 87-92, 93n-94n, 95, 103, 105n, 107, 116-117, 125-126, 127n, 128, 134, 137, 13*-141, 143, 148-149, 151n, 152-155, 158, 163, 168-169, 176-177, 190-191, 193-197, 201-202, 204-205, 207n, 208-209, 211, 212n-213n, 214, 216-217, 218n, 220, 222, 225, 228, 233, 234n, 239-240, 241n-243n, 245-246
Méndez, Jesús: 248
Menéndez Pidal, Ramón: 67, 359, 405
Menéndez y Pelayo, Marcelino: 146, 384
Menéndez, Jimena: 67
Meredith, George: 226
México en la Cultura (México): 355
Milleret, Jean de: 131
Milner, Zdislas: 212, 213n
Minellono, María: 173
Miranda Klix, José G.: 220n
Mistral, Gabriela: 175
Molachino, Justo R.: 360n
Molas Terán, Alberto: 175
Molina, Enrique: 57, 136n, 266
Molinari, Ricardo E.: 57, 72, 76, 20-82, 88-89, 91, 94, 95n, 96, 103n, 106, 116-117, 12-126, 127n, 128, 137-138, 142n, 146, 148, 154, 171, 175, 184, 197, 201-203, 205-206, 212, 222, 226, 228, 246, 257, 267, 348
Molloy, Silvia: 131n, 321n
Montaigne, Michel de: 357
Montaldo, Graciela: 236n
Montenegro, Néstor: 131
Montequin, Ernesto: 18, 284
Monterde García Icazbalceta, Francisco: 72
Monterrey (Río de Janeiro, luego Buenos Aires): 186n, 213n, 223, 227, 233-234, 236, 244, 251, 255, 303n
Montes, Eugenio: 30
Moore, George: 290
Morelo, Enrique: 111n
Moreno Villa, José: 104, 116n, 140, 203, 296n, 316n
Moreno: 109
Mota de Reyes, Manuela: 319n, 341
Müller: 410-411
Murat, Napoleón: 430n
Murena, Héctor A.: 397

Nadar, Gaspar Félix: 116n
Nervo, Amado [seudónimo de Juan Crisóstomo Ruiz de Nervo]: 63, 135, 147, 271
Neue Zürcher Zeitung (Zürich): 412n
Newman, Charles: 38n
Newman, Francis W.: 122n
Newman, James: 429
Nietzsche, Friedrich: 405
Nóbile, Beatriz: 237n
Noé, Julio: 49, 210
Nosotros (Buenos Aires): 42, 48-49, 74, 82, 90n, 108, 129n, 156n, 165-166, 171-172, 183n-184n,

187, 188, 212n-213n, 217, 218n, 225, 242n, 266, 283, 303n, 325
Noticias Gráficas (Buenos Aires): 242n
Nouvelle Revue Française (París): 292n
Novalis [seudónimo de Friedrich von Hardenberg]: 87, 278
Novo, Salvador: 72, 107
Nuestra América (Buenos Aires): Cf. *Sur.* 205n, 223n
Nueva Revista de Filología Hispánica (México): 256n, 301n, 375

Ñ (Buenos Aires): 235n

Obieta, Adolfo de: 18, 170, 193-194, 196, 271, 274
Obligado, Pedro Miguel: 171
Obregón, Álvaro: 102
Ocampo, Angélica: 241
Ocampo, Silvina: 106, 125, 159, 160n, 170, 202, 241n, 263, 266, 289, 294-295, 301n-302n, 304n, 331n, 400
Ocampo, Victoria: 24, 76, 104, 105n, 128, 148, 155n, 198, 202, 205-206, 222, 223n, 224, 236n-237n, 241n-242n, 247-248, 266, 283, 326, 345-346, 351n, 365n, 398, 401-402, 404-405, 423
Ojeda Bär, Ana: 199n
Olea Franco, Rafael: 18, 302n, 321n
Olivari, Nicolás: 76, 127n, 161, 199
Oliver, María Rosa: 129n, 202, 247-248, 326, 356n
Orfila Reynal, Arnaldo: 76, 88, 109
Oribe, Emilio: 402
Orozco, José Clemente: 72, 106, 231-232

Ortega y Gasset, José: 22, 30, 36, 45, 46n, 50, 116n, 145n, 155, 202n, 214-215, 216n, 222n, 266, 398, 404-413
Ortelli, Roberto A.: 41, 76, 127n, 183n
Ortiz de Montellano, Bernardo: 72, 269n
Ortiz, Alicia: 250n
Oteo Sans, Ramón: 243n
Othón, Manuel José: 129, 130n, 399, 423
Oubiña, David: 37
Owen, Gilberto: 107n, 127, 217n, 227, 240-241, 308

Pacheco, José Emilio: 11, 131, 234, 236, 250, 253, 259, 279, 281, 286n, 291, 308, 314, 316-317, 319, 334-335, 350-351, 353-354, 359, 363, 376, 388, 417
Pacheco, Marcelo E.: 151n
Pacheco, Máximo: 72
Pagni, Andrea: 249
Palacios, Ernesto: 50
Palenzuela, Nilo: 38n
Palomar, Francisco A.: 88
Panabière, Louis: 36
Papeles de Buenos Aires (Buenos Aires): 170
Papeles de Son Armadans (Madrid/Palma de Mallorca): 369
Parodi (Lisi), (María) Cristina: 249
Pasternac, Nora: 249
Paz Leston, Eduardo: 242n, 249
Paz, Helena: cf. Garro de Paz, Elena: 331, 339, 341
Paz, Octavio: 204, 270n, 295n, 331n, 340n, 345, 351n, 359n

Pedraza Salinas, Jorge: 13, 263
Pellicer, Carlos: 72, 269
Penélope: 254, 257n
Peralta, Carlos: 430n
Perea, Héctor: 36, 242n, 404
Pereda Valdés, Ildefonso: 76, 81, 127n
Pereyra, Wáshington Luis: 112n, 167n, 177n
Pérez Galdós, Benito: 412
Pérez Ruiz, Carlos: 119, 155, 179, 183, 184n
Pérez, Antonio: 256n
Pérez, Gonzalo: 256n
Perón, Juan Domingo: 314n, 346, 357
Petit de Murat, Ulises/Ulyses: 76, 86, 89, 156n, 172, 174, 199, 228, 259n, 277-278, 293n
Pettoruti, Emilio: 76, 84, 88-89, 174
Peyrou, Manuel: 266, 278, 351n
Pezzoni, Enrique: 345
Piantanida, Sandro: 76, 81, 88
Picasso, Pablo: 156n, 407
Pillement, Georges: 41
Pinto, Mario: 222, 228
Piñero (h.), Sergio: 105, 169
Pissavini, Ernesto: 277, 288
Pitágoras: 346
Plural (México): 377
Podlubne, Judith: 249
Poe, Edgar Allan: 310, 403
Pondal Ríos, Sixto: 76
Pope, Alexander: 122n, 377n
Potasch, Robert A.: 314n
Prado, Chucho: 428
Prados, Emilio: 296n
Prampolini, Giacomo: 25, 26n

Prebisch, Alberto: 76, 88, 246
Prieto Romero, Ramón: 30
Prieto, Adolfo: 179
Prisma (Buenos Aires): 29
Proa (Barcelona): 26
Proa (Buenos Aires): 26, 31, 49-50, 52-53, 71, 74, 87, 97-99, 112n, 144, 151n, 163, 167n, 176-177, 190n, 195, 207-209, 314, 320n, 443n
Promenoir (Lyon): 26n
Proust, Marcel: 147
Provenzano, Sergio D.: 111n
Puche, Eliodoro: 30
Puga, Mario: 355
Pulso (Buenos Aires): 90-9, 99n, 112n, 144, 195, 208-209
Punto de Vista (Buenos Aires): 248-249

Quattrocchi-Woisson, Diana: 248-249
Queralt, Joan: 392n
Quevedo, Francisco de: 57n, 69, 206, 275, 298, 310, 384, 423
Quintero Álvarez, Alberto: 295n
Quiroga, Facundo: 162
Quiroga, Horacio: 220

Radiguet, Raymond/Raimundo: 176
Raida, Pedro: 30
Rangel Guerra, Alfonso: 16, 46n, 270n, 293n
Rébora, Juan Carlos: 76
Reflector (Madrid): 26n
Rega Molina, Horacio A.: 161, 177, 266
Rega Molina, Mary: 171

Reichardt, Dieter: 16, 29n, 50
Renacimiento (Sevilla): 26n, 72n
Repertorio Americano (San José de Costa Rica): 187, 283
Requeni, Antonio: 356n
Requien, Marcel: 26n
Revista de América (Buenos Aires): 75, 81, 88, 383n
Revista de Filología Hispánica (Buenos Aires): 256n, 279n, 301n, 375
Revista de historia bonaerense (Morón): 105n
Revista de la Universidad de México (México): 197n, 345, 417
Revista de Literatura Española (Madrid): 104
Revista de Occidente (Madrid): 116n, 220n, 223n, 345, 392n, 404
Revista Iberoamericana (Pittsburgh): 294, 295n
Revista Interamericana de Bibliografía (Washington): 248, 284
Revista Mexicana de Literatura (México): 355
Revista Multicolor de los Sábados (Buenos Aires): 156n, 179, 235n, 259n
Revista Nueva: 67
Revista Oral (Buenos Aires): 90, 112n
Revueltas, Fermín: 30, 32n, 286n
Revueltas, José: 228, 295n
Revueltas, Silvestre: 30
Reyes Mota, Alfonso: 14, 301n
Reyes, Alfonso: 11-16, 21-25, 27-30, 33, 35-37, 39-43, 45-47, 49n, 50-59, 61-65, 67, 69-80, 82, 87n, 91-92, 94n, 95-100, 102-104, 105n, 106-112, 114-117, 119, 121-130, 132n, 134, 135n, 137-141, 142n, 143-149, 150n-151n, 152-158, 159n, 170-173, 179, 182, 184-187, 188n, 189-190, 192-206, 207n, 209, 211, 212n-213n, 214-215, 216n, 219n-220n, 222n-224n, 225-228, 230-233, 234n-235n, 236, 237n-238n, 239, 240n, 241, 242n-243n, 244-247, 250, 251n, 253n, 255-257, 259n, 260-261, 263, 265-267, 269n, 270-278, 280, 281n, 282-286, 287n, 288, 290, 291n, 292, 293n, 295n, 296-299, 300n, 301-302, 303n, 304-305, 307-310, 311n-312n, 314, 315n-316n, 317, 319n-320n, 321-327, 329-339, 340n, 341-343, 345-348, 350n-351n, 352-357, 359-361, 363, 365, 367-369, 371, 372n, 373-376, 377n, 379-382, 384-385, 388-389, 391, 404, 413, 416-425, 426n-427n, 428-432. Obras: *Aquellos días* 361, *Calendario* 253, 256n, 361n; *Cantata en la tumba de Federico García Lorca* 267, *Capítulos de literatura española*; *Capítulos de literatura mexicana* 361; *Cartas sin permiso* 97-98, 99n, 112; *Cartones de Madrid* 111-112, 113n, 271; *Cortesía* 329-330; *Cuadernos del Plata* 82, 94n, 102-104, 105n, 107, 116, 123-127, 130, 137, 139-141, 142n, 144, 148-149, 154n-156n, 157-158, 162, 171-172, 179-180, 193-195, 198-199, 201, 203-204, 206-207, 214-216,

221, 223n, 225n, 226-227, 241n-242n, 308, 400; *Cuestiones estéticas* 361, 376; *Cuestiones gongorinas* 56; *De un autor censurado en el "Quijote"* 368; *De viva voz* 188; *Diario passim El cazador* 361; *El deslinde* 21, 298, 321, 325, 423, 429, 431; *El plano oblicuo* 361; *El reloj de sol* 57, 70; *El suicida* 361; *En el Ventanillo de Toledo* 271; *Estudios helénicos* 346; *Filosofía helenística* 376; *Fuga de Navidad* 123, 138, 149, 151n, 157, 198, 203, 205, 231, 271; *Historia de un siglo* 368; *Horas de Burgos* 271; *Grata compañía* 388; *Huellas* 71n, 132n; *Idea política de Goethe* 271; *Ifigenia cruel* 360n, 419, 423; *Infancia* 263; *Junta de sombras* 339, 340n, 341; *La experiencia literaria* 100, 122n, 124, 128n, 132n, 253n, 270n, 298, 301n, 413, 424; *La saeta* 140, 151n, 203, 271; *Landrú-Opereta* 139; *Las burlas veras* 196, 297, 359; *Las mesas de plomo* 368; *Las vísperas de España* 111n, 138, 151n, 271, 361; *Letras de la Nueva España* 388; *Los dos caminos* 368; *Los trabajos y los días* 299, 310; *Mallarmé entre nosotros* 140, 277-278, 279n, 287n, 292n, 294, 402n; *Minuta* 263, 294n; *No hay tal lugar* 385; *Otra voz* 267; *Quince presencias* 354; *Pasado inmediato* 388; *Pausa* 57-58, 61-62; *Plano oblicuo* 119n, 361; *Reloj de sol* 66, 68, 70, 188n, 368;

Resumen de la literatura mexicana 368; *Retratos reales e imaginarios* 361; *Tentativas y orientaciones* 385; *Tránsito de Amado Nervo* 271; *Trayectoria de Goethe* 350, 432; *Tren de ondas* 112n; *Última Tule* 385; *Visión de Anáhuac* 361

Reyes, Alicia: 13-14, 18, 65, 74, 150n, 227, 274n, 293n, 397n
Reyes, Bernardo: 40n, 399
Reyes, Salvador: 27, 28n, 41, 53
Ricciardi, Bibiana: 90n
Rinaldini Gonnet, Luis M.: 129n
Rinaldini, Julio: 74, 129, 213n
Río, Pascal Beltrán del: 339n
Ripa Alberdi, Héctor: 111n
Riquier de Narbonne, Giraut: 62n
Risco, Vicente: 21n, 30
Rivas Panedas, José: 30
Rivas, Humberto: 72n
Rivera, Diego M.: 30, 72, 105, 106n, 136, 407
Robledo Rincón, Eduardo: 15, 242n
Robledo, Zoé: 15
Robles, Laureano: 38, 42
Roca, Julio A.: 185
Rock, David: 183n, 236n
Rodríguez Lozano, Manuel: 245
Rodríguez Martín, María del Carmen: 18
Rodríguez Monegal, Emir: 182, 419-420
Rojas Paz, Pablo: 50, 52, 76, 82, 127n, 178, 356n
Rojas, Absalón: 76
Rojas, Nerio: 76
Rojas, Ricardo: 71, 74, 83
Romains, Jules: 265, 292n

Romero Martínez, Miguel: 30
Romero, Francisco: 24n, 147, 346, 376n
Ros de Olano, Antonio: 275, 310
Roseau d'Or (París): 140
Rossi, Attilio: 320n
Rossi, Vicente: 234, 235n
Roux, Dominique de: 131
Ruffinelli, Jorge: 377n
Ruiz de Conde, Justina: 337
Ruiz López, Bernardo Javier: 228, 230, 244, 284, 286, 292, 295, 299, 302, 305, 331-332, 339, 341
Ruiz Zenteno, Marisela: 18
Rulfo, Juan: 374
Russel, Bertrand: 428

Sagitario (México): 72n
Saint-Beuve, Charles-Augustin: 359
Sáinz Rodríguez, Pedro: 242n
Saítta, Sylvia: 221n, 260n
Salas, Horacio: 25n
Salazar, Adolfo: 30
Salinas, Pedro: 27n, 337
Salvador, Nélida: 147
Salvadores, Antonio: 111n
Salvat-Papasseit, Joan: 26n, 31
San Marco, Delia Elena: 363n
Sánchez Barbudo, Antonio: 296n
Sánchez Reulet, Aníbal: 76, 109, 111n
Sánchez Saornil, Lucía: 30
Sansinena de Elizalde, Elena ("Bebé"): 151n, 223, 223n, 231n, 232n
Santiago González, Yasmín Adriana: 18

Sanz Álvarez, María Paz: 128n
Sarabia, Rosa: 18, 128n, 162n
Saraví Cisneros, Marcelo: 181
Sarco, Álvaro: 41n, 53n, 212n
Sarlo, Beatriz: 220n, 249
Sarmiento, Doming Faustino: 50, 186
Saslavsky, Luis: 88, 228
Sbarra Mitre, Óscar: 365n
Scalabrini Ortiz, Raúl: 76, 88, 127n
Scarano, Tommaso: 167n
Schneider, Luis Mario: 32n
Schopenhauer, Arthur: 66
Schultz de Mantovani, Fryda: 356n
Schwartz, Jorge: 71n, 85, 183n
Schwitters, Kurt: 31
Scolamieri, Gerarda: 356n
Segalá y Estalella, Luis: 256
Serrat, Joan Manuel: 26n
Setaro, Ricardo M.: 156
Shakespeare, William: 150n, 254n, 420
Shaw, George Bernard: 238, 365
Shelley, Percy Bysshe: 129, 131n, 132-134, 226, 399, 423, 432
Silva Herzog, Jesús: 317n
Silva Valdés, Fernán: 41n, 53, 161
Síntesis (Buenos Aires): 65, 84, 94n, 106n, 115, 135n, 144, 169, 179-180, 235n
Siqueiros, David Alfaro: 30
Sirio, Alejandro: 202, 228
Sitman, Rosalie: 249
Smith, Roberto: 111n
Soberanas i Lleó, Amadeu-J.: 26n
Sófocles: 196, 383n
Soiza Reilly, J. J.: 89
Sol y Luna (Buenos Aires): 76n

Solana, Rafael: 269n, 295*n*
Soldevila, Carlos: 266
Sordi, Fabiana: 220*n*
Sorrentino, Fernando: 23n, 24, 76, 81, 88, 129, 145, 182, 428
Sosa de Newton, Lily: 143*n*
Sosnowski, Saúl: 248
Soto y Calvo, Francisco: 226
Soto, Luis Emilio: 321n, 356*n*
Speratti Piñero, (Emma) Susana: 23n, 374-375, 385
Spotorno, Juan Antonio: 175*n*
Stanton, Anthony: 18, 295n, 331n, 340n, 345, 351*n*
Sternberg, Josef von: 400
Stevenson, Robert Louis: 357
Storni, Alfonsina: 74
Storyteller (Londres): 315*n*
Stuart Mill, John: 276
Suárez Calímano, Emilio: 171
Suárez, Juan: 111*n*
Supervielle, Jules: 52, 129n, 177, 228, 265
Sur (Buenos Aires): 21*n*, 76*n*, 90*n*, 94*n*, 116*n*, 129*n*, 155*n*, 172, 198*n*, 202, 205, 223*n*, 229, 247-249, 251, 260, 266, 279*n*, 283, 292*n*, 297, 299, 300*n*, 304*n*, 321*n*, 332, 345, 353*n*, 372*n*, 381, 429
Sureda, Jacobo: 27, 29, 41n, 160, 242n, 254*n*
Sweeney, Mary: 337

Tablada, José Juan: 30, 231-232, 286*n*
Tableros (Madrid): 26*n*
Talamón, Gastón O.: 76, 88
Taller (México): 295, 296*n*

Tapia, Juan B.: 76, 88-89
Tarcus, Horacio: 205, 249
Telémaco: 254
Terry, George S.: 429
Testigo (Buenos Aires): 164*n*
Tiempo (México): 275, 310, 313
Tiempo, César [seudónimo de Israel Zeitlin]: 166
Tierra Nueva (México): 295*n*
Todo (México): 323
Tornú, Celia: 171
Torquemada, Antonio de: 325-326
Torre Borges, Miguel de: 80, 172, 178
Torre, Guillermo de: 12, 25, 26n,-27n, 30-31, 35-37, 41n, 46, 48n, 51, 53n, 57n, 72, 76, 80-81, 89, 99n, 105n, 127*n*-128n, 138, 148n, 149, 155, 157, 161, 183*n*-184n, 198n, 202, 220n, 228, 233, 237n, 242n, 247, 250-251, 255n, 267, 280n, 293n, 309, 311, 320n, 327, 341-342, 346-347, 360-361, 369, 392
Torres Bodet, Jaime: 72, 128, 144, 205, 269n, 353
Torres Torija, José: 427
Torres Villarroel, Diego de: 275, 310
Torres-García, Joaquín: 30
Torri, Julio: 24, 106
Toulet, Paul-Jean: 399, 413-415
Travascio, Adolfo: 76, 88, 111*n*
Treviño Arreola, Porfirio: 426
Trotski, Leo: 105
Tytler, Alexander Fraser: 122, 130

U.P.A.K. Universidad Popular Alejandro Korn (La Plata): 108

Ulises (México): 107, 127*n*
Ulises: 254*n*, 379
Ulla, Noemí: 159
Ultra (Madrid): 26, 30
Un enemic del poble (Barcelona): 26*n*
Unamuno, Miguel de: 37-37, 42, 68, 303
Ungaretti, Giuseppe: 265
Universidad de México (México): 197*n*, 214*n*, 345, 355, 417
Uriburu, José Félix: 177, 229

Vaccaro, Alejandro: 41n, 49*n*, 171, 181-182, 207*n*, 239, 350*n*
Valéry, Paul: 52-53, 92, 94*n*, 95, 105*n*, 137, 140, 157, 182, 198, 200*n*, 204, 227, 232, 275, 310
Valle, Adriano del: 30
Valle, Rafael Heliodoro: 30, 269*n*
Valle-Inclán, Ramón María del: 30-31, 65, 119*n*, 293*n*, 374
Vallejo, Antonio: 223*n*
Vallely, Charles: 239, 267
Valoraciones (La Plata): 61-62, 74-75, 78*n*, 81, 88, 108-109, 163, 234*n*
Valverde, Estela: 69*n*
Vando-Villar, Isaac del: 26*n*
Variaciones Borges (Aarhus, luego Pittsburgh): 37, 49*n*, 159*n*, 163*n*, 177*n*, 284, 320*n*, 372*n*
Vautier, Ernesto E.: 76, 88
Vázquez Díaz, Daniel: 35
Vázquez, María Esther: 391
Vázquez-Rial, Horacio: 162*n*
Veblen, Thorstein: 382
Vedia, Leónidas de: 75, 88
Vega Carpio, Lope de: 142*n*
Vega, Garcilaso de la: 374

Velarde, Max: 151*n*, 286, 288
Venegas, José: 242, 243*n*
Venier, Martha Estela: 238*n*, 255*n*, 280*n*, 302*n*
Verani, Hugo J.: 32*n*
Verdevoye, Paul: 50
Vighi, Francisco: 30
Vignale, Pedro-Juan: 166
Villarino, María de: 143*n*
Villarreal, Juan Manuel: 12, 76, 88-89, 99*n*, 107-114, 203*n*, 329-330, 337-338, 360, 371-372
Villarreal, Minerva Margarita: 18
Villaseñor, Eduardo: 111*n*
Villaurrutia, Xavier: 53, 71*n*, 72, 127*n*, 269*n*-270*n*, 288, 315-316
Villordo, Oscar Hermes: 249
Viñas, David: 236*n*
Virasoro, Miguel A.: 76, 88
Vuelta (México): 204, 419

Waisman, Sergio (Gabriel): 321*n*
Walter, Richard J.: 162*n*
Whitman, Walt: 23*n*, 63, 226
Wilde, Oscar: 365
Willis Robb, James: 11, 16, 36, 131, 236, 250, 253, 256*n*, 259, 274*n*, 279, 280*n*, 281, 308, 314, 316-317, 319, 334-335, 350-351, 353-355, 363, 364*n*, 376, 388, 392, 398*n*
Woodall, James: 182

Xul Solar [seudónimo de Óscar Agustín Alejandro Schulz Solari]: 76, 81, 84, 87-89, 93*n*, 100, 106, 125, 127, 148, 156*n*, 170, 202, 213*n*, 222, 228, 266

Yankelevich, Pablo: 109*n*
Yépez Alvear, Rafael: 32
Yrigoyen, Hipólito: 85, 86*n*, 94*n*, 165*n*, 166, 168, 172, 177, 236*n*, 237, 240*n*, 244*n*

Zaïtzeff, Serge I.: 18, 24, 76n, 106*n*, 115*n*, 142*n*, 155*n*, 184, 214*n*, 220*n*, 223*n*, 225*n*, 246, 257, 267, 271, 282*n*-283*n*, 303*n*, 345, 348, 357, 372*n*, 404*n*, 425
Zamora, Antonio: 181, 220*n*

Zaratustra: 253, 256*n*
Zayas, Mario de: 30
Zemborain de Torres Duggan, Esther: 174*n*, 365*n*
Zenner, Wally: 169-170
Zía, Lisardo: 88, 127*n*
Zig-Zag (Santiago de Chile): 27
Zischler, Hanns: 36
Zuleta Álvarez, Enrique: 24*n*, 61*n*, 144
Zuleta, Emilia de: 249
Zurián, Carla: 18, 32*n*, 286*n*

El autor agradecerá cualquier crítica, información, reseña, comentario o material sobre el tema del presente libro que se le remita a la siguiente dirección:

Carlos García
Tarpenbekstr. 59
20251 Hamburgo
ALEMANIA
Tel.: (004940) 513 13 303
Fax: (004940) 2376 2411
Mail: carlos.garcia-hh@t-online.de

Otras obras de Carlos García en Iberoamericana Editorial Vervuert

Correspondencia Rafael Cansinos Assens/Guillermo de Torre, 1916-1955, 2004, 302 pp., ISBN 8484891682
Correspondencia de dos de las figuras centrales del ultraísmo: 85 misivas que permiten rastrear el surgimiento, auge y disolución de este movimiento vanguardista.

Correspondencia Juan Ramón Jiménez/Guillermo de Torre, 1920-1956, 2006, 244 pp., ISBN 848489228X
Correspondencia desde 1920, año que marca el punto álgido del ultraísmo, del que De Torre fuera figura central, y 1956, cuando éste, exiliado en Argentina, trabaja en la editorial Losada.

Con Martín Greco: Escribidores y náufragos. Correspondencia Ramón Gómez de la Serna-Guillermo de Torre, 1916-1963, 2007, 462 pp., ISBN 9788484893011
En total 114 misivas, incluidas varias escritas por o a sus compañeras, Norah Borges y Luisa Sofovich, a lo largo de casi 50 años.

Federico García Lorca/Guillermo de Torre. Correspondencia y crónica de una amistad, 2009, 576 pp., ISBN 9788484894353
Edición de la correspondencia cruzada entre el poeta granadino y Guillermo de Torre, figura clave del ultraísmo. Recoge, además, el manuscrito inédito y una versión desconocida de la conferencia de Lorca sobre Góngora.